Die Moralität der Gefühle

Herausgegeben
von Sabine A. Döring
und Verena Mayer

Deutsche Zeitschrift für Philosophie

Zweimonatsschrift
der internationalen
philosophischen Forschung   Sonderband 4

Die Moralität der Gefühle

Herausgegeben
von Sabine A. Döring
und Verena Mayer

Akademie Verlag

ISSN 1617-3325

ISBN 3-05-003686-9

© Akademie Verlag GmbH, Berlin 2002

Das eingesetzte Papier ist alterungsbeständig nach DIN/ISO 9706.

Alle Rechte, insbesondere die der Übersetzung in andere Sprachen, vorbehalten. Kein Teil dieses Buches darf ohne schriftliche Genehmigung des Verlages in irgendeiner Form – durch Photokopie, Mikroverfilmung oder irgendein anderes Verfahren – reproduziert oder in eine von Maschinen, insbesondere von Datenverarbeitungsmaschinen, verwendbare Sprache übertragen oder übersetzt werden.

Lektorat: Mischka Dammaschke
Einbandgestaltung: Günter Schorcht, Schildow
Druck und Bindung: Druckhaus „Thomas Müntzer", Bad Langensalza

Printed in the Federal Republic of Germany

Inhalt

Vorwort 7

Sabine A. Döring
Die Moralität der Gefühle: Eine Art Einleitung 15

Teil I: Kognitivismus in Psychologie und Philosophie

Thomas Goschke und Annette Bolte
Emotion, Kognition und Intuition: Implikationen der empirischen Forschung für das
Verständnis moralischer Urteilsprozesse 39

Christoph Jäger and Anne Bartsch
Privileged Access and Repression 59

Sabine A. Döring und Christopher Peacocke
Handlungen, Gründe und Emotionen 81

Holmer Steinfath
Emotionen, Werte und Moral 105

Teil II: Gefühle in einzelnen Moraltheorien und Theorien der praktischen Rationalität

Verena Mayer
Tugend und Gefühl 125

Jens Timmermann
The Shadow of Fortune 151

Wilhelm Vossenkuhl
Rational and Irrational Intentions: An Argument for Externalism 163

Olaf L. Müller
Fühlen oder Hinsehen? Ein Plädoyer für moralische Beobachtungssätze 175

Teil III: Moralische Gefühle

Peter Goldie
Compassion: A Natural, Moral Emotion 199

Dirk Koppelberg
Theorien mentaler Simulation und die Vielfalt affektiver Phänomene – Begriffliche Probleme und empirische Belege 213

Rüdiger Bittner
Liebe – eine Pflicht? eine Tugend? keins von beiden? 229

Hinweise zu den Autorinnen und Autoren 239

Personenregister 243

Vorwort

Mit diesem Buch haben wir es uns zum Ziel gesetzt, eine aktuelle Diskussion, die maßgeblich im angelsächsischen Raum geführt wird, auch in Deutschland zu etablieren und weiterzuentwickeln. Wie der Titel des Buches verspricht, soll die Rolle der Gefühle im moralischen Urteilen und Handeln untersucht werden. Gefühlen eine solche Rolle zuzusprechen hat Tradition. Jedoch wird diese Rolle im Zuge einer sogenannten kognitivistischen Reinterpretation des Gefühlsbegriffs seit einigen Jahren von Grund auf neu bestimmt. Um dem Leser den Zugang zu der neuartigen Gefühlsethik zu erleichtern, hebt das vorliegende Buch mit einer systematischen Einführung an. In diesem *Die Moralität der Gefühle* überschriebenen Beitrag von Sabine A. Döring wird zunächst die klassische Gefühlsethik an der Position David Humes exemplifiziert. Charakteristisch für diesen Typ von Gefühlsethik ist die Interpretation von Gefühlen als seelischen Empfindungen ohne repräsentationalen Inhalt. Eben diese Interpretation wird in neueren Gefühlstheorien überwunden: Gefühlen wird nunmehr ein repräsentationaler oder intentionaler Inhalt zugeschrieben, kraft dessen sie sich als ein integraler Bestandteil menschlicher Rationalität verstehen lassen, insofern nämlich der repräsentationale Inhalt der Gefühle in normative, rechtfertigende Beziehungen zu den Inhalten von Urteilen oder Überzeugungen eintreten kann. Gefühlsbedingte Urteile sind damit nicht mehr bloß „Ausdruck" von Gefühlen, sondern haben ebenso wie die ihnen zugrundeliegenden Gefühle und ebenso wie rein intellektuell begründete Urteile einen repräsentationalen Inhalt. Der Beitrag verdeutlicht weiterhin, inwiefern Gefühle in moralischen Theorien überhaupt eine Rolle spielen. Einer jeden normativen Moraltheorie stellt sich das Problem der moralischen Motivation, d. h. sie muß erklären können, wie es möglich ist, daß moralische Urteile faktisch handlungswirksam werden. Seit jeher werden Gefühle oder jedenfalls bestimmte Gefühle wie beispielsweise Sympathie oder Mitgefühl als geeignete Kandidaten für moralische Motive betrachtet. Strittig ist demgegenüber, ob Gefühle auch bei der Begründung moralischer Urteile eine Rolle spielen. Während Hume die Begründung eines moralischen Urteils von Gefühlen abhängig macht und auf diese Weise zugleich erklären will, warum ein solches Urteil intrinsisch bzw. notwendig zum Handeln motiviert, stehen seinem „internalistischen" Ansatz zur Erklärung moralischer Motivation grob gesprochen zwei alternative Positionen gegenüber. „Externalistische" Theorien bestreiten, daß moralische Urteile notwendig zum Handeln motivieren und entkoppeln so die Frage der Gerechtfertigtheit eines moralischen Urteils von der Frage nach dessen motivierender Kraft. Gefühle fungieren im Rahmen einer externalistischen Theorie als den moralischen Urteilen bloß äußerliche Handlungsmotive. Eine Alternative zum Internalismus Humes bildet der Kantische Internalismus, nach dem moralische Urteile entweder notwendig passende Motive wie exemplarisch das moralische Gefühl der Achtung erzeugen oder für sich genommen zum Handeln motivieren. Döring argumentiert für eine internalistische Analyse moralischer Motivation und deutet an, wie sich im Rahmen einer kognitivistischen Theorie der Gefühle die motivierende Kraft moralischer Urteile dadurch erklären ließe, daß diese Urteile in Gefühlen gründen, ohne daß sie deshalb, wie Hume dies tut, von der Klasse der Vernunfturteile ausgenommen werden müßten. Der Beitrag schließt mit einem Aufriß einiger Fragen, die sich im Zusammenhang mit einer so verstandenen kognitivistischen Gefühlsethik stellen.

Die identifizierten Fragen werden in den Beiträgen des vorliegenden Buches behandelt, die sich drei großen Themenbereichen zuordnen lassen: Im ersten Teil geht es zunächst um die Frage, inwieweit sich ein tragfähiger kognitivistischer Ansatz zur Interpretation der Gefühle etablieren und für die philosophische Analyse, wie im besonderen für die Analyse der Moralität, fruchtbar machen läßt. Der zweite Teil behandelt die Rolle der Gefühle in unterschiedlichen Moraltheorien und Theorien der praktischen Rationalität wie beispielsweise der Tugendethik sowie der Entscheidungstheorie. Hieran schließt sich dann im dritten Teil eine Untersuchung jener Gefühle an, die gemeinhin als typische Kandidaten für genuin moralische Gefühle gelten, nämlich des Mitgefühls, der Empathie und der Liebe.

I. Kognitivismus in Psychologie und Philosophie

Alle kognitivistischen Ansätze, die in diesem Band vorgestellt werden und den Gefühlen einen intentionalen oder repräsentationalen Inhalt zubilligen, reagieren bereits auf Einwände, wie sie gegen den Kognitivismus in der Theorie der Gefühle in seiner Frühphase vorgebracht wurden. Diese Einwände sind einerseits inhaltlicher Natur und richten sich gegen eine „Überintellektualisierung" der Gefühle, für die exemplarisch die „Urteilstheorie der Gefühle" steht, d. h. die These, daß Gefühle – oder genauer Emotionen – identisch mit Werturteilen sind. Zugleich wurde der frühe Kognitivismus andererseits methodologisch als bloße „Lehnstuhl"-Philosophie verworfen, die sich auf die reine Analyse der gesprochenen Sprache verlasse und dabei die Einsichten der empirischen Forschung sträflich vernachlässige. Entgegen diesen Einwänden hebt der vorliegende Band mit einem Beitrag an, der zeigt, daß sich nicht nur in der Philosophie, sondern auch in der Psychologie, namentlich der Kognitionspsychologie, der Schwerpunkt zu einem Kognitivismus hin verschoben hat, der den repräsentationalen Inhalt von Emotionen gleichwohl nicht dem von Urteilen oder Meinungen angleicht. In ihrem Beitrag *Emotion, Kognition und Intuition: Einige Implikationen der experimentellen Forschung für das Verständnis der moralischen Urteilsbildung* argumentieren Thomas Goschke und Annette Bolte, daß Gefühle essentiell „eine informationale Funktion und einen semantischen Inhalt" haben und „in diesem Sinn als eine Form von Repräsentationen aufgefaßt werden" können. Der Beitrag reflektiert die Entwicklung der empirischen Forschung zu den Emotionen und führt zugleich in den gegenwärtigen Forschungsstand ein. Abschließend werden Implikationen der empirischen Ergebnisse für das Verständnis der moralischen Urteilsbildung zur Diskussion gestellt. Im Mittelpunkt steht dabei die These, daß moralische Bewertungen häufig auf impliziten Formen der Informationsverarbeitung und intuitiven emotionalen Reaktionen beruhen, die ohne Vermittlung „höherer" kognitiver Prozesse ausgelöst werden.

Der zweite Beitrag zieht psychologische Forschungsergebnisse gezielt heran, um eine philosophische Standardmeinung zu entkräften: die Behauptung, daß wir zu unseren eigenen Gefühlen, anders als zu den Gefühlen oder Überzeugungen anderer, „privilegierten" Zugang hätten. Unter dem Titel *Privileged Access and Repression* konfrontieren Christoph Jäger und Anne Bartsch diese These mit der Tatsache, daß Gefühle „unterdrückt" werden können, so daß sie zwar objektiv meßbar sind, aber dennoch unterhalb der Wahrnehmungsschwelle des Subjekts verbleiben. Diese Beobachtung verträgt sich schlecht mit einer intellektualistischen Theorie der Emotionen und wirft Probleme für eine Theorie der epistemischen Rechtfertigung auf.

Im dritten Beitrag wird eine Frage beantwortet, die die Psychologen Thomas Goschke und Annette Bolte an den Philosophen stellen, die Frage nämlich nach dem Begriff der emotionalen Repräsentation: Wenn der repräsentationale Inhalt einer Emotion nicht der eines Urteils oder einer Meinung ist, in welchem Sinne kann er dann als „Repräsentation" aufgefaßt werden? Sabine A. Döring und Christopher Peacocke argumentieren in ihrem Beitrag über *Handlungen, Gründe und Emotionen*, daß sich der repräsentationale Inhalt der Emotionen in Analogie zu dem sinnlicher Wahrnehmungen analysieren läßt. Damit ist die Möglichkeit eröffnet, daß Emotionen gleich sinnlichen Wahrnehmungen Urteile nicht-inferentiell rechtfertigen können. Wesentlich für diese Möglichkeit ist, daß es sich bei Emotionen um aktuale Bewußtseinszustände handelt, die die Aufmerksamkeit des Subjekts auf sich ziehen und beanspruchen können (womit natürlich nicht impliziert ist, daß sie Gegenstand der Aufmerksamkeit sind). Emotionen sind wesentlich affektive Repräsentationen. Als solche können sie, wie der Beitrag zeigt, zum Handeln motivieren, und sie tun dies in einer Weise, die sich nicht in das *Belief-desire*-Modell der Handlungserklärung einfügen läßt. Das *Belief-desire*-Modell scheitert nicht etwa nur an der Erklärung expressiver, sondern auch an der rationaler Handlungen durch Emotionen. Im zweiten Fall wird die Handlung durch den repräsentationalen Inhalt der Emotion rationalisiert, indem dieser den Inhalt eines praktischen Urteils nicht-inferentiell rechtfertigt. Insofern moralische Urteile eine Teilklasse der praktischen Urteile bilden, qualifizieren die Emotionen sich damit zugleich als ein möglicher Input von moralischem Wissen.

Diese Möglichkeit setzt allerdings voraus, daß sich zwischen angemessenen und unangemessenen emotionalen Repräsentationen unterscheiden läßt. Wie aber soll „Angemessenheit" hier verstanden werden? Auf diese Frage sucht Holmer Steinfath in seinem Beitrag *Emotionen, Werte und Moral* eine Antwort. Steinfath definiert Gefühle als besondere affektive kognitive Strukturen, die intentionalen oder repräsentationalen Inhalt haben und das Repräsentierte dabei in bestimmter Weise bewerten. Wertvoll sein bedeutet, Gegenstand einer „angemessenen" Emotion sein zu können. Bei gewissen Emotionen ist dies unproblematisch, nämlich bei solchen, die instrumentellen Wert besitzen. So macht uns Furcht z. B. auf eine Gefahr aufmerksam und ist also dann angemessen, wenn sie diese richtig anzeigt. Andere Emotionen, wie etwa Bewunderung, sind dagegen in Bezug auf Werte nicht indikativ, sondern konstitutiv. Von ihrer Angemessenheit kann man deshalb nicht sprechen, ohne sich dabei selbst auf Werte zu beziehen. Steinfath skizziert nun einen evolutionären Prozeß, in dem sich emotionale Reaktionen und Gegenstandswahrnehmungen sowie -beurteilungen wechselseitig befruchten und korrigieren, so daß die Rede von Angemessenheit auch für die Gruppe der konstitutiven Emotionen sinnvoll erscheint. Auch moralische Werte sind von bestimmten Emotionen konstituiert und unterliegen daher Kriterien der Angemessenheit.

II. Gefühle in einzelnen Moraltheorien und Theorien der praktischen Rationalität

In der klassischen Gefühlsethik und Theorie der moralischen Empfindungen werden Gefühle wie Sympathie oder Mitleid zu den Tugenden gezählt. Die antike Tradition und „stoische" Nachfolger wie Spinoza und Kant grenzen dagegen den Tugendbegriff deutlich von den Empfindungen oder Affekten ab und rechnen Mitleid konsequent nicht zu den Tugenden. In ihrem Beitrag *Tugend und Gefühl* rekonstruiert Verena Mayer den Zusammenhang zwischen Tugend und Gefühl unter Rückgriff auf diese Tradition und im Vergleich mit der kognitionspsychologischen Beschreibung der Emotionen. Gefühle setzen die Identifikation mit gewissen „feelings" voraus, Tugenden dagegen die kognitive Distanz zu ihnen. Sowohl Gefühle als auch Tugenden sind abhängig von einheitsbildenden kognitiven Aktionen, jedoch können Tugenden, anders als Gefühle, die zugrundeliegenden Empfindungen modifizieren und erst dann, als idealen Output, schließlich echte moralische Gefühle erzeugen.

Im Gegensatz zu Verena Mayer greift Jens Timmermann in seinem Beitrag *Adam Smith on Moral Luck* gerade auf die klassische Gefühlsethik zurück, nach der Gefühle konstitutiv für moralische Werte sind. Unter dieser Prämisse ist die Phänomenologie von moralischen Emotionen wie Empörung oder Dankbarkeit wichtig für eine korrekte Rekonstruktion der Moral. Adam Smith hat in diesem Zusammenhang das Phänomen der emotionalen Reaktion auf Handlungen unter Einwirkung von Zufall untersucht. Obwohl im allgemeinen der Wille und nicht die Handlungen Gegenstand moralischer Bewertungen sind, gilt das folgende Zufalls-Paradox: Wer einen Stein über eine Mauer auf eine Straße wirft, ohne sich darum zu kümmern, wen er damit etwa schädigt, handelt sicher moralisch verwerflich, und dennoch ist unsere Empörung ebenso wie seine Strafe größer, wenn er zufällig jemanden trifft, als wenn die Untat glimpflich ausgeht. Damit deckt sich auch die merkwürdige Tatsache, daß wir für eine Handlung, die zufällig Unheil zur Folge hatte, Reue empfinden. Jens Timmermann schließt aus den Beobachtungen von Smith, daß wir nicht die Intentionen oder die effektiven Handlungen emotional bewerten, sondern vielmehr die Person als eine, die Glück oder Pech hat, und insofern unsere emotionalen Bewertungen nicht hinreichend für die Entwicklung einer rationalen Moral sein können.

Auch Wilhelm Vossenkuhl stellt in seinem Beitrag *Rational and Irrational Intentions: An Argument for Externalism* die Frage nach dem Zusammenhang von Gefühl und Rationalität, nun jedoch unter einem entscheidungstheoretischen Aspekt. Rationalität beruht auf der Abwägung von Gründen, kann aber dennoch nicht rein internalistisch verstanden werden. Intentionale Handlungen und Wünsche richten sich auf Gegenstände, die zum Zeitpunkt der Wahl noch gar nicht existieren. Daher erfolgt mentale Wahl, das was uns zu unseren Entscheidungen treibt, letztlich spontan. Gemessen an der Theorie rationaler Wahl muß die spontane Entscheidung als irrational bewertet werden; dennoch scheinen alle unsere intentionalen Wahlhandlungen ein Element an Spontaneität zu enthalten. Vossenkuhl macht so für alle Entscheidungen einen spontan-emotionalen Handlungsimpuls geltend.

Wenn Handlungen durch moralische Gefühle ausgelöst oder sogar gerechtfertigt werden können, dann fragt sich, wo der erkenntnistheoretische Ursprung solcher Gefühle zu suchen ist: Liegt er, wie die klassische Auffassung vom animalischen Ursprung der Gefühle nahe legt, allein im Innenleben des Subjekts, oder können nicht vielmehr auch externe Gründe für solche Gefühle geltend gemacht werden? In seinem Beitrag *Fühlen oder Hinsehen? Ein Plädoyer für moralische Beobachtungssätze* beantwortet Olaf Müller diese Frage in Analogie zum erkenntnistheoretischen Holismus Quines. Ausgehend von der Voraussetzung, daß es apriorisches ethisches Wissen gibt und daß es möglich ist, Sollen aus dem Sein abzuleiten, formulierte Müller einen ethischen Verifikationismus: Aus den Aussagen einer ethischen Theorie lassen sich Folgerungen auf ethische „Beobachtungssätze" ziehen, die unmittelbar mit Gelegenheitssätzen wie „Dies ist moralisch falsch!" koordinierbar sind. Damit verlieren ethische Sätze ihren traditionellen Sonderstatus und entgehen dem neoempiristischen Vorwurf, entweder bedeutungslos oder rein emotiv zu sein: sie sind sowohl von einer Hintergrundtheorie bestimmt, als auch durch unmittelbare moralische Gefühle überprüfbar und können deshalb ebenso gehaltvoll wie wissenschaftliche Aussagen sein. Gefühle lassen sich so in den Gesamtzusammenhang menschlicher Erkenntnis sinnvoll einbetten.

III. Moralische Gefühle

Drei Typen moralischer Gefühle im engeren Sinne sind Gegenstand der drei abschließenden Beiträge: Mitgefühl gilt geradezu als Prototyp des moralischen Gefühls, Empathie oft als Voraussetzung und Grundlage des Verstehens und deshalb auch moralischen Handelns überhaupt, und Liebe schließlich ist eine der theologischen Tugenden, die in der mittelalterlichen Philosophie den antiken Kardinaltugenden hinzugefügt wurden.

Dem Mitgefühl widmet sich Peter Goldie in seinem Beitrag *Compassion: A Natural, Moral Emotion*. Während Mitgefühl gewöhnlich nicht zu den Grundgefühlen wie Angst, Freude, Ärger oder Ekel gezählt wird, ist es nach Goldie dennoch ein natürliches moralisches Gefühl, das alle Merkmale emotionaler Erfahrung aufweist. Goldie entwickelt zunächst eine strukturelle Beschreibung von Grundemotionen, in die sich Mitgefühl gut einfügt, und weist dann auf einige Merkmale hin, die eine solche Einordnung bislang zu Unrecht verhindert haben. Mitgefühl in diesem Sinne könnte als eine universelle Triebfeder der Moral betrachtet werden, würde es nicht durch seine Parteilichkeit zugunsten der emotional Nächststehenden mit der Tugend der Gerechtigkeit in Konflikt treten.

Goldie unterscheidet Mitgefühl klar von der bloßen Empathie im Sinne der imaginativen Simulation der Gefühle anderer, die Gegenstand des nächsten Beitrags ist. Diese Fähigkeit der Empathie hat mit der Frage zu tun, wie wir uns selbst und andere Personen überhaupt verstehen können. Mit dem Modell wissenschaftlicher Theoriebildung läßt sich nach Dirk Koppelberg solches Verstehen, die Zuschreibung mentaler Inhalte, nicht angemessen begreifen. Vielmehr, so das Argument seines Beitrags *Theorien mentaler Simulation und die Vielfalt affektiver Phänomene – Begriffliche Probleme und empirische Belege*, wird dafür die Fähigkeit der Empathie vorausgesetzt, die uns erlaubt, die Gedanken und Gefühle eines anderen in gewisser Weise zu „simulieren". Zwei Erklärungsansätze sind vorgeschlagen worden: Das Subjekt versetzt sich in der Empathie an die Stelle der anderen Person und schließt daraus auf deren mentalen Zustand, oder das Modell „verwandelt" sich in die andere Person und imaginiert deren mentalen Zustand direkt. Koppelberg zeigt, daß Empathie durch beide Simulationsmodelle nicht hinreichend erklärbar ist und grenzt sie gegenüber Sympathie, Gefühlsansteckung und frühen Formen der Imitation ab.

Rüdiger Bittner schließlich stellt in seinem Beitrag *Liebe – eine Pflicht? eine Tugend? keins von beiden?* die Bedeutung der Liebe für die Moral in Frage. Der Liebe wird oft moralische Bedeutung beigemessen, sei es als Tugend oder im Sinne der Nächstenliebe auch als Pflicht. Nach Auffassung Kants können Gefühle, und daher auch die Liebe, nicht geboten werden, weshalb nur „Wohltun aus Pflicht", nicht etwa ein Liebesgefühl, moralische Pflicht sein kann. Da wir dies solch pflichtmäßiges Wohltun aber wohl kaum als Liebe bezeichnen würden, ist Liebe keine Pflicht. Auch kann nach Bittner Liebe keine Tugend sein, da sie nicht in einem „Gutsein", sondern in einer Regung besteht. Daß wir aus Liebe einem anderen wohl tun, ist nicht schon per se ein moralischer Akt, denn dies Wohltun ist meist parteiisch und verletzt also die Objektivitätsforderung der Moral. Liebe ist also kein moralisches Gefühl, wenn wir auch im Einzelfall durch unser Lieben moralisch handeln mögen.

Alle Beiträge wurden in ihrer ursprünglichen Fassung auf einem Symposium über „Gefühle und Moral" / „Emotion and Morality" vorgestellt und diskutiert, das die Herausgeberinnen vom 5. bis 6. April 2001 im Nymphenburger Schloß in München veranstaltet haben. Unser herzlicher Dank gilt der Fritz Thyssen-Stiftung sowie der Siemens-Stiftung, deren finanzielle Unterstützung dieses Symposium ermöglicht hat.

Bedanken möchten wir uns ferner bei Holger Baumann, Mischka Dammaschke, Dietlinde und Fritz Feger, Anke und Ulrich Knevels, Renate Kohlwes, Reinold Schmücker, Kathrin Schwalfenberg und Karoline Spelsberg für ihre sachkundige Hilfe und schließlich bei allen Teilnehmern für die ebenso lebhafte wie fruchtbare Diskussion.

Hamburg, den 7. Juli 2002, Sabine A. Döring und Verena Mayer

Sabine A. Döring

Die Moralität der Gefühle: Eine Art Einleitung

Die Analyse der Gefühle ist in den letzten Jahren in den Mittelpunkt der wissenschaftlichen Forschung gerückt. Nicht nur in der Moralphilosophie, sondern auch in anderen philosophischen Teildisziplinen wie der Philosophie des Geistes, der Epistemologie, der Handlungstheorie und der Ästhetik sowie in anderen wissenschaftlichen Disziplinen von der Neurobiologie über die Psychologie und Soziologie bis hin zur Ökonomie ist das Interesse an den Gefühlen neu erwacht. Der Grund hierfür besteht in einer fundamentalen Neubewertung der kognitiven Relevanz von Gefühlen. Wurden nämlich Gefühle traditionell überwiegend als arationale Empfindungen betrachtet, stößt man nunmehr verstärkt auf die entgegengesetzte These, daß Gefühle ein integraler Bestandteil rationalen Urteilens und Handelns seien. Diesem Sinneswandel liegt eine kognitivistische Reinterpretation des Gefühlsbegriffs zugrunde, die im folgenden erörtert werden soll, um in das Thema dieses Buches einzuführen: In Frage steht hier die Bedeutung der Gefühle für die Moralität. Ich werde zeigen, daß die Integration der Gefühle, wie sie in der Moraltheorie der Gegenwart angestrebt wird, keineswegs bloß eine Renaissance der klassischen Gefühlsethik darstellt. Noch auch entspricht sie einem Rückfall in emotivistische Theorien, wie sie in der Tradition der klassischen Gefühlsethik stehen und in der ersten Hälfte des letzten Jahrhunderts prominent etwa von den Mitgliedern des Wiener Kreises und Alfred J. Ayer vertreten wurden. Es handelt sich vielmehr um einen von Grund auf neuen Ansatz normativ-ethischer Theoriebildung.

I. Die Empfindungstheorie des Gefühls als Grundlage der klassischen Gefühlsethik

Als ein Hauptvertreter der klassischen Gefühlsethik kann neben Anthony Ashley Cooper, dem dritten Earl of Shaftesbury, Francis Hutcheson und Adam Smith der schottische Philosoph David Hume gelten.[1] An seinem moralphilosophischen Ansatz

---

[1] Vgl. D. Hume, Ein Traktat über die menschliche Natur, aus dem Englischen von Theodor Lipps, Hamburg 1978, Bd. II, 3 ff. (engl. A Treatise of Human Nature: Being an Attempt to Introduce the Experimental Method of Reasoning into Moral Subjects (1739/40), hg. v. L. A. Selby-Bigge u. P. H. Nidditch, Oxford 1978). Auf Humes Ansatz geht in diesem Band auch der Beitrag von Peter Goldie ein, und Jens Timmermann diskutiert Adam Smiths „Theory of Moral Sentiments" (Bd. I der Glasgow Edition of the Works and Correspondence of A. Smith, hg. v. D. D. Raphael u.

läßt sich exemplarisch zeigen, inwiefern die klassische Gefühlsethik die Interpretation von Gefühlen als arationale Empfindungen voraussetzt.

Wesentlich für ein Gefühl ist nach Hume sein phänomenaler Gehalt: ein Gefühl ist ein Bewußtseinsinhalt (*perception*), der in einer bestimmten „Selbstwahrnehmung" des Subjekts besteht, und das heißt: eine innere Erfahrung oder seelische Empfindung ist.[2] Dementsprechend definiert Hume Gefühle als Eindrücke der Selbstwahrnehmung (*impressions of reflexion*) und spricht statt von „Gefühlen" auch von „Affekten" (*passions*), worin genau zum Ausdruck kommt, daß es für Hume das (bewußte) seelische Empfinden ist, also gleichsam das Affiziertsein der Seele, welches das Wesen eines Gefühls ausmacht.

> Im Einklang hiermit ist das zweite, den Gefühlen gewidmete Buch seines *Traktats über die menschliche Natur* mit dem Titel „Über die Affekte" (*Of the Passions*) überschrieben. Die Charakterisierung der Gefühle als Eindrücke der Selbstwahrnehmung oder sekundäre Eindrücke dient dem Zweck, die Gefühle von der Sinneserfahrung als den primären „Eindrücken der Sinne" (*impressions of sensation*) abzugrenzen, mit denen sie dann gemeinsam der Klasse der Vorstellungen (*ideas*) gegenübergestellt werden. Sekundär seien die Gefühle insofern, als sie stets „aus irgend einem primären Eindruck hervorgehen, entweder unmittelbar oder durch die Vermittlung der Vorstellung desselben".[3] Gefühle setzen demnach immer schon einen anderen Bewußtseinsinhalt voraus, insofern sie nämlich von einem solchen (kausal) verursacht werden. So kann die Empfindung des Stolzes etwa durch den Anblick eines schönes Hauses verursacht werden, das man besitzt. Man kann sich aber auch die eigene Leistung in Erinnerung rufen oder sich in der Phantasie die billigenden Reaktionen seiner Mitmenschen ausmalen.[4]

Demgegenüber spricht Hume den Gefühlen von vornherein ab, zur Repräsentation tauglich zu sein. Ein Gefühl sei nicht auf einen unabhängig von ihm selbst existierenden Gegenstand bezogen und repräsentiere mithin auch keinen solchen als in bestimmter Weise seiend: „Ein Affekt [...] besitzt keine repräsentative Eigenschaft, durch die er als Abbild eines anderen Etwas [...] charakterisiert würde. Bin ich ärgerlich, so hat mich der Affekt tatsächlich ergriffen, und in dieser Gefühlserregung liegt so wenig eine Beziehung zu einem anderen damit gemeinten oder dadurch repräsentierten Gegenstand, als wenn ich durstig oder krank oder über fünf Fuß groß wäre".[5] Ein Gefühl, so läßt sich

---

A. C. Macfie, Oxford: Oxford 1976). Historisch weiter zurück greift der Beitrag von Verena Mayer, die sich der Rolle der Gefühle in der antiken Tugendethik sowie in der an dieser anknüpfenden „stoischen" Tradition widmet.

[2] Mit dieser Interpretation von Gefühlen stellt Hume sich in die Tradition René Descartes'. Vgl. R. Descartes, Die Leidenschaften der Seele, hg. u. übers. v. K. Hammacher, Hamburg ²1996 (franz. Les Passions De L'Ame, Paris 1649); vgl. auch etwa A. Kenny, Emotion, Action and Will, London 1963, 1–28, u. W. Lyons, Emotion, Cambridge 1980, 2–16.

[3] Hume, Ein Traktat über die menschliche Natur, a.a.O., 3 f.

[4] Vgl. Hume, Ein Traktat über die menschliche Natur, a.a.O., 5 ff.; vgl. auch unten Abschnitt 3.

[5] Hume, Ein Traktat über die menschliche Natur, a.a.O., 153; vgl. auch 198 f. sowie Über die Regel des Geschmacks, 45 f.

die hier formulierte These terminologisch fassen, hat keinen intentionalen und genauer keinen repräsentationalen Inhalt.

In eben dieser Hinsicht sollen sich die Gefühle von den Urteilen der Vernunft grundlegend unterscheiden: Vernunfturteile bezögen sich „auch auf etwas jenseits ihrer selbst", und zwar „auf das Urteilsvermögen der Menschen und das in der Außenwelt Gegebene".[6] Damit ist gemeint, daß ein Vernunfturteil im Gegensatz zu einem Gefühl entweder eine analytische oder eine empirische Tatsache repräsentiert – ohne daß allerdings schon ausgemacht wäre, ob die repräsentierte Tatsache auch in Wahrheit besteht. Vielmehr seien Vernunfturteile aufgrund ihrer Fähigkeit, Tatsachen zu repräsentieren, überhaupt erst wahrheitsfähig, insofern nämlich die Repräsentation, die sie jeweils beinhalten, korrekt oder inkorrekt sein kann.[7] Ein Vernunfturteil hat demnach einen repräsentationalen Inhalt, d. h. ist auf etwas unabhängig von ihm selbst Existierendes bezogen und repräsentiert es als in bestimmter Weise seiend.

Mit den Gefühlen nimmt Hume zugleich die moralischen Urteile von der Klasse der Vernunfturteile aus. Da moralische Urteile nach seiner Auffassung gefühlsbedingt sind, haben sie keinen repräsentationalen Inhalt: wie die sie begründenden Empfindungen selbst sagen sie in Wirklichkeit gar nichts über die Beschaffenheit der Handlungen (oder Charaktere) aus, die sie vorgeben zu bewerten. Laut Hume spiegelt ein moralisches Urteil vielmehr ausschließlich die Empfindungen wider, die eine Handlung im urteilenden Subjekt aufgrund der jeweiligen Beschaffenheit von dessen Natur auslöst: „Ich denke etwa an den absichtlichen Mord. Betrachtet denselben von allen Seiten und seht zu, ob Ihr die Tatsache oder das real Existierende finden könnt, daß Ihr *Laster* nennt. [...] Das Laster entgeht Euch gänzlich, solange Ihr nur den Gegenstand betrachtet. Ihr könnt es nie finden, sofern Ihr nicht Euer Augenmerk auf Euer eigenes Innere richtet, und dort ein Gefühl von Mißbilligung entdeckt, das Euch angesichts dieser Handlung entsteht."[8] Ein moralisches Urteil über eine Handlung zu fällen heißt demnach, die Mißbilligung oder Zustimmung zu formulieren, die man angesichts der Handlung empfindet.

Repräsentiert damit aber ein moralisches Urteil nicht anstelle der bewerteten Handlung die moralischen Empfindungen des urteilenden Subjekts und behauptet sozusagen das Bestehen einer inneren Tatsache? Dagegen spricht, daß die moralischen Empfindungen im moralischen Urteil gar nicht thematisiert und folglich durch dessen – vermeintlichen – Inhalt auch nicht repräsentiert werden. Dementsprechend erklären die an Hume anknüpfenden Vertreter der emotivistischen Ethik moralische Urteile dann auch zu bloßen Scheinurteilen, die nicht Tatsachen repräsentieren und wahr oder falsch sein können, sondern lediglich Gefühle zum Ausdruck bringen.[9]

---

[6] Hume, Über die Regel des Geschmacks, a.a.O., 46.
[7] Vgl. Hume, Ein Traktat über die menschliche Natur, a.a.O., 198 f., u. Über die Regel des Geschmacks, a.a.O., 46.
[8] Vgl. Hume, Ein Traktat über die menschliche Natur, a.a.O., 210 f.
[9] „Die vermeintlichen Sätze [...] der Ethik [...] sind Scheinsätze [...] sie haben keinen theoretischen Gehalt, sondern sind nur Gefühlsäußerungen, die beim Hörer wiederum Gefühle und Willensein-

Wenn aber moralische Urteile lediglich zum Ausdruck bringen, wie jemand eine bestimmte Handlung kraft der Beschaffenheit seiner je besonderen Natur erlebt: Wird dann Moralität innerhalb der Gefühlsethik nicht zu einer rein subjektiven und gänzlich irrationalen Angelegenheit? Schließlich ist ja keineswegs gewährleistet, daß ein und dieselbe Handlung von jedermann in gleicher Weise empfunden und dementsprechend moralisch beurteilt wird. Was ist im Falle einer moralischen Meinungsverschiedenheit zu tun? Obzwar Hume davon überzeugt ist, daß ein moralisches Urteil über die Beschaffenheit der Handlung, die es bewertet, in Wahrheit nichts aussagt und „Sittlichkeit" grundsätzlich „kein Gegenstand der Vernunft ist", bedeutet das in seinen Augen nicht, daß alle moralischen Bewertungen von bloß subjektiver Geltung sind.[10] Stattdessen zeichnet er unter den Gefühlen bestimmte als genuin moralisch aus, die zu entwickeln jedem Menschen möglich sei. Um die moralischen Gefühle freizulegen, müßten Menschen danach streben, bei moralischen Beurteilungen unparteilich vorzugehen und ihre rein persönlichen Interessen hintanzustellen. Dazu seien sie deshalb imstande, weil sie als soziale Wesen Mitgefühl (*sympathy*) empfänden: Menschen könnten Handlungen von einem (relativ) unparteilichen Standpunkt aus moralisch beurteilen, weil sie dazu fähig seien, sich in die Lage anderer zu versetzen und deren Gefühle zu teilen.[11]

Unbegründet bleibt indes die normative Auszeichnung der moralischen Gefühle: Wie können diese anders als „moralisch" ausgewiesen werden als dadurch, daß die auf ihnen basierenden Urteile eben jene Handlungen als moralisch richtig qualifizieren, die dieses Prädikat auch verdienen? Unter der Prämisse, daß die sogenannten moralischen Gefühle gar nicht imstande sind, Handlungen als in bestimmter Weise seiend zu repräsentieren, bleibt dunkel, inwiefern diese Gefühle überhaupt als moralisch gelten können. Darüber hinaus besteht unabhängig von dem besonderen Ansatz Humes ein prinzipielles Problem: Sofern der Wahrheits- und Begründungsanspruch moralischer Urteile mit dem Argument zurückgewiesen wird, daß sie in Gefühlen gründen, und sie deshalb von der Klasse der Vernunfturteile ausgenommen werden, wird mit den Gefühlen auch die Moral in epistemischer und metaphysischer Hinsicht abgewertet. Um diesem Problem zu begegnen, wird im Rahmen ganz unterschiedlicher moralphilosophischer Ansätze dafür argumentiert, daß die Geltung moralischer Urteile unabhängig von Gefühlen ist

---

stellungen anregen" (R. Carnap, Logische Syntax der Sprache, Berlin 1934, 204; vgl. auch A. J. Ayer, Sprache, Wahrheit und Logik, Stuttgart 1987; engl. Language, Truth, and Logic, London 1936). Olaf Müller will demgegenüber in diesem Band zeigen, daß es moralische Beobachtungssätze gibt.

[10] Hume, Ein Traktat über die menschliche Natur, a.a.O., 210.

[11] Die Bedeutung des Mitgefühls für die Moral erörtert in diesem Band Peter Goldie, wobei er zwischen Mitgefühl im engeren Sinne (*compassion*) und Empathie als der Fähigkeit, die Gefühle anderer imaginativ zu simulieren, unterscheidet. Speziell der Empathie widmet sich im Anschluß an Goldie Dirk Koppelberg.

und sich anhand rein rationaler Kriterien feststellen läßt.[12] Dabei ist allerdings schon vorausgesetzt, daß Gefühle *nicht* rational sind, und eben diese Voraussetzung wird durch neuere Theorien des Gefühls in Frage gestellt. Bevor ich jedoch auf diese Theorien, ihre Berechtigung sowie ihre Relevanz für die normativ-ethische Theoriebildung eingehe, sei zuerst dargelegt, was überhaupt für die Annahme spricht, daß moralische Urteile in Gefühlen gründen.

II. Das Motivationsproblem

Ein bis heute einflußreiches Argument dafür, daß moralische Urteile in Gefühlen gründen, findet sich wiederum bei Hume.[13] Hume stellt zunächst fest, daß Vernunft und Wissen allein nicht hinreichend sind, um zum Handeln zu motivieren. Welcher Art auch immer ziehen sie nach seiner Auffassung dann keinerlei Handlung nach sich, wenn ihr Inhalt ihrem Träger gleichgültig ist. Sollte eine Person beispielsweise wissen, wie sie vermeiden kann, naß zu werden, wenn es regnet, ist sie deshalb noch nicht dazu motiviert, etwa einen Regenschirm zu benutzen. Das entsprechende Motiv besteht vielmehr erst dann, wenn der Person etwas daran gelegen ist, nicht naß zu werden. Erst dieses Anliegen stellt ein Motiv für das Benutzen des Regenschirms dar, wohingegen das Wissen der Person lediglich die Mittel dazu benennt, ihr Motiv in die Tat umzusetzen. Nach Hume sind es die Gefühle und nur diese, die für die Handlungsmotivation verantwortlich sind. Die Vernunft erklärt er demgegenüber in einem fast sprichwörtlich gewordenen Satz zum bloßen „Sklaven" der Gefühle: sie dürfe „niemals eine andere Funktion beanspruchen als die, denselben zu dienen und zu gehorchen", und das heißt genau, daß die Rolle der Vernunft im menschlichen Handeln darauf reduziert ist, Mittel zur Realisierung von arationalen Handlungsmotiven aufzufinden.[14] Dabei muß der Ausdruck „Gefühl" offensichtlich in einem so weiten Sinne verstanden werden, daß er auch Interessen, Vorlieben, Neigungen, Wünsche einschließt, und was dergleichen mehr ist. Vor allem aber bringt Humes Analyse menschlichen Handelns neben der Empfindung ein zweites Charakteristikum der Gefühle ins Spiel, nämlich die mit ihrem Auftreten typischerweise einhergehende Disposition, sich in bestimmter Weise zu verhalten oder zu handeln.[15]

---

[12] Vgl. zu neueren Ansätzen etwa die Beiträge in: J. Rachels (Hg.), Ethical Theory 1, The Question of Objectivity, Oxford 1998 (=OXFORD READINGS IN PHILOSOPHY).
[13] Vgl. Hume, Ein Traktat über die menschliche Natur, a.a.O., 150–6 u. 195 ff.
[14] Hume, Ein Traktat über die menschliche Natur, a.a.O., 153.
[15] Sofern dieses Charakteristikum nicht bloß typisch, sondern essentiell oder konstitutiv für ein Gefühl ist, werden damit die Grenzen der Empfindungstheorie überschritten. Zur Kritik an Hume in dieser Frage vgl. B. Stroud, Hume, London 1977, 163, sowie im Anschluß an Stroud M. Smith, The Humean Theory of Motivation, in: Mind 96 (1987), 36–61; hier 45 ff. Auf die Schwierigkeiten, Hume eindeutig als Vertreter der Empfindungstheorie des Gefühls zu lesen, werde ich weiter unten in einem Exkurs noch zurückkommen. Vgl. in diesem Band auch die Beiträge von Verena Mayer und Peter Goldie.

Leugnet Hume einerseits, daß Vernunfturteile für sich genommen motivierende Kraft haben, scheinen ihm andererseits moralische Urteile gerade durch ihren grundlegenden Einfluß auf das menschliche Handeln ausgezeichnet zu sein. Es scheint nicht möglich zu sein, daß jemand von der moralischen Richtigkeit oder Falschheit einer Handlung wirklich überzeugt ist, ohne damit zugleich motiviert zu sein, seiner Überzeugung gemäß zu handeln. Sollte jemand beispielsweise behaupten, daß es moralisch falsch ist, Bücher aus einer öffentlichen Bibliothek zu entwenden, um dann genau dabei erwischt zu werden, so bedarf diese Diskrepanz zwischen Behauptung und tatsächlichem Handeln der Erklärung, indem der Person etwa unterstellt wird, daß ihre Behauptung eine Lüge gewesen oder sie sich zumindest über ihre eigenen Überzeugungen nicht im klaren sei. Man könnte auch vermuten, daß die Person an Willensschwäche leide oder mit der fraglichen Behauptung gar nicht ihre eigene Überzeugung zum Ausdruck gebracht, sondern einfach nur referiert habe, was allgemein für wahr gehalten wird. Entscheidend ist, *daß* ihr Verhalten eine Erklärung verlangt.

Wird nun die Forderung, daß moralische Urteile notwendig zum Handeln motivieren, mit der These verbunden, daß es nicht Vernunft und Wissen, sondern grundsätzlich nur die Gefühle sein können, die als Handlungsmotive fungieren, folgt, daß beim Zustandekommen moralischer Urteile Gefühle eine konstitutive Rolle spielen müssen. Auf diese Weise identifiziert Hume das sich einer jeden Moraltheorie stellende „Motivationsproblem" – und löst es auch gleich oder löst es vielmehr auf. Das Motivationsproblem besteht darin, erklären zu können, wie es möglich ist, daß moralische Urteile faktisch handlungswirksam werden. Denn schließlich sind diese Urteile normativ und liefern Gründe für moralisches Handeln. Zumindest unter diesem praktischen Verständnis moralischer Urteile ist für den Nachweis ihrer Geltung die Erklärung ihrer motivierenden Kraft unabdingbar. Denn offenkundig wäre es unsinnig, die Existenz von normativen Handlungsgründen für Wesen zu postulieren, wenn diese Wesen gar nicht imstande sind, aus diesen Gründen zu handeln. Daher ist an eine jede moralische Theorie der Anspruch zu stellen, das Problem der moralischen Motivation zu lösen.

> Insofern sie Gründe für das moralisch richtige Handeln bereitstellt, bildet die Ethik eine Teildisziplin der (normativen) Theorie der praktischen Rationalität. Dementsprechend muß sie sich kohärent in diese übergeordnete Theorie integrieren lassen und wird in der gegenwärtigen Rationalitätstheorie auch vielfach als ein Spezialfall der Theorie praktischer Rationalität behandelt – ohne daß damit behauptet werden soll, daß sich moralische Gründe von anderen praktischen Gründen (wie beispielsweise prudentiellen) nicht unterscheiden ließen.[16]

---

[16] Vgl. etwa G. Cullity u. B. Gaut (Hgg.), Ethics and Practical Reason, Oxford 1997. Konsequenzen einer Integration der Gefühle in Theorien praktischer Rationalität behandeln in diesem Band der Beitrag von Sabine A. Döring und Christopher Peacocke sowie der Beitrag von Wilhelm Vossenkuhl; vgl. auch S. A. Döring, Emotionen und Holismus in der praktischen Begründung, in: G. W. Bertram u. J. Liptow (Hgg.), Holismus in der Philosophie, Weilerswist 2002, 47–67, u. dies., Explaining Action by Emotion, in: The Philosophical Quarterly 211 (erscheint im April 2003).

Freilich ist man, indem man den beschriebenen Anspruch akzeptiert, nicht auf die Humesche Gefühlsethik festgelegt. Humes „Lösung" des Motivationsproblems läuft darauf hinaus, die Normativität moralischer Urteile schlichtweg aufzuheben.[17] Wie dargelegt, sind nach Hume moralische Urteile gefühlsbedingt und machen deshalb in Wahrheit keine Aussagen über die Beschaffenheit von Handlungen, sondern bringen die Empfindungen der urteilenden Person angesichts dieser Handlungen zum Ausdruck. Die moralischen Urteile einer Person hängen demnach von ihren Gefühlen ab, was Hume damit begründet, daß moralische Urteile zur Klasse der praktischen Urteile zählen und als solche notwendig zum Handeln motivieren sollen. Denn in Humes Augen sind ja die Handlungsmotive einer Person identisch mit ihren Gefühlen. Wenn aber die Gefühle einer Person sowohl darüber entscheiden, wie sie eine Handlung bewertet, als auch darüber, ob und in welchem Maße sie zu der Handlung motiviert ist, dann ist ausgeschlossen, daß eine Person nicht das tut, was sie für das beste hält (ausgenommen natürlich den Fall, daß sie durch äußere oder innere Widerstände daran gehindert wird). Ihr jeweils „stärkstes" Gefühl bestimmt sowohl, welche Handlung sie für die beste hält, als auch, was sie faktisch tut, so daß sich ihre praktischen, eingeschlossen ihre moralischen Urteile in ihrem Verhalten offenbaren. Insofern eine Norm begrifflich voraussetzt, daß es möglich ist, ihr zuwiderzuhandeln und so gegen sie zu verstoßen, sind praktische Urteile unter dieser Interpretation nicht normativ, sondern determinieren menschliches Handeln gleichsam naturgesetzlich.

Einen Widerspruch zwischen dem praktischen Urteil einer Person und ihrem tatsächlichen Handlungsmotiv könnte es nur dann geben, wenn sich die Gefühle sowie die durch sie begründeten praktischen Urteile rational kritisieren ließen. Eben diese Möglichkeit schließt Hume aber von vornherein aus. Irrational könne ein praktisches Urteil nur in dem Sinne sein, daß entweder das zugrundliegende Gefühl auf falschen Annahmen beruht oder die handelnde Person sich über die zur Befriedigung ihrer Motive geeigneten Mittel täuscht, d. h. von falschen Annahmen über kausale Beziehungen ausgeht. Sofern ein Fehler dieser Art eingesehen wird, passen sich Gefühl und praktisches Urteil der Einsicht automatisch an.[18] Handlungszwecke, wie sie durch Gefühl und praktisches Urteil vorgegeben werden, können bei Hume grundsätzlich nicht in Widerspruch zur Vernunft stehen:

---

[17] Vgl. auch Ch. M. Korsgaard, Skeptizismus bezüglich praktischer Vernunft, in: S. Gosepath (Hg.), Motive, Gründe, Zwecke: Theorien praktischer Rationalität, Frankfurt am Main 1999, 121–45; hier 130 (engl. Skepticism about Practical Reason, in: Journal of Philosophy 83 (1986), 1–25); dies., The Normativity of Instrumental Reason, in: G. Cullity u. B. Gaut (Hgg.), Ethics and Practical Reason, Oxford 1997, 215–54; S. A. Döring, Epistemische als praktische Gründe: Ein Argument gegen die humesche Auffassung praktischer Rationalität, in: A. Beckermann u. Ch. Nimtz (Hgg.), Argument und Analyse. Proceedings of the GAP 4, Paderborn 2001, 652–67, u. H. Steinfath, Orientierung am Guten. Praktisches Überlegen und die Konstitution von Personen, Frankfurt am Main 2001, 67 f.

[18] Hume, Ein Traktat über die menschliche Natur, a.a.O., 153 ff.

Es läuft der Vernunft nicht zuwider, wenn ich lieber die Zerstörung der ganzen Welt will als einen Ritz an meinem Finger. Es widerspricht nicht der Vernunft, wenn ich meinen vollständigen Ruin auf mich nehme, um das kleinste Unbehagen eines Indianers oder einer mir gänzlich unbekannten Person zu verhindern. Es verstößt ebensowenig gegen die Vernunft, wenn ich das erkanntermaßen für mich weniger Gute dem Besseren vorziehe und zu dem Ersteren größere Neigung empfinde als für das Letztere.[19]

Widersprüche seien immer nur zwischen Vernunfturteilen möglich, wenn nämlich der repräsentationale Inhalt eines dieser Urteile das Bestehen einer Tatsache behauptet, deren Existenz durch den Inhalt eines anderen Urteils gerade geleugnet wird. Gefühle hingegen hätten keinen repräsentationalen Inhalt und könnten folglich der Vernunft nicht widersprechen.[20] Gleiches gilt für praktische Urteile, wie sie die Gefühle der urteilenden Person angesichts einer Handlung zum Ausdruck bringen – und schon aufgrund dieses expressiven Charakters schwerlich normative, rechtfertigende Gründe für Handlungen bereitstellen können. Die praktischen Urteile einer Person hängen demnach *ausschließlich* von arationalen Gefühlen ab, und da diese zugleich die Handlungsmotive der Person sind, handelt eine Person relativ zu ihren praktischen Urteilen niemals irrational. Wenn aber die Möglichkeit praktischer Irrationalität ausgeschlossen ist, dann kann es auch keine praktische Rationalität geben, denn der Begriff der praktischen Rationalität setzt den der praktischen Irrationalität notwendig voraus: mit der Normativität der praktischen Urteile hebt Hume zugleich die praktische Rationalität auf.

Eine ganz andere Strategie zur Lösung des Motivationsproblems schlagen externalistische Moraltheorien vor. Als „externalistisch" (bezüglich moralischer Motivation) bezeichne ich eine jede Theorie, die die Frage der Gerechtfertigtheit eines moralischen Urteils von der Frage nach dessen motivierender Kraft und damit von den Gefühlen abkoppelt, indem sie bestreitet, daß ein moralisches Urteil, das für eine Handlung spricht, notwendig zu dieser Handlung motiviert. Für den Externalisten ist es eine Sache, von der moralischen Richtigkeit einer Handlung überzeugt zu sein, und eine ganz andere, ein Motiv zur Ausführung dieser Handlung zu haben. Umgekehrt werden als „internalistisch" hier alle moralischen Theorien klassifiziert, nach denen es nicht möglich ist zu urteilen, daß eine Handlung moralisch gerechtfertigt ist, ohne zugleich motiviert zu sein, die Handlung auszuführen.[21] Nach Auffassung des Internalisten stellen moralische Urteile Handlungs- bzw. praktische Gründe bereit, deren Praktizität sich gerade darin zeigt, daß sie zugleich Motive sind. Damit ist nicht ausgeschlossen, daß ein moralisches Motiv im Kampf mit konkurrierenden Motiven unterliegen kann und Menschen also imstande sind, wider ihr moralisches Urteil zu handeln: Auch wenn der

---

[19] Ebd., 154.
[20] Vgl. Hume, Ein Traktat über die menschliche Natur, a.a.O., 153 f.; vgl. auch Hume, Über die Regel des Geschmacks, a.a.O., 46.
[21] Zu diesem auf W. D. Falk und W. K. Frankena zurückgehenden Gebrauch der vieldeutigen Antonyme „Externalismus" und „Internalismus" vgl. exemplarisch T. Nagel, The Possibility of Altruism, 7 ff., u. Korsgaard, Skeptizismus bezüglich praktischer Vernunft, a.a.O., 125 ff.; vgl. auch die Diskussion in M. Smith, The Moral Problem, Oxford 1994, Kap. 3, 60 ff.

Internalismus eine wesentliche Prämisse der Theorie Humes darstellt, impliziert er für sich genommen keineswegs, daß moralische Motive auch zwangsläufig handlungswirksam werden. Gefordert ist lediglich, daß dann, wenn die Person tatsächlich aus dem Grund handelt, daß sie die Handlung für moralisch richtig hält, der Grund auch wirklich das Motiv der Handlung sein muß, und das heißt: die Handlung zugleich erklären können muß. Rechtfertigender und erklärender Grund bzw. faktisches Motiv der Handlung müssen in diesem Fall identisch sein.[22] Dabei verpflichtet der Internalismus nicht auf eine bestimmte (z. B. kausale) Theorie der Motivation und der Erklärung von Handlungen.[23]

Im Gegensatz zur internalistischen Theorie Humes eröffnet der Externalismus die Möglichkeit, daß moralische Urteile unabhängig von Gefühlen und durch reine Vernunftgründe gerechtfertigt werden können, die den Gründen etwa für ein wissenschaftliches Urteil in epistemischer und metaphysischer Hinsicht in nichts nachzustehen brauchen.

> Innerhalb der Debatte um Moral und praktische Rationalität werden die Ausdrücke „Internalismus" und „internalistisch" manchmal so gebraucht, daß sie die Rationalitätsauffassung Humes und seiner Erben benennen. Diese Auffassung ergibt sich, wenn man das Rationalitätspostulat, welches hier als „Internalismus" bezeichnet wird, mit einer Humeschen Motivationstheorie verbindet, d. h. Motivation stets durch die motivational relevanten und als solche arationalen Zustände (z. B. die Gefühle) der handelnden Person erklärt. Denn wenn rechtfertigende Gründe zugleich als erklärende Gründe, und das heißt als Motive, tauglich sein müssen, und Motivation sich letztlich immer bestimmten arationalen Zuständen der handelnden Person verdankt, dann muß alle praktische Begründung von arationalen Zuständen ausgehen.[24]

Einmal angenommen, jemand urteilt, daß es moralisch falsch ist, seine Frau zu mißhandeln. In dem von Hume entworfenen Szenario kommt er zu diesem Urteil, weil er die

---

[22] Diese Gestalt einer „Identitätsthese" nimmt der Internalismus etwa bei den Humeanern Donald Davidson und Bernard Williams an. Vgl. D. Davidson, Handlungen, Gründe und Ursachen, in: ders., Handlung und Ereignis, Frankfurt am Main 1985, 19–42 (engl. Actions, Reasons, and Causes, in: D. Davidson, Essays on Actions and Events, Oxford 1980, 3–19), u. B. Williams, Interne und externe Gründe, in: Gosepath, Motive, Gründe, Zwecke, a.a.O., 105–20 (engl. Internal and External Reasons, wieder in: B. Williams, Moral Luck, Cambridge 1981, 101–13).

[23] Vgl. Smith (The Humean Theory of Motivation, a.a.O., 43ff., u. The Moral Problem, a.a.O., 102 ff.), der zwischen seiner Humeschen Theorie der Motivation und einer kausalen Handlungstheorie wie derjenigen Davidsons strikt unterscheidet. Zu fragen ist indes, wie der durch den Internalismus erhobene „psychologische Anspruch" (Korsgaard), den auch etwa Owen Flanagans „Principle of Minimal Psychological Realism" erhebt, anders eingelöst werden kann (vgl. Korsgaard, Skeptizismus bezüglich praktischer Vernunft, a.a.O., 142, u. O. Flanagan, Varieties of Moral Personality, Cambridge, Mass. 1991, 32).

[24] Vgl. etwa Williams, Interne und externe Gründe, a.a.O.; Internal Reasons and the Obscurity of Blame, in: ders., Making Sense of Humanity, Cambridge 1995, 35–45; J. McDowell, Might there Be External Reasons?, in: J. E. J. Altham u. R. Harrison (Hgg.) World, Mind and Ethics. Essays on the Ethical Philosophy of Bernard Williams, Cambridge 1995, 68–85; D. Parfit, Reasons and Motivation, in: Proceedings of the Aristotelian Society, Suppl. Vol. LXXI (1997), 99–130.

fragliche Handlung mißbilligt, und hat damit zugleich ein Motiv, von der Mißhandlung seiner Frau Abstand zu nehmen. Ohne die Mißbilligung hätte er weder das Motiv noch käme er zu dem Urteil, und könnte, sollte er seine Frau mißhandeln, hierfür vernünftigerweise nicht getadelt werden.[25] Dagegen wendet der Externalist ein, daß das Urteil des Ehemannes ihm einen Grund geben kann, von der Mißhandlung abzusehen, der unabhängig vom Vorliegen eines entsprechenden Motivs ist. Der Ehemann könnte durch rein rationale Überlegungen zu seinem Urteil kommen und hierin vollkommen gerechtfertigt sein, ohne daß er deshalb schon motiviert wäre, seine Frau nicht zu quälen. Um moralischen Einsichten praktische Geltung zu verschaffen, empfiehlt der Externalist, die Menschen in passender Weise zu erziehen. Die Gefühle als die für moralisches Handeln erforderlichen, der Moral aber bloß äußerlichen Motive seien dergestalt zu entwickeln, daß die Menschen den moralischen Normen in ihrem Handeln Folge leisten. Selbstverständlich muß der Externalist, um zu gewährleisten, daß seine Theorie den Phänomenen angemessen ist, zeigen, inwiefern es überhaupt möglich ist, die Gefühle in dieser Weise zu entwickeln.

Doch selbst wenn ihm dies gelänge, bestünde auf nächsthöherer Ebene das Problem zu erklären, warum jemand überhaupt motiviert sein sollte, die eigenen oder die Gefühle anderer so zu erziehen, daß sie moralischen Gründen Handlungswirksamkeit verschaffen. Ihn darauf verpflichten zu wollen ist insofern aussichtslos, als, wie Kant klar sieht, die motivierende Kraft einer solchen Pflicht das moralische Gefühl schon voraussetzte.[26] Überdies gibt der Externalist, indem er Motivation zu einer der Moral bloß äußerlichen Sache erklärt, die Möglichkeit preis, daß Menschen tatsächlich *aus* moralischen Gründen handeln und nicht bloß in Übereinstimmung mit diesen. In den Augen eines Internalisten sind Menschen Wesen, die jedenfalls manchmal etwas genau aus dem Grund tun, daß sie es für moralisch richtig halten – und nicht erst deshalb, weil das, was sie für richtig halten, kontingenterweise einem dem moralischen Grund externen Motiv entspricht. Wäre der Externalismus wahr, hinge das Tun dessen, was man für moralisch richtig hält, grundsätzlich davon ab, ob ein entsprechendes externes Motiv vorliegt. Jedoch ist weder gewährleistet, daß das externe Motiv bei jeder Person und in jedem relevanten Fall vorliegt, noch, daß dieses Motiv, wenn es vorliegt, immer zu der Handlung führt, die man für moralisch richtig hält. Sollte es etwa gelingen, den Ehemann dazu zu bringen, Mitgefühl gegenüber seiner Frau zu empfinden, so könnte dieses Motiv ihn nicht nur davon abhalten, seine Frau zu mißhandeln. Vielmehr könnte es ihn beispielsweise auch dazu bewegen, ihr bei der Steuerhinterziehung zu helfen, und zwar selbst dann, wenn er das für unmoralisch hält. Denn schließlich sind ja gemäß der externalistischen Theorie seine moralischen Urteile bzw. Gründe nicht notwendig mit seinen Handlungsmotiven verknüpft. Selbst wenn sich sicherstellen ließe, daß ein mo-

---

[25] Eben diesen moralskeptisch-provokativen Schluß zieht der Humeaner Bernard Williams (vgl. Williams, Internal Reasons and the Obscurity of Blame, a.a.O., 39 f.).

[26] I. Kant, Die Metaphysik der Sitten (1797), Teil II, Metaphysische Anfangsgründe der Tugendlehre, Einleitung zur Tugendlehre, XII a., in: ders., Gesammelte Schriften („Akademieausgabe"), Berlin 1902 ff., Bd. VI, 399.

ralischer Grund stets gemeinsam mit einem passenden Motiv auftritt, bliebe dieser Zusammenhang immer bloß kontingent, und die Handlungsmotivation wäre deshalb amoralisch, weil es nicht der Grund ist, der die Handlung bewirkt.

Eben diese Konsequenz eines Externalismus der Handlungsmotivation hat Kant in seiner *Grundlegung zur Metaphysik der Sitten* vor Augen.[27] Obzwar bei Kant anders als bei Hume die moralischen Urteile nicht gefühlsbedingt, sondern rein rational sind, will er gewährleistet sehen, daß zwischen diesen Urteilen und der moralischen Motivation nicht bloß ein kontingenter, sondern ein notwendiger Zusammenhang besteht. Daher fordert er, allein der Handlung „aus Pflicht" moralischen Wert zuzubilligen, d. h. der Handlung, die aufgrund der Einsicht in das moralisch Richtige ausgeführt wird. Handlungen „aus Neigung", sei es aus Eigeninteresse oder aus Mitgefühl, können im Gegensatz dazu allenfalls „pflichtgemäß" sein. Sie mögen zwar mit dem übereinstimmen, was moralisch richtig ist, haben aber deshalb keinen moralischen Wert, weil jemand, der zwar pflichtgemäß, aber aus Neigung handelt, der Moral gegenüber vollkommen indifferent sein kann. Erst das Handeln aus Pflicht, ob mit oder ohne Neigung, ist moralisches und zugleich rationales Handeln, dessen Möglichkeit der Externalist bestreiten muß, um die Frage der Begründetheit moralischer Inhalte vom Problem der moralischen Motivation abkoppeln zu können.

> In Kantischer Tradition wendet Thomas Nagel gegen den Externalismus ein, daß unter Voraussetzung dieses Rationalitätspostulats jemand, der mit einem Handlungsgrund konfrontiert wird, fragen könnte: „Warum das tun, wozu ich Grund habe, es zu tun?".[28] Auch die Forderung der Humeaner Davidson und Williams, daß, sofern eine Person tatsächlich aus einem rechtfertigenden Grund handelt, rechtfertigender und erklärender Grund der Handlung identisch sein müssen, soll sicherstellen, daß moralische bzw. allgemeiner praktische Gründe Handlungen auch wirklich herbeiführen können. Argumentiert Nagel aus der Perspektive der handelnden Person, nehmen Davidson und Williams die Perspektive des Erklärenden ein.

Wenn demnach Kant sowohl für eine Vernunftethik eintritt als auch für eine internalistische Position bezüglich moralischer Motivation plädiert:[29] spricht er damit etwa der Vernunft für sich genommen motivierende Kraft zu? In diesem Nachweis könnte eine zweite Strategie bestehen, moralische Motivation zu erklären, ohne die Rechtfertigung moralischer Urteile von Gefühlen abhängig zu machen. Die hiermit einhergehende Beweislast wiegt jedoch schwer, und Kant hat sie auch nicht auf sich genommen. Stattdessen führt er zur Erklärung der moralischen Motivation das spezifische Gefühl der Achtung ein: Achtung sei ein Gefühl, „doch kein durch Einfluß *emp-*

---

[27] Vgl. I. Kant, Grundlegung zur Metaphysik der Sitten (1785), in: ders., Gesammelte Schriften („Akademieausgabe"), Berlin 1902 ff., Bd. IV, 385–463; hier 397 ff.; vgl. auch z. B. B. Herman, On the Value of Acting from the Motive of Duty, in: dies., The Practice of Moral Judgement, Cambridge, Mass. 1996, 1–22.
[28] Vgl. Nagel, The Possibility of Altruism, a.a.O., 9.
[29] Wie Korsgaard herausstellt, wird Kant in der Sekundärliteratur überraschenderweise auch externalistisch gelesen (vgl. Korsgaard, Skeptizismus bezüglich praktischer Vernunft, a.a.O., 127).

fangenes, sondern durch einen Vernunftbegriff *selbstgewirktes* Gefühl und daher von allen Gefühlen der ersteren Art, die sich auf Neigung oder Furcht bringen lassen, spezifisch unterschieden".[30] Von den gewöhnlichen Gefühlen unterscheidet sich also Achtung nach Kant insbesondere dadurch, daß sie von der Vernunft allererst erzeugt wird. Damit schafft sich die Vernunft gleichsam selbst die „Triebfeder", die nötig ist, um ihren Forderungen Wirksamkeit zu verschaffen. Vom Vorliegen der Achtung hängt es ab, ob eine moralische Einsicht zum Handeln zu motivieren vermag. Demnach versucht Kant, trotzdem er ausschließt, daß Gefühle bei der Begründung moralischer Urteile irgendeine Rolle spielen, Humes Beobachtung Rechnung zu tragen, daß Vernunft und Wissen allein Wesen unserer Beschaffenheit nicht zum Handeln bewegen können. Es liegt allerdings der Verdacht nahe, daß er das so genannte Gefühl der Achtung eher zu dem Zweck konstruiert, beide Ziele erreichen zu können, als daß es den Phänomenen tatsächlich entspricht. So räumt Kant denn auch selbst ein, daß man ihm vorwerfen könnte, er suchte „hinter dem Worte *Achtung* nur Zuflucht in einem dunklen Gefühle".[31] Davon abgesehen ist zu fragen, ob Kant sich am Ende nicht sozusagen durch die Hintertür doch wieder das Kontingenzproblem des Externalisten einhandelt. Schließlich scheint zwischen die moralische Einsicht und die durch sie motivierte Handlung das Gefühl der Achtung zu treten. Um Handeln aus Pflicht dennoch zu ermöglichen, müßte die moralische Einsicht *notwendig* mit Achtung verknüpft sein, so daß die Achtung der Einsicht nicht bloß äußerlich ist. Ist es aber wirklich ausgemacht, daß moralische Einsicht zwangsläufig Achtung erzeugt? Kann es nicht sein, daß einen die Einsicht in das moralisch Richtige völlig kalt läßt?[32] Dann wäre Achtung doch wieder nur ein der Vernunft externes Handlungsmotiv, und Handlungen aus Pflicht, die wirklich um der moralischen Einsicht willen ausgeführt werden, könnte es nicht geben.[33]

III. Kognitivistische Emotionstheorien und ihre Bedeutung für die Ethik

Keine der bis hierhin skizzierten Erklärungen moralischer Motivation scheint wirklich überzeugen zu können: Während der Externalist moralisches Handeln nicht erklären

---

[30] Kant, Grundlegung zur Metaphysik der Sitten, a.a.O., 401, Anmerkung; vgl. auch R. C. S. Walker, Achtung in the „Grundlegung", in: O. Höffe (Hg.), Grundlegung zur Metaphysik der Sitten. Ein kooperativer Kommentar, Frankfurt am Main 1989, 97–116.
[31] Kant, Grundlegung zur Metaphysik der Sitten, a.a.O., 401, Anmerkung.
[32] Kant selbst erwägt in der „Religionsschrift" von 1793 sogar noch die weitergehende Frage, nämlich ob man sich gegen das als vernünftig Eingesehene motivieren kann, gerade weil es böse ist – aber eine derart pervertierte Vernunft hält er für unmöglich (vgl. Die Religion innerhalb der Grenzen der bloßen Vernunft, in: ders., Gesammelte Schriften („Akademieausgabe"), Berlin 1902 ff., Bd. VI, 1–202).
[33] Zur Rolle der Gefühle bei Kant vgl. auch den Beitrag von Verena Mayer in diesem Band.

kann, stehen unter den Internalisten die Humeaner vor dem Problem nachzuweisen, wie arationale Empfindungen normative Handlungsgründe liefern und so Handlungen allererst rechtfertigen können, und die Kantianer kämpfen mit der Schwierigkeit zu zeigen, wie reine Vernunft praktisch werden kann. Alle drei Erklärungstypen sind bis in die heutige Diskussion präsent, die sich überwiegend in den angelsächsischen Sprachraum verlagert hat.[34] Der Externalismus ist insbesondere unter moralischen Realisten wie etwa Richard N. Boyd verbreitet, wird aber auch etwa von T. M. Scanlon in seinem frühen Aufsatz „Contractualism and Utilitarianism" vertreten.[35]

> Die Allianz zwischen Externalismus und moralischem Realismus ist darauf zurückzuführen, daß der Realist, bekennte er sich zum Internalismus, zeigen müßte, daß es in der Welt Entitäten geben kann, die intrinsisch motivierend sind. Denn für den Realisten ist eine Handlung genau dann moralisch richtig, wenn sie an sich die Eigenschaft hat, moralisch richtig zu sein. Moralische Prädikate bezeichnen für ihn wirkliche Eigenschaften von Dingen, die aller Erkenntnis vorgeordnet sind und durch diese erst entdeckt werden müssen. Da das Entdecken der moralischen Qualität einer Handlung aus internalistischer Sicht notwendig ein Motiv liefert, die Handlung auszuführen, impliziert ein internalistischer Realismus, daß moralische Eigenschaften intrinsisch motivierend sind. Einige Realisten wie exemplarisch David O. Brink bestreiten aus solchen Gründen nicht nur, daß moralische Urteile notwendig zum Handeln motivieren, sondern zugleich, daß sie überhaupt Handlungsgründe liefern.[36] Denn grundsätzlich stellt sich die Frage, wie intrinsisch handlungsleitende Entitäten vorstellbar sind, sei es, daß sie Motive, sei es, daß sie Gründe für Handlungen liefern. John Leslie Mackies einflußreichem „Argument der Absonderlichkeit" zufolge wären sie, sofern es sie gäbe, höchst absonderliche Entitäten, vollkommen verschieden von allem Übrigen im Universum, und es bedürfte dementsprechend eines spezifischen Erkenntnisvermögens wie etwa der Mooreschen Intuition, um sie erkennen zu können.[37] Um dieser scheinbar erdrückenden Beweislast zu entkommen, nehmen moralische Realisten bevorzugt einen externalistischen Standpunkt ein.[38]

Der Internalismus als integraler Bestandteil einer Humeschen Auffassung von Moral und praktischer Rationalität findet sich exemplarisch in Bernard Williams' einflußreichem Aufsatz über „Interne und externe Gründe". Kantianer wie beispielsweise Christine M. Korsgaard halten am Internalismus fest und versuchen zugleich, den

---

[34] Vgl. aber G. Patzig, Moralische Motivation, in: G. Patzig, D. Birnbacher u. W. Ch. Zimmerli (Hgg.), Die Rationalität der Moral, Bamberg 1996, 39–55.

[35] Vgl. R. N. Boyd, How to Be a Moral Realist, in: G. Sayre-McCord (Hg.), Essays on Moral Realism, Ithaca, NY 1988, 181–228; T. M. Scanlon, Contractualism and Utilitarianism, zuerst 1982 in: A. Sen u. B. Williams (Hgg.), Utilitarianism and Beyond; wieder in: Rachels, Ethical Theory, a.a.O., 350–76.

[36] Vgl. D. O. Brink, Moral Realism and the Foundations of Ethics, Cambridge 1989.

[37] Vgl. J. L. Mackie, Ethics. Inventing Right and Wrong, Harmondsworth 1977, 38 ff.

[38] Mackies Argument wird in diesem Band von Holmer Steinfath erneut aufgegriffen. Ihm die Stirn zu bieten versucht an anderem Orte Jean Hampton. Vgl. J. Hampton, The Authority of Reason, Cambridge 1998, 21 ff.

Humeanismus zu widerlegen.[39] Dabei sind heute internalistische Theorien gegenüber externalistischen so dominant, daß Garrett Cullity und Berys Gaut den Internalismus in der Einleitung zu dem Sammelband *Ethics and Practical Reason* als einen „Gemeinplatz" bezeichnen.[40] Dementsprechend bestimmt James Rachels das Motivationsproblem in der Einleitung zu dem ersten der beiden Bände über *Ethical Theory* von vornherein als das Problem zu erklären, warum moralische Urteile oder Überzeugungen *notwendig* zum Handeln motivieren.[41]

Allerdings weichen die gegenwärtigen Analysen von Handlungen und Motivation von den klassischen in einer für den Zusammenhang von Gefühl und Moral ganz erheblichen Hinsicht ab. Von der Vernunft bzw. von „Meinungen" (*beliefs*) unterschiedene Handlungsmotive werden nämlich typischerweise nicht mehr als „Gefühle", sondern als „Wünsche" (*desires*) klassifiziert. Diese Differenz ist keineswegs eine rein terminologische. Vielmehr kommt in der Klassifikation der Gesamtheit der motivational relevanten Zustände einer Person als „Wünsche" zum Ausdruck, daß es *ausschließlich* um den motivationalen Aspekt dieser Zustände geht. Die geläufigste Interpretation von Wünschen geht auf Michael Smith zurück, der Wünsche als rein funktionale Handlungsdispositionen bestimmt und sie von den Affekten Humes, die sich durch ihren phänomenalen Gehalt auszeichnen sollen, gerade unterscheidet: Wünsche rücken in den Brennpunkt der motivationalen Analyse, während Gefühle den Wünschen oftmals subsumiert werden und ihre nicht-motivationalen Aspekte gänzlich aus dem Blick geraten.[42]

Etwa zeitgleich vollzieht sich in der Theorie der Gefühle eine Verschiebung hin zu so genannten kognitivistischen Ansätzen.[43] Prinzipiell können als kognitivistisch alle Gefühlstheorien gelten, die den Gefühlen wesentlich einen intentionalen oder repräsentationalen Inhalt zusprechen.[44] Wenngleich die Intentionalität der Emotionen keine Entdeckung des zwanzigsten Jahrhunderts ist (sie findet sich etwa schon bei Aristoteles

---

[39] Ein guter Überblick über die Diskussion bieten die Einleitungen zu Gosepath (Hg.), Motive, Gründe, Zwecke, a.a.O., sowie zu G. Cullity u. B. Gaut (Hgg.), Ethics and Practical Reason, a.a.O.

[40] Vgl. G. Cullity u. B. Gaut (Hgg.), Ethics and Practical Reason, a.a.O., 3.

[41] Vgl. J. Rachels (Hg.), Ethical Theory 1, a.a.O., 3 f. Auch Scanlon beispielsweise ist in seinem jüngst erschienenen Buch zum Internalismus konvertiert. Vgl. T. M. Scanlon, What We Owe to Each Other, Cambridge, Mass. 1998; vgl. auch S. A. Döring, Motivation und Rechtfertigung. Zu T. M. Scanlons Theorie der moralischen Motivation, in: M. Endreß u. N. Roughley (Hgg.), Anthropologie und Moral. Philosophische und soziologische Perspektiven, Würzburg 1999, 271–307.

[42] Vgl. Smith, The Humean Theory of Motivation, a.a.O., 45 ff., u. The Moral Problem, a.a.O., Kap. 4, 92–129; vgl. auch den Beitrag von Sabine A. Döring und Christopher Peacocke in diesem Band, der zeigt, daß motivationale Erklärungen durch Gefühle bzw. Emotionen im Rahmen des *Belief-desire*-Modells nicht angemessen erfaßt werden können.

[43] Für einen Überblick über diese Entwicklung vgl. auch J. Deigh, Cognitivism in the Theory of Emotions, in: Ethics 104 (1994), 824–54.

[44] Für eine genauere Differenzierung von repräsentationalem und intentionalem Inhalt und ihre Relevanz vgl. in diesem Band den Beitrag von Sabine A. Döring und Christopher Peacocke; vgl auch den Beitrag von Thomas Goschke und Annette Bolte.

und überraschenderweise auch bei Hume[45]), wird sie erst seitdem in Hinblick auf eine mögliche Rationalität der Gefühle systematisch umfassend ausgelotet. Dabei ist der Kognitivismus in seiner Frühphase nicht nur gegen die Interpretation von Gefühlen als arationalen Empfindungen gerichtet, sondern blendet den Empfindungsaspekt sowie andere mögliche Aspekte eines Gefühls oftmals ganz aus. So ist bei Robert C. Solomon und Martha C. Nussbaum gar zu lesen, daß Gefühle identisch mit Urteilen sind.[46]

Der Haupteinwand der Kognitivisten gegen die Empfindungstheorie betrifft ihre mangelhaften Diskriminierungsleistungen. Um mit Solomon zu sprechen: „Es gibt viele Arten von Gefühlen, von Einsteins hochentwickeltem Gefühl (seiner Intuition), daß 'Gravitation möglicherweise mit Hilfe der Teilchentheorie erklärt werden kann', bis hin zu dem weniger anspruchsvollen Gefühl, das kaltes Wasser erzeugt, wenn es am Oberschenkel hinabrinnt".[47]

> Hume versucht Körperempfindungen wie Schmerz oder Lust von Gefühlen im engeren Sinne dadurch abzugrenzen, daß er sie zu primären Eindrücken erklärt: „Körperliche Schmerz- oder Lustgefühle sind die Quelle vieler Affekte, sowohl wenn sie empfunden als auch wenn sie nur vorgestellt werden; aber sie selbst entstehen ursprünglich in der Seele, oder wenn man lieber will, im Körper, unabhängig von einer vorhergehenden Perzeption. Ein Gichtanfall ruft eine lange Reihe von Affekten hervor, wie Kummer, Hoffnung, Furcht; aber er selbst ist nicht die unmittelbare Folge einer Gemütsbewegung oder einer Vorstellung".[48] Entgegen Hume ist jedoch keineswegs ausgemacht, daß eine körperliche Empfindung nicht auch sekundär sein kann: Übelkeit etwa kann das Resultat von Prüfungsangst sein, und Lust das Ergebnis einer erotischen Phantasie.

Wer an diesem Punkt noch fragt, was denn eigentlich dagegen spricht, alle diese sogenannten Gefühle in einen Topf zu werfen, erhält vom Kognitivisten die Antwort, daß die Empfindungstheorie auch daran scheitert, die Unterschiede zwischen einzelnen Gefühlen zu erklären, und folglich keine Typologie der Gefühle liefern kann. So lassen sich beispielsweise Ärger und Empörung schwerlich dadurch voneinander unterscheiden, daß zwei distinkte Empfindungen postuliert werden, kraft derer Ärger und Empö-

---

[45] Siehe unten.
[46] Solomon (in: The Passions: Emotions and the Meaning of Life, Indianapolis 1993, 126) behauptet ganz ausdrücklich, daß beispielsweise „meine Scham mein Urteil *ist* mit dem Ergebnis, daß ich für eine unglückliche Situation oder ein unglückliches Ereignis verantwortlich bin" (aus dem Englischen von Sabine A. Döring). Vgl. auch M. C. Nussbaum, The Therapy of Desire: Theory and Practice in Hellenistic Ethics, Princeton 1994, und zur Kritik an Nussbaums Position Robert C. Roberts, Emotions as Judgements, in: Philosophy and Phenomenological Research 59 (1999), 793–9. Zur neuesten Fassung von Nussbaums Ansatz vgl. M. Nussbaum, Upheavals of Thought. The Intelligence of Emotions, Cambridge 2001.
[47] R. C. Solomon, Love: Emotion, Myth, & Metaphor, Buffalo, New York 1990, 41 (aus dem Englischen von Sabine A. Döring). Auf die Liebe, der Solomon ein ganzes Buch gewidmet hat, und speziell auf die Frage, inwiefern sie als ein moralisches Gefühl gelten kann, geht in diesem Band der Beitrag von Rüdiger Bittner ein.
[48] Hume, Ein Traktat über die menschliche Natur, a.a.O., 4.

rung sich in der Selbstwahrnehmung vermeintlich jeweils spezifisch „anfühlen". Nach dem Urteil der Kognitivisten rührt dieser Unterschied vielmehr von den spezifischen Eigenschaften her, die das Subjekt dem Objekt seiner Emotion im aktualen Zustand des Ärgers bzw. der Empörung jeweils notwendig zuschreiben muß, damit die Emotion überhaupt als Ärger bzw. Empörung – oder genauer als eine Instantiierung des jeweiligen Emotionstyps – verständlich ist. Die Wirkungsmacht kognitivistischer Theorien ist wesentlich darauf zurückzuführen, daß sie damit das einzige bislang verfügbare Differenzierungsprinzip für Gefühle bereitstellen.

Insofern damit als Klassifikationskriterium gar nicht mehr das den Ausdruck „Gefühl" bestimmende „Fühlen" dient, ist der Gegenstand kognitivistischer Theorien des „Gefühls" treffender als „Emotion" zu bezeichnen.[49] Diese terminologische Unterscheidung macht auch dann noch Sinn, wenn man den frühen Kognitivismus als „überintellektualisierend" brandmarkt.[50] Denn sie trägt der den Kognitivismus generell auszeichnenden Zielsetzung Rechnung, Gefühle im engeren Sinne wie Neid, Scham, Angst, Ärger, Trauer oder Stolz kraft ihrer Intentionalität als Emotionen von anderen Arten von Gefühlen zu unterscheiden, und zwar auch dann noch, wenn der Empfindungsaspekt ebenfalls als konstitutiv erachtet wird.

Die kognitivistische (Re-)Interpretation von Gefühlen als Emotionen setzt erstens voraus, daß Emotionen intentional sind, d. h. auf bestimmte Objekte gerichtet.[51] Sich zu ärgern bzw. zu empören heißt grundsätzlich, sich *über etwas* zu ärgern bzw. zu empören. Zweitens wird demnach das intentionale Objekt einer Emotion in der Weise repräsentiert, wie es dem Begriff dieser Emotion entspricht: Ärger impliziert begrifflich, daß das, worüber man sich ärgert, als ärgerlich betrachtet wird, während Empörung im Unterschied dazu ihr Objekt als empörend repräsentiert. Damit wird durch den jeweiligen Begriff einer Emotion zugleich die Klasse ihrer möglichen intentionalen Objekte eingeschränkt und die Emotion so bestimmt: Nur diejenigen Objekte, die ärgerlich bzw. empörend sind oder jedenfalls vom Subjekt so betrachtet werden, qualifizieren sich als mögliche intentionale Objekte von Ärger bzw. Empörung. Denn es ist begrifflich ausgeschlossen, etwa zu behaupten, daß man sich über die Unpünktlichkeit seines Freundes ärgert, dieses Verhalten aber in keiner Weise als ärgerlich ansieht: Sollte jemand eine Behauptung dieser Art machen, könnten wir ihn nicht verstehen. Doch nicht nur durch sprachanalytische Argumente, sondern auch durch empirische Theorien wird dieser Ansatz gestützt: Als Spezifikum von Emotionen, das sie von nicht-emotionalen

---

[49] Anders als der deutschen ist der englischen Alltagssprache der Unterschied zwischen „Gefühlen" und „Emotionen" eingeschrieben, insofern sie nämlich sowohl *feelings* als auch *emotions* kennt. In der angelsächsischen Diskussion wird die Empfindungstheorie denn auch als *Feeling*-Theorie charakterisiert. William P. Alston bemüht sich in seinem nach wie vor lesenswerten Artikel „Emotion and Feeling" (in: P. Edwards (Hg.), Encyclopedia of Philosophy, Bd. 2, New York 1967, 479–86, hier: 483) um eine Systematisierung der vielen verschiedenen möglichen Bedeutungen von *feeling*.

[50] Vgl. P. Goldie, The Emotions. A Philosophical Exploration, Oxford 2000.

[51] Die Rede vom „intentionalen Objekt" einer Emotion ist in einem weiten Sinne zu verstehen, so daß intentionale Objekte von Emotionen beliebige Entitäten sein können.

mentalen Zuständen unterscheidet, wird ihr repräsentationaler Inhalt angesehen.[52] Genauer besteht eine emotionale Repräsentation grundsätzlich in einer bestimmten Bewertung, da ja die Zuschreibung von Eigenschaften wie ärgerlich oder empörend nicht rein deskriptiv ist, sondern das intentionale Objekt in bestimmter Weise evaluiert.[53]

Anthony Kenny, dessen 1963 erschienenes Buch *Emotion, Action and Will* den Ausgangspunkt der gegenwärtigen kognitivistischen Emotionstheorien markiert, bezeichnet die spezifische Eigenschaft, die das Subjekt dem intentionalen Objekt seiner Emotion notwendig zuschreibt, als das „formale Objekt" dieser Emotion.[54] Diese Redeweise wird noch von Ronald de Sousa in seiner elaborierten Studie über die Rationalität der Emotionen übernommen, ihre Bedeutung allerdings seinem eigenen Ansatz entsprechend modifiziert.[55] Nach Kenny implizieren Emotionen, indem sie formale Objekte haben, begrifflich Urteile bzw. die Meinungen, die jeweils das Ergebnis dieser Urteile sind. Zu sagen, daß eine Person eine beliebige Emotion x in Bezug auf ein Objekt y hat, impliziert demnach, daß die fragliche Person es für wahr hält, daß y diejenige Eigenschaft hat, welche das formale Objekt von x ist.[56]

> Überraschenderweise scheint auch Hume dieser Interpretation in seinen Analysen einzelner Gefühle, wie exemplarisch der des Stolzes, zuzustimmen.[57] So unterscheidet er zwischen der Ursache des Stolzes und dem intentionalen Objekt, das dieser notwendig haben soll: man sei stolz *auf* sich selbst, *weil* man z. B. ein Haus besitzt, das schön ist. Mit dieser Unterscheidung geht Hume weit über die Empfindungstheorie hinaus und, mehr noch, widerspricht dieser ganz offen. Denn wenn Stolz „das Selbst zum notwendigen Objekt haben" soll, dann kann offenkundig die oben zitierte These nicht zutreffen, daß ein Gefühl keine „Beziehung zu einem anderen damit gemeinten oder dadurch repräsentierten Gegenstand" hat.[58] Da Hume ferner behauptet, daß das intentionale Objekt des Stolzes durch eine Überzeugung bestimmt wird (wie z. B. die, daß man ein schönes Haus besitzt), die zugleich die Ursache und den Grund des Stolzes abgibt, deutet Davidson Humes Analyse des Stolzes denn auch als kognitiv in dem folgenden starken Sinne: „Die von mir konstruierte Theorie identifiziert den Zustand, in dem jemand sich befindet, wenn er stolz ist, daß p, mit der Einstellung, daß er sich selbst aufgrund von p billigt, und dies wiederum habe ich (im Anschluß an Hume) nicht davon unterschieden, daß man urteilt oder

---

[52] Vgl. dazu in diesem Band den Beitrag von Thomas Goschke und Annette Bolte.
[53] Vgl. dazu schon M. B. Arnold, Emotion and Personality, New York 1960, Bd. 1, 172 ff.; vgl. auch Lyons, Emotion, a.a.O., 70 ff., sowie R. C. Solomon, The Passions, a.a.O., 209–12.
[54] Vgl. Kenny, Action, Emotion and Will, a.a.O., 187–202; zur Kritik an der *Feeling*-Theorie vgl. aber auch z. B. den schon 1957 zuerst erschienenen Aufsatz „Emotions" von Errol Bedford (wieder in: V. C. Chappell (Hg.), The Philosophy of Mind, Englewood Cliff, N.Y., 1962, 110–26.
[55] Vgl. R. de Sousa, Die Rationalität des Gefühls, Frankfurt am Main 1997 (engl. The Rationality of Emotion, Cambridge, Mass. 1987).
[56] Vgl. Kenny, Action, Emotion and Will, a.a.O., 193 f.
[57] Vgl. Hume, Ein Traktat über die menschliche Natur, a.a.O., 5 ff.
[58] Hume, Ein Traktat über die menschliche Natur, a.a.O., 9 bzw. 153.

dafürhält, man sei aufgrund von *p* lobenswert".⁵⁹ Stolz, wie Hume ihn versteht, ist demnach notwendig auf die eigene Person gerichtet und repräsentiert diese aus einem bestimmten Grund als lobenswert, wobei die Repräsentation die Form eines Urteils oder einer Überzeugung hat. Annette Baier schlägt daher gar vor, den „einen dummen Absatz", in welchem Hume äußere, daß Gefühle keinen repräsentationalen Inhalt haben, schlichtweg zu ignorieren.⁶⁰ In eben diesem Absatz würden Gefühle schließlich auch als „originale Existenzen" beschrieben, was mit ihrer Bestimmung als „sekundäre Eindrücke" im ersten Buch des *Traktats über die menschliche Natur* unvereinbar sei.⁶¹ Gegen die von Baier vorgeschlagene Strategie spricht jedoch nicht nur erstens, daß Hume die fraglichen Behauptungen keineswegs nur in „einem dummen Absatz" macht.⁶² Eine grundsätzliche Schwierigkeit, die Davidson auch im Anschluß an Kenny und Williams identifiziert, besteht zweitens darin, daß Hume die Beziehung zwischen der Überzeugung, die das intentionale Objekt des Stolzes bestimmt und den Stolz begründet, und der Überzeugung, die dem Stolz entsprechen soll, als eine kausale hinstellt. Denn nach Hume sind kausale Beziehungen ausdrücklich kontingent,⁶³ wohingegen Überzeugung und Stolz notwendig miteinander verknüpft sein müßten, um wirklich als Konstituenten des Stolzes gelten zu können. Vor allem aber ist schließlich drittens, wie oben gezeigt wurde, die Empfindungstheorie des Gefühls grundlegend für seinen moralphilosophischen Ansatz.⁶⁴

Einmal ganz abgesehen von den Argumenten, die gegen eine jede „Urteilstheorie der Emotionen" sprechen, muß diese sich die grundsätzliche Frage gefallen lassen, worin denn eigentlich ihr Erkenntnisgewinn besteht: Wenn Emotionen analog zu Werturteilen und nicht als Kognitionen von ganz eigener Art interpretiert werden, heißt das nicht, daß man sie einfach dem herkömmlichen Rationalitätsverständnis einverleibt und sozusagen alles beim alten beläßt?

Die neueren unter den kognitivistischen Gefühlstheorien begegnen diesem und anderen Einwänden, indem sie Emotionen als eine irreduzible Klasse von Kognitionen deuten. So stellt Ronald de Sousa in seinem zuerst 1987 erschienenen Buch *The Rationality of Emotion* zwar Analogien zwischen Emotionen und anderen mentalen Zuständen wie Meinungen, Wünschen sowie sinnlichen Wahrnehmungen heraus, betont aber gleichzeitig den spezifischen und folglich irreduziblen Charakter der emotionalen Kognitionen.⁶⁵ Ausdrücklich wendet sich Peter Goldie in seinem Buch *The Emotions* gegen eine

---

[59] D. Davidson, Humes kognitive Theorie des Stolzes, in: ders., Handlung und Ereignis, Frankfurt am Main 1985, 384–403; hier 398 (engl. Hume's Cognitive Theory of Pride, in: D. Davidson, Essays on Actions and Events, Oxford 1980, 277–90).

[60] Vgl. A. Baier, A Progress of Sentiments. Reflections on Hume's „Treatise", Cambridge, Mass. 1991, 160.

[61] Siehe oben.

[62] Vgl. oben Fußnote 4.

[63] Vgl. Hume, Ein Traktat über die menschliche Natur, Bd. I, 116 ff.

[64] ...und ebenso für seinen ästhetischen Ansatz; vgl. Sabine A. Döring, Läßt sich über Geschmack streiten? Über die Gefühlsbedingtheit ästhetischer Urteile und die Grenzen ästhetischen Argumentierens, in: Ch. Jäger u. G. Meggle, Kunst und Erkenntnis, Paderborn (erscheint 2003).

[65] Vgl. de Sousa, Die Rationalität des Gefühls, a.a.O.

"Überintellektualisierung" der Emotionen.[66] Goldie bemüht sich überdies, ein komplexeres Bild zu entwerfen, das alle Aspekte einer Emotion berücksichtigt, zu denen neben dem kognitiven auch der affektive, der motivationale sowie der einst von William James in den Vordergrund gerückte physiologische Aspekt zu zählen sind.[67] Sogar für „Stimmungen", wie sie etwa die von Hume angeführte Niedergeschlagenheit, Gereiztheit oder unbestimmte Angst sein können, soll in diesem Bild Platz sein.[68] Auf diese Weise tragen Goldie und mit ihm andere einem Vorwurf Rechnung, wie er exemplarisch von Geoffrey Madell und Aaron Ridley vorgetragen wird und nach dem Kognitivisten sich vor allem dadurch auszeichnen, daß sie die nonkognitiven Aspekte einer Emotion unzulässigerweise zu bloßen „Nebenprodukten" oder „Epiphänomenen" erklären.[69]

Schon de Sousas Ansatz wird selbst von Paul E. Griffiths, einem der schärfsten und sachkundigsten Kritiker des Kognitivismus, von der Kritik ausgenommen. Griffiths identifiziert „kognitivistische" Theorien mit solchen der „propositionalen Einstellung", um diese dann als unangemessen zurückzuweisen. Nach Griffiths ist der Kognitivismus eine Theorie, die (A) ausschließlich auf Sprachanalyse beruht und (B) vermittels dieser unangemessenen „Lehnstuhl"-Methode „einen bestimmten Aspekt des Denkens, typischerweise eine Meinung, als zentral für den Begriff einer Emotion erklärt".[70] In Wahrheit würden auf diese Weise aber bloß die gegenwärtigen „Stereotypen" von Emotionen enthüllt und nicht die „wirklichen" Referenzobjekte von Termen für Emotionen, über die allein die gegenwärtigen empirischen Wissenschaften Aufschluß geben könnten. Allerdings sei ein Kognitivismus, wie er von de Sousa vertreten werde, mit derartigen Theorien nur „sehr locker" verbunden und im Vergleich zu ihnen „angemessener".[71]

Tatsächlich bricht de Sousa sowohl inhaltlich als auch methodisch mit jenen Emotionstheorien, gegen die Griffiths' Kritik sich richtet. Generell trifft diese Kritik zwar den frühen Kognitivismus, nicht aber neuere Ansätze. Zu fragen ist natürlich, in wel-

---

[66] Vgl. Goldie, The Emotions, a.a.O.
[67] Vgl. W. James, What Is an Emotion?, in: Mind 19 (1884), 188–204; zu den verschiedenen Aspekten einer Emotion vgl. auch den nach wie vor lesenswerten Aufsatz von William Alston, Emotion and Feeling, a.a.O. Wie auch Alston herausstellt, kann das natürlich nicht heißen, daß die Aspekte einer Emotion einfach aufgelistet und nebeneinandergestellt werden: es gilt vielmehr, konstitutive Aspekte einer Emotion von bloß typischen Begleiterscheinungen zu unterscheiden und ihren systematischen Zusammenhang zu klären.
[68] Stimmungen stellen deshalb eine Herausforderung für den Kognitivismus dar, weil sie nicht auf bestimmte Objekte gerichtet zu sein und folglich diese Objekte auch nicht als in bestimmter Weise seiend zu repräsentieren scheinen. Daher müssen sie entweder aus der Klasse der Emotionen ausgenommen oder es muß der Nachweis erbracht werden, daß auch sie intentional sind und von offensichtlich objektgerichteten Emotionen nur graduell verschieden.
[69] Vgl. G. Madell, Emotion and Feeling, u. A. Ridley, Emotion and Feeling, beide in: Proceedings of the Aristotelian Society, Suppl. Vol. LXXI (1997), 147–62 bzw. 163–76.
[70] Ebd. 21; das (von mir übersetzte) Zitat stammt ursprünglich von Lyons, Emotion, a.a.O., 33.
[71] Vgl. Paul E. Griffiths, What Emotions Really Are: The Problem of Psychological Categories, Chicago 1997, 43.

chem Sinne Emotionen als Kognitionen aufgefaßt werden können.[72] In dieser Frage ist die von de Sousa betonte Analogie zur sinnlichen Wahrnehmung wegweisend, denn neuere und inzwischen weithin akzeptierte Theorien sprechen dafür, daß auch sinnliche Wahrnehmungen Kognitionen sind, die sich nicht auf Urteile oder Meinungen reduzieren lassen.[73] Dabei sind „Urteilstheorien" der sinnlichen Wahrnehmung oder der Emotionen nicht mit „Theorien der propositionalen Einstellung" identisch. Das gilt jedenfalls dann, wenn man – mit Gottlob Frege – unter „Propositionalität" nicht „sprachförmige Repräsentation" versteht, sondern diesen Terminus auf repräsentationale Inhalte jedweder Art anwendet, insofern sie Wahrheits- oder Korrektheitsbedingungen haben. So verstanden können die Inhalte von sinnlichen Wahrnehmungen oder Emotionen anders als die Inhalte von Urteilen oder Meinungen kodiert und dennoch propositional sein.

Ausgehend vom Kognitivismus läßt sich ein grundlegend neuer Typ von Gefühls- bzw. Emotionsethik formulieren. In seinen neueren Fassungen stellt der Kognitivismus einerseits die ursprüngliche Verbindung zwischen Emotionen und Moral wieder her, indem er die Emotionen als taugliche Handlungsmotive rehabilitiert. Zugleich aber billigt er andererseits den Emotionen im Gegensatz zur Empfindungstheorie einen repräsentationalen Inhalt zu, ohne sie unzulässig zu intellektualisieren. Damit eröffnet der Kognitivismus die Möglichkeit, daß Emotionen sowohl bei der Erklärung als auch bei der Rechtfertigung von Handlungen eine Rolle spielen. Kraft ihres repräsentationalen Inhalts könnten Emotionen eine rechtfertigende im Unterschied zu einer rein kausalen Funktion erfüllen. Denn der repräsentationale Inhalt einer Emotion könnte geeignet sein, die Proposition zu rechtfertigen, die in der Folge des Urteils für wahr gehalten wird. Emotionen könnten imstande sein, Meinungen zu rechtfertigen, indem der Inhalt der Meinung durch den einer Emotion fundiert wird. Genauer könnten Emotionen sich als geeignet erweisen, Wertüberzeugungen zu rechtfertigen. Denn die durch eine Emotion implizierten Kognitionen sind ja grundsätzlich Bewertungen. Unter diesen Bewertungen wiederum könnten moralische eine Teilklasse bilden. Ein emotional gerechtfertigtes moralisches Urteil schließlich könnte deshalb notwendig zum Handeln motivie-

---

[72] Wie in diesem Band der Beitrag von Thomas Goschke und Annette Bolte zeigt, spricht auch die empirische Psychologie dafür, unter den verschiedenen Aspekten einer Emotion die kognitive als konstitutiv auszuweisen. Dabei läßt sich die Urteilstheorie der Emotionen offensichtlich auch empirisch nicht aufrechterhalten, und es stellt sich dementsprechend auch in der Psychologie und Neurobiologie die Frage, in welchem anderen Sinne Emotionen Kognitionen darstellen.

[73] Vgl. insbesondere Ch. Peacocke, A Study of Concepts, Cambridge, Mass. 1992, Kap. 3; Does Percpetion Have a Nonconceptual Content, in: Journal of Philosophy 98 (2001), 239–64; vgl. auch z. B. T. Crane, The Nonconceptual Content of Experience, in: ders. (Hg.), The Contents of Experience, Cambridge 1991, 136–57; M. G. F. Martin, Perception, Concepts, and Memory, in: The Philosophical Review 101 (1992), 745–63; M. Tye, Ten Problems of Consciousness, Cambridge, Mass. 1995. Zur Analogie zwischen Emotionen und sinnlichen Wahrnehmungen vgl. in diesem Band den Beitrag von Sabine A. Döring und Christopher Peacocke; vgl. auch L. C. Charland, Feeling and Representing: Computational Theories and the Modularity of Affect, in: Synthese 105 (1996), 273–301; S. A. Döring, Explaining Action by Emotion, a.a.O.

ren, weil eine Emotion nicht nur einen repräsentationalen Inhalt hat, sondern zudem über eine motivierende Komponente verfügt.

Hieran schließt sich eine Vielzahl von Fragen an, auf die in den Beiträgen dieses Bandes eine Antwort gesucht wird. Wie dargelegt, gilt es erstens zu klären, in welchem Sinne Emotionen Kognitionen sind. Sofern sie Repräsentationen sind, sich aber zugleich durch einen bestimmten phänomenalen Gehalt (eine affektive oder *Feeling*-Komponente) auszeichnen: wie verhält sich letzterer zum repräsentationalen Inhalt der Emotion? Sind Emotionen „Qualia"? Es sei hier nicht verschwiegen, daß bislang nicht nur Uneinigkeit über die Kriterien für das Vorliegen einer Emotion herrscht, sondern sogar die Extension des Ausdrucks „Emotion" strittig ist. Zählen beispielsweise die dem Anschein nach nicht-intentionalen Stimmungen zu den Emotionen? Ist umgekehrt die Liebe, an der sich nach de Sousa die Intentionalität der Emotionen paradigmatisch zeigt, wirklich eine Emotion? Ist sie dies möglicherweise nur als ein aktueller und bewußter Zustand (etwa als Verliebtheit), nicht aber als „Langzeitdisposition" oder „Haltung"?

Zweitens sind Emotionen offenkundig nur dann epistemisch bedeutsam, wenn sich zwischen angemessenen und unangemessenen emotionalen Wertungen unterscheiden läßt. Es stellt sich also die Frage, ob es Kriterien für die Angemessenheit von Emotionen geben kann und wie diese genau aussehen könnten. So scheint es zwar relativ unproblematisch, jemandes Furcht dann als unangemessen zu kritisieren, wenn er sich vor etwas fürchtet, von dem für jedermann einsichtig keine Gefahr droht. Mutet aber im Falle der Verliebtheit nicht umgekehrt eine solche Kritik gerade als unangemessen an?

Drittens muß spezifiziert werden, wie die Rechtfertigungsbeziehungen zwischen Emotionen und anderen kognitiven Zuständen wie paradigmatisch Urteilen und Meinungen beschaffen sind. Wenn eine Emotion einen von dem einer Meinung verschiedenen repräsentationalen Inhalt hat, auf welche Weise genau kann sie die Meinung dann rechtfertigen? Muß der Inhalt der Emotion dazu begrifflich verfaßt sein, oder könnten emotionale Repräsentationen auch nicht-begrifflich sein? Was ist im Falle eines Widerspruchs zwischen emotionalen und rein intellektuellen Inhalten zu tun?

Viertens müssen die rechtfertigende und die motivationale Seite einer Emotion integriert werden. Wie läßt sich die Rechtfertigung durch ihren repräsententionalen Inhalt mit ihrer motivierenden Kraft verbinden?

Damit sind lediglich einige der Probleme angerissen, die der Versuch aufwirft, eine neue Gefühlsethik zu entwickeln. Sollte es im folgenden gelingen, diesen Versuch als ein lohnendes Unterfangen auszuweisen sowie Ansätze zur Lösung der skizzierten Probleme bereitzustellen, hätte der vorliegende Band sein Ziel erreicht.[74]

---

[74] Für wertvolle Hinweise bedanke ich mich bei Sandra Ausborn-Brinker, Fritz Feger, Peter Goldie, Thomas Goschke, Thomas Grundmann, Ulrich Knevels, Christian Illies und Verena Mayer.

Teil I
Kognitivismus in Psychologie und Philosophie

Thomas Goschke und Annette Bolte

Emotion, Kognition und Intuition: Implikationen der empirischen Forschung für das Verständnis moralischer Urteilsprozesse

In der Philosophie hat die Auffassung eine lange Tradition, daß Emotion und Kognition widerstreitende Determinanten menschlichen Verhaltens darstellen und Gefühle in erster Linie Widersacher der Vernunft sind. Auch in der empirischen Emotionspsychologie wurden Emotionen oftmals primär als Störungen oder Verzerrungen rationaler Denk-, Urteils- und Entscheidungsprozesse betrachtet.[1] Im Gegensatz dazu werden Emotionen insbesondere in neuro- und evolutionspsychologischen Ansätzen als Anpassungen an grundlegende Erfordernisse der Handlungssteuerung interpretiert, die nicht im Widerstreit zu vernunftgeleitetem Handeln stehen, sondern vielmehr eine wichtige Bedingung für adaptives Verhalten darstellen. In diesen Ansätzen werden „Basisemotionen" wie Furcht, Freude, Wut, Überraschung, Ekel oder Neugier als adaptive Reaktionssysteme betrachtet, die in enger Verbindung mit grundlegenden Motivationssystemen (z. B. Fortplanzung, Exploration, Kampf, Flucht) evolviert sind.[2]

Neben der Kontroverse darüber, ob Emotionen irrationale Widersacher der Vernunft oder aber evolutionäre Anpassungen im Dienste adaptiver Verhaltenssteuerung darstellen, wird die Diskussion über das Verhältnis von Kognition und Emotion durch eine andauernde Debatte darüber bestimmt, ob bewußte kognitive Urteils- und Bewertungsprozesse eine notwendige Voraussetzung für die Generierung von Emotionen darstellen. Die Meinungen reichen dabei von der Auffassung, daß Emotion und Kognition zwei separate, teilweise unabhängig voneinander funktionierende Systeme seien, über die Ansicht, daß Emotionen notwendigerweise bewußte kognitive Bewertungen voraussetzen bis hin zu der radikalen These, daß Emotionen nichts anderes seien, als eine bestimmte Form kognitiver Verarbeitung. Wie wir noch zeigen werden, liegen diesen unterschiedlichen Auffassungen zum Teil unterschiedliche Begriffsbestimmungen zugrunde, so daß die daraus erwachsenen Kontroversen im wesentlichen einen Streit darüber spiegeln, wie die Begriffe Emotion und Kognition angemessen zu definieren sind. Unabhängig davon ist es allerdings eine wichtige empirische Frage, inwieweit Emotionen unter bestimmten Bedingungen durch *unbewußte* Prozesse der Informa-

---

[1] Vgl. J. LeDoux, The Emotional Brain, New York 1996.
[2] Vgl. z. B. N. Bischof, Emotionale Verwirrungen Oder: Von den Schwierigkeiten im Umgang mit der Biologie, in: Psychologische Rundschau 46 (1989), 77–90; LeDoux, The Emotional Brain, a.a.O.; J. Panksepp, Affective Neuroscience. The Foundations of Human and Animal Emotions, New York 1998; R. Plutchik, Emotion: A Psychoevolutionary Synthesis, New York 1980; G. Roth, Fühlen, Denken, Handeln, Frankfurt am Main 2001.

tionsverarbeitung ausgelöst werden können. Die experimentelle Kognitionsforschung hat in den letzten zwei Jahrzehnten eine Fülle von Belegen dafür erbracht, daß ein beträchtlicher Teil der Informationsverarbeitung im Gehirn unbewußt abläuft und daß Urteile über Reizmerkmale oder Bewertungen von Situationen häufig erfolgen, ohne daß die Person sich der zugrunde liegenden Prozesse bewußt ist.[3] Dies wirft die Frage auf, ob und unter welchen Bedingungen auch emotionale Reaktionen *intuitive* Bewertungen von Reizen spiegeln, die auf *impliziten* Nachwirkungen früherer Erfahrungen beruhen, ohne daß die Person sich bewußt an diese Erfahrungen erinnert.

In diesem Aufsatz wollen wir einige Aspekte des Verhältnisses von Emotion und Kognition im Lichte empirischer Ergebnisse der Kognitions-, Emotions- und Neuropsychologie erörtern. Wir streben dabei keine Übersicht über den in den letzten Jahren geradezu explosionsartig expandierten Forschungsstand an, sondern beschränken uns auf die exemplarische Diskussion einiger Forschungsansätze, die Implikationen für das Verständnis moralischer Urteile und Handlungen haben. Insbesondere werden wir im Gegensatz zu der Auffassung, daß moralische Bewertungen auf einer rationalen Abwägung von Gründen und der Anwendung bewußter moralischer Prinzipien beruhen, die These zur Diskussion stellen, daß moralische Bewertungen häufig auf impliziten Formen der Informationsverarbeitung und intuitiven emotionalen Reaktionen beruhen, die ohne Vermittlung „höherer" kognitiver Prozesse ausgelöst werden.

I. Emotion und Kognition

Während wir im Alltag ganz selbstverständlich von Gefühlen sprechen, erweist es sich als bemerkenswert schwierig, eine allgemein verbindliche Definition des Emotionsbegriffs zu geben.[4] In der Emotionspsychologie werden Emotionen häufig durch eine Auflistung unterschiedlicher „Komponenten" charakterisiert, wobei typischerweise die folgenden genannt werden: (1) das bewußte Erleben eines Gefühlszustands; (2) Reaktionen des autonomen

---

[3] Vgl. z. B. T. Goschke, Implicit Learning and Unconscious Knowledge: Mental Representation, Computational Mechanisms, and Neural Structures, in: K. Lamberts u. D. Shanks (Hgg.), Knowledge, Concepts, and Categories, Hove, UK 1997, 247–333; W. J. Perrig, W. Wippich u. P. Perrig-Chiello, Unbewußte Informationsverarbeitung, Bern 1993; A. S. Reber, Implicit Learning and Tacit Knowledge: An Essay on the Cognitive Unconsious, Oxford 1993; M. Stadler u. P. Frensch (Hgg.), Handbook of Implicit Learning, Thousands Oaks, CA 1998.

[4] Eine Übersicht über zahlreiche Definitionsvorschläge geben P. R. Kleinginna u. A. M. Kleinginna, A Categorized List of Emotion Definitions with Suggestions for a Consensual Definition, in: Motivation and Emotion 5 (1981), 345–79. (Wir unterscheiden in diesem Aufsatz zwischen Stimmungen und Emotionen. Während Emotionen wie Angst und Wut normalerweise durch bestimmte Reizbedingungen ausgelöst werden und mit spezifischen Reaktionsdispositionen einhergehen, handelt es sich bei Stimmungen um meist länger andauernde, mildere emotionale Zustände, die nicht notwendig auf ein Objekt oder eine Ursache bezogen sind, nicht in jedem Fall Aufmerksamkeit auf sich ziehen oder den Handlungsablauf unterbrechen und sich durch ihren ungerichteten, kolorierenden Hintergrundcharakter auszeichnen).

Nervensystems; (3) zentralnervöse Prozesse in für die Generierung von Emotionen verantwortlichen Hirnregionen; (4) erhöhte Verhaltensbereitschaften für bestimmte Reaktionsklassen (z. B. Flucht oder Angriff); (5) Anregung bestimmter Motivsysteme; (6) kommunikative Aspekte wie Mimik und Ausdrucksverhalten. Unterschiedliche Theorien der Genese von Emotionen fokussieren dabei auf jeweils andere Komponenten von Emotionen. So ist etwa diskutiert worden, ob Emotionen durch kognitive Bewertungen, durch die Wahrnehmung der eigenen physiologischen Reaktionen auf einen affektiven Reiz, durch Rückmeldungen über den eigenen mimischen Ausdruck oder durch die Aktivität spezifischer Hirnregionen ausgelöst werden.[5] Ein Problem mit einer solchen Auflistung von unterschiedlichen Komponenten emotionaler Zustände liegt darin, daß die Relation zwischen den Komponenten nicht immer klar wird. Sind beispielsweise das subjektive Emotionserleben und die zugrunde liegenden zentralnervösen Vorgänge unterschiedliche Beschreibungen eines identischen Sachverhalts, oder handelt es sich um zwei separate „Aspekte" einer Emotion? Darüber hinaus werden durch eine solche Auflistung von Komponenten Emotionen nicht hinreichend gegen andere mentale Zustände abgegrenzt, da auch nicht-emotionale mentale Zustände zumindest einige der genannten Aspekte aufweisen (so können auch Wahrnehmungen oder Erinnerungen mit bewußten Erlebenszuständen, zentralnervösen Prozessen und spezifischen Verhaltensdispositionen einhergehen). In vielen Emotionstheorien wird daher das Spezifikum von Emotionen, das sie von nicht-affektiven Zuständen unterscheidet, in der *evaluativen* Komponente gesehen, d. h. das Besondere von Emotionen wird darin gesehen, daß diese eine *Bewertung* einer Reizsituation im Lichte eigener Bedürfnisse, Motive oder Ziele implizieren und dem Organismus die motivationale Bedeutsamkeit der Reizsituation signalisieren.[6] Emotionen signalisieren dem Lebewesen also, ob etwas gut oder schlecht, gefährlich oder harmlos ist und mit welcher allgemeinen Klasse von Verhaltensweisen (z. B. Flucht, Verteidigung) darauf reagiert werden sollte. Emotionen haben insofern eine *informationale* Funktion und einen *semantischen* Inhalt und können in diesem Sinn als eine Form von *Repräsentationen* aufgefaßt werden.[7]

---

[5] Für Übersichtsdarstellungen vgl. J. Kuhl, Emotion, Kognition und Motivation I. Auf dem Wege zu einer systemtheoretischen Betrachtung der Emotionsgenese, in: Sprache und Kognition 2 (1983), 1–27; W.-U. Meyer, A. Schützwohl u. R. Reisenzein (Hgg.), Einführung in die Emotionspsychologie, Göttingen 2000; LeDoux, The Emotional Brain, a.a.O.; Roth, Fühlen, Denken, Handeln, a.a.O.

[6] K. Scherer, A. Schorr u. T. Johnstone (Hgg.), Appraisal Processes in Emotion: Theory, Methods, Research, London 2001; vgl. auch M. Arnold, Memory and the Brain, Hillsdale, NJ 1984; D. Dörner u. T. Stäudel, Emotion und Kognition, in: K. R. Scherer (Hg.), Psychologie der Emotion. Enzyklopädie der Psychologie (Serie IV, Band 3), Göttingen 1990, 293–344; N. H. Frijda, The Emotions, Cambridge 1986; T. Goschke, Gedächtnis und Emotion: Affektive Bedingungen des Einprägens, Behaltens und Vergessens, in: D. Albert u. K.-H. Stapf (Hg.), Enzyklopädie der Psychologie (Serie II, Band 4), Göttingen 1996, 605–694; R. S. Lazarus, Emotion and Adaptation, Oxford 1991; G. Mandler, Mind and Body: the Psychology of Emotion and Stress, New York 1984; Roth, Fühlen, Denken, Handeln, a.a.O.

[7] Vgl. dazu insbesondere auch den Beitrag von Sabine A. Döring und Christopher Peacocke in diesem Band sowie S. A.. Döring, Explaining Action by Emotion, in: The Philosophical Quarterly 211 (erscheint im April 2003).

Allerdings wirft diese Beschreibung die Frage auf, was genau unter einer Bewertung einer Reizsituation zu verstehen ist und wie anspruchsvoll die Kriterien sind, die man im Zusammenhang mit Emotionen an den Begriff der Repräsentation anlegen möchte. Dementsprechend kreist eine anhaltende Kontroverse der Emotionspsychologie um die Frage, wie elaboriert die kognitiven Verarbeitungsprozesse sein müssen, die notwenig sind, damit eine Emotion ausgelöst werden kann.[8] Auf der einen Seite steht die Auffassung, daß Emotionen notwendigerweise eine bewußte Interpretation und Bewertung einer Reizsituation im Lichte relevanter Ziele, Bedürfnisse und Motive voraussetzen. Daß bewußte Situationsinterpretationen einen maßgeblichen Einfluß auf die Qualität und Intensität von Emotionen haben, wurde beispielsweise in Experimenten demonstriert, in denen Versuchspersonen mit einem emotional erregenden Ereignis konfrontiert werden (z. B. ein Film, in dem ein grausames Beschneidungsritual gezeigt wird), aber unterschiedliche kognitive Interpretation der Situation induziert werden. Personen, denen beispielsweise mitgeteilt wurde, daß es sich bei der dargestellten Szene um eine fiktive Spielszene handelt, reagierten mit signifikant geringerer physiologischer Erregung als Personen, die den Film für die Darstellung eines realen Ereignisses hielten.[9] Dies spricht dafür, daß die Intensität emotionaler Reaktionen von der kognitiven Interpretation der Situation abhängt.

Allerdings folgt aus solchen Befunden weder, daß emotionale Reaktionen stets durch bewußte kognitive Interpretation modifiziert werden können, noch daß sie notwendig eine bewußte Situationsbewertung voraussetzen. Gegen die erstere Annahme spricht unter anderem, daß Emotionen sich häufig gerade dadurch auszeichnen, daß sie wider besseres Wissen auftreten und das Verhalten beeinflussen. So mag ein Spinnenphobiker wissen, daß die vor ihm auf dem Tisch krabbelnde Spinne völlig harmlos ist, aber dennoch nicht in der Lage sein, die aufsteigende panische Angst zu unterdrücken. Gegen die zweite Annahme, daß Emotionen stets bewußte Bewertungen voraussetzen, spricht die Beobachtung, daß Versuchspersonen unter bestimmten Bedingungen affektive Präferenzen zeigen, ohne sich der Grundlage ihrer Präferenzen bewußt zu sein. Die Versuchspersonen sollten dabei Reize (z. B. sinnlose geometrische Figuren oder fremdartige Melodien) in Bezug darauf einschätzen, wie angenehm oder schön sie diese empfinden. Es zeigte sich, daß die Versuchspersonen solche Reize, die ihnen in einer vorhergehenden Expositionsphase bereits mehrmals dargeboten worden waren, angenehmer oder schöner fanden als neue Reize, die sie zuvor noch nicht gesehen oder gehört hatten (sogenannter *mere exposure effect*). Das entscheidende Ergebnis bestand nun darin, daß diese Präferenz für bekannte, zuvor bereits dargebotene Reize unabhängig davon war, ob die Personen sich bewußt an die Reize erinnern konnten oder nicht: auch wenn die Versuchspersonen in einem Gedächtnistest nicht besser als nach Zufall zwi-

---

[8] Vgl. Scherer et al. (Hgg.), Appraisal Processes in Emotion, a.a.O.
[9] Vgl. J. C. Speisman, R. S. Lazarus, A. M. Mordkoff u. L. A. Davison, Experimental Reduction of Stress Based on Ego-defence Theory, in: Journal of Abnormal Psychology 68 (1964), 367–80; R. S. Lazarus, Psychological Stress and the Coping Process, New York 1966.

schen bereits dargebotenen und neuen Reizen unterscheiden konnten, präferierten sie die alten gegenüber den neuen Reizen. In einem viel beachteten Aufsatz hat Robert Zajonc diese und andere Ergebnisse als Beleg dafür interpretiert, daß emotionale Präferenzen unabhängig von bewußten kognitiven Bewertungen sind und die weitergehende These vertreten, daß Emotion und Kognition zwei unabhängige Systeme darstellen, wobei Emotionen die primären Reaktionen auf eine Situation darstellen und oftmals ohne Vermittlung „höherer" kognitiver Prozesse ausgelöst werden.[10]

Diese These hat eine heftige Kontroverse darüber ausgelöst, ob Emotionen nun „prä"- oder „postkognitiv" seien.[11] Aus heutiger Sicht erscheint diese Kontroverse weitgehend müßig, da sie im wesentlichen einfach auf unterschiedlichen Definitionen der Begriffe Emotion und Kognition beruht. Ist man gewillt, bereits elementare unbewußte Prozesse der Informationsverarbeitung (z. B. die Diskrimination einfacher visueller oder akustischer Muster) als Kognition zu bezeichnen, wird man zu dem Schluß kommen, daß Emotionen „postkognitiv" sind, da sie natürlich notwendigerweise *irgendwelche* Prozesse der Informationsverarbeitung voraussetzen. Schränkt man dagegen wie Zajonc den Kognitionsbegriff auf höhere, bewußte Denk- und Schlußfolgerungsprozesse ein und legt gleichzeitig eine weite Definition von Emotionen zugrunde, die auch relativ elementare Präferenzurteile einschließt, so wird man zu dem Schluß kommen, daß zumindest einfache emotionale Reaktionen in dem Sinne „präkognitiv" sind, daß sie ohne bewußte kognitive Bewertungen durch Reize ausgelöst werden können. Insofern wird man davon ausgehen müssen, daß auf unterschiedlich komplexen Ebenen der Informationsverarbeitung jeweils unterschiedlich komplexe emotionale Reaktionen ausgelöst werden können. Dementsprechend differenzieren die meisten neueren Emotionstheorien zwischen verschiedenen Determinanten emotionaler Reaktionen, die von unbewußten und automatischen Reizbewertungen über die Wahrnehmung eigener körperlicher oder mimischer Reaktionen bis zu bewußten Interpretationen einer Situation reichen.[12]

Eine solche Sichtweise steht in Einklang mit neueren neurobiologischen Forschungsergebnissen, die ebenfalls dafür sprechen, daß es unterschiedliche Mechanismen der Emotionsgenese gibt.[13] So können Emotionen einerseits durch neokortikal

---

[10] R. B. Zajonc, Feeling and Thinking: Preferences Need No Inferences, in: American Psychologist 35 (1980), 151–75.

[11] Vgl. R. S. Lazarus, Thoughts on the Relations between Emotion and Cognition, in: American Psychologist 37 (1982), 1019–24; R. B. Zajonc, On the Primacy of Affect, in: American Psychologist 39 (1984), 117–23; R. S. Lazarus, On the Primacy of Cognition, in: American Psychologist 39 (1984), 124–29; H. Leventhal u. K. Scherer, The Relationship of Emotion to Cognition: a Functional Approach to a Semantic Controversy, in: Cognition u. Emotion 1 (1987), 3–28.

[12] Vgl. z. B. C. E. Izard, Four Systems for Emotion Activation: Cognitive and Noncognitive Processes, in: Psychological Review 100 (1993), 68–90; Kuhl, Emotion, Kognition und Motivation I, a.a.O.; Leventhal u. Scherer, The Relationship of Emotion to Cognition, a.a.O.; Scherer et al. (Hgg.), Appraisal Processes in Emotion, a.a.O.

[13] Für Übersichtsdarstellungen vgl. LeDoux, The Emotional Brain, a.a.O.; Roth, Fühlen, Denken, Handeln, a.a.O.

vermittelte kognitive Prozesse ausgelöst und moduliert werden. Darüber hinaus gibt es aber auch Belege dafür, daß emotionale Reaktionen unter bestimmten Bedingungen durch Reize ausgelöst werden können, ohne daß dies der Vermittlung „höherer" kortikaler Zentren bedarf. Dies ist unter anderem von der Arbeitsgruppe um LeDoux für Furchtreaktionen gezeigt worden. Eine besondere Bedeutung hat in diesem Zusammenhang die Amygdala, eine Gruppe von Kernen im medialen Temporallappen, die als Teil des sogenannten limbischen Systems betrachtet wird.[14] Die Amygdala scheint am Erwerb von Assoziationen zwischen Reizen und Belohnungen, an der motivationalen Bewertung von Reizinformationen und inbesondere am Erwerb von Furchtreaktionen beteiligt zu sein. In tierexperimentellen Untersuchungen konnte gezeigt werden, daß die Amygdala Reizinformation nicht nur von kortikalen sensorischen Arealen erhält, sondern auch über direkte Nervenbahnen vom Thalamus (der ersten „Schaltstelle" für sensorische Information auf dem Weg zum Neokortex). Diese direkten Verbindungen vom Thalamus zur Amygdala scheinen hinreichend für den Erwerb klassisch konditionierter Furchtreaktionen zu sein, selbst wenn die Reizinformation nicht von „höheren" neokortikalen Zentren verarbeitet wird.[15] In den diesbezüglichen Experimenten wird ein zunächst neutraler Reiz (z. B. ein Ton) mit einem Furchtreiz (z. B. einem milden Elektroschock) gepaart. Dies führt normalerweise dazu, daß das Versuchtier schnell die Assoziation zwischen Ton und Schock lernt und bereits auf den Ton mit den charakteristischen Anzeichen einer Furchtreaktion reagiert. LeDoux und Mitarbeiter haben nun zeigen können, daß Läsionen der thalamischen Schaltstellen, über die akustische Information zu den primären akustischen Arealen im Kortex übertragen wird, den Erwerb konditionierter Furchtreaktionen unmöglich machten. Dagegen war eine Furchtkonditionierung selbst nach Zerstörung des gesamten auditorischen Kortex noch möglich. Motivational bedeutsame Reize können also offenbar bereits auf einer frühen Verarbeitungsstufe und ohne Beteiligung „höherer" kognitiver Prozesse einfache emotionale Reaktionen auslösen. Natürlich werden auf dieser Ebene der Verarbeitung Reize nur in elementarster Form kategorisiert und repräsentiert werden. Komplexere Bewertungen erfordern dagegen die Verarbeitung einer Reizsituation durch „höhere" neokortikale Systeme, die die kognitive Interpretation und Bewertung emotionaler Reize aufgrund gespeicherter Gedächtnisinhalte und im Lichte übergeordneter Ziele vermitteln.

II. Implizites Gedächtnis für Emotionen

Weitere Belege dafür, daß emotionale Reaktionen, die aufgrund früherer Erfahrungen mit bestimmten Reizen assoziiert wurden, ausgelöst werden können, auch wenn die Person keine bewußte Erinnerung an diese Erfahrung hat, stammen aus neuropsychologischen Untersuchungen von Patienten mit umgrenzten Hirnschädigungen. Diese Un-

---

[14] Für eine kritische Diskussion dieses Konzepts vgl. LeDoux, The Emotional Brain, a.a.O.
[15] J. LeDoux, Emotion Circuits in the Brain, in: Annual Review of Neuroscience 23 (2000), 155–84.

tersuchungen haben zahlreiche Belege für Dissoziationen zwischen bewußten („expliziten") und unbewußten („impliziten") Formen des Gedächtnisses und Lernens erbracht und sprechen dafür, daß es neben den bewußten Erinnerungsvermögen eine Reihe weiterer Gedächtnisformen gibt, die sich primär im Verhalten ausdrücken und nicht mit einer bewußten Erinnerung an eine frühere Erfahrungsepisode oder einem subjektiven Eindruck der Vertrautheit einhergehen.[16]

Die Vermutung, daß es neben bewußten Erinnerungsleistungen auch Formen des Gedächtnisses gibt, die nicht mit einem subjektiven Erleben des Erinnerns oder der Vertrautheit einhergehen, ist nicht neu. Eine der ersten expliziten Beschreibungen von unbewußten Gedächtnisformen findet sich bei Leibniz in seinen *Neuen Abhandlungen über den menschlichen Verstand*, wo es heißt: „Wir begreifen oft manche Dinge ungewöhnlich leicht, weil wir sie früher, ohne daß wir uns dessen erinnern, bereits begriffen haben [...] In einem solchen Falle kann es auch geschehen, daß die Wirkungen alter Eindrücke haften bleiben, ohne daß man sich ihrer erinnert".[17] Leibniz zufolge können von einer Vorstellung „Spuren zurückbleiben [...], wenngleich diese nicht stark genug zu sein brauchen, um sich zu erinnern, daß man sie schon gehabt hat".[18] Ganz ähnlich unterscheidet Ebbinghaus in der ersten Monografie der experimentellen Gedächtnispsychologie bewußte Erinnerungen von Formen des Gedächtnisses, in denen die „entschwundenen Zustände auch dann noch zweifellose Beweise ihrer dauernden Nachwirkung [geben], wenn sie selbst gar nicht, oder wenigstens gerade jetzt nicht, ins Bewußtsein zurückkehren".[19]

Systematisch wurden unbewußte Nachwirkungen von Erfahrungen auf die Wahrnehmung oder das Verhalten allerdings erst in der neueren Kognitions- und Neuropsychologie untersucht. Die eindrucksvollsten Belege für unbewußte Formen des Gedächtnisses stammen aus neuropsychologischen Untersuchungen mit amnestischen Patienten, die aufgrund von Hirnschädigungen an Beeinträchtigungen des episodischen Gedächtnisses leiden. Tragische Berühmtheit hat der Fall des Patienten H. M. erlangt, bei dem wegen einer schweren, anders nicht eindämmbaren Epilepsie im Alter von 27 Jahren beidseitig große Teile des medialen Schläfenlappens operativ entfernt wurden, wobei insbesondere auch der anteriore Hippocampus zerstört wurde. Dabei handelt es sich um eine Hirnstruktur, die eine entscheidende Rolle bei der Einspeicherung neuer Gedächtnisinhalte in das episodische Langzeitgedächtnis spielt. H. M. verfügte nach der

---

[16] H. Eichenbaum u. N. J. Cohen, From Conditioning to Conscious Recollection. Memory Systems of the Brain, Oxford 2001; T. Goschke, Lernen und Gedächtnis: Mentale Prozesse und Gehirnstrukturen, in: G. Roth u. W. Prinz (Hgg.), Kopf-Arbeit: Gehirnfunktionen und kognitive Leistungen, Heidelberg 1996, 359–410; D. L. Schacter u. E. Tulving (Hgg.), Memory Systems 1994, Cambridge, Mass. 1994; L. R. Squire, B. Knowlton u. G. Musen, The Structure and Organization of Memory, in: Annual Review of Psychology 44 (1993), 453–95.
[17] G. W. Leibniz, Neue Abhandlungen über den menschlichen Verstand (1704), Bd. I, Frankfurt am Main 1961, 79.
[18] Ebd. 80.
[19] H. Ebbinghaus, Über das Gedächtnis, Leipzig 1885, 2

Operation über eine normale Intelligenz, zeigte eine intakte Wahrnehmungs- und Sprachfähigkeit und konnte sich auch an länger zurückliegende Ereignisse erinnern. Allerdings leidet er bis auf den heutigen Tag an einer fast vollständigen *anterograden Amnesie*, d. h. er kann sich bereits nach wenigen Minuten nicht mehr an neue Ereignisse oder Fakten erinnern.[20] Bietet man H. M. beispielsweise eine Liste mit Worten oder Bildern dar, so zeigt er massive Beeinträchtigungen, wenn er die Reize später wiedererkennen oder reproduzieren soll. Bemerkenswerterweise lassen sich bei amnestischen Patienten trotz dieser massiven Beeinträchtigungen des bewußten Erinnerungsvermögens *unbewußte Nachwirkungen* von neuen Erfahrungen nachweisen. Bietet man den Probanden, nachdem sie eine Liste mit Worten gelesen haben, beispielsweise Wortstämme (z. B. TAS__) dar, die sie mit dem ersten Wort ergänzen sollen, daß ihnen in den Sinn kommt, so ergänzen die Patienten (ebenso wie gesunde Versuchspersonen) die Wortstämme häufiger mit Worten, die sie zuvor gelesen haben als mit neuen Worten.[21] Inzwischen liegt eine Vielzahl von Befunden vor, die zeigen, daß die Verarbeitung von Reizen unser späteres Verhalten, Wahrnehmen und Urteilen beeinflussen kann, selbst wenn wir uns nicht bewußt an die Reize selbst erinnern. Einhundert Jahre nachdem Ebbinghaus in seiner Monografie über das Gedächtnis bewußte und unbewußte Formen des Gedächtnisses unterschieden hat, führten Graf und Schacter[22] den Begriff des *impliziten* Gedächtnisses als Sammelbezeichnung für solche unbewußten Nachwirkungen von Erfahrungen ein. In den letzten zwei Jahrzehnten sind implizite Formen des Gedächtnisses zu einem der am intensivsten erforschten Bereiche in den kognitiven Wissenschaften avanciert und zahlreiche Belege sprechen dafür, daß implizite Gedächtnisformen durch andere Funktionsprinzipien charakterisiert sind und auf teilweise anderen Gehirnstrukturen beruhen als das explizite, bewußte Erinnerungsvermögen.[23]

Für unser Thema ist von besonderer Bedeutung, daß solche unbewußten Nachwirkungen auch in Bezug auf emotionale Reaktionen nachgewiesen werden konnten, so daß in

---

[20] B. Milner, S. Corkin u. H.-L. Teuber, Further Analysis of the Hippocampal Amnesic Syndrome: 14-year Follow-up of H. M., in: Neuropsychologia 6 (1968), 215–34; S. Corkin, What's New with the Amnesic Patient H. M.?, in: Nature Neuroscience Reviews 3 (2002), 153–60.

[21] Vgl. z. B. E. K. Warrington u. L. Weiskrantz, Amnesic Syndrome: Consolidation of Retrieval? in: Nature 228 (1970), 629–30; D. L. Schacter u. P. Graf, Preserved Learning in Amnesic Patients: Perspective from Research on Direct Priming, in: Journal of Clinical and Experimental Neuropsychology 8 (1986), 727–43. Übersichten geben D. L. Schacter, Implicit Memory: History and Current Status, in: Journal of Experimental Psychology: Learning, Memory, and Cognition 13 (1987), 501–18; H. L. Roediger, Implicit memory. Retention without Remembering, in: American Psychologist 45 (1990), 1043–56.

[22] P. Graf u. D. A. Schacter, Implicit and Explicit Memory for New Associations in Normal and Amnesic Subjects, in: Journal of Experimental Psychology: Learning, Memory, and Cognition 11 (1985), 501–18.

[23] Eichenbaum u. Cohen, From Conditioning to Conscious Recollection, a.a.O.; Goschke, Lernen und Gedächtnis, a.a.O.; Schacter u. Tulving, Memory Systems, a.a.O.; Squire et al., The Structure and Organization of Memory, a.a.O.

gewissem Sinn von einem *impliziten Emotionsgedächtnis* gesprochen werden kann.[24] Exemplarisch sei hier eine Untersuchung[25] angeführt, in der Korsakoff-Patienten mit Beeinträchtigungen des expliziten Gedächtnisses und Kontrollpersonen fremdartige asiatische Melodien vorgespielt wurden. In einer anschließenden Testphase schätzten beide Gruppen zuvor bereits gehörte Melodien als angenehmer ein als neue Melodien, d. h. sie zeigten den oben bereits beschriebenen „mere exposure effect". Im Vergleich zu den Kontrollpersonen schnitten die Korsakoff-Patienten allerdings deutlich schlechter in einem Gedächtnistest ab, in dem sie zuvor gehörte von neuen Melodien unterscheiden sollten. In einem zweiten Experiment wurden Korsakoff-Patienten und Kontrollpersonen Portraits von zwei Männern zusammen mit kurzen Geschichten dargeboten, in denen einer der Männer als freundlich und hilfsbereit und der andere als aggressiv und unsympathisch charakterisiert wurde. Ein hoher Prozentsatz der Korsakoff-Patienten gab später (z. T. noch nach einem Jahr) an, den als freundlich beschriebenen Mann sympathischer zu finden. Im Gegensatz zu Kontrollpersonen, die ihr Urteil mit der zuvor gehörten Information begründeten, gaben die Patienten überwiegend allgemeine Begründungen („Er sieht nett aus") und konnten so gut wie keine der zuvor dargebotenen Information erinnern. Offenbar wurden hier Präferenzen als Folge einer Erfahrung zu einem späterem Zeitpunkt ausgelöst, ohne daß die Erfahrung selbst bewußt erinnert werden konnte. Sofern man Präferenzen als eine Form affektiver Reaktionen auffaßt, kann hier also von einem unbewußten („impliziten") Gedächtnis für die emotionale Bedeutsamkeit eines Reizes gesprochen werden.

Eine besonders eindrucksvolle Dissoziation zwischen emotionalen Reaktionen und bewußten Erinnerungen an das ursprünglich emotionsauslösende Ereignis ist von Bechara, Tranel, Damasio, Adolphs, Rockland und Damasio[26] berichtet worden. Bei den Versuchspersonen handelte es sich um drei hirngeschädigte Patienten, die entweder eine beidseitige Läsion des Hippokampus (der bereits erwähnten Struktur im medialen Temporallappen, die auch bei dem Patienten H. M. geschädigt war), eine Läsion der Amygdala, oder Läsionen in beiden Regionen hatten. Die Probanden wurden einer klassischen Furchtkonditionierung unterzogen, wobei ihnen eine Reihe von farbigen Dias gezeigt wurde, von denen eines (mit der Farbe blau) von einem unerwarteten Schreckreiz (einem lauten Nebelhorn) gefolgt wurde. Der Patient mit der bilateralen Läsion des Hippokampus zeigte eine intakte Furchtkonditionierung: zeigte man ihm in einer anschließenden Versuchsphase erneut das blaue Dia, so reagierte er mit erhöhter physiologischer Erregung (gemessen über die elektrodermale Reaktion). Dies war der

---

[24] Vgl. Goschke, Gedächtnis und Emotion, a.a.O.; LeDoux, The Emotional Brain, a.a.O.; Roth, Fühlen, Denken, Handeln, a.a.O.

[25] M. K. Johnson, J. K. Kim u. G. Risse, Do Alcoholic Korsakoff's Syndrome Patients Acquire Affective Memories?, in: Journal of Experimental Psychology: Learning, Memory, and Cognition 11 (1985), 22–36.

[26] A. Bechara, D. Tranel, H. Damasio, R. Adolphs, C. Rockland u. A. R. Damasio, Double Dissociation of Conditioning and Declarative Knowledge Relative to the Amygdala and Hippocampus in Humans, in: Science 269 (1995), 1115–8.

Fall, obwohl er an einer schwerwiegenden anterograden Amnesie litt und sich nicht daran erinnern konnte, welche Farben zuvor dargeboten worden waren und welche davon mit dem Ton gepaart worden war. Im Gegensatz dazu erinnerten sich Patienten mit einer bilateralen Läsion der Amygdala perfekt daran, welches Dia mit dem Ton gepaart worden war, zeigten allerdings keine konditionierte Furchtreaktion. Emotionale Reaktionen können also von den ursprünglich auslösenden Erfahrungen dissoziieren, so daß Reize mit ihnen assoziierte affektive Reaktionen auslösen können, auch wenn der Zusammenhang zwischen dem Affekt und der auslösenden Erfahrung der bewußten Erinnerung nicht mehr zugänglich ist. Zusammen mit anderen Untersuchungen spricht diese Dissoziation dafür, daß das Gedächtnis für konditionierte Furchtreaktionen und das Gedächtnis für die ursprünglich auslösenden Erfahrungen auf normalerweise zwar interagierenden, aber anatomisch und funktional separierbaren Gehirnsystemen (Amygdala versus Hippokampus) beruht.[27]

III. Intuitive Urteile und emotionale Entscheidungen

Die (hier nur selektiv und exemplarisch dargestellten) Forschungsergebnisse zum impliziten Gedächtnis und zu unbewußt ausgelösten emotionalen Reaktionen zeigen, daß affektive Bewertungen von Reizen oftmals „intuitiv" erfolgen, ohne daß der Person die Grundlage ihrer Reaktion bewußt ist. Aus der Alltagserfahrung ist einem die Erfahrung vertraut, daß man mitunter eine Situation hinsichtlich bestimmter Aspekte beurteilt, ohne daß man sich der Ursache des Gefühls oder der Grundlage des Urteils bewußt ist.[28] Beispielsweise mag uns eine Person "auf den ersten Blick" sympathisch sein oder wir treffen eine wichtige Entscheidung „aus dem Bauch heraus", ohne daß wir angeben könnten, auf welchen spezifischen Reizmerkmalen unser Eindruck oder unsere Entscheidung basiert.

Während es in der Philosophie zahlreiche anekdotische Beispiele für intuitive Urteilsprozesse gibt,[29] sind die zugrunde liegenden kognitiven Prozesse erst in den letzten Jahren zum Gegenstand systematischer experimenteller Forschung geworden. Als Beispiel seien hier neuere Experimente erwähnt, in denen die Fähigkeit untersucht wurde, semantische Zusammenhänge zwischen Reizen intuitiv zu beurteilen, ohne daß die Personen die Grundlage ihrer Urteile verbal beschreiben konnten.[30] Den Versuchsperso-

---

[27] Vgl. auch Eichenbaum und Cohen, From Conditioning to Consciousness, a.a.O., und J. Metcalfe u. W. J. Jacobs, Emotional Memory. The Effects of Stress on "Cool" and "Hot" Memory Systems, in: The Psychology of Learning and Motivation 38 (1998), 187–222.

[28] Vgl. A. Bolte, Intuition und Emotion: Einflüsse von Stimmungen auf semantische Aktivierung und implizite Urteilsprozesse, Unveröffentlichte Dissertation, Osnabrück 1999.

[29] Vgl. M. Polanyi, Implizites Wissen, Frankfurt am Main 1985.

[30] K. S. Bowers, G. Regehr, C. Balthazard u. K. Parker, Intuition in the Context of Discovery, in: Cognitive Psychology 22 (1990), 72–110; Bolte, Intuition und Emotion, a.a.O.; A. Bolte, T. Goschke u. J. Kuhl, Intuition and Emotion: Effects of Positive and Negative Mood on Implicit Judgments of Semantic Coherence (zur Publikation eingereichtes Manuskript).

nen wurden Worttriaden dargeboten (z. B. „Butter, Seite, Kanarienvogel"). Die Hälfte der Triaden waren semantisch kohärent in dem Sinn, daß jedes der drei Worte schwach mit einem vierten, nicht präsentierten Wort assoziiert war (z. B. „gelb"). Die restlichen Triaden waren inkohärent, d. h. die drei Worte waren nicht mit einem gemeinsamen vierten Wort assoziiert. Die Versuchspersonen sollten versuchen, zur dargebotenen Wort-Triade ein Lösungswort zu finden. Gelang ihnen dies nicht innerhalb eines festgelegten Zeitintervalls, sollten sie dennoch entscheiden, ob die Triade im genannten Sinn kohärent ist oder nicht, d. h. die Personen sollten angeben, ob sie „intuitiv" das Gefühl hatten, daß es ein Lösungswort geben könnte. Es zeigte sich, daß die Versuchspersonen die semantische Kohärenz der Worttriaden überzufällig korrekt beurteilten, auch wenn sie nicht bewußt auf das Lösungswort kamen. Man kann dies mit der Annahme erklären, daß jedes der drei Worte einer Triade assoziierte Konzepte im Gedächtnis aktivierte wobei diese Aktivierungsausbreitung nur im Falle kohärenter Triaden auf ein gemeinsames assoziiertes Konzept konvergiert. Die unterschwellige Aktivation des Lösungskonzepts führt dabei offenbar zu dem intuitiven Eindruck semantischer Kohärenz, auch wenn das Lösungswort nicht bewußt abgerufen wird. Intuitive Urteile beruhen nach dieser Auffassung also auf der unterschwelligen Aktivierung relevanter Gedächtnisinhalte, durch die der weitere Denk- und Vorstellungsverlauf in Richtung auf bestimmte Ahnungen oder Hypothesen gelenkt wird, die schließlich zur Wahrnehmung von Kohärenz, Bedeutsamkeit oder Strukturiertheit führen können, obwohl die aktivierten Gedächtnisinhalte selbst nicht bewußt werden.[31]

Während Intuition und rationales Entscheiden häufig als Gegensätze betrachtet werden, gibt es Hinweise darauf, daß intuitive und emotionale Reaktionen eine wichtige Rolle spielen, wenn Personen persönliche Entscheidungen in komplexen Situationen fällen müssen. Insbesondere der Neurologe Damasio hat die These vertreten, daß die Nutzung impliziter affektiver Signale von großer Bedeutung für persönlich relevante Entscheidungen und die Orientierung des Verhaltens an langfristigen emotionalen Konsequenzen darstellt.[32] Damasio gründet diese Auffassung auf Untersuchungen von Patienten, die Verletzungen in einem bestimmten Bereich des Stirnhirns, dem orbitofrontalen bzw. ventromedialen präfrontalen Kortex erlitten haben. Als Folge dieser Verletzungen zeigten diese Patienten häufig mehr oder weniger deutliche Persönlichkeitsveränderungen, die sich in einer beeinträchtigten Selbstregulation emotionaler und motivationaler Antriebe, in enthemmtem und sozial unangepaßtem Verhalten, in einer mangelnden Ausrichtung des Verhaltens an zukünftigen Konsequenzen und in einer defizitären Handlungsplanung in alltäglichen Situationen manifestieren. Darüber hinaus haben die Patienten mitunter Probleme, persönlich bedeutsame Entscheidungen zu fällen, Abwägungen zu einem Abschluß zu bringen und wichtige von unwichtigen

---

[31] Für eine ausführliche Diskussion vgl. Bolte et al., Intuition and Emotion, a.a.O.; Bowers et al., Intuition in the Context of Discovery, a.a.O.

[32] A. R. Damasio, Descartes' Error. Emotion, Reason, and the Human Brain, New York 1994; A. Bechara, H. Damasio u. A. R. Damasio, Emotion, Decision Making, and the Orbitofrontal Cortex, in: Cerebral Cortex 10 (2000), 295–307.

Aspekten einer Entscheidung zu trennen. Orbitofrontale Läsionen führen außerdem zu einer verminderten Fähigkeit, einmal erworbene Assoziationen zwischen Reizen und Belohnung wieder zu revidieren, wenn sich die Belohnungskontingenzen in der Umwelt ändern. Diese Beeinträchtigungen gehen bemerkenswerterweise oft mit weitgehend normalen Leistungen der Patienten in Standardintelligenztests oder abstrakten Planungs- oder Problemlöseaufgaben einher. Dies gilt beispielsweise für den von Eslinger und Damasio beschriebenen Patienten E V R, bei dem wegen eines Meningioms eine bilaterale Ablation des ventromedialen frontalen Kortex vorgenommen worden war.[33] E V R wurde vor der Operation als hochintelligent und sozial kompetent beschrieben und hatte einen anspruchsvollen Beruf. Auch nach seiner Operation zeigte er normale bis überdurchschnittliche Leistungen in Intelligenz- und Gedächtnistests und verfügte über eine intakte Sprache. Allerdings schien er nicht mehr fähig zu sein, vernünftige langfristige Entscheidungen zu fällen oder aus Fehlern zu lernen und Risiken abzuschätzen. So behielt er keine Anstellung mehr für längere Zeit, ließ sich auf riskante Geschäfte ein und geriet in finanzielle und soziale Schwierigkeiten. Er denkt mitunter auch bei relativ belanglosen Entscheidungen (z. B. in welches Restaurant er gehen will) übermäßig lange über alle nur erdenklichen Aspekte nach und hat Schwierigkeiten, zu einem klaren Entschluß zu kommen.

Damasio führt diese Verhaltensauffälligkeiten von Patienten wie E V R darauf zurück, daß diese als Folge von Läsionen des orbitofrontalen bzw. ventromedialen präfrontalen Kortex nicht mehr in der Lage sind, kognitive Repräsentationen von Handlungsfolgen mit Repräsentationen von emotional gefärbten Körperzuständen (Damasio spricht von „somatischen Markierungen") zu integrieren.[34] Diese somatischen Markierungen, die aufgrund früherer Erfahrungen mit den antizipierten Folgen von Handlungen assoziiert sind, ermöglichen die Einschränkung des Suchraums auf relevante Optionen und die Ausrichtung des Verhaltens an zukünftigen emotionalen Konsequenzen. Um diese Hypothese zu überprüfen, hat Damasios Arbeitsgruppe eine „Glücksspielaufgabe" entwickelt, bei der die Probanden versuchen sollen, so viel Spielgeld wie möglich zu gewinnen, indem sie in jedem Versuchsdurchgang eine Karte von einem von vier Stapeln ziehen.[35] Das Ziehen einer Karte führte in den meisten Fällen zu einer Belohnung (d. h. die Versuchsperson erhielt einen bestimmten Betrag an Spielgeld, der bei den Stapeln A und B recht hoch und bei den Stapeln C und D relativ niedrig ausfiel). Allerdings gab es auch eine geringe Zahl von Karten, bei denen die Person einen Teil ihres Spielgelds wieder verlor, wenn sie eine solche Karte zog. In den beiden Stapeln (A und B), in denen die Belohnungen relativ hoch ausfielen, waren auch die mitunter auftretenden Verluste sehr hoch. In den beiden anderen Stapeln (C und D) mit den relativ geringen Gewinnen waren auch die mitunter auftretenden Verluste ver-

---

[33] P. J. Eslinger u. A. R. Damasio, Severe Disturbances of Higher Cognition after Bilateral Frontal Ablation: Patient EVR, in: Neurology 35 (1985), 1731–41.

[34] Damasio, Descartes' Error, a.a.O.

[35] A. Bechara, A. R. Damasio, H. Damasio u. S. W. Anderson, Insensitivity to Future Consequences Following Damage to Human Prefrontal Cortex, in: Cognition 50 (1994), 7–15.

gleichsweise gering. Das Verhältnis von Gewinnen und Verlusten war dabei so angelegt, daß auf lange Sicht die Stapel A und B zu einem geringeren Netto-Gewinn führten als die beiden Stapel C und D, die zwar kurzfristig nur kleine Gewinne, aber langfristig auch deutlich kleinere Verluste mit sich brachten. Die Probanden konnten nicht vorhersagen, wann oder wie oft eine Bestrafung auftreten würde, noch konnten sie den Gewinn oder Verlust jedes Stapels präzise bestimmen oder vorhersehen, wann das Spiel beendet sein würde. Es zeigte sich, daß Versuchspersonen ohne Hirnschädigung relativ schnell lernten, überwiegend Karten von den günstigeren Stapeln (C und D) zu ziehen, während Patienten mit orbitofrontalen Läsionen überwiegend Karten von den kurzfristig belohnenden, aber langfristig ungünstigen Stapeln wählten.

In einer nachfolgenden Untersuchung der gleichen Forschergruppe wurde während des Spiels die elektrodermale Reaktion als Indikator für die physiologische Erregung der Probanden gemessen.[36] Außerdem wurde versucht zu erfassen, ob die Probanden explizites Wissen über die Belohnungskontingenzen besaßen (dazu wurden die Personen nach jeweils 10 Karten zu ihren Spielstrategien und vermuteten Regeln des Spiels befragt). Die Ergebnisse zeigten, daß die gesunden Versuchspersonen die günstigeren Karten bereits zu einem Zeitpunkt im Verlauf des Experiments wählten, zu dem sie laut eigener Aussage noch kein explizites Wissen über die dem Spiel zugrunde liegenden Regularitäten besaßen, wohingegen die frontalhirngeschädigten Patienten zum Teil auch dann weiter die langfristig ungünstigen Karten wählten, nachdem sie explizites Wissen über die korrekte Strategie erworben hatten. Das zweite wichtige Ergebnis war, daß die gesunden Personen unmittelbar vor einer riskanten Wahl von einem der Stapel A oder B eine erhöhte physiologische Erregung (gemessen über die elektrodermale Reaktion) zeigten, auch wenn sie noch kein explizites Wissen darüber hatten, daß es sich um eine risikoreiche Wahl handelte. Dagegen zeigten Patienten mit orbitofrontalen Läsionen keine erhöhte elektrodermale Reaktion vor riskanten Wahlen. Die Autoren schließen aus diesen Befunden, daß Reize in einer Entscheidungssituation zwei parallele, aber interagierende Ereignisketten auslösen. Zum einen mobilisiert eine Entscheidungssituation eine bewußte Suche nach Lösungsstrategien, wobei verschiedene Handlungsoptionen und damit verbundene antizipierte Konsequenzen mental durchgespielt werden. Zum anderen werden in einer Entscheidungssituation aber auch emotionale Reaktionen ausgelöst, die auf früheren Erfahrungen in ähnlichen Situationen beruhen und eine Entscheidung beeinflussen können, auch wenn kein explizites Wissen über die entscheidungsrelevanten Kontingenzen verfügbar ist. Diese *somatischen Marker* signalisieren positive oder negative Konsequenzen von Handlungsalternativen, noch bevor die Person diese Konsequenzen explizit verbalisieren könnte. Bei Patienten mit Läsionen im orbitofrontalen präfrontalen Kortex sei die Generierung und/oder Nutzung solcher somatischen Marker gestört, was zur Folge habe, daß das Verhalten primär an unmittelbaren Belohnung oder Bestrafungen ausgerichtet wird und die Patienten nicht

---

[36] A. Bechara, H. Damasio, D. Tranel u. A. R. Damasio, Deciding Advantageously before Knowing the Advantageous Strategy, in: Science 275 (1997), 1293–5.

mehr in der Lage sind, sich an langfristigen affektiven Konsequenzen ihres Verhaltens zu orientieren. Diese Patienten haben nach diese Hypothese die Fähigkeit eingebüßt, kognitive Repräsentationen von Handlungsalternativen mit emotionalen Körpersignalen zu integrieren, was eine Voraussetzung für rationale Entscheidungen sei.

Zusammengenommen legen die hier exemplarisch diskutierten Ergebnisse nahe, daß es eine zu einfache Vorstellung wäre, Gefühl und Vernunft lediglich als widerstreitende Verhaltensdeterminanten zu betrachten. Vielmehr scheint die Fähigkeit, in komplexen, nur teilweise vorhersehbaren Situationen vernünftige Entscheidungen zu treffen, maßgeblich davon abzuhängen, daß Antizipationen der Konsequenzen möglicher Handlungen zur Aktivierung von affektiv-somatischen Signalen führen, die aufgrund früherer Erfahrungen in ähnlichen Situationen mit den Handlungsalternativen assoziiert wurden.

Die Relevanz der bislang beschriebenen empirischen Ergebnisse für das Thema dieses Bandes – den Zusammenhang von Gefühl und Moral – wird durch eine kürzlich veröffentlichte Fallbeschreibung zweier Personen unterstrichen, die schon im frühen Kindesalter eine Schädigung des orbitrofrontalen Kortex erlitten hatten (ein Mädchen, das durch einen Autounfall im Alter von fünfzehn Monaten eine Frontalhirnschädigung erlitten hatte, und ein Junge, der im Alter von drei Monaten wegen eines Stirntumors operiert werden mußte).[37] Obwohl beide Kinder – so weit dies aus der Beschreibung hervorgeht – in behüteten Familien aufwuchsen, zeigten sie im Verlauf ihrer Entwicklung deutliche Defizite in ihrem sozialen und emotionalen Verhalten und fielen durch Aggressivität, Diebstahl und chronisches Lügen auf, zeigten mangelnde Bestrafungssensibilität und bauten keine stabilen Freundschaften auf. Als Erwachsene verlor der Junge aufgrund seiner Unzuverlässigkeit seine Arbeit, machte hohe Schulden und wurde wegen zahlreicher Kleindiebstähle verurteilt, ohne Schuldbewußtsein zu zeigen. Diese beiden Einzelfälle sind sicherlich mit großer Vorsicht zu interpretieren, so wie auch viele der oben diskutierten Ergebnisse aus Damasios Arbeitsgruppe der weiteren Überprüfung und Replikation bedürfen. Nichtsdestotrotz deutet sich an, daß der orbitofrontale Kortex und die vermutlich über diese Hirnregion vermittelte Integration von Repräsentationen antizipierter Handlungseffekte mit emotional-somatischen Signalen von entscheidender Bedeutung für den Erwerb von sozialen Belohnungskontingenzen und moralischen Regeln in in der frühen Entwicklung ist.

IV. Intuition und Emotion bei der moralischen Urteilsbildung

Die bislang dargestellten Ergebnisse haben wichtige Implikationen für das Verständnis moralischer Urteilsprozesse. Ein großer Teil der Forschung zur moralischen Urteilsbil-

---

[37] S. W. Anderson, A. Bechara, H. Damasio, D. Tranel u. A. R. Damasio, Impairment of Social and Moral Behavior Related to Early Damage in Human Prefrontal Cortex, in: Nature Neuroscience 2 (1999), 1032–7.

dung war von der Auffassung dominiert, daß moralische Urteile auf der bewußten Abwägung von Gründen und moralischen Prinzipien beruhen. Überaus großen Einfluß hatte dabei die von dem Entwicklungspsychologen Kohlberg eingeführte Differenzierung verschiedener Stufen der moralischen Urteilsfähigkeit. Verschiedene Stufen der moralischen Entwicklung zeichnen sich demnach durch jeweils unterschiedlich komplexe ethische Prinzipien und moralische Überzeugungen aus (ob man beispielsweise ein Verhalten als unmoralisch bewertet, weil es einem selbst zum Nachteil gereicht, weil es gegen die Gebote und Verbote einer Autorität verstößt oder weil nicht im Einklang mit konsensuellen Normen und Prinzipien steht).[38] Dieser Auffassung entspricht eine bis in die Antike zurückreichende Tradition in der Moralphilosophie, die moralisches Bewerten und Handeln als Manifestation vernunftgeleiteter Urteilsprozesse betrachtet, die in einem steten Konflikt mit „niederen" emotionalen Antrieben stehen.

Ein Problem für diese Ansätze stellen moralische Dilemmata dar, bei denen Personen mitunter zu sehr unterschiedlichen ethischen Bewertungen von Handlungen kommen, selbst wenn die zu beurteilenden Situationen rein logisch betrachtet identisch zu sein scheinen. Ein Beispiel ist das folgende, in der Philosophie viel diskutierte Dilemma: Personen sollen sich in die Rolle des Fahrers einer Straßenbahn versetzen, deren Bremsen defekt sind. Ändert sich die Richtung der Straßenbahn nicht, werden zwangsläufig fünf Personen überfahren werden und sterben. Die einzige Handlungsoption besteht darin, einen Schalter zu betätigen, der eine Weiche umstellt, so daß die Bahn auf ein anderes Gleis wechselt, auf dem lediglich eine Person getötet werden würde. Sollte man das Gleis wechseln, um fünf Menschen auf Kosten eines einzelnen zu retten? Ein Großteil von Menschen neigt dazu, in dieser Situation das Wechseln des Gleises für moralisch gerechtfertigt zu halten. Betrachten wir nun eine zweite Situation, in der man auf einer Brücke über den Gleisen steht, die sich zwischen der Straßenbahn und den fünf Personen auf dem Gleis befindet. Die einzige Möglichkeit, den Zug zu stoppen und die fünf Personen zu retten bestet nun darin, eine unbeteiligte fremde Person, die neben einem auf der Brücke steht, von der Brücke und auf das Gleis zu stoßen. Er würde dabei sterben, aber die Straßenbahn genügend abremsen, so daß die fünf Menschen gerettet würden. Mit diesem Szenario konfrontiert neigen die meisten Personen dazu, es für nicht gerechtfertigt zu halten, den Fremden von der Brücke zu stoßen.

Obwohl die beiden Szenarien bezüglich der abstrakten Struktur des moralischen Konflikts identisch zu sein scheinen (in beiden Fällen geht es um die Frage, ob es gerechtfertigt ist, eine unschuldige Person zu opfern, um fünf andere Personen zu retten), reagieren die meisten Personen mit sehr unterschiedlichen moralischen Intuitionen auf die beiden Situationen. Die Frage ist warum? Auf dem Hintergrund der in den vorhergehenden Abschnitten dargestellten Befunde liegt die Vermutung nahe, daß beide Szenarien unterschiedliche spontane emotionale Reaktionen auslösen, die die moralische Beurteilung des kritischen Verhaltens beeinflussen, auch wenn es der Person schwer

---

[38] L. Kohlberg, C. Levine u. A. Hewer, Moral Stages: A Current Formulation and a Response to Critics, in: J. A. Meacham (Hg.), Contributions to Human Development, Bd. 10, Basel 1983.

fällt, explizit zu begründen, warum sie in den beiden Situationen zu unterschiedlichen Bewertungen kommt. Ein vorläufiger Beleg für die Richtigkeit dieser Annahme stammt aus einer rezenten Untersuchung, in der die Hirnaktivität freiwilliger Versuchspersonen mit Hilfe der funktionellen Magnetresonanztomografie (fMRT) gemessen wurde, während sie über moralische Dilemmata von der Art des oben beschriebenen „Straßenbahndilemmas" nachdachten.[39] Wurde die Hirnaktivität beim Nachdenken über moralische Dilemmata mit der Hirnaktivität beim Nachdenken über nichtmoralische Entscheidungen verglichen, so zeigte sich erhöhte Aktivität in einer Reihe von frontalen Hirnregionen (u.a. Regionen im medialen frontalen Gyrus und im posterioren cingulären Kortex), von denen man aufgrund früherer Studien annehmen kann, daß sie an emotionalen Prozessen beteiligt sind. Darüber hinaus beobachteten die Autoren, daß die Probanden bei solchen Dilemmata, bei denen sie entgegen ihrem spontanen Gefühl *für* ein fragliches Verhalten votierten (also beispielsweise im obigen Beispiel zu dem Schluß kamen, es sei moralisch gerechtfertigt, den Fremden von der Brücke zu stoßen), signifikant mehr Zeit benötigten, um ihr Urteil zu fällen. Dies läßt darauf schließen, daß es bei diesen Dilemmata zu einem Konflikt zwischen der als richtig erkannten moralischen Entscheidung und der intuitiv ausgelösten emotionalen Reaktion kam. Obwohl diese Studie zahlreiche Fragen offen läßt,[40] liefern die Ergebnisse doch erste Hinweise darauf, daß moralische Dilemmata emotionale Reaktionen in unterschiedlicher Stärke und Qualität hervorrufen, durch die die moralische Bewertung alternativer Handlungen moduliert wird.

Zu analogen Schlußfolgerungen kommt Haidt[41] in einem rezenten Übersichtsreferat, in dem er Befunde aus verschiedenen Bereichen der Entwicklungs- und Sozialpsychologie diskutiert, die dafür sprechen, daß moralische Bewertungen häufig auf intuitiven Urteilen und implizitem Wissen beruhen. Beispielsweise zeigen zahlreiche Untersuchungen zur sozialen Kognition, daß die unbemerkte Aktivierung sozialer Stereotype oder die inzidentelle Anregung bestimmter Ziele (z. B. Kooperation versus Konkurrenz) die Wahrnehmung, das Verhalten und die Urteilsdispositionen von Versuchspersonen nachweislich beeinflussen, auch wenn die entsprechenden Einflußfaktoren von den

---

[39] J. D. Greene, R. B. Sommerville, L. E. Nystrom, J. M. Darley u. J. D. Cohen, An fMRI Investigation of Emotional Engagement in Moral Judgment, in: Science 293 (2001), 2105–2108. Die in dieser Untersuchung verwendete fMRT-Methode beruht auf der Messung des Sauerstoffgehalts des Blutes in verschiedenen Hirnregionen. Da Hirnregionen mit hoher neuronaler Aktivität offenbar mit einer Verzögerung von einigen Sekunden verstärkt mit sauerstoffreichem Blut versorgt werden, kann man auf diese Weise indirekt auf die räumliche Verteilung der neuronalen Aktivität im Gehirn unter verschiedenen Versuchsbedingungen zurückschließen.

[40] Z. B. war es aufgrund eines Meßproblems nicht möglich, Aktivität im orbitofrontalen Kortex zu messen, die den Überlegungen von Damasio zufolge bei emotional gefärbten moralischen Entscheidungen erhöht sein sollte.

[41] J. Haidt, The Emotional Dog and its Rational Tail: A Social Intuitionist Approach to Moral Judgment, in: Psychological Review 108 (2002), 814–34.

Versuchspersonen nicht bemerkt werden.[42] Haidt unterscheidet auf diesem Hintergrund zwischen moralischen Urteilen, die als Ergebnis der Abwägung bewußt repräsentierter ethischer Prinzipien zustande kommen, und moralischen Intuitionen, die als spontane affektive Bewertungen im Bewußtsein auftreten, ohne daß zuvor ein bewußter Überlegungsprozeß stattgefunden hat. Explizite Begründungen für moralische Urteile werden Haidt zufolge häufig erst generiert, nachdem die intuitive moralische Bewertung einer Situation bereits erfolgt ist. In solchen Fällen neigen Personen dazu, ihr Urteil mit einem Verweis auf in einer Kultur geteilte normative Überzeugungssysteme zu begründen, wobei diese post-hoc geäußerten Rationalisierungen nicht notwendigerweise die kausalen Faktoren korrekt wiedergeben müssen, die faktisch zu einer intuitiven moralischen Bewertung geführt haben.

Die Unterscheidung zwischen expliziten, sprachlich begründbaren moralischen Urteilen und moralischen Intuitionen, die den Charakter spontaner affektiver Bewertungen haben, steht in Einklang mit der generellen Annahme, daß das menschliche kognitive System verschiedene Repräsentations- und Verarbeitungssysteme umfaßt, die durch qualitativ unterschiedliche Funktionsprinzipien charakterisiert sind. Diese Auffassung wird beispielsweise von Kuhl vertreten, der neben einem sprachlich-symbolischen Repräsentationssystem, das analytischen Denkprozessen zugrunde liegt, ein „holistisches" Repräsentationssystem postuliert, das komplexes, teilweise implizites Erfahrungswissen über eigene Präferenzen, Bedürfnisse und Emotionen umfaßt.[43] Diese impliziten selbstbezogenen Repräsentationen vermitteln Kuhl zufolge die Integration von Einzelaspekten einer Situation zu ganzheitlichen Repräsentationen und Bewertungen, die nicht immer vollständig verbal explizierbar sind, sondern sich phänomenal als Gefühle manifestieren, die scheinbar spontan in Reaktion auf eine Situation entstehen.

V. Ausblick

Wir haben in diesem Artikel einige empirische Belege für die Annahme dargestellt, daß emotionale Reaktionen oftmals durch Reize ausgelöst werden, ohne daß dies bewußte Situationsinterpretationen, explizite Schlußfolgerungen oder elaborierte Urteilsprozesse voraussetzen würde. Wir haben darüber hinaus einige – zum Teil bewußt spekulative – Implikationen dieser Ergebnisse für das Verständnis moralischer Urteilsprozesse zur Diskussion gestellt und dafür argumentiert, daß auch bei moralischen Bewertungen intuitive affektive Reaktionen eine wichtige Rolle spielen. Selbstverständlich soll damit nicht bestritten werden, daß Menschen in vielen Fällen zu moralischen Bewertungen aufgrund von bewußten Abwägungen expliziter, verbal beschreib- und begründbarer Prinzipien kommen. Allerdings legen die dargestellten empirischen Ergebnisse nahe, daß es für ein umfassendes Verständnis moralischer Urteilsprozesse notwendig ist, den

---

[42] Für eine Übersicht vgl. A. G. Greenwald u. M. R. Banaji, Implicit Social Cognition: Attitudes, Selfesteem, and Stereotypes, in: Psychological Bulletin 102 (1995), 4–27.
[43] J. Kuhl, Motivation und Persönlichkeit: Interaktionen psychischer Systeme, Göttingen 2001.

Einfluß impliziter Lern- und Gedächtnisprozesse sowie intuitiver emotionaler Reaktionen stärker als bisher zu berücksichtigen.[44] Dies gilt nicht zuletzt angesichts der so häufig zu beobachtenden Diskrepanzen zwischen eigentlich als richtig erkannten moralischen Prinzipien und dem faktischen Verhalten von Personen.

Für die zukünftige Forschung scheinen uns dabei zwei Bereiche von großer Bedeutung zu sein. Zum einen dürften weitere Erkenntnisse über moralische Urteilsprozesse von einer verstärkten Integration der Forschung zum impliziten Lernen und Untersuchungen zur Entwicklung moralischer Wertungs- und Verhaltensdispositionen zu erwarten sein. Unter impliziten Lernen wird der Erwerb von Wissen über Regeln oder Strukturen verstanden, ohne daß der Person die Regeln explizit vermittelt werden und ohne daß ihr die gelernten Strukturen bewußt werden. Implizites Lernen äußert sich primär im Verhalten, etwa im Erwerb neuer Fertigkeiten oder Gewohnheiten.[45] Die diesbezügliche Forschung war bislang allerdings fast ausschließlich mit dem Erwerb relativ einfacher Regelsysteme (z. B. strukturierte Sequenzen von Reizen, künstliche Grammatiken) befaßt. Es scheint uns vielsprechend verstärkt zu untersuchen, inwieweit implizite Lernprozesse auch beim Erwerb sozialer Regeln oder affektiver Reaktionsdispositionen von Bedeutung sind. So liegt die Vermutung nahe, daß grundlegende moralische Bewertungsdispositionen nicht ausschließlich in Form explizit, verbal vermittelter Regeln und Normen erworben werden, sondern daß dabei gerade in der frühen kindlichen Entwicklung implizite Lernprozesse eine große Rolle spielen.

Eine zweite wichtige Frage für die zukünftige Forschung betrifft die Selbstregulation emotionaler Prozesse. Während wir in diesem Aufsatz die Bedeutung intuitiver emotionaler Reaktionen für moralische Urteilsprozesse in den Vordergrund gerückt haben, ist für das Verständnis moralischen (und natürlich auch abweichenden) Verhaltens die Fähigkeit zur Selbstregulation emotionaler Impulse und zur Ausrichtung des Verhaltens an langfristigen Konsequenzen und sozialen Normen von zentraler Bedeutung. Die Prozesse, die der Selbstregulation emotionaler Antriebe und der willentlichen Kontrolle des Denkens und Handelns zugrunde liegen, bilden gegenwärtig ein zentrales Forschungsthema sowohl in der Kognitions- und Motivationsforschung als auch in den Neurowissenschaften.[46] Wir können hier auf diese Forschung nicht eingehen, aber es sei

---

[44] Vgl. dazu ausführlich Haidt, The Emotional Dog and its Rational Tail, a.a.O.

[45] Für einen Überblick vgl. z. B. Goschke, Implicit Learning and Unconscious Knowledge, a.a.O.

[46] Für Übersichten vgl. T. Goschke, Volition und kognitive Kontrolle, in: J. Müsseler, W. Prinz u. S. Maasen (Hgg.), Lehrbuch Allgemeine Psychologie, Heidelberg im Druck; J. Kuhl u. H. Heckhausen (Hgg.), Enzyklopädie der Psychologie Serie IV, Bd. 4: Motivation, Volition und Handeln, Göttingen 1996; S. Monsell u. J. Driver (Hgg.), Attention and Performance XVIII: Control of Cognitive Processes, Cambridge, Mass. 2000; vgl. auch J. Kuhl, Wille und Freiheitserleben. Formen der Selbststeuerung, in: J. Kuhl u. H. Heckhausen (Hgg.), Enzyklopädie der Psychologie (Serie IV, Band 4: Motivation, Volition und Handlung), Göttingen 1996, 665–765; J. Kuhl u. T. Goschke, A Theory of Action Control: Mental Subsystems, Modes of Control, and Volitional Conflict-resolution Strategies, in: J. Kuhl u. J. Beckmann (Hgg.), Volition and Personality: Action versus State Orientation, Göttingen/Toronto 1994, 93–124; W. Mischel, From

darauf hingewiesen, daß zahlreiche Befunde dafür sprechen, daß eine mangelnde Fähigkeit zur Affektregulation und zur Ausrichtung des eigenen Verhaltens an antizipierten zukünftigen Konsequenzen wichtige Determinanten von abweichendem (z. B. aggressivem) Verhalten zu sein scheinen.[47] Es wird dabei für ein Verständnis der Entwicklung moralischen Verhaltens von entscheidender Bedeutung sein, daß wir lernen genauer zu verstehen, wie – teilweise implizite – Lernprozesse in der frühen Sozialisation mit der Hirnentwicklung (insbesondere der Reifung des präfrontalen Kortex) interagieren.

Wir haben uns in diesem Beitrag auf eine Diskussion der Implikationen empirischer Ergebnissen aus den Kognitions- und Neurowissenschaften für das Problem der moralischen Urteilsbildung beschränkt und sind nicht auf normative Fragen eingegangen. Es sei abschließend angemerkt, daß natürlich aus der Richtigkeit der These, daß moralische Urteile oft *faktisch* auf intuitiven emotionalen Reaktionen beruhen, nicht folgt, daß moralische Urteile stets auf diese Weise getroffen werden *sollten*. Allerdings sind wir der Meinung, daß auch eine Auseinandersetzung mit normativen ethischen Fragen durch empirische Erkenntnisse darüber informiert sein sollte, wie moralische Urteilsprozesse faktisch ablaufen. So werfen diese Ergebnisse nicht zuletzt auch Probleme für die praktische Ethik auf. Wenn es sich beispielsweise als richtig erweisen sollte, daß moralische Urteile oftmals auf intuitiven affektiven Reaktionen und impliziten Wertungsdispositionen beruhen, in welchem Sinn können solche Urteile dann noch als rational begründet betrachtet werden? Oder wenn sich herausstellen sollte, daß soziopathisches Verhalten durch eine (erworbene oder angeborene) Dysfunktion in neuronalen Netzwerken bedingt ist, als deren Folge die Person unfähig ist, zukünftige Konsequenzen des eigenen Verhaltens zu antizipieren, affektive Impulse zu regulieren oder moralische Gefühle zu entwickeln, in welchem Sinn kann sie dann noch als verantwortlich für ihre Taten betrachtet werden?

Good Intentions to Willpower, in: P. M. Gollwitzer u. J. A. Bargh (Hgg.), The Psychology of Action: Linking Cognition and Motivation to Behavior, New York 1996, 197–218.

[47] Vgl. z. B. R. J. Davidson, K. M. Putnam u. C. L. Larson, Dysfunction in the Neural Circuitry of Emotion Regulation – a Possible Prelude to Violence, in: Science 289 (2000), 591–4.

Christoph Jäger and Anne Bartsch

Privileged Access and Repression

One of the most influential views in the philosophy of mind is that our beliefs about our own mental states are epistemically superior to our beliefs about other minds. Each person, so it seems, enjoys some special, privileged access to his or her own current thoughts, experiences, and sensations. The details of this "Cartesian" claim are controversial, and since Descartes' time a number of different formulations have been suggested. To date, however, it is still widely held that for a great number of mental properties there is at least the following asymmetry: ascriptions of them to others must rely on external evidence, whereas self-ascriptions of them need not and usually do not rest on any such basis. In consequence, there seems to be a large class of errors to which such self-ascriptions are immune. "Primary" emotions—emotions such as fear, anger, joy, sorrow, distress, etc.—seem to be paradigm examples of mental states to which such claims apply.[1] As William Alston, in a classic contribution, once put it,

> *[an emotion] seems to be [...] the sort of thing of which one can have the same kind of immediate infallible knowledge one has of one's sensations and thoughts, a kind of knowledge open to no one else. If I am angry at someone, then I, but no one else, know that I am angry just by virtue of my being angry; nothing further is required.*[2]

Such views about emotion enjoy a strong intuitive pull, and they have many prominent adherents. Roderick Chisholm, for example, says *pars pro toto* with respect to sadness:

> *For every x, if x has the property of being sad, and if x considers the question whether he is sad, then it is certain for x that he is sad.*[3]

Or, to cite a more recent example, consider David Chalmers' contention that it is a "most obvious principle" regarding our current mental states that our second-order judgements about them are by and large correct and that, when a person is in such a

---

[1] In calling these emotions "primary", we take up a suggestion by Damasio and others, who use the label to distinguish such mental items from so-called "secondary" or "social emotions" like embarrassment, pride, etc. (cf. for example A. Damasio, The Feeling of What Happens: Body, Emotion and the Making of Consciousness, London 2000, 50 f.). Because of their more complicated intentional structure, the latter seem to leave more room for interpretations and corrections from third-person perspectives.

[2] W. P. Alston, Emotion and Feeling, in: P. Edwards (ed.), The Encyclopedia of Philosophy, Vol. 2, New York/London 1967, 482.

[3] R. Chisholm, The Foundations of Knowing, Minneapolis 1982, 14.

state, she usually has the capacity to form a (correct) second-order judgement about it.[4] Chalmers too considers emotions to be paradigm examples of such states.

Recent psychological research on repression, however, seems to put serious pressure on such views. Traditionally, the study of repression has largely been confined to psychoanalysis, and it seems reasonable to construe attacks on privileged access from this camp as mainly centering on beliefs and desires. In the last two decades, however, empirical studies have been carried out which seem to demonstrate that even primary emotions can dwell in the realm of the unconscious. The results of these studies have been summarized by saying that people can, and often do, "avoid accurate perception" of their emotions; that subjects often fail to "recognize their emotional experiences."[5] But if this is true, if it really is possible that we can fall victim to emotional blindsight, it looks as if what traditionally has been regarded as one of the firmest bastions of special access has fallen. In this paper we shall investigate whether, and to what extent, this challenge can be substantiated.

I. Privileged Access

Privileged access claims come in two broad varieties. What claims in the first family share is the idea that certain mental states are such that, if a person believes herself to be in such a state, this belief is normally correct— or at least justified, or both.[6] Let us look, for example, at what is structurally the simplest member of this family, the thesis that, if a person S believes herself to exemplify some mental property M (where M stands for a property of an appropriate kind), this belief is true, i. e., S *has* that property. Along with this claim we might consider the statement that, if S believes herself *not* to exemplify the mental property M, this belief is also true. This yields the following general structure of what we may call *infallibility statements*:

(INF) For each mental property M of type T it holds that:

(i) if a person S believes herself to exemplify M, this belief is true, i. e. S *does* exemplify M; and

(ii) if S believes herself not to exemplify M, S does not exemplify M.

The second variety of claim "reverses the direction" of such statements. Here the point is not that if there is a belief about one's own mind, this belief is true, but rather that, if

---

[4] D. Chalmers, The Conscious Mind, New York/Oxford 1996, 218 f.

[5] D. A. Weinberger and M. N. Davidson, Styles of Inhibiting Emotional Expression: Distinguishing Repressive Coping from Impression Management, in: Journal of Personality 62 (1994), 587–613, 609, 590, our italics.

[6] Depending on how the concepts of justification and knowledge are analyzed, statements of this first type often amount to the thesis that people's beliefs about being in such states usually constitute knowledge.

S exemplifies (or fails to exemplify) the mental property M, S has a belief about this—possibly a justified belief, or even perhaps a belief that constitutes knowledge. Such theses may be called *transparency claims*. The simplest such claim is this:

(TRANSP) For each mental property M of type T it holds that:

(i) if a person S exemplifies M, S believes that S exemplifies M; and

(ii) if S does not exemplify M, S believes that S does not exemplify M.[7]

Now, if we stop for a moment to consider these principles we quickly see that, given an additional but unproblematic assumption, they are logically connected. The additional assumption is that: (A) If a subject believes that not-p, it is not the case that s/he believes that p. (The converse is, of course, false: not believing a proposition p does not imply believing its negation.) If this assumption is true—and it certainly is for rational subjects—it is easy to see that part (ii) of the transparency claim implies part (i) of the infallibility claim. For applied to the consequent of (TRANSP), (ii), assumption (A) gives us:

> If S believes that S does not exemplify M, S does not believe that s/he does exemplify that property.

And together with (TRANSP), (ii), this yields:

> If S does not exemplify M, S does not believe that s/he does exemplify M,

which is equivalent to (INF), (i). Hence, Cartesian positions that embrace both infallibility and transparency claims of the above kind can be reduced to part (i) and (ii) of the transparency claim and part (i) of the infallibility thesis.

Theses of either variety may be distinguished from so-called "first-person authority" claims, which are formulated in terms of the trustworthiness of a person's *reports* about her present mental states. Donald Davidson, for example, urges that "sincere first-person-present-tense claims about thoughts, while neither infallible nor incorrigible, have an authority no second- or third-person claim, or first-person other-tense claim, can have."[8] The essence of such positions can be captured by saying that, although certain considerations suggest we had better leave room for wrong beliefs about one's present states of mind (because people may, for instance, misclassify these states and apply the wrong concepts), such cases will be the exception. Normally, the idea goes, we *do* ap-

---

[7] For a more detailed discussion and comparison of various privileged access claims see Ch. Jäger, Selbstreferenz und Selbstbewußtsein, Paderborn 1999, Chap. 2 and 3.

[8] D. Davidson, Knowing One's Own Mind, in: Proceedings and Addresses of the American Philosophical Association 60 (1987), 442–458; repr. in: Q. Cassam (ed.), Self-Knowledge, Oxford 1994. Similar statements can for instance be found in: S. Shoemaker, First-Person Access, in: J. E. Tomberlin (ed.), Philosophical Perspectives 4: Action Theory and Philosophy of Mind, Atascadero 1990, 187–214; repr. in: S. Shoemaker, The First-Person Perspective and Other Essays, Cambridge 1996, and many other discussions of the topic.

ply the right concepts: when a speaker uses the word "pain", she normally means pain and not, say, an instance of itching. Normally people know what they say, and therefore it seems we are generally justified in assuming that people's sincere reports about their present mental states are correct.

However, can even such moderate accounts handle the phenomenon of repression? Doesn't even first-person authority break down when it comes to repressors? In order to pursue this question, we must take a closer look at the concept of repression. Let us begin with a few comments on Freud's use of the term.

II. Repression

Freud, to be sure, tended to be rather vague about the phenomena he considered to constitute (potential) objects of repression. Thus, he speaks of an "avoidance of thought",[9] of unconscious "instincts" or "instinctual impulses",[10] and most often—especially in his earlier work—of "ideas" that are being repressed. "Groups of ideas" are "split off from consciousness", "incompatible ideas" are "fended off", and so on,[11] but precisely which phenomena fall within the scope of the notoriously vague label "idea" remains unclear. In his famous article "Repression" Freud writes that "the essence of repression lies simply in turning something away, and keeping it at a distance, from the conscious."[12] Everyone, of course, will readily agree that repression involves keeping *something* away from consciousness. But such a characterization is not very illuminating.[13]

Despite this ambiguity, however, we think it is right to say that it is unconscious beliefs, and especially unconscious desires, that play the key role in Freud's account.[14] The (pseudo)fulfillment of unconscious desires, for instance, is the cornerstone of

---

[9] J. Breuer and S. Freud, Studies on Hysteria (1895), in: J. Strachey (ed.), The Standard Edition of the Complete Psychological Works of Sigmund Freud, Vol. 2, London 1955, 156.

[10] S. Freud, Repression (1915a), in: J. Strachey (ed.), The Standard Edition of the Complete Psychological Works of Sigmund Freud, Vol. 14, London 1957, 143–158, 147.

[11] J. Breuer and S. Freud, On the Psychical Mechanism of Hysterical Phenomena: Preliminary Communication (1893), in: J. Strachey (ed.), The Standard Edition of the Complete Psychological Works of Sigmund Freud, Vol. 2, London 1955, 3–17, 12; Breuer and Freud, Studies on Hysteria, loc cit., 157.

[12] Freud, Repression, loc. cit., 147.

[13] For an illuminating reconstruction of the development of the concept of repression in Freud's work, see M. H. Erdelyi, Repression, Reconstruction, and Defense: History and Integration of the Psychoanalytic and Experimental Frameworks, in: J. L. Singer (ed.), Repression and Dissociation: Implications for Personality Theory, Psychopathology, and Health, Chicago and London 1990.

[14] This is a common view that also applies to modern psychoanalysis. See for instance M. Edelson, Defense in Psychoanalytic Theory: Computation or Fantasy, in: Singer, Repression and Dissociation, loc. cit., 33, who characterizes psychoanalysis as "an intentional psychology of mind" that is "concerned with generating knowledge about the nature, causal interrrelations, and causal powers of such entities as wishes and beliefs."

Freud's theory of dreams.[15] "Dreams," he writes, "are not to be likened to the unregulated sounds that arise from a musical instrument struck by the blow of some external force instead of by a player's hand [...]; they are not absurd; they do not imply that one portion of our store of ideas is asleep while another portion is beginning to wake. On the contrary, they are psychical phenomena of complete validity—fulfillments of wishes."[16] In "The Unconscious" Freud talks again about unconscious ideas, unconscious instincts, unconscious love and hate, etc. But here again, he also declares explicitly that "the nucleus of the *Ucs*. [...] consists of wishful impulses."[17]

Now, it is not our aim in this paper to develop a systematic distinction between conscious and unconscious mental states. What seems clear, however, is that mental states that are unconscious in Freud's sense do not meet the epistemic conditions for privileged access sketched above. Freud clearly opposes the idea that we always enjoy "access consciousness" with respect to our desires. This idea may be summarized by saying that according to psychoanalysis, it is frequently true that, for a person S:

(PSY1) S believes herself not to desire that p, but this belief is false (i. e., S *does* in fact desire that p); and

(PSY2) S desires that p, but S fails to believe that she has that desire.

The first claim, if true, would make desires unsuitable candidates for the negative part of the infallibility thesis; and the second claim is incompatible with the positive part of our transparency principle. Since analogous points can made with respect to beliefs, we can construe psychoanalytic theories of repression as presenting counter-examples to privileged access claims insofar as they are applied to voluntary and doxastic attitudes.

Advocates of privileged access often reply that arguments from this quarter don't pose any real threat, since Freudian theories are, as they say, highly speculative and are insufficiently supported by empirical evidence. We shall not enter into such controversies, however, but rather turn now to some recent studies that see themselves as drawing on Freudian ideas, while at the same time employing a concept of repression that *has* been operationalized in empirical terms. Recent studies on repression regard themselves as meeting broadly Freudian ideas; their focus, however, is not on desires and beliefs, but on primary emotions. How do these studies proceed, and what are their main results?

Some current definitions of repression in the psychological literature are as liberal as Freud's characterizations. Thus, repression has been called the "most general form of avoidance of conscious representation of frightening memories, wishes, or fantasies or

---

[15] S. Freud, The Interpretation of Dreams (1900), part III, VII, c, and passim, in: J. Strachey (ed.), The Standard Edition of the Complete Psychological Works of Sigmund Freud, Vol. 4 and 5, London 1953.

[16] Freud, The Interpretation of Dreams, loc cit., 122.

[17] S. Freud, The Unconscious (1915b), in: J. Strachey (ed.), The Standard Edition of the Complete Psychological Works of Sigmund Freud, Vol. 14, London 1957, 161–215, see 177, 186.

of the unwanted emotions."[18] According to the *Guide for Clinicians and Researchers*, repression "consists of an unconsciously motivated forgetting or unawareness of external events or of internal impulses, feelings, thoughts, or wishes."[19] However, in the last two decades empirical studies have been carried out in which the concept has been applied specifically to persons who "genuinely deceive themselves about the nature of their *emotional* responses."[20] In these studies, repressors are characterized as subjects who are "(1) motivated to maintain self-perceptions of little subjective experience of negative emotion despite (2) tendencies to respond physiologically and behaviorally in a manner indicative of high levels of perceived threat."[21]

In most of the studies, repressor and control groups are preselected by a psychometric method developed by Weinberger, Schwartz, and Davidson, which combines two kinds of self-report measures.[22] One is the so-called Marlowe-Crowne (MC) Social Desirability Scale, which is designed to measure patterns of behavior that are culturally sanctioned or approved but which are unlikely to occur.[23] Thus the MC questionnaire contains statements such as "I never hesitate to go out of my way to help someone in trouble," "I am always courteous, even to people who are disagreeable," etc. Scoring high on the MC scale indicates a high level of "defensiveness." Originally, this measure was meant to assess people's readiness to distort answers or lie in order to conform to social expectations. There is strong evidence, however, that subjects scoring high on the MC scale really believe that they conform to the unrealistically high standards of self-control reflected in the statements. The MC scale, in other words, actually seems to assess self-deception rather than the deception of others.[24]

---

[18] Singer, Repression and Dissociation, loc cit., xii.

[19] G. E. Vaillant, Ego Mechanisms of Defense: A Guide for Clinicians and Researchers, Washington D. C. 1992, 276.

[20] See Weinberger and Davidson, Styles of Inhibiting Emotional Expression, loc cit., 589, our italics.

[21] D. A. Weinberger, The Construct Validity of the Repressive Coping Style, in: Singer, Repression and Dissociation, loc cit., 343. For similar characterizations see for example J. F. Brosschot and E. Janssen, Continuous Monitoring of Affective-Autonomic Response Dissociation in Repressors During Negative Emotional Stimulation, in: Personality and Individual Differences 25 (1998), 69–84, and J. W. Burns, Repression Predicts Outcomes Following Multidisciplinary Treatment of Chronic Pain, in Health Psychology 19 (2000), 75–84.

[22] D. A. Weinberger, G. E. Schwartz, and R. J. Davidson, Low-anxious, High-anxious, and Repressive Coping Styles: Psychometric Patterns and Behavioral and Physiological Responses to Stress, in: Journal of Abnormal Psychology 88 (1979), 369–380.

[23] D. P. Crowne and D. Marlowe, A New Scale of Social Desirability Independent of Psychopathology, in: Journal of Consulting and Clinical Psychology 24 (1960), 349–354, 350.

[24] The hypothesis that repressors are not merely distress-prone „impression managers" who try to meet social expectations has been tested in experiments in which repressors and self-identified impression managers participated in a timed phrase-completion task. Half of the subjects in each group were encouraged to be emotionally expressive and half to be restrained. It turned out that "repressors were highly defensive regardless of the social demand", whereas "impression managers

The MC scale is combined with standard self-report measures of trait anxiety, in which people are asked about their tendency to experience distress. Subjects who score low on both scales are assumed to be "truly low anxious." The idea is, roughly, that a subject's low defensiveness scores indicate that her low anxiety scores can also be taken at face value. "Repressors", by contrast, are preselected as people who score low on anxiety scales, but high on the MC scale. Because the high MC scores of this group indicate a high level of defensiveness, it is hypothesized that the low anxiety scores do not actually reflect low levels of proneness to distress, but rather the (unconscious) attempt to maintain a certain self-image according to which vulnerability to affective reactions is undesirable. When it comes to emotions, repressors seem to be strongly under the sway of stoic ideals.

This hypothesis was confirmed by experimental evidence to the effect that the repressors' physiological or behavioral reactions to stressors are as intense as, or even more intense than, the reactions of the members of the third category, the "high anxious" group, despite the fact that repressors' self-assessments contradicted these results. The "high anxious" group is characterized by high anxiety but low MC scores. Interestingly, the fourth group ("defensive high anxious"), which consisted of individuals scoring high on both scales, had to be discarded from almost all the studies because of the low number of subjects who fell into this category. Figure 1 below summarizes these classifications.

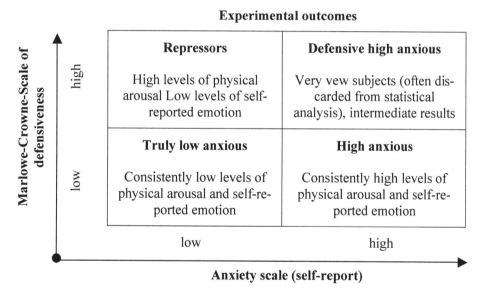

Figure 1: Experimental design of a typical repression study

only managed to meet the repressors' levels of distancing during the first segment of the inhibitive condition" (Weinberger and Davidson, Styles of Inhibiting Emotional Expression, loc cit., 587).

The two arrows represent the two self-report measures used to *preselect* repressor subjects and control groups. This psychometric method uses (i) self-reports that measure defensiveness (MC scale) and (ii) questionnaires about trait anxiety. Dividing subjects into high and low scorers on each of the two scales yields the four-group typology represented in the cells of the figure. The descriptions summarize typical experimental outcomes for members of each group when confronted with emotion-eliciting situations. (In addition to physiological arousal, many studies also include other objective measures of emotion, such as facial expression or objective test performances. These measures tend to vary correspondingly.)

In the experiments, affect is induced through various means, for instance by confronting the subjects with affectively charged phrases with aggressive or sexual content or disturbing footage such as video tapes of "industrial accidents", or with a modified form of the Prisoner's Dilemma.[25] Two types of *objectively* accessible reactions are measured: (a) physiological reactions such as blood pressure, heart rate, sweat gland activity, muscle tension, etc., and (b) behavioral reactions like facial expression, speech patterns, reaction times and objective test performances. For both kinds of measure, the results are similar. *Subjective* reactions are normally assessed by self-report measures such as mood questionnaires, or interviews.

Most studies have focused on negative emotions (anxiety, anger, etc.), but recently positive emotions have been integrated into the picture. Experiments have been devised which support the thesis that "repressors are hypersensitive to both negative and positive emotional events but distance themselves from these events only when the situation threatens their self-concept."[26] This hypothesis has been tested successfully, demonstrating that repressors do report higher levels of affect than control subjects when no potential threat to their self-esteem is perceived, but that self-reported affect dramatically diminishes in ego-threatening situations. Hence response dissociation can also be observed within subjects' self-reports when the situation variable is manipulated. It may be concluded, in summary, that a growing body of empirical evidence concerning dissociation between objective and subjective reactions to emotion-eliciting situations suggests the existence of a genuine repressive coping mechanism regarding primary emotions. What are the consequences of all this for privileged access?

---

[25] See for instance Weinberger, Schwartz, and Davidson, Low-anxious, High-anxious, and Repressive Coping Styles, loc cit., 369–380; J. B. Asendorpf and K. R. Scherer, The Discrepant Repressor: Differentiation Between Low Anxiety, High Anxiety, and Repression of Anxiety by Autonomic-Facial-Verbal Patterns of Behavior, in: Journal of Personality and Social Psychology 45 (1983), 1334–1346; Weinberger, The Construct Validity of the Repressive Coping Style, loc cit.; G. G. Sparks and C. Irvine, The Repressive Coping Style and Fright Reactions to Mass Media, in: Communication Research 26 (1999), 176–191.

[26] M. Mendolia, Repressor's Appraisals of Emotional Stimuli in Threatening and Nonthreatening Positive Emotional Contexts, in: Journal of Research in Personality 33 (1999), 1–26, 1.

We must draw the conclusion, it seems, that the immunity to ignorance as well as the infallibility thesis must be abandoned *even with respect to primary emotions*. For clearly, if these accounts of emotional repression are right, we must accept that:

(RP1) There are many cases in which a subject S believes herself not to be anxious (exulted, sad, etc.), but this belief is false, i. e. S is in fact anxious (exulted, sad, etc.).

This contradicts the negative part of the infallibility thesis (when applied to emotions). Furthermore, according to these studies it holds that:

(RP2) There are many cases in which a subject S is anxious (exulted, sad, etc.), but in which S fails to believe that she is in these states.

This statement is incompatible with the positive part of the transparency claim when applied to emotions.[27]

Moreover, like psychoanalytic objections, these studies, too, suggest that, as far as emotion is concerned, not only these varieties of privileged access but also their more moderate cousins, first-person authority claims, cannot be sustained. As introduced above, the basic idea of these latter claims is that, even though people may occasionally be mistaken in their judgements about their current mental states (for example misclassifying them), we are nevertheless generally justified in crediting their reports with special authority. But in the light of these studies, even claims such as this one cannot be sustained. Now, it might be objected that it is precisely qualifiers such as "generally," "usually," etc. that can save mere authority claims from the objection of repression. After all, such qualifiers allow for exceptions, so why not treat instances of repression as exceptions?

It is true that only repressors are the sticking point, and even they only lose privileged access to their minds in certain situations, namely when they are acting *as repressors*. However, the point is that in ordinary communication we normally have no idea whether a person reporting about her emotional states is currently repressing them. Hence we are not generally justified in treating the self-reports we are offered as authoritative and reliable, and this means that in addition to privileged access claims the repression studies sketched above also undermine first-person authority claims with respect to emotions.

Another worry about the impact of these studies is whether the phenomena they investigate can indeed be called "emotions" in the first place.[28] There are authors who feel

---

[27] For a different, but in certain respects related account of what it means for an emotion to be unconscious, see D. Rosenthal, Consciousness and its Expression, in: P. A. French and H. K. Wettstein (eds.), Midwest Studies in Philosophy, Vol. XXII: Philosophy of Emotions, Notre Dame 1999, 294–309, who applies his "higher order thought" (HOT) theory of consciousness to the question and maintains that an emotion is unconscious if it is not accompanied by a HOT. A comparison of this approach with the one suggested here would take us beyond the scope of this paper and must await another occasion.

that emotions are by definition mental states that cannot be ignored—mental items which are, to borrow a term from Chisholm, "self-presenting". Freud, for instance, sometimes held that "it is surely of the essence of an emotion that we should be aware of it, i. e. that it should become known to consciousness."[29] And this view still has its adherents. The psychologist Arne Oehmann, for instance, recently argued that the concept of an unconscious emotion "becomes logically impossible because it provides a contradiction in terms."[30] Thus it seems legitimate to question whether it makes any sense to talk about unconscious emotion at all.

III. On the Nature of Emotion

So far we have worked with a fairly loose notion of "emotion." The hypothesis that people can be ignorant of their own emotions, however, is only tenable within a certain theoretical framework. First, let us distinguish among three different uses of emotion-predicates. (i) When attributing happiness to someone, or fear, depression, etc., we may be referring to a complex state that stretches over a comparatively long period of time and involves a number of different mental and non-mental aspects. As Peter Goldie recently put it, we often use such words to describe states that involve an "unfolding sequence of actions and events, thoughts and feelings."[31] Following Alston, we may refer to this use of emotion-terms as the "long-term disposition" use.[32] (ii) Secondly, emotion predicates are used to describe character traits. Hence when Jules says that Jim is enthusiastic, or happy, or jealous, he may mean that Jim is an enthusiastic, or happy, or jealous kind of person. Again, this will involve a number of long-term tendencies and dispositions, liabilities to act, think, and feel in certain ways. (iii) Finally, however, emotion-terms are used to ascribe episodes of occurrent emotional arousal. Call this the "occurrent-mental-state-reading". It is this meaning of "emotion" that is at issue in the present context.

Now, suppose we refuse to countenance the term "emotion" for the states described in the studies. What then do they discuss under the label of "emotional repression"? Surely there is *something* these studies talk about. The objector will be faced with the task of redescribing the phenomena in non-emotional terms. But such a redescription, it seems, would face nastier problems than the acceptance of the concept of an unconscious emotion. For it would have to be admitted that, first, from a third-person perspective, the mental states in question are indistinguishable from states that are not being repressed

---

[28] This objection to our presentation of the problem was made by Anita Avramides.

[29] Freud, The Unconscious, loc cit., 177.

[30] A. Oehmann, Distinguishing Unconscious from Conscious Emotional Processes: Methodological Considerations and Theoretical Implications, in: T. Dalgleish and M. J. Power (eds.), Handbook of Cognition and Emotion, Chichester et al. 1999, 321–351, 334.

[31] P. Goldie, The Emotions, Oxford 2000, 12 f.

[32] See Alston, Emotion and Feeling, loc. cit.

(except, of course, for the fact that *verbal* behavior differs): the repressed states have all the physiological and behavioral characteristics that conscious emotions have. Secondly, remember that the subjects of the (truly) high anxious control group, who displayed similar patterns of behavior and similar levels of physiological arousal as repressors, did classify their states as states of emotional arousal. For them, there was no question that they became anxious, excited etc. when they were subjected to the test situations. Consequently, it would appear most odd and artificial to reply that, contrary to what the studies claim, they in fact do not genuinely deal with emotions.

However, until quite recently, psychological theories of the emotions were dominated by so-called "cognitive" approaches where, broadly speaking, emotion is analyzed as an interaction between an "arousal system" and a "cognitive-interpretative system."[33] Such cognitivist approaches are also influential in philosophical discussions. Robert Solomon, for instance, has argued for a strong form of cognitivism and maintains that, for example, "My shame *is* my judgement to the effect that I am responsible for an untoward situation or incident."[34] Such models leave little room for emotional repression. As Weinberger once put it, "If the emotion system is considered incapable of independent assessment of sensory information, one's emotional state becomes whatever the 'cognitive-interpretative system' decides that it is."[35] Put somewhat differently, if a subject's conceptual classifications of his or her emotions were constitutive of that emotion, dissociation between what the subject believes about this mental state and what it really is would be impossible.

Our view on this issue is that, even though a certain range of background beliefs will normally constitute a necessary condition for having an emotion, an *identification* of emotions with doxastic attitudes, as strong cognitivists such as Solomon suggest, is

---

[33] For a famous psychological account of this type see for example S. Schachter and J. P. Singer, Cognitive, Social, and Physiological Determinants of Emotional States, in: Psychological Review 69 (1962), 379–399.

[34] R. Solomon, The Passions, Notre Dame 1983, 187, his italics; first published 1976.

[35] Weinberger, The Construct Validity of the Repressive Coping Style, loc cit., 339 f. The issue of how central cognition is to emotion has been heatedly debated by emotion theorists for about twenty years now—without arriving at a definite conclusion. The debate started off with Robert Zajonc's famous paper "Feeling and Thinking: Preferences Need no Inferences" (R. Zajonc, Feeling and Thinking: Preferences Need no Inferences, in: American Psychologist 35 (1980), 151–175). On the basis of clever experiments using subliminal stimulus presentation, the author argued that preferences, defined in terms of emotional reactions, can be generated without any conscious registration of the stimuli. This, he said, demonstrated the priority of emotion over cognition. Although his experimental findings were reliably replicated, Zajonc's interpretation was controversial: should we say that, if a process is not conscious, it is not cognitive either? Those who concede that there is such a thing as „unconscious cognition" need not of course be disturbed by Zajonc's experiments and can happily sustain their claim that cognitive appraisal is a necessary condition of emotion. In any event, *this* controversy concerning the cognitive or non-cognitive nature of unconscious emotional information processing does not concern the present topic. For as long as there *are* unconscious aspects, the question remains how they relate to conscious emotional experience.

highly problematic. This can for example be illustrated by what we may, inspired by an example from Goldie, call the *Mr. Spock objection*, after the character from the Planet Vulcan in the first three Star Trek series.[36] Mr. Spock is a Vulcan—the most rational race ever seen in the universe. Hence he always has beliefs and preferences that seem from a purely rational point of view to be the most appropriate. However, Mr. Spock has no emotions. But what is it that makes him such an interesting character? And why is he so irritating? It is, we suggest, precisely the fact that Spock can make any kind of judgement and have any kind of belief and preferential attitude *without* getting emotionally involved.

Another problem is that strong cognitivism with respect to emotions would imply that subjects who lack the relevant conceptual capacities could not have primary emotions. We would have to deny, for instance, that small children can be angry, amused, jealous or sad. For if they lack the relevant concepts, they cannot hold the beliefs or make the judgements that are, as cognitivism claims, necessary to generate these states. This, too, is a highly counterintuitive consequence.

Even though cognitivist accounts of emotion still have their proponents, in recent decades alternative models have been increasingly proposed.[37] And over the last few years, views in which emotion *is* independent, at least partially, from conscious cognition have received substantial support from neuroscience. Leading scholars in the field of neuropsychological emotion theory agree that certain key functions of emotional information processing ought to be located in subcortical brain structures, which are phylogenetically old. Such processes, it is usually assumed, cannot, for physiological reasons, become conscious; our brains are just not wired that way.[38] According to Joseph LeDoux,[39] such brain structures, including for instance the amygdala, the hypothalamus and certain brain stem nuclei, are the physical substrates of an emotional information-processing system that is capable of autonomous stimulus assessment and response formation. Or to borrow an illustration from Antonio Damasio, a baby chick in a nest does not *know* what eagles are, but is afraid of them and promptly responds with affective reactions such as alarm and by hiding its head when wide-winged objects fly overhead at a certain speed. Analogous phenomena can be found in humans.[40] Following

---

[36] Goldie, The Emotions, loc cit., 50. Goldie uses the illustration in a slightly different context.

[37] For a very helpful survey of the debate until the mid 1990s, see J. Deigh, Cognitivism in the Theory of Emotions, in: Ethics 104 (1994), 824–854. Further arguments against strong forms of cognitivism can be found in: P. E. Griffiths, What Emotions Really Are, Chicago and London 1997.

[38] Cf., e. g., J. LeDoux, The Emotional Brain, New York 1996, and J. LeDoux, Synaptic Self: How Our Brains Become Who We Are, New York 2002, Chap. 8; J. Panksepp, Affective Neuroscience—the Foundations of Human and Animal Emotions, New York, Oxford 1998; A. Damasio, Descartes' Error: Emotion, Reason and the Human Brain, New York 1994, and Damasio, The Feeling of What Happens, loc cit.

[39] See LeDoux, The Emotional Brain, loc cit., and Synaptic Self, loc cit.

[40] Damasio, Descartes' Error, loc cit. 132.

Damasio, we may refer to such unconscious emotions as the "primary level of emotional information processing."

Conscious emotional experience, however, depends on a secondary process. As suggested by Damasio, LeDoux and others, conscious emotional states are mediated by somatosensory representations in the right neocortex. These cortical structures can process information about emotional arousal by „monitoring" bodily reactions elicited by the unconscious primary process. And when these effects—e. g. visceral, endocrine or behavioral reactions—are cortically represented, they can be experienced. This is not to say that cortical representations of emotional arousal are continuously attended to. But people are normally able to experience these emotions if they focus on them. The following figure illustrates this model:

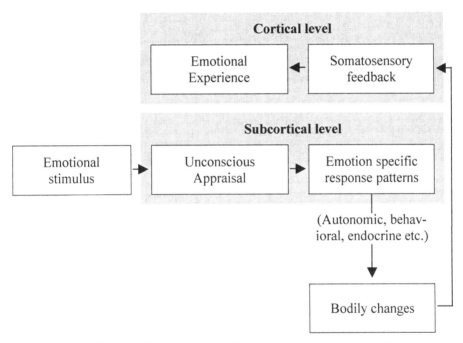

Figure 2: Emotional information processing in the human brain

The figure is a simplified illustration of the brain's emotional information processing system as described by LeDoux.[41] Only those elements have been included that are essential for conscious emotional experience. Although cortically represented aspects such as thoughts, imaginations, and memories are omitted in the diagram, this is not meant to play down their significance. Nevertheless, according to current models, the role of such items should also be explained in terms of an interaction with structures at the subcortical level: they can be modeled as internally generated stimuli which feed into the process at the same stage as external stimuli.

---

[41] See LeDoux, The Emotional Brain, loc cit., and Synaptic Self, loc cit, ch. 8.

It is not exactly understood yet how repression works at the brain level. It is clear, however, that without the functional integrity of the primary level of emotion the characterizations of the repression studies discussed above could not be understood. For these characterizations rely on a discrepancy between subjective awareness and objective indications of emotional arousal, and it is precisely the primary level of emotional information processing that produces the objectively observable evidence for affective reactions (increased heart rate, muscle tension, blood pressure, etc.).[42] From the repression experiments it can thus be concluded that one can have a primary-level emotion while lacking a conscious representation. Repressors report being perfectly calm even though their palms are sweating, their hearts are racing at 180 beats per minute, and so forth. But is this because correlative somatosensory information is "tuned out" before it reaches the cortical level? Or does it reach the somatosensory cortex but then, for some reason or another, fail to be integrated into a meaningful representation of the emotion? A third hypothesis would be that repressors are not consciously aware of such information because attention is systematically distracted from the emotional state that is otherwise correctly represented. Exactly what brain mechanism is responsible for emotional repression is still an open question.[43] Nevertheless, the situation may be summarized by saying that, despite a number of open questions, the phenomenon of emotional repression as described in the experimental psychological literature dovetails nicely with recent developments in neuroscience.

IV. Self-justification

If these arguments for regarding the states in questions as genuine emotions are on target, infallibility and transparency claims as well as mere authority versions of privileged access theses must be rejected when applied to primary emotions. But there are still other varieties. How do things fare, for example, with what William Alston, in two classic discussions, has defended as the idea that a person's beliefs about her current

---

[42] According to Panksepp, Affective Neuroscience, loc cit., there are four "grade A" emotional brain systems which—roughly speaking—correspond to the four basic emotions of joy, fear, anger, and sadness. But even on the subcortical level things are far more complex than the notion of basic emotions might suggest. The reason is that the basic emotional systems are not isolated, but interact with each other and with additional brain systems that control bodily needs, or sexual, affiliative, and playful behavior.

[43] There is, however, evidence of a specific brain substrate in the left frontal cortex. In an EEG study Tomarken and Davidson found a persisting left frontal hyperactivation that distinguished repressors (as classified by the Weinberger measure) from nonrepressors. See A. J. Tomarken and R. J. Davidson, Frontal Brain Activation in Repressors and Nonrepressors, in: Journal of Abnormal Psychology 103 (1994), 339–349.

mental states enjoy "self-warrant"?[44] A belief *B* has self-warrant, according to Alston, if it is:

> *warranted just by virtue of being B. [...] Thus a self-warranted belief enjoys an immunity from lack of justification; it cannot be the belief it is and fail to be justified.*[45]

"Justification" and "warrant" are notoriously protean notions, but suppose we construe the relevant kind of positive epistemic status in some deontological fashion, analyzing this status in terms of epistemic responsibility, duty, obligation, and the like. In that case, one may be tempted to argue, repressors are after all justified or warranted in their judgements about their emotions, even though these judgements are false. For according to the studies, repressors simply *cannot* achieve access to the emotional information in question, no matter how hard they try. But how could we then reasonably blame them for their wrong beliefs about their emotions? In short, the following principle of (deontological) self-justification might appear reasonable:

(SJ1) If a repressor, in an episode of repression, believes herself not to be anxious (exulted, sad, etc.), then—whatever the truth value of her belief—she is justified in the sense that she is not, in the present circumstances, epistemically irresponsible with respect to those beliefs.

Furthermore, it also seems that:

(SJ2) If a repressor, in an episode of repression, remains ignorant about whether (or to what degree) she is anxious (exulted, sad, etc.), she is justified in her ignorance in the sense that she is not, in the present circumstances, epistemically irresponsible with respect to her ignorance.

---

[44] See W. P. Alston, Varieties of Privileged Access, in: American Philosophical Quarterly 8 (1971), 223–241, and W. P. Alston, Self-Warrant: A Neglected Form of Privileged Access, in: American Philosophical Quarterly 13 (1976), 257–272 (both repr. in: W. P. Alston, Epistemic Justification: Essays in the Theory of Knowledge, Ithaca, New York 1989).

[45] Alston, Self-Warrant, loc cit., 287. It should be noted that Alston explicitly defends this form of privileged access for *conscious* mental states. Hence repressed emotions don't pose a problem in his framework. The general tension remains, however, between the thesis that emotions are transparent to their subjects and the finding that they can be repressed.

The qualifiers "in an episode of repression" and "in the present circumstances" are obviously crucial here. The point is not that there cannot be cases in which we can rightly blame people *for being repressors*. Perhaps we can do so. Perhaps it can be argued that there are such things as duties to train ourselves to be the sorts of persons who usually have true beliefs about their current states of mind. But this is not the point at issue. The point is that a subject who *is* a repressor cannot, in an episode of repressing an emotion, be charged with being epistemically irresponsible or flouting epistemic duties. For ought implies can, and so if a repressor cannot help but ignore or misinterpret her emotions, she cannot be reasonably expected to have true beliefs about them. And this is the reason why she would appear to be justified in her beliefs, even if these beliefs are false.

Unfortunately, however, this kind of reply will not take us very far. To begin with, deontological conceptions of epistemic justification are highly controversial and face a number of objections. Though we cannot enter into this general debate here, one problem that deserves special attention in the present context is that at least for beliefs about one's current mental states, deontological concepts of justification do not even seem to make any sense at all. This was recently argued for example by Alvin Plantinga.[46] Consider, for instance, one of the most prominent deontological accounts of epistemic justification, a theory once put forth by Roderick Chisholm. Chisholm explicitly develops epistemic principles in terms of the fulfillment of intellectual requirements, responsibilities or duties. The core idea is that a person fulfills such duties when she tries her best with respect to the twin goals of believing what is true and not believing what is false. Chisholm then discusses an example that fits our topic nicely. First, he introduces the concept of a property's being "self-presenting." A property F is self-presenting, says Chisholm, if, given that you exemplify it and consider whether you have it, it is certain for you that you have it.[47] Chisholm then goes on to say that if S is sad and considers the question whether she is sad, it is certain for S that she is sad.[48] The repression studies outlined above suggest that this is false. But suppose that emotional properties were generally self-presenting. Would it then *make sense* to postulate epistemic duties with respect to such mental states? It seems not. The problem is that if the property of being sad were self-presenting, one could not fail to be certain that one was sad if one exemplified this property. But then talk about duties with respect to such beliefs would seem to be empty. For be it in the epistemic or the nonepistemic realm, we can only be subject to duties and obligations when we have a choice and when alternative courses are open to us.

---

[46] A. Plantinga, Warrant: The Current Debate, New York, Oxford 1993, Chap. 2.
[47] Chisholm, The Foundations of Knowing, loc cit., 11 f.
[48] Ibid., 14.

The psychological studies sketched above strongly suggest that for repressors emotions are, at least very often, self-*masking*: even if the subjects consider whether they have the property in question, they cannot but be certain that they *fail* to have it. Nevertheless, a parallel argument such as that outlined above for self-presenting mental states applies here as well. If repressors have no choice, it would seem inappropriate to charge them with epistemic irresponsibility. But the reason for this is not that by repressing an emotion they *fulfill* some epistemic duty; the reason is that deontological concepts of justification are simply *inapplicable* to beliefs about self-masking mental states.

On a deontological construal of justification, therefore, a self-justificational variety of special epistemic access does not provide a way out. But now consider externalist theories of epistemic justification, e. g. reliabilist theories such as Plantinga's proper function approach. According to Plantinga, the *warrant* a belief enjoys—conceived as that quality which, if the belief is true, turns it into knowledge—is a function of the subject's relevant belief-forming mechanisms functioning properly in a congenial environment and according to a "design plan" aimed at truth.[49] Repressors, in the situations sketched above, clearly lack this kind of warrant with respect to beliefs about their current emotions. For even if, as some authors assume, emotional repression can have healthy effects on one's mental and physical life, with respect to the *truth* of the beliefs, repressors' cognitive mechanisms can certainly not be credited with proper functioning. And the same point could be made with respect to any other account of epistemic justification or warrant according to which a justified or warranted belief must be generated on the basis of a reliable, truth-conducive cognitive mechanism. Thus whether "justification" is construed in a deontological fashion or spelled out along externalist lines, a retreat to what is often considered the most promising variety of privileged access, viz., "self-justification", cannot defuse the challenge.

V. Repressed Emotions: Black Holes in the Cartesian Theatre?

Is this, then, the end of the matter? No, for we are still left with internalist accounts of justification (or more generally, positive epistemic status) that neither invoke epistemic duties nor draw on externalist truth-conduciveness requirements. In fact, this is an option that many internalists nowadays favor.[50] Consideration of this option will finally enable us to assess the real impact of the repression studies on people's epistemic relations to their emotions.

---

[49] See A. Plantinga, Warrant and Proper Function, New York, Oxford 1993, Chap. 1 and 2.

[50] For a recent defence see for example R. Feldman and E. Conee, Internalism Defended, in: American Philosophical Quarterly 38 (2001), 1–18.

Different versions of non-deontological internalism have been suggested in the literature. There is for instance a proposal developed by Alston to the effect that a belief is justified if it is based on adequate grounds. According to Alston, these grounds must be drawn from the psychological states of the believer. He does not, however, spell this out in deontological terms.[51] In addition, Alston also argues that the adequacy condition must satisfy reliabilist requirements, and for this reason he calls his theory an internalist *externalism*. But since neither of these two aspects of justification—psychological status of the grounds and adequacy—seems to enjoy more weight than the other, his theory could also be dubbed "externalist internalism."

Alternatively, consider Plantinga's notion of "internal rationality" as a requirement of proper cognitive functioning.[52] According to this account, a person is internally rational with respect to a mental state M if, given M, her internal treatment of M conforms to certain requirements of the "design plan" of the cognitive system. Among other things, the segment of this plan which aims at the production of true beliefs requires that the believer's doxastic states at a given time cohere—at least to a certain degree—with the rest of her doxastic profile *and with her experiences*. This requirement, it seems, should hold for any version of internal epistemic rationality or justification, and this brings us to a crucial point.

If we accept this account, is it internally irrational or unjustified for a repressor to believe that she lacks a certain emotion when she does in fact have it? This crucially depends on whether repressors, in episodes of emotional repression, have emotional experiences. Now, the core of the repression studies is the claim that there is a discrepancy between subjective reports and objective measures of emotional arousal. The latter deal with bodily reactions and behavior. But what is the supposed epistemic basis of the self-reports? The only plausible interpretation is that it is the presence or absence of emotional *experiences* on the part of the subject. When repressors lack "subjective evidence" for emotional arousal, this indicates the absence of *experiential* evidence. For when they produce their self-reports, the objective information established by the tests is not accessible to them. They have no information about physiological data concerning their heart rate, sweat gland activity, etc. Hence their self-reports cannot be based on inferences from such data. But what if not the absence of experiences should then constitute the epistemic basis of their self-reports?

The crucial point may be illustrated by the case of a "rational repressor." Imagine a person who reports low levels of distress, but who when confronted with evidence to the effect that she is in fact anxious, excited, or whatever gives in. "All right," she says, "there does indeed appear to be a reaction. Perhaps, then, I am indeed emotionally affected." As long as at the same time the subject sincerely asserts that her subjective, *experiential* evidence does not support that diagnosis, she would still qualify as re-

---

[51] W. P. Alston, An Internalist Externalism, in: Synthese 74 (1988), 265–283; repr. in: Alston, Epistemic Justification, loc cit.

[52] A. Plantinga, Warranted Christian Belief, New York, Oxford 2000, 110–113.

pressing the emotion. We might say that she would become inferentially aware *of* an emotion she has but would not be experiencing it and would therefore lack a corresponding feeling. But then it must be concluded that repressors are perfectly internally justified when, *absent* any subjective evidence to the contrary, they claim that they are not emotionally affected. For it is experiential, "introspective" evidence which normally serves as the central basis for self-ascriptions of primary emotions. Hence for repressors it can indeed be maintained that there is a sense in which their beliefs about their emotional states are "self-justified," even if these beliefs are false: repressors are justified in having these beliefs because in episodes of repression their cognitive systems remain uncontaminated by emotional experiences. In order to avoid terminological confusion, let us from now on call emotional experiences *feelings*.

The upshot of these reflections is that repressors, in episodes of emotional repression, can indeed be credited with an internalist form of "self-justification" regarding their attitudes towards their emotions. It must be admitted, however, that a defense along such lines retains little of the original idea of special access. For the basic intuition of special access claims is that people are in an epistemically superior position with respect to their own mental states as compared to their beliefs about other minds. This can hardly be maintained for repressors, even if they are internally justified when having wrong beliefs or no beliefs at all about their current emotions. However, equipped with the distinction between emotion and feeling, the advocate of privileged access can also come up with the following reply to the challenge posed by the repression studies.

Perhaps, he can say, the fact that there are unconscious emotions provides one more reason to modify Hume's famous dictum that "all actions and sensations of the mind are known to us by consciousness"[53]—at least if we are prepared to call unconscious emotional episodes "actions of the mind" (and not, say, "actions of the brain"). But does the existence of emotional repression place in doubt the idea that people enjoy immediate knowledge of their *feelings*? It does not, although in much of the psychological literature this fact tends to be obscured. The results of the studies are often summarized by saying that repressors "don't recognize their emotional experiences", that they "avoid perception of their emotional experiences", and so forth.[54] But this is a strange description. What could it mean not to recognize an experience? According to the standard use of the term "experience", such characterizations are contradictions in terms. Experiences are mental items that cannot be ignored. But then ignorance of emotional *experiences* cannot be what is at issue. Instead of misdescribing the situation by saying that repressors don't recognize their emotional experiences, we therefore propose saying that they don't experience their emotions. In episodes of emotional repression, repressors may be said to have an emotion even though they don't experience it and therefore lack the corresponding feeling.

---

[53] D. Hume, A Treatise of Human Nature, I, iv, 2, ed. L. A. Selby-Bigge, Oxford 1978.

[54] Cf. for instance Weinberger and Davidson, Styles of Inhibiting Emotional Expression, loc cit.

Now perhaps all the advocate of privileged access wants to maintain about emotion is that people have privileged access to their *feelings*, i. e., to their emotional states insofar as these states have experiential qualities. However that may be, what we have learned from the repression studies is that this is what strong Cartesian varieties of privileged access claims (such as infallibility and transparency claims) and first-person authority claims at least *should* maintain if they want to handle the phenomenon of emotional repression. The view that we have privileged access to our feelings, but only this, remains unshaken by the repression studies. And we can go farther. For in fact, the assumption that such a thing as special, introspective access to one's feelings exists is a *conceptual presupposition* of the model of repression deployed in the studies. The cornerstone of these studies is the contention that for repressors, a discrepancy can be established between objective evidence of high levels of emotional arousal and subjective reports of little or no distress. But what is the epistemic basis of such self-reports? It is, we have argued, the absence of emotional experiences or what we have called "feelings." Thus with respect to feelings the psychological models deployed in the repression studies presuppose the reliability of "negative introspection", as expressed in the negative part of the infallibility principle:

(RP3) If a repressor believes herself not to *feel* anxious, happy, sad, etc., she does indeed fail to exemplify that mental property.

Furthermore, as regards the control groups of "truly low anxious" and "high anxious" subjects, the studies also assume the reliability of "positive introspection" with respect to feelings. The observation of "consistency" between self-reports and objective data in these control groups relies on a correspondence between objective measures of emotional arousal and the fact that these subjects noninferentially and in a reliable fashion arrive at the belief that they are (or that they fail to be) emotionally affected in a certain way. The studies, in other words, also operate on the assumption that:

(RP4) If a non-repressor believes herself to *feel* (or not to feel) anxious, happy, sad, etc., she does indeed exemplify (or fail to exemplify) that mental property.

It must be concluded, then, that the very idea of there being discrepancies as well as positive relations between subjective and objective assessments of emotional states rests on the assumption that, besides inference from external evidence, there is also a direct, introspective way of identifying emotions, insofar as these are being experienced.

VI. Conclusion

Our question was whether the common view that people have privileged access to their emotions can be sustained in the light of recent studies on emotional repression. The answer depends on how we construe emotions and on how exactly we should understand talk about privileged access. We have argued that the studies do indeed jeopardize at least four versions, or families of versions, of privileged access claims when these are applied to emotions. Infallibility claims, transparency claims, first-person authority claims, as well as self-justificational varieties of privileged access theses that invoke truth-conduciveness requirements, must all be abandoned. This only holds on the assumption, of course, that we regard the phenomena these studies are addressing as emotions. But we have argued that that is indeed the proper view. One conclusion regarding the nature of emotion in this context was that certain physiological and behavioral features are sufficient for ascribing emotional states.

On the other hand, this is not to deny that for non-repressors feelings are among the typical constituents of primary emotions. As the repression studies assume, specific experiences do typically accompany primary emotions, and this may be responsible for the widely held contention that people generally enjoy privileged access to their emotions. We have seen, however, that this contention cannot be sustained. The repression studies provide no argument against the view that we have privileged access to our *feelings*. But since, as they do show, even primary emotions may not be accompanied by feelings, the general claim that people always have special access to their *emotions* is false.

Multi-component views of the nature of emotion are not new. Such accounts hold that behavioral, physiological, experiential and other factors such as intentionality and belief can be constitutive of an emotion. The typical view is that, while not every emotion need display every feature, there are nevertheless for each given type of emotion certain necessary characteristics. Thus one may claim, for instance, that social emotions such as pride or patriotism will always be intentional attitudes and involve beliefs, while at the other end of the spectrum an emotional state such as an occurrent depression may lack an intentional object and thus will not involve specific beliefs. An occurrent depression, however, would not be what it is if it lacked certain experiential qualities. One interesting result of the foregoing discussion is that, if the repression studies and our interpretation of them are on target, an emotion of the same type can occur with or without a corresponding feeling.

We conclude, finally, that even though the psychological investigations discussed in this paper suggest that there can be interesting emotional activities behind the stage of the Cartesian theatre, they do not support a universal negative thesis to the effect that no one ever enjoys special access to his or her own emotions. Instead, it turns out that they essentially draw upon the idea that people do have special access to their emotions insofar as they are being experienced. There may be other problems with this assumption, and in this paper we have not argued for its truth. What we have seen, however, is that recent psychological studies on emotional repression not only do not undermine this idea, but are actually dependent upon it. And fortunately so, one is tempted to add, for what is an emotion if you don't enjoy the feeling?[55]

---

[55] Earlier versions of this paper, or central portions of it, were presented at the 4th Annual Meeting of the Association for the Scientific Study of Consciousness (ASSC) in Brussels, to the Ockham Society, Oxford, to the Philosophy Society of the School of European Culture and Language at the University of Kent in Canterbury, and to a graduate seminar at Georgetown University, Washington. We are grateful to the audiences for their discussion. For helpful comments on earlier drafts we are indebted to Rimas Cuplinskas, Nancy Sherman, Mark Siebel, Thomas Spitzley, and especially Thane Naberhaus. An abstract of an earlier version appeared in: Consciousness and Cognition 9, No. 2 (2000), 54.

Sabine A. Döring und Christopher Peacocke

Handlungen, Gründe und Emotionen

Wie können Handlungen durch Emotionen erklärt werden? Wir werden im folgenden zwei Typen solcher Erklärungen diskutieren. Im ersten Fall wird eine Handlung expressiv (als Ausdruck einer Emotion) erklärt. Im zweiten Fall wird im Unterschied dazu eine Handlung durch eine Emotion nicht nur erklärt, sondern zugleich rationalisiert. Entgegen einer in der gegenwärtigen Philosophie verbreiteten Auffassung werden wir zeigen, daß das *Belief-desire*-Modell weder dem expressiven noch dem rationalen Fall Rechnung tragen kann. Im Fall der expressiven Erklärung rationalisiert dieses Standardmodell zur Erklärung einer Handlung, indem es der handelnden Person Zweck-Mittel-Überlegungen unterstellt. Expressive Handlungen werden aber nicht als Mittel zu einem von der Handlung selbst verschiedenen Zweck vollzogen und lassen sich folglich in den Kategorien der Zweck-Mittel-Rationalität nicht angemessen beschreiben. Werden einerseits expressive Handlungen durch das *Belief-desire*-Modell gleichsam überrationalisiert, unterbewertet dieses Modell andererseits im Fall der rationalen Erklärung die Rolle, die Emotionen kraft ihres intentionalen Inhalts für die Rationalisierung von Handlungen spielen können. Unser vorrangiges Ziel in diesem Aufsatz besteht darin, eine spezifische explanatorische und normative Struktur in der rationalen Erklärung durch Emotionen herauszuarbeiten sowie einen ersten Ansatz zur Analyse dieser Struktur bereitzustellen. Auf dieser Grundlage lassen sich dann einige weitergehende Fragestellungen formulieren, die die Beziehung von Emotionen zur Metaphysik und Epistemologie anderer Bereiche wie insbesondere der Ethik betreffen.

I. Expressive und rationale Erklärung

Das Bild einer geliebten Person zu küssen, aus Wut Teller durch die Küche zu werfen oder bei der Nachricht vom Tod eines Freundes das Gesicht in den Händen bergen – all dies sind typische Beispiele expressiver Handlungen. Sie zeichnen sich durch zwei charakteristische Merkmale aus: Erstens werden expressive Handlungen nicht als Mittel zu einem von der Handlung selbst verschiedenen Zweck vollzogen.[1] Ebensowenig wird

---

[1] Vgl. exemplarisch P. Goldie, The Emotions. A Philosophical Exploration, Oxford 2000, 125 f.; vgl. auch P. Goldie, Explaining Expression of Emotion, in: Mind 109 (2000), 25–38, hier 26. Da es sich bei dem Aufsatz im wesentlichen um ein Exzerpt aus dem Buch handelt, werden wir im folgenden nurmehr das Buch zitieren.

eine expressive Handlung deshalb ausgeführt, weil sie selbst dem Handelnden attraktiv erscheint, so wie beispielsweise ein Ballspiel einfach Spaß machen kann. Dieses erste Merkmal werden wir als das *Fehlen von Zweck-Mittel-Überlegungen* bezeichnen, wobei eingeschlossen sein soll, daß dem Handelnden auch die Handlung selbst nicht attraktiv erscheint.

Das zweite Merkmal expressiver Handlungen besteht darin, daß der intentionale Inhalt einer Emotion nicht statt irgendeiner anderen genau diejenige Handlung rationalisiert, die tatsächlich ausgeführt wird. Das Gesicht in den Händen zu bergen kann ein Ausdruck der Trauer über den Tod eines Freundes sein, aber diese Trauer könnte sich auch in einem Seufzer ausdrücken, und genau so gut könnte die trauernde Person einfach gar nichts tun. Dieses zweite Merkmal expressiver Handlungen wollen wir das *Fehlen spezifischer Rationalisierung* (gegenüber rationalen Handlungen) nennen.[2]

Das Fehlen von Zweck-Mittel-Überlegungen sowie von spezifischer Rationalisierung legt den Schluß nahe, daß die Begriffe der praktischen Überlegung, der Rechtfertigung und der Rationalisierung bei der Erklärung expressiver Handlungen nicht anwendbar sind. Dafür spricht weiterhin, daß selbst Emotionen ohne intentionalen Inhalt, sollte es sie geben, expressive Handlungen erklären könnten. So könnte sich jemand ermattet in einen Sessel sinken lassen, weil ihn eine Woge der Depression überkommt. Die Depression erklärt sein Handeln, und die Handlung könnte auch dann Ausdruck der Depression sein, wenn letztere keinen intentionalen Inhalt hätte. Wir werden allerdings im folgenden Zustände ohne intentionalen Inhalt von der Klasse der Emotionen ausnehmen.

Im Gegensatz zur expressiven setzt die rationale Erklärung einer Handlung durch eine Emotion notwendig voraus, daß die Emotion einen intentionalen Inhalt hat. Die Furcht vor einem zähnefletschenden Kampfhund z. B. macht es nur dann rational, die Flucht zu ergreifen, wenn die Emotion einen intentionalen Inhalt hat, der den Hund als gefährlich repräsentiert. Nur insofern es geboten scheint, etwas gegen die Gefahr zu unternehmen, liefert der Inhalt der Furcht einen Handlungszweck. Durch diesen werden alle und ausschließlich diejenigen Handlungen sowohl erklärt als auch rationalisiert, die in den Augen des Handelnden die von dem Hund ausgehende Gefahr verringern. Dabei müssen die Beschreibung, unter der die Handlung intentional ist, und die praktische

---

[2] Vgl. demgegenüber aber S. A. Döring, Explaining Action by Emotion, in: The Philosophical Quarterly 211 (erscheint im April 2003). In diesem Aufsatz, der die vorliegende Argumentation in Grundzügen aufgreift, sie aber erheblich weiterentwickelt und modifiziert, wird das Fehlen spezifischer Rationalisierung nicht mehr als distinktives Merkmal expressiver Handlungen in Anschlag gebracht. Auch wenn es zutrifft, daß sich bei expressiven Handlungen nicht rational erklären läßt, warum gerade die Handlung ausgeführt wird, die die Emotion faktisch zum Ausdruck bringt, kann auch bei einer rationalen Handlung die spezifische Rationalisierung fehlen. Verschiedene Handlungen können ein und denselben Zweck erfüllen und dementsprechend allesamt durch diesen Zweck rationalisiert werden. So kann mein Zweck, trocken zu bleiben, unter geeigneten Umständen sowohl rechtfertigen, daß ich den Schirm benutze, als auch, daß ich den Bus nehme, als auch, daß ich beides tue.

Überlegung des Handelnden, die zu dieser Handlung führt, in einer angemessenen Beziehung zum intentionalen Inhalt der erklärenden Emotion stehen.

Hervorgehoben sei, daß die Unterscheidung zwischen expressiver und rationaler Erklärung einer Handlung durch eine Emotion eine Klassifikation der Erklärungen und nicht der Emotionen selbst ist. Ein und dieselbe Emotion, wie die Empörung über eine Ungerechtigkeit, kann im einen Fall das Zuschlagen einer Tür expressiv erklären. In einem anderen Fall rationalisiert sie möglicherweise die Veröffentlichung eines Artikels, mit dem die empörte Person gegen die Ungerechtigkeit protestiert.

II. Die Erklärung expressiver Handlungen im Rahmen des *Belief-desire*-Modells oder: Goldies Dilemma

Sehen wir uns zunächst expressive Handlungen einmal genauer an. Man könnte bezweifeln, daß das Zuschlagen einer Tür, das Bergen des Gesichts in den Händen oder das Aufseufzen aus Trauer überhaupt Handlungen sind. Nach der von uns zugrundegelegten Konzeption ist die Kategorie der Handlung indes sehr allgemein und weist eine ganze Reihe von Subkategorien auf. Diese umfassen nicht nur Handlungen, die durch Zweck-Mittel-Überlegungen oder rationale Überlegungen generell zu erklären sind, sondern auch expressive Handlungen und sogar Brian O'Shaughnessys „subintentionale" Handlungen.[3] Was ein Ereignis zu einer Handlung macht, davon gehen wir mit O'Shaughnessy aus, ist, daß dieses Ereignis in geeigneter Weise durch einen „Versuch" (*trying*) des Handelnden verursacht wird. Sollte jemand beispielsweise versuchen, sein Gesicht in den Händen zu bergen, und dabei aufgrund irgendeiner Dysfunktion der Nervenbahnen scheitern, wäre er davon überrascht. Wir schließen uns O'Shaughnessys Auffassung an, daß ein Versuch in diesem Sinne beim erfolgreichen Handeln genauso wie beim Scheitern vorliegt.[4]

Peter Goldie setzt demgegenüber voraus, daß der Ausdruck einer Emotion nur dann eine Handlung und als solche intentional ist, wenn er durch eine geeignete Verbindung aus einem „Wunsch" (*desire*) und einer „Meinung" (*belief*) erklärt werden kann.[5] An Goldies Ansatz, der als einer der bestausgearbeitetsten Versuche gelten kann, das *Belief-desire*-Modell auf expressive Handlungen anzuwenden, werden wir im folgenden exemplarisch zeigen, daß dieses Modell außerstande ist, den distinktiven Merkmalen expressiver Handlungen Rechnung zu tragen. Wie Goldie selbst gehen wir dabei von einem auf Rosalind Hursthouse zurückgehenden Beispiel für eine expressive Handlung aus.[6]

---

[3] Vgl. B. O'Shaughnessy, The Will: A Dual Aspect Theory, Cambridge 1980, Bd. I u. II, hier: Bd. II, Kap. 10.
[4] Vgl. O'Shaughnessy, The Will, a.a.O., Bd. II, Kap. 9 u. 11–15.
[5] Vgl. Goldie, The Emotions, a.a.O., 123 ff.
[6] Vgl. R. Hursthouse, Arational Actions, in: Journal of Philosophy 88 (1991), 57–68.

Angenommen, Jane stürzt sich haßerfüllt auf ein Foto von Joan und kratzt der Rivalin darauf die Augen aus. Sofern Janes Handlung expressiv ist, kann ihre Handlung definitionsgemäß nicht als Mittel zu einem von der Handlung selbst verschiedenen Zweck erklärt werden. Schriebe man Jane den Wunsch zu, Joan tatsächlich verletzen zu wollen, verbunden mit der Meinung, die Verletzung könne bewirkt werden, indem man Joans Augen auf dem Foto auskratzt, handelte es sich nicht um eine expressive Handlung. Entgegen Hursthouse bestreitet Goldie, daß Janes Handlung damit für die Existenz einer Klasse von sogenannten arationalen Handlungen spricht, die zwar intentional sind, aber gleichwohl nicht im Rahmen des kausalen *Belief-desire*-Modells erklärt werden können.[7] Stattdessen schließt er sich der von Michael Smith vertretenen Position an, nach der sich expressive Handlungen innerhalb des *Belief-desire*-Modells dergestalt erklären lassen, daß Mittel und Zweck miteinander identifiziert werden.[8] Danach ist Janes Handlung darauf zurückzuführen, daß Jane den Wunsch hat, Joans Augen auf dem Foto auszukratzen, und meint, ihren Wunsch erfüllen zu können, indem sie eben dies tut. Daß man Jane tatsächlich eine entsprechende Meinung zuschreiben muß, um ihr Verhalten erklären zu können, wird klar, wenn sie aufgrund einer falschen Meinung handelt und beispielsweise die Augen Junes auf einem Foto auskratzt, weil sie irrtümlicherweise meint, es handle sich um ein Foto von Joan. In diesem Fall kann ihre Handlung nicht ohne Rückgriff auf die falsche Meinung erklärt werden.

Allerdings halten sowohl Smith als auch Goldie diese Erklärung für äußerst unbefriedigend. Smith schlägt daher vor, die *Belief-desire*-Erklärung durch den Bezug auf eine Emotion – Haß in diesem Fall – zu ergänzen, die der handelnden Person zwar keinen zusätzlichen Handlungsgrund liefert, sie aber gleichwohl zu der zu erklärenden Handlung disponiert. Für Smith ist es somit Janes Haß auf Joan, der erklärt, nicht aber rational macht, warum Jane Joans Augen auf dem Foto auskratzt, indem er nämlich Jane zu dieser Handlung disponiert.

Gegen diese Erklärungsstrategie wendet Goldie ein, daß keineswegs einleuchte, warum der Haß auf eine andere Person jemanden zu einer derart bizarren Verhaltensweise disponieren sollte. In den Worten Goldies ist die Disposition nicht „unmittelbar einsichtig" (*primitively intelligible*). Unmittelbar einsichtig wäre Janes Disposition bzw. ihr Wunsch, Joans Augen auf einem Foto auszukratzen, laut Goldie dann und nur dann, wenn dieser Wunsch durch nichts besser erklärt werden könnte als durch Janes Haß auf Joan, dessen Bestandteil der Wunsch sein soll.[9] Was seiner Auffassung nach zur *Belief-desire*-Erklärung hinzugefügt werden muß, um sie unmittelbar einsichtig und damit erst zu einer angemessenen Erklärung zu machen, ist ein weiterer Wunsch, und zwar Janes Wunsch, der wirklichen Joan die Augen auszukratzen. Anders als Janes Wunsch, Joans Augen auf einem Foto derselben auszukratzen, sei ihr Wunsch, die Augen der wirkli-

---

[7] Vgl. exemplarisch D. Davidson, Actions, Reasons, and Causes (1963), wieder in: ders., Essays on Actions and Events, Oxford 1980, 3–19.

[8] Vgl. M. Smith, The Possibility of Philosophy of Action, in: Bransen, J. (Hg.), Human Action, Deliberation and Causation, Dordrecht 1998, 17–41.

[9] Vgl. Goldie, The Emotions, a.a.O., 43.

chen Joan auszukratzen, unmittelbar einsichtig. Er sei nur aufgrund von Janes Haß erklärbar, der durch diesen Wunsch mitkonstituiert werde. Menschen in einem aktualen Zustand des Hasses haben demnach den Wunsch, der verhaßten Person die Augen auszukratzen.

Doch selbst wenn das tatsächlich der Fall sein sollte, ist damit noch nicht die Frage beantwortet, warum Janes Wunsch, der realen Joan die Augen auszukratzen, sie dazu motiviert, Joans Augen auf einem Foto auszukratzen. Goldie beantwortet diese Frage, indem er Janes Handlung auf einen spezifischen Wunsch, nämlich einen tierhaften Trieb, zurückführt und sie als eine Ersatzhandlung beschreibt, d. h. als eine Handlung, die einer Sublimierung dieses Triebes entspricht.[10] Damit impliziert er, daß das *Beliefdesire*-Modell erweitert werden muß: Gemäß dem von Goldie vorgeschlagenen Erklärungsansatz kratzt Jane deshalb Joans Augen auf einem Foto aus, weil sie weiß, daß es nicht erlaubt ist, die Augen der wirklichen Joan auszukratzen, und sie ihren Trieb, eben dies zu tun, daher sublimiert. Indem Jane Joans Augen auf dem Foto auskratzt, befriedigt sie ihren Trieb, der wirklichen Joan die Augen auszukratzen, symbolisch. Zumindest in ihrer Phantasie kratzt sie der wirklichen Joan die Augen aus. Die Ursache ihrer Handlung wird darauf zurückgeführt, daß zwischen dem Gegenstand ihrer Emotion und dem Gegenstand ihrer expressiven Handlung eine Repräsentationsbeziehung besteht, insofern ja das Foto Joan darstellt. Läßt sich Janes Handlung auf diese Weise (kausal) erklären, fehlt Jane, wie Goldie ausdrücklich betont, ein Handlungsgrund. Es sei falsch, Jane die Überzeugung zuzuschreiben, daß ihr Wunsch, der wirklichen Joan die Augen auszukratzen, durch irgendeine Manipulation an der Fotografie erfüllt würde. Im Gegenteil schreckte sie höchstwahrscheinlich vor der Handlung zurück, wenn diese tatsächlich zu Joans Erblindung führte. Denn höchstwahrscheinlich respektiere Jane die Verhaltensregeln der modernen Zivilisation und sei sich sehr wohl bewußt, daß es mit diesen nicht in Einklang zu bringen sei, jemandem die Augen auszukratzen. In dem von Goldie entworfenen Szenario ist Janes Wunsch ein Relikt aus einer früheren, weniger zivilisierten Stufe der menschlichen Entwicklung: „ ‚Tierblut', um sich Robert Musils evokativem Ausdruck zu bedienen, fließt noch immer in den Adern von uns zivilisierten Erwachsenen und kommt in jenen Trieben zum Vorschein, die nur in einem ethologischen, symbolischen Sinne durch die Kraft der Imagination ‚befriedigt' werden".[11] Es

---

[10] Vgl. Goldie, The Emotions, a.a.O., 129, im Anschluß an R. Wollheim, The Thread of Life, Cambridge, Mass. 1984.

[11] Goldie, The Emotions, a.a.O., 136 (aus dem Englischen von Sabine A. Döring). Goldies Philosophie der Emotionen ist durch Musil maßgeblich beeinflußt, dessen emotionstheoretischer Ansatz seinerseits durch den Berliner Gestalttheoretiker und Ganzheitspsychologen Kurt Lewin geprägt ist. Vgl. die sogenannten „Kapitel über Gefühlspsychologie" in: R. Musil, Der Mann ohne Eigenschaften, (Gesammelte Werke, Bd. I), hg. v. A. Frisé, Reinbek 1978, 1123–30, 1138–46, 1156–74 u. 1189–1203; sowie K. Lewin, Untersuchungen zur Handlungs- und Affektpsychologie, in: Psychologische Forschung 7 (1926), 294–329 u. 330–85; zu Musils Theorie der Emotionen und dem Einfluß Lewins auf diese Theorie vgl. S. A. Döring, Ästhetische Erfahrung als Erkenntnis des Ethischen. Die Kunsttheorie Robert Musils und die analytische Philosophie, Paderborn 1999 (=

ist ein Hauptanliegen Goldies, das *Belief-desire*-Modell der Handlungserklärung so zu reformulieren, daß es uns als nicht perfekt rationale Wesen zu beschreiben erlaubt, deren Neigungen wenigstens zum Teil primitiveren Quellen entspringen.

Goldies Ansatz mündet jedoch in ein Dilemma. Entweder läßt sich seine Erklärung von Janes expressiver Handlung in das *Belief-desire*-Modell einfügen oder sie ist mit diesem Modell inkompatibel. Wenn die Erklärung tatsächlich im Rahmen des *Belief-desire*-Modells erfolgen soll, muß Jane der Wunsch, Joan die Augen auszukratzen, in Verbindung mit den folgenden beiden Meinungen zugeschrieben werden: Jane muß erstens meinen, daß sie ihren Haß auf Joan, indem sie sich an deren Foto vergreift, wenigstens an einem Ersatzobjekt auslassen kann, weil sie zweitens meint, daß es sich bei dem Foto um eine Darstellung Joans handelt. Unter dieser Beschreibung wäre jedoch Janes Handlung nicht wirklich ein Ausdruck ihrer Emotion, sondern ein Mittel zu dem Zweck, „Dampf abzulassen". Expressive Handlungen würden durch eine solche Erklärung eindeutig „überintellektualisiert", zumal die erste der beiden angeführten Meinungen sogar einer Art Meta-Überlegung entspricht. Wenn andererseits die von Goldie vorgeschlagene Erklärung nicht als Instantiierung des *Belief-desire*-Modells gelten kann, dann genügt Goldie damit nicht seinem eigenen Anspruch, expressive Handlungen im Rahmen des *Belief-desire*-Modells zu beschreiben.

Durch die Konstatierung dieses Dilemmas sollen keineswegs alle Komponenten des von Goldie vorgeschlagenen Ansatzes in Frage gestellt werden. Die Übertragung eines Handlungstyps von seinem Gegenstand auf ein Symbol dieses Gegenstands spielt sicherlich in der Psychologie einiger expressiver Handlungen eine Rolle. Uns geht es ausschließlich darum, daß eine solche Übertragung für den Fall expressiver Handlungen innerhalb des *Belief-desire*-Modells nicht angemessen erfaßt wird. Rationalität, wie sie das *Belief-desire*-Modell zu erfassen imstande ist, läßt sich mit den distinktiven Merkmalen expressiver Handlungen nicht vereinbaren.

III. Emotionen und Wünsche

In keinem Fall können alle Beispiele expressiver Handlungen mit Hilfe von Goldies Ansatz erklärt werden. Denn offensichtlich findet nicht bei jeder expressiven Handlung eine symbolische Übertragung in dem beschriebenen Sinne statt. Wenn Jane dem Küchentisch einen Tritt versetzt, nachdem sie von den Unterhaltszahlungen erfahren hat, die sie ihrem Exmann nach der Scheidung zahlen muß, ist es kaum sinnvoll zu behaupten, der Küchentisch sei ein Symbol für ihren Exmann (oder für irgend etwas anderes). Plausibler wäre es zu sagen, daß sie ihren Haß oder ihre Wut einfach am nächstbesten Gegenstand ausläßt. Doch wie läßt sich diese expressive Handlung dann in dem von Goldie vorgeschlagenen Ansatz analysieren? Goldie beschränkt sich in dieser Frage

---

EXPLICATIO, hg. v. G. Gabriel u. H. Fricke). Thomas Goschke hat uns darauf hingewiesen, daß Lewins Theorie auch in der gegenwärtigen Kognitionspsychologie eine tragende Rolle spielt.

darauf festzustellen, daß, sofern es keine symbolische Verbindung zwischen dem Objekt der Emotion und dem Objekt der expressiven Handlung gibt, die Handlung vermutlich schlicht darauf zurückzuführen ist, daß die handelnde Person von ihrer Emotion regiert wird.[12] Damit scheint er anzuerkennen, daß, wann immer es unplausibel ist, eine expressive Handlung als symbolischen Ausdruck eines durch die Handlung sublimierten tierhaften Triebs zu verstehen, die *Belief-desire*-Erklärung dieser Handlung in genau der Weise erweitert werden muß, wie Smith sie erweitert, nämlich durch den Bezug auf eine Emotion. Dann aber sieht sich Goldie mit demselben Einwand konfrontiert, den er anfänglich selbst gegen Smith vorgebracht hat: Wenn wir in diesem Fall tatsächlich das *Belief-desire*-Modell anwenden, ist auch im Rückgriff auf Janes Wut nicht unmittelbar einsichtig, warum ihre Emotion sie ausgerechnet dazu disponieren sollte, gegen den Küchentisch zu treten.

Tatsächlich kann derselbe Einwand schon gegen Goldies Behauptung erhoben werden, es sei unmittelbar einsichtig, daß Janes Haß auf Joan sie dazu disponiert, Joan die Augen auszukratzen. Nach Goldie bildet der Wunsch, jemandem die Augen auszukratzen, einen „Teil" des Hasses, und das Augenauskratzen kann nicht anders erklärt werden als durch den Haß, dessen „Teil" die entsprechende Handlungsdisposition sein soll. Der Begriff der unmittelbaren Einsichtigkeit bleibt jedoch dunkel. Läßt sich etwas wirklich erklären, indem man es als „Teil" von etwas anderem beschreibt? Daß ein Ball zu Boden fällt, kann kaum dadurch erklärt werden, daß es sich bei diesem Ereignis um einen Teil des umfassenderen Ereignisses handelt, daß zwei Bälle zu Boden fallen. Etwas zu erklären heißt vielmehr, die Beziehungen zwischen dem zu erklärenden Teil und anderen Teilen des Ganzen zu spezifizieren. So könnte man zwar grob sagen, daß das Sinken eines Schiffs durch den Krieg verursacht wurde, aber diese Redeweise ist nur sinnvoll, wenn es frühere Ereignisse gibt, die ebenfalls Teil des Krieges sind und das Sinken des Schiffes verursachen. Über die explanatorischen Beziehungen des Wunsches, jemandem die Augen auszukratzen, zu vorhergehenden Ereignissen und Zuständen im Haß schweigt Goldie sich aber gerade aus.

Überhaupt bleibt unklar, was es heißen soll, daß der Wunsch, der verhaßten Person die Augen auszukratzen, „Teil" des Hasses ist. Goldie scheint behaupten zu wollen, daß der fragliche Wunsch durch den Emotionstyp Haß impliziert werde. Da er dem *Belief-desire*-Modell verpflichtet ist, setzt er voraus, daß ein jeder Emotionstyp, um zum Handeln motivieren zu können, begrifflich einen bestimmten Wunsch beinhalten müsse. Die Gültigkeit des *Belief-desire*-Modells vorausgesetzt, kann nämlich eine Emotion dann und nur dann zum Handeln motivieren, wenn sie entweder einen Wunsch beinhaltet oder sich auf einen solchen reduzieren läßt. Denn gemäß der diesem Modell zugrundeliegenden Humeschen Motivationstheorie haben ausschließlich Wünsche motivierende Kraft und muß folglich eine jede Theorie der Handlungserklärung bei den Wünschen der handelnden Person ansetzen. Nach der geläufigsten, und zwar der von Smith vorgeschlagenen dispositionalen Analyse von Wünschen wird deren motivatio-

---

[12] Vgl. Goldie, The Emotions, a.a.O., 133.

nale Relevanz auf ihre „world-to-mind direction of fit" zurückgeführt:[13] Im Gegensatz zu Meinungen, die auf Wahrheit, und das heißt auf Anpassung an die Welt gerichtet seien, zielten Wünsche auf die Realisierung von Zielen (*goals*), d. h. umgekehrt darauf, die Welt so zu verändern, daß sie zum Wunsch paßt. Aufgrund dieser spezifischen „direction of fit" oder Zielgerichtetheit (anstelle von Wahrheitsgerichtetheit), die derjenigen von Meinungen gerade entgegengesetzt ist, sollen Wünsche – und nur sie – zum Handeln disponieren.

Nun ist es prima facie falsch, daß Emotionen notwendig zum Handeln disponieren. Keinesfalls bewegen sie zwangsläufig zu so spezifischen Handlungen wie der, einer verhaßten Person die Augen auszukratzen. Emotionen wie beispielsweise Trauer, Freude, Reue oder Scham disponieren möglicherweise zu gar keiner Handlung. Bei einigen Emotionen wie etwa bei der Trauer über den Tod des Kindes oder der Hoffnung auf bessere Zeiten ist es sogar von vornherein ausgeschlossen, die Welt in ihrem Sinne zu verändern. Aus solchen Gründen unterscheidet Goldie zwischen „Wünschen" im Sinne von rein funktionalen Handlungsdispositionen und „emotionalen Wünschen", wie sie nach seiner Auffassung nicht mit Emotionen identisch sind, aber durch diese impliziert werden können.[14] Wie er einräumt, läßt sich auf sogenannte emotionale Wünsche die gängige Metapher der „world-to-mind direction of fit" nicht umstandslos anwenden. Inwiefern aber lassen sich „emotionale Wünsche" dann überhaupt als „Wünsche" klassifizieren? Für diese These liefert Goldie kein Argument, sondern unterstellt schlicht, daß das *Belief-desire*-Modell universell gültig sei.

Wir fassen die Ergebnisse dieses und des vorangegangenen Teilabschnitts zusammen: Eine angemessene Beschreibung der Beziehung, die zwischen einer Emotion und einer Handlung besteht, wenn die Handlung Ausdruck der Emotion ist, steht nach wie vor aus. Mit dieser Aufgabe sehen sich freilich alle Theorien der Emotionen konfrontiert. Hier ging es zunächst nur darum zu zeigen, daß das *Belief-desire*-Modell das Problem nicht lösen kann, es aber auch gar nicht erforderlich ist, die Erklärung expressiver Handlungen in das Korsett dieses Modells zu zwängen: Wenn eine Handlung auf eine Weise verursacht wird, die sie als Ausdruck einer Emotion ausweist, beinhaltet sie einen Versuch und fällt insofern unter die allgemeine Charakterisierung von Handlungen, die wir eingangs gegeben haben.[15]

---

[13] Vgl. M. Smith, The Humean Theory of Motivation, in: Mind 96 (1987), 36–61, u. The Moral Problem, Oxford 1994, Kap. 4., 92–129.
[14] Vgl. Goldie, The Emotions, a.a.O., 23 ff.
[15] Ein Ansatz für die Erklärung expressiver Handlungen wird in Döring, Explaining Action by Emotion, a.a.O., bereitgestellt; vgl. auch schon S. A. Döring, Emotionen und Holismus in der praktischen Begründung, in: G. W. Bertram u. J. Liptow (Hgg.), Holismus in der Philosophie, Weilerswist 2002, 47–67, vor allem Abschnitt 4.

IV. Kognitivistische und nonkognitivistische Instantiierung des *Belief-desire*-Modells

Wenden wir uns nun der zweiten von uns identifizierten Klasse von Handlungserklärungen zu, der Erklärung von Handlungen, die durch den intentionalen Inhalt einer Emotion nicht nur erklärt, sondern zugleich rationalisiert werden. Wie dieser und die folgenden beiden Teilabschnitte erweisen werden, ist das *Belief-desire*-Modell, obwohl seiner Essenz nach zu dem Zweck der Erklärung rationaler Handlungen entwickelt, ebenfalls außerstande, diese Klasse von Handlungen angemessen zu beschreiben. Dies gilt nicht nur für die kausale Variante dieses Modells, wie sie auf Davidson zurückgeht und bis hierhin ausschließlich betrachtet wurde, sondern auch für jene Spielart der *Belief-desire*-Erklärung einer Handlung, die exemplarisch von Elizabeth Anscombe vertreten wird.[16] Zur Verdeutlichung werden wir in diesem vierten Teilabschnitt zunächst beide möglichen Instantiierungen des *Belief-desire*-Modells sowie die durch sie jeweils implizierten Auffassungen praktischer Rationalität knapp skizzieren und zeigen, daß das *Belief-desire*-Modell in ein Dilemma mündet. Dabei werden wir zwischen der Rationalisierung einer Handlung und ihrer Rechtfertigung oder Begründung nicht unterscheiden und voraussetzen, daß für das Vorliegen zumindest eines subjektiven Handlungsgrundes hinreichend ist, daß die handelnde Person meint, eine bestimmte Handlung sei in einer gegebenen Situation die bestmögliche. Damit die Person einen normativen, rechtfertigenden Grund hat, die Handlung auszuführen, muß der Inhalt ihrer Überzeugung weder wahr noch gerechtfertigt sein. Im darauffolgenden fünften Teilabschnitt werden wir dann provisorisch festlegen, was eine Emotion im Unterschied zu einem Wunsch oder einer Meinung ist. Für unser Argument ist dabei entscheidend, daß sich Emotionen in Analogie zu sinnlichen Wahrnehmungen verstehen lassen:[17] Wie wir im sechsten Teilabschnitt ausführen werden, kann eine Emotion eine Handlung rationalisieren, indem sie analog einer sinnlichen Wahrnehmung ein Urteil nicht-inferentiell rechtfertigt. Sofern das Urteil für eine Handlung spricht, wird diese mittelbar – auf dem Weg über das Urteil – durch die Emotion gerechtfertigt.

Doch zunächst zu der Frage, wie Handlungen im Rahmen des *Belief-desire*-Modells rationalisiert werden. Abhängig davon, was jeweils unter einem „Wunsch" verstanden wird, stehen einander zwei verschiedene Instantiierungsmöglichkeiten des *Belief-desire*-Modells gegenüber, denen ihrerseits zwei entgegengesetzte Auffassungen praktischer Rationalität entsprechen, nämlich eine „kognitivistische" gegenüber einer „nonkognitivistischen" Auffassung.[18] Wie im vorangegangenen Teilabschnitt dargelegt,

---

[16] Vgl. G. E. M. Anscombe, Intention, Oxford 1957.
[17] Zur Analogie zwischen Emotionen und sinnlichen Wahrnehmungen vgl. auch R. de Sousa, The Rationality of Emotion, Cambridge, Mass. 1987, 149–56 u. Kap. 7; L. C. Charland, Feeling and Representing: Computational Theories and the Modularity of Affect, in: Synthese 105 (1996), 273–301; Döring, Explaining Action by Emotion, a.a.O.
[18] Vgl. J. D. Velleman, The Guise of the Good, in: Noûs 26 (1992), 3–26.

umfaßt der Wunschbegriff in seiner geläufigsten Interpretation die Gesamtheit der a-rationalen Zustände einer Person, die diese zum Handeln disponieren und sich dabei auf beliebige Sachverhalte richten können sollen. Diese Interpretation von Wünschen liegt der Humeschen Motivationstheorie zugrunde, aus der ihrerseits in Verbindung mit einer zweiten Prämisse die in gegenwärtigen Rationalitätstheorien gängige Humesche Auffassung praktischer Rationalität folgt. Der zweiten Prämisse zufolge muß ein normativer, rechtfertigender Grund für eine Handlung in dem Fall, daß eine Person tatsächlich aus ihm handelt, die Handlung zugleich erklären können: rechtfertigender und erklärender Handlungsgrund müssen in diesem Fall identisch sein.[19] Wenn dieses Rationalitätspostulat tatsächlich gilt, und wenn ferner die Humesche Motivationstheorie zutrifft, Handlungen also letztlich nur durch die Wünsche der handelnden Person erklärt werden können, dann muß alle praktische Begründung von den Wünschen der handelnden Person ausgehen. Eben dies ist die Rationalitätsauffassung des Humeaners, die hier als nonkognitivistisch klassifiziert wird. In ihrer meistdiskutierten Version besagt sie, daß eine Person genau dann einen Grund habe, etwas zu tun, wenn entweder die Handlung selbst oder das, was sie herbeiführt, einen Wunsch von ihr erfüllen würde.[20]

Daß für den Humeaner die Interpretation von Wünschen als arationalen Handlungsdispositionen wesentlich ist, verdeutlicht ein am Wunschbegriff ansetzender Einwand gegen nonkognitivistische Rationalitätsauffassungen, den Anscombe in die gegenwärtige Diskussion eingebracht hat.[21] Anscombe bezweifelt, daß man eine Handlung tatsächlich dadurch rationalisieren kann, daß man irgendeinen Sachverhalt angibt, der durch die Handlung herbeigeführt wird, und der handelnden Person den Wunsch zuschreibt, diesen Sachverhalt herbeizuführen. Man stelle sich eine Person vor, die behauptet, sich eine Schüssel voll Schlamm zu wünschen, ohne indes irgend etwas dazu sagen zu können, warum sie diesen Wunsch hegt. Hat diese Person tatsächlich einen Grund, sich in den Besitz einer Schüssel voller Schlamm zu bringen? Nach Anscombe ließe sich die entsprechende Handlung weder rechtfertigen noch erklären. In ihren Augen ist in diesem Fall eine notwendige Bedingung für die Zuschreibung eines Wunsches nicht erfüllt. Entgegen dem Nonkognitivisten bestreitet sie, daß Wünsche sich auf beliebige Sachverhalte richten können. Einer Person könne vielmehr nur dann ein bestimmter Wunsch zugeschrieben werden, wenn mindestens aus ihrer Perspektive irgend

---

[19] Dieses Postulat setzt seinerseits voraus, daß normative Handlungsgründe motivierende Kraft haben, denn entbehrten sie dieser, könnte ihre faktische Handlungswirksamkeit immer nur unter Bezugnahme auf ein „externes", d. h. dem Grund bloß äußerliches Motiv erklärt werden. Eben hierin besteht die These des weithin akzeptierten „(motivationalen) Internalismus", nach der ein *praktischer* Grund sich dadurch auszeichnet, daß er zugleich ein normativer Grund ist, der für eine Handlung spricht, *und* ein motivierender Grund, die Handlung auszuführen. Vgl. exemplarisch T. Nagel, The Possibility of Altruism, 7 ff., u. Ch. M. Korsgaard, Skepticism about Practical Reason, in: Journal of Philosophy 83 (1986), 1–25.

[20] Vgl. B. Williams, Internal und External Reasons, wieder in: ders., Moral Luck, Cambridge 1981, 101-13, sowie als Wegbereiter dieser Auffassung Davidson, Actions, Reasons, and Causes, a.a.O.

[21] Vgl. Anscombe, Intention, a.a.O., § 37 ff.; vgl. auch etwa T. M. Scanlon, What We Owe to Each Other, Cambridge, Mass. 1998, 38 f.

etwas dafür spreche, das Gewünschte herbeizuführen, und das heißt: wenn die Person *meine*, daß das Gewünschte wünschenswert bzw. gut sei. Das Gute, so ließe sich Anscombes Position terminologisch fassen, konstituiert das „formale Objekt" von Wünschen (analog zur Wahrheit als dem formalen Objekt von Meinungen) und schränkt die Klasse der Sachverhalte ein, auf die sich ein Wunsch richten kann.[22] Dem Nonkognitivisten wird damit entgegengehalten, daß eine Person nicht deshalb einen Grund habe, etwas zu tun, weil durch die entsprechende Handlung ein beliebiger Wunsch von ihr erfüllt würde, sondern umgekehrt überhaupt nur dann zu einer Handlung motiviert sei, wenn sie den Sachverhalt, den die Handlung herbeiführen würde, für gut halte. Erst diese Meinung liefert ihr einen Grund und zugleich ein Motiv, den Sachverhalt herbeizuführen. Für den Kognitivisten, wie exemplarisch Anscombe, hängt demnach sowohl die Rechtfertigung als auch die Erklärung einer Handlung letztlich von den Meinungen der handelnden Person ab, mit denen ihre Wünsche letztlich zusammenfallen.

Muß sich der Nonkognitivist in der Tat den Vorwurf gefallen lassen, daß sein Ansatz untauglich ist, Handlungen zu rationalisieren,[23] ist damit keinesfalls schon ausgemacht, daß Wünsche im Sinne arationaler Handlungsdispositionen Handlungen nicht (kausal) erklären können.[24] Überdies ist umgekehrt an den Kognitivisten die Frage zu richten, inwiefern er wirklich ein Modell nicht bloß der Rechtfertigung, sondern auch der Erklärung von Handlungen bereitstellt. So bestreitet der Nonkognitivist ja gerade, daß die Meinungen einer Person diese für sich genommen zum Handeln motivieren können. Seinem Einwand zufolge ist ein rationalitätstheoretischer Ansatz, der Wünsche letztlich eliminiert und Motivation durch die Meinungen der handelnden Person zu erklären versucht, deshalb zum Scheitern verurteilt, weil er empirisch inadäquat ist, insofern er nämlich nicht zeigen kann, wie normative praktische Gründe faktisch handlungswirksam werden können: Wenn es, um zu einer Handlung motiviert zu sein, nicht ausreicht zu meinen, daß der durch eine Handlung erwartungsgemäß herbeigeführte Sachverhalt (oder die Handlung selbst) gut sei, wenn also reine Vernunftnormen bei Wesen unserer Verfaßtheit faktisch gar nicht handlungswirksam werden können, ist es unsinnig, für reine Vernunftnormen Geltungsansprüche zu erheben.

Durch die Integration der Emotionen in die Erklärung rationaler Handlungen läßt sich das hieraus resultierende Dilemma auflösen, in welches das *Belief-desire*-Modell offensichtlich mündet, nämlich entweder behaupten zu müssen, arationale Wünsche könnten Handlungen rechtfertigen, oder sich darauf zu verpflichten, Meinungen für sich genom-

---

[22] Zur Spezifizierung von Meinungen, Wünschen und Gefühlen durch ihre jeweiligen formalen Objekte vgl. A. Kenny, Action, Emotion and Will, London 1963, insb. Kap. 9, 187–202.
[23] Die für diesen Einwand einschlägige Literatur ist inzwischen Legion. Einen guten Überblick bieten die Einleitungen zu S. Gosepath (Hg.), Motive, Gründe, Zwecke: Theorien praktischer Rationalität, Frankfurt am Main 1999, sowie zu G. Cullity u. B. Gaut (Hgg.), Ethics and Practical Reason, Oxford 1997.
[24] Vgl. W. Quinn, Putting Rationality in its Place, in: ders., Morality and Action, Cambridge 1993, 228–55.

men motivierende Kraft zuzuschreiben. Wir werden die Frage der emotionalen Motivation hier allerdings zunächst ausblenden und uns darauf beschränken zu zeigen, wie Emotionen Handlungen rationalisieren können.[25]

V. Die Analogie zwischen Emotionen und sinnlichen Wahrnehmungen

Was aber ist überhaupt eine Emotion? Emotionen sind weder Meinungen noch Wünsche noch Kombinationen aus beiden, sondern bilden eine irreduzible Kategorie in der Erklärung und Rationalisierung von Handlungen. Für die Zwecke unseres Arguments wird sich die folgende Charakterisierung einer Emotion als zweckmäßig erweisen: Eine Emotion ist ein aktualer bewußter Zustand mit einem bestimmten Affekt und einer bestimmten Art von intentionalem, nämlich repräsentationalem Inhalt.[26] Sie stimmt mit einem Wunsch darin überein, daß sie intentional ist: eine Emotion ist auf etwas gerichtet und hat dementsprechend ein intentionales oder „Zielobjekt" (*target*).[27] So trauert man *über* den Tod eines Freundes, hat Angst *vor* dem zähnefletschenden Kampfhund oder ist wütend *auf* seinen notorisch unpünktlichen Partner: Der Tod des Freundes, der Kampfhund und der Partner bilden jeweils das intentionale Objekt der Trauer, der Angst und der Wut. In keinem Fall aber lassen Emotionen sich auf bloße Handlungsdispositionen reduzieren, sondern implizieren notwendig eine Bewertung ihres jeweiligen intentionalen Objekts. Über den Tod des Freundes zu trauern heißt, seinen Tod als etwas Trauriges anzusehen; sich vor dem zähnefletschenden Kampfhund zu fürchten bedeutet, ihn als gefährlich wahrzunehmen; und wütend auf den Partner ist man dann und nur dann, wenn man sein Verhalten als ärgerlich betrachtet. Emotionen sind somit notwendig Bewertungen.[28]

---

[25] Zur motivationalen Erklärung von Handlungen durch Emotionen vgl. Döring, Explaining Action by Emotion, a.a.O.; vgl. auch Emotionen und Holismus in der praktischen Philosophie, a.a.O., vor allem Abschnitt 4.

[26] Für diese Charakterisierung wird natürlich nicht der Anspruch erhoben, daß sie einer erschöpfenden Antwort auf die Frage entspricht, was eine Emotion ist. Ohnehin ist fraglich, ob die „Emotionen" eine „natürliche Art" bilden. Aus psychologischer und neurobiologischer Perspektive mögen sich hinter all dem, was „Emotion" genannt wird, verschiedene Klassen verbergen (vgl. exemplarisch P. E. Griffiths, What Emotions Really Are: The Problem of Psychological Categories, Chicago 1997). Gleichwohl teilen die Elemente dieser Klassen Merkmale, die es rechtfertigen, sie in den philosophischen Theorien des Handelns und der praktischen Rationalität zumindest vorläufig unter eine Kategorie zu subsumieren.

[27] Vgl. de Sousa, The Rationality of Emotion, a.a.O., 116.

[28] Vgl. M. B. Arnold, Emotion and Personality, New York 1960, Bd. 1, 172 ff.; vgl. auch Lyons, Emotion, Cambridge 1980, 70 ff., sowie R. C. Solomon, The Passions, a.a.O., 209–12. Wie in diesem Band der Beitrag von Thomas Goschke und Annette Bolte zeigt, entspricht diese Auffassung den Ergebnissen der empirischen Forschung.

Diese Einsicht wird oftmals mit der weiterführenden These verknüpft, daß die verschiedenen Emotionen durch ihre jeweiligen formalen Objekte definiert würden: Einem jeden Emotionstyp entspreche ein bestimmtes formales Objekt, durch das die Klasse seiner möglichen intentionalen Objekte eingeschränkt und so bestimmt wird.[29] Diese These ist dadurch motiviert, daß die Bewertung, die eine Emotion impliziert, keineswegs beliebig ist. Vielmehr ist etwas nur dann ein mögliches intentionales Objekt einer Emotion, wenn ihm vom Subjekt diejenige Eigenschaft zugeschrieben wird, die das formale Objekt der Emotion ist; andernfalls wäre die Emotion unverständlich. Die Furcht vor dem Kampfhund beispielsweise läßt sich nur dann als (eine Instantiierung des Emotionstyps) Furcht verstehen, wenn dem Tier aufgrund irgendwelcher Merkmale die Eigenschaft zugeschrieben wird, furchteinflößend zu sein.[30]

Obwohl wir dieser These grundsätzlich zustimmen, ist sie in viererlei Hinsicht zu präzisieren. Kognitivistische Theorien billigen Emotionen ganz allgemein einen intentionalen Inhalt zu. Genauer ist erstens der Inhalt einer Emotion nicht nur intentional, sondern repräsentational. Zwar ist auch repräsentationaler Inhalt intentional, unterliegt aber im Unterschied zu nicht-repräsentationalem intentionalen Inhalt einer Korrektheitsbedingung.[31] Indem er die Welt als auf eine bestimmte Weise seiend repräsentiert, kann der repräsentationale Inhalt einer Emotion korrekt oder inkorrekt sein. Wer sich vor einem zähnefletschenden Kampfhund fürchtet, sieht ihn tatsächlich als furchteinflößend oder gefährlich an und ist durch sein Erleben dazu disponiert, ein entsprechendes Urteil zu fällen; und wer sich seiner Untat schämt, dem scheint es, daß er wirklich etwas ausgefressen hat. Im Gegensatz dazu scheint es dem, der sich in der Phantasie ausmalt, er sei Napoleon, normalerweise nicht der Fall zu sein, daß er wirklich Napoleon ist. Das heißt natürlich nicht, daß der repräsentationale Inhalt einer Emotion auch tatsächlich korrekt ist. Furcht kann die harmlose Blindschleiche als gefährliche Schlange fehlrepräsentieren und Verliebtheit den Schwerenöter als zukünftigen treu sorgenden Familienvater. Gleichwohl impliziert die Auszeichnung von Emotionen als

---

[29] Mit dem Begriff des formalen Objekts einer Emotion wird zugleich das einzige bislang verfügbare Kriterium zur Klassifikation von Emotionen bereitgestellt. Vgl. de Sousa, The Rationality of Emotion, a.a.O., 122–3, im Anschluß an W. Lyons, Emotion, a.a.O., 99–104, u. Kenny, Action, Emotion and Will, a.a.O., Kap. 9, 187–202.

[30] Wie im vergangenen Teilabschnitt ausgeführt, behaupten Anscombe und andere analog für Wünsche, daß die Zuschreibung eines Wunsches nur dann verständlich sei, wenn der Träger des Wunsches das Gewünschte für gut halte. Auch Wünsche haben demnach ein formales Objekt, und zwar das Gute. Wir schließen uns jedoch J. David Vellemans überzeugender Kritik an dieser Auffassung an, nach der Wünsche nicht auf das Gute, sondern schlicht auf das *Erreichbare* gerichtet sind: „One cannot desire something if it seems impossible or if it seems already to have come about; one can desire that *p* only if *p* seems attainable, in the sense of being a possible future outcome […] desire has the attainable as its constitutive aim" (Velleman, The Guise of the Good, a.a.O., 17).

[31] Zum Begriff des repräsentationalen Inhalts vgl. auch Ch. Peacocke, A Study of Concepts, Cambridge, Mass. 1992, insbesondere Kap. 3. Auch wenn er nicht von „repräsentationalem Inhalt" spricht, findet sich eine analoge These in Robert C. Roberts Aufsatz „What an Emotion is: A Sketch", in: The Philosophical Review 97 (1988), 183–209, hier 191.

Träger repräsentationalen Inhalts, daß der Inhalt einer Emotion korrekt und das Subjekt berechtigt sein kann, auf ihn zu bauen.

Zweitens muß weder (A) das formale Objekt einer Emotion in ihrem repräsentationalen Inhalt explizit vorkommen, noch (B) die Repräsentation sich auf ein bestimmtes intentionales Objekt einschränken lassen. (A) besagt, daß die Zuschreibung etwa der Eigenschaft, furchteinflößend zu sein, bloß implizit erfolgen kann, indem sie als eine Eigenschaft höherer Ordnung etwa durch die Eigenschaft, gefährlich zu sein, instantiiert wird. (B) thematisiert die sogenannten Stimmungen. Insofern Stimmungen wie Depression oder Gereiztheit definitionsgemäß nicht auf bestimmte Gegenstände gerichtet sind, repräsentieren sie folglich auch nicht bestimmte Gegenstände als in bestimmter Weise seiend. Dennoch haben sie einen repräsentationalen Inhalt, indem sie gleichsam die ganze Welt in ihrem Sinne färben. Dementsprechend stellt Wittgenstein fest, daß die „Welt des Glücklichen eine andere ist als die des Unglücklichen".[32] Der Übergang von einer Stimmung oder „unbestimmten" Emotion hin zu einer „bestimmten" ist dabei fließend: eine unbestimmte Gereiztheit kann sich schließlich in einem Wutanfall über die Unpünktlichkeit des Partners entladen. Umgekehrt kann die unterdrückte Wut auf den permanent unpünktlichen Partner in einen unbestimmten Zustand der Gereiztheit münden. Ohnehin treten bestimmte und unbestimmte Emotion nie in Reinform auf. Selbst die Verliebtheit, die Ronald de Sousa als exemplarisch für eine bestimmte Emotion gilt, weist zugleich Stimmungsqualitäten auf, denn der Verliebte sieht normalerweise nicht nur die auserwählte Person, sondern auch weite Teile der übrigen Welt mit anderen Augen.[33]

Drittens entspricht der repräsentationale Inhalt einer Emotion nicht dem eines Werturteils, und lassen sich Emotionen erst recht nicht auf Werturteile reduzieren.[34] Zunächst muß sich eine jede „Urteilstheorie der Emotionen" die grundsätzliche Frage gefallen lassen, worin denn eigentlich ihr Erkenntnisgewinn besteht: Wenn Emotionen analog zu Werturteilen und nicht als Kognitionen von ganz eigener Art interpretiert werden, heißt das nicht, daß sie einfach dem herkömmlichen Rationalitätsverständnis einverleibt und sozusagen alles beim alten belassen wird? Abgesehen davon werden Emotionen durch die Urteilstheorie offenkundig „überintellektualisiert". Von Urteilen oder Meinungen (*beliefs*) unterscheiden Emotionen sich insbesondere dadurch, daß sie im Lichte besseren Wissens nicht zwangsläufig revidiert werden. So kann die Emotion der Furcht eine

---

[32] L. Wittgenstein, Tractatus logico-philosophicus, wiederabgedruckt nach der zweiten verbesserten Ausgabe von 1922, in: Ludwig-Wittgenstein-Werkausgabe, Bd. I, Frankfurt am Main 1984, § 6.43.
[33] Vgl. de Sousa, Die Rationalität des Gefühls, a.a.O., 8.
[34] Vgl. demgegenüber Solomon (The Passions, a.a.O., 126): „My shame *is* my judgement to the effect that I am responsible for an untoward situation or incident". Vgl. auch Kenny (Action, Emotion and Will, a.a.O., 193 ff.) als den Wegbereiter dieses intellektualistischen Verständnisses von Emotionen. Nach Kenny implizieren Emotionen, indem sie formale Objekte haben, begrifflich Urteile bzw. die Meinungen, die jeweils das Ergebnis dieser Urteile sind. Zu sagen, daß eine Person eine beliebige Emotion x in Bezug auf ein Objekt y hat, impliziert demnach, daß die fragliche Person es für wahr hält, daß y diejenige Eigenschaft hat, welche das formale Objekt von x ist.

Schlange als gefährlich erscheinen lassen; in einer anderen Situation mag diese Emotion es gefährlich erscheinen lassen, sich so hoch über der Erde zu befinden. In beiden diesen Fällen kann – wie Hume für den zweiten festgestellt hat – die Furcht auch dann bestehen bleiben, wenn man urteilt, daß die vermeintliche Schlange eine harmlose Blindschleiche ist oder daß man durch eine dicke Glasscheibe vor einem Sturz in den Abgrund sicher geschützt ist. Dementsprechend ist es nicht paradox (im Sinne George Edward Moores) zu sagen „Ich fürchte mich vor dieser Schlange, obwohl (ich weiß, daß) sie harmlos ist". Ferner führt etwa die Einsicht einer Person in ihre Neigung, Äußerungen anderer Personen als beleidigend oder verletzend mißzuverstehen, nicht unbedingt zu einer Veränderung ihrer Emotionen in entsprechenden zukünftigen Situationen. Behauptete man, Emotionen seien oder beinhalteten Werturteile, wäre man gezwungen, in solchen Fällen von einem Vorliegen inkonsistenter Urteile im Urteilssystem der Person auszugehen. Damit wäre jedoch eine Person, die ihre überempfindlichen emotionalen Reaktionen zwar nicht abstellen kann, sich über deren Unangemessenheit aber durchaus im klaren ist, weniger rational als eine Person, die sich in ihrer offenkundigen Überempfindlichkeit vollkommen gerechtfertigt wähnt. Diese inakzeptable Konsequenz läßt sich nur dann vermeiden, wenn man den Inhalt einer Emotion und den Inhalt eines Urteils unterschiedlichen Kategorien zuschlägt.

In dieser Hinsicht besteht eine Analogie zwischen dem repräsentationalen Inhalt der Emotionen und dem der sinnlichen Wahrnehmung, wie z. B. die Müller-Lyer-Illusion oder auch der Stab illustrieren, der aus dem Wasser ragt und den man auch dann noch als geknickt wahrnimmt, wenn man weiß, daß er in Wahrheit gerade und die täuschende Sinneswahrnehmung durch die unterschiedlichen Lichtbrechungseigenschaften von Luft und Wasser zu erklären ist. Gleichwohl ist der repräsentationale Inhalt einer Emotion durch die Analogie zur sinnlichen Wahrnehmung unterbestimmt. Denn schließlich könnte jemand eine Schlange auch völlig emotionslos als gefährlich wahrnehmen. Was die Furcht von der sinnlichen Wahrnehmung unterscheidet und sie zu einer spezifischen, nämlich affektiven Art der Wahrnehmung macht, ist ihr Empfindungsaspekt. Wie Hume halten wir viertens diesen Aspekt für konstitutiv. Wer uns widersprechen will, frage sich, ob er nicht vielleicht die Emotion mit einem bloßen Disponiertsein zu einer solchen verwechselt.[35] Sicherlich kann jemand etwa als eifersüchtiger Ehemann gelten, ohne sich dazu jahrelang in einem Zustand des Aufruhrs befinden und sich seiner Eifersucht permanent bewußt sein zu müssen. Seine Eifersucht besteht darin, daß er dazu disponiert ist, seiner Frau beim geringsten Anlaß zu mißtrauen und aufzubrausen. Somit setzt aber die Erklärung der Disposition zur Eifersucht die Erklärung des aktualen (d. h. des nicht bloß dispositionell vorliegenden, sondern aktualisierten) und bewußten Zustands des Mißtrauens sowie des aktualen und bewußten affektiven Engagements immer schon voraus. Aufgrund dieses Primats werden wir das Prädikat „Emotion" für aktuale, bewußte Zustände reservieren. In jedem Fall ist der Gebrauch eines

---

[35] Vgl. schon W. P. Alston, Emotion and Feeling, a.a.O., Lyons, Emotion, a.a.O., 53–5, sowie in diesem Band den Beitrag von Holmer Steinfath.

Emotionswortes wesentlich darauf zurückzuführen, daß das damit Beschriebene zumindest gelegentlich bestimmte Empfindungszustände ins Leben ruft: Eine Eifersucht, die nie zum Ausbruch käme, hätte ihren Namen nicht verdient.

VI. Die Rationalisierung von Handlungen durch Emotionen

Kraft ihres repräsentationalen Inhalts können Emotionen ebenso wie sinnliche Wahrnehmungen für bare Münze genommen werden: Es ist möglich, zu urteilen und in der Folge des Urteils zu meinen, die Welt scheine nicht nur, sondern sei wirklich dergestalt, wie sie sich im aktualen bewußten Zustand der Emotion darstellt. (Bewußtseinszustände ohne repräsentationalen Inhalt – z. B. Imaginationen – lassen sich nicht in diesem Sinne für bare Münze nehmen.) Wesentlich für diese Möglichkeit ist zudem, daß es sich bei Emotionen um aktuale Bewußtseinszustände handelt. Nur ein Bewußtseinszustand kann einen Grund dafür darstellen, etwas zu tun (das Fällen eines Urteils eingeschlossen). Emotionen, die bloße Dispositionen wären, könnten nicht als Gründe fungieren.

Die Möglichkeit, Emotionen für bare Münze zu nehmen, hat zwei philosophisch bedeutsame Konsequenzen:

(A) Wird der repräsentationale Inhalt einer Emotion für bare Münze genommen, kann er als Input der rationalisierenden Handlungserklärung und praktischen Begründung fungieren, ohne dazu aus dem Auftreten der Emotion erst gefolgert werden zu müssen.[36] Erst kraft ihres repräsentationalen Inhalts können Emotionen überhaupt eine rechtfertigende Funktion erfüllen. Damit ein Urteil und in seiner Folge möglicherweise eine Handlung durch eine Emotion gerechtfertigt werden kann, muß die Emotion einen Inhalt haben, der geeignet ist, die Proposition zu rechtfertigen, die als das Ergebnis des Urteils für wahr gehalten wird. Das Urteil etwa, daß die harte Bestrafung eines Gefangenen empörend bzw. ungerecht ist, läßt sich nur dann durch Empörung rechtfertigen, wenn diese etwas über die Bestrafung aussagt, indem sie sie als ungerecht repräsentiert. Wie bei der Rechtfertigung eines Wahrnehmungsurteils durch den repräsentationalen Inhalt einer sinnlichen Wahrnehmung handelt es sich dabei nicht um eine inferentielle Rechtfertigung. Gegen eine inferentielle Rechtfertigungsbeziehung spricht

---

[36] Vgl. Ch. Peacocke, A Study of Concepts, a.a.O., u. J. McDowell, Mind and World, Cambridge, Mass. 1994, im Gegensatz zu R. B. Brandom, Making it Explicit, Cambridge, Mass. 1994. Offen bleibt hier zunächst die Frage, ob Emotionen sinnlichen Wahrnehmungen auch insofern analog sind, als sie einen nicht-begrifflichen Inhalt haben können, der gleichwohl repräsentational ist und in Rechtfertigungsbeziehungen eingeht. Vgl. dazu aber etwa Ch. Peacocke, Does Perception Have a Nonconceptual Content?, in: Journal of Philosophy 98 (2001), 239–64; gegenüber McDowell, Mind and World, a.a.O.; u. B. Brewer, Perception and Reason, Oxford 1999.

bereits, daß eine Emotion ebensowenig wie eine sinnliche Wahrnehmung zwangsläufig verschwindet, wenn ihr repräsentationaler Inhalt mit dem inkonsistent ist, was vom Subjekt (bewußt) für wahr gehalten wird.[37] Wie sinnliche Wahrnehmungen können Emotionen ein Urteil nicht-inferentiell, allein durch ihr Auftreten, rechtfertigen, wenn ihr repräsentationaler Inhalt (wie im Beispiel die Repräsentation der Bestrafung als ungerecht) von der Person für bare Münze genommen wird.

(B) Indem Emotionen einen repräsentationalen Inhalt haben, wird die Möglichkeit eröffnet, daß das Subjekt einer Emotion tatsächlich berechtigt ist, den repräsentationalen Inhalt einer Emotion für bare Münze zu nehmen: Möglicherweise entspricht die für bare Münze genommene Repräsentation einer Erkenntnis. Analog zum Auftreten einer sinnlichen Wahrnehmung könnte das Auftreten einer Emotion, deren repräsentationaler Inhalt für bare Münze genommen wird, eine nicht-inferentielle Weise des Erkenntnisgewinns konstituieren. Für moralische Emotionen eröffnet sich damit die Möglichkeit, daß sie einen nicht-inferentiellen Weg darstellen, zu Wissen über moralische Propositionen zu gelangen.

(A) und (B) behandeln gezielt nur einen der beiden Aspekte, unter dem die Rationalität der Emotionen in der philosophischen Literatur diskutiert wird. Unter dem zweiten, der hier nicht berührt wird, bezieht sich die Frage nach der Rationalität der Emotionen darauf, inwiefern es rational ist, Emotionen zu haben, ob ihr Auftreten der rationalen Kontrolle unterliegt, und was dergleichen mehr ist.[38] Es geht, kurz gesagt, um die Genese der Emotionen im Unterschied zur epistemischen und praktischen Geltung ihres repräsentationalen Inhalts.[39] Selbst wenn sich die Genese der Emotionen in den Kategorien der Rationalität gar nicht erfassen ließe, folgte daraus nichts für die Relevanz der Emotionen für die epistemische und praktische Begründung. Schließlich ist auch die Bedeutung der sinnlichen Wahrnehmung für die Rechtfertigung von Urteilen unabhängig davon, ob sie der rationalen Kontrolle des Subjekts untersteht.

Grundsätzlich ist die Funktion einer Emotion nur dann eine rationale, wenn ihr repräsentationaler Inhalt für bare Münze genommen wird. Daher werden wir zunächst die Beziehungen zwischen Emotionen und den durch sie gerechtfertigten Urteilen betrachten und uns dann dem Verhältnis zwischen Emotionen und rationalen Handlungserklä-

---

[37] Demnach kann nämlich das Subjekt eine Emotion des Inhalts p haben, dem seine bewußte Überzeugung entgegensteht, daß $\neg p$. Die inferentiellen Rechtfertigungsbeziehungen, in denen Überzeugungen untereinander stehen, schließen diese Möglichkeit gerade aus: es ist nicht möglich, daß jemand (bewußt) meint, daß $p \wedge \neg p$ (etwa gleichzeitig davon überzeugt ist, daß es regnet und daß es nicht regnet). Vgl. auch T. Crane, The Nonconceptual Content of Experience, in: ders. (Hg.), The Contents of Experience: Essays on Perception, Cambridge 1992, 136–57, hier 151–2.

[38] Vgl. z. B. M. Stocker, Responsibility Especially for Beliefs, in: Mind 91 (1982), 398–417, J. Oakley, Morality and the Emotions, London 1992, Kap. 4, u. N. Sherman, Taking Responsibility for our Emotions, in: Social Philosophy & Policy Foundation 16 (1999), 294–323.

[39] Eine der oben getroffenen analoge Unterscheidung findet sich bei Patricia Greenspan. Vgl. P. Greenspan, Emotions & Reasons. An Inquiry into Emotional Justification, New York 1988, 4.

rungen zuwenden. (Allerdings ist die Rechtfertigung eines Urteils dann ein Spezialfall der praktischen Begründung, wenn man – wie wir es tun – Urteile als Handlungen betrachtet.[40])

Explanatorisch relevant ist eine Emotion, deren repräsentationaler Inhalt für bare Münze genommen wird, nur dann, wenn das Subjekt das Urteil ohne die Emotion nicht gefällt hätte. Bezüglich dieser Klasse von Fällen stellen sich unmittelbar die folgenden Fragen: Handelt es sich um eine nichtleere Klasse? Wenn ja, welche Fälle umfaßt sie? Auf welche Weise erklären die Emotionen in diesen Fällen? Wie können sie Wissen vermitteln? Läßt sich in Analogie zur Philosophie der Wahrnehmung eine Theorie der Bedingungen formulieren, unter denen ein Subjekt berechtigt ist, sich auf den repräsentationalen Inhalt einer Emotion zu verlassen? Wir werden versuchen, einige dieser Fragen zu beantworten.

Insofern der repräsentationale Inhalt einer Emotion einer Bewertung des intentionalen Objekts der Emotion entspricht, kann eine Emotion ihr Subjekt dazu bewegen, ein Werturteil zu fällen, das dieses Subjekt andernfalls nicht gefällt hätte. So könnte jemand (um das bereits angeführte Beispiel wiederaufzugreifen), der von einer Folge von Ereignissen erfährt, die zur Bestrafung einer Person geführt haben, über die Ungerechtigkeit dieser Bestrafung empört sein. Er könnte den repräsentationalen Inhalt der Empörung für bare Münze nehmen und so zu dem Urteil gelangen, daß die Bestrafung ungerecht war. Es ist möglich, daß die Ungerechtigkeit einer solchen Bestrafung nicht aus den Prinzipien folgt, die er bisher in Bezug auf Gerechtigkeit und Ungerechtigkeit akzeptiert hatte. Das Auftreten der moralischen Emotion könnte in diesem Fall zur Formulierung neuer, besserer und umfassenderer Prinzipien von Gerechtigkeit führen.

Eine entsprechende Rolle kann jede andere Emotion spielen. Ein Subjekt kann einem Gegenstand aufgrund einer Emotion zum ersten Male eine bestimmte Werteigenschaft zuschreiben. So kann die Trauer über den Verlust einer Person jemandem erstmalig vor Augen führen, wie wichtig diese Person für ihn war. Reue oder Scham können eine Person dazu bringen, zum ersten Mal zu urteilen, daß eine bestimmte Handlungsweise falsch war. Auch Hoffnung kann diese Funktion erfüllen: Eine unerwartete Hoffnung auf etwas kann jemanden dazu bewegen, erstmalig zu urteilen, daß es sich dabei um etwas handelt, dem er einen bestimmten Wert beimißt.

Inwieweit können Emotionen unser Urteilsvermögen tatsächlich erweitern? Können wir durch sie etwas lernen? Zweifellos gibt es ein ganzes Spektrum emotionaler Einflußnahme auf unsere Urteile, das von eher oberflächlichen bis zu tiefgreifenderen Fällen reicht. Wir werden für beide Pole des Spektrums ein Beispiel geben. Nehmen wir zunächst die Person, die aufgrund von Reue oder Scham urteilt, daß eine ihrer Handlungen falsch war. Möglicherweise hat diese Person ihre Handlung bis dahin überhaupt nicht in moralischer Perspektive betrachtet; doch plötzlich nagt ein Gefühl

---

[40] Vgl. Ch. Peacocke, Being Known, Oxford 1999, 19 f., u. S. A. Döring, Epistemische als praktische Gründe. Ein Argument gegen die humesche Auffassung praktischer Rationalität, in: A. Beckermann u. Ch. Nimtz (Hgg.), Argument & Analyse. Proceedings of the GAP 4, Paderborn 2001, 652–667.

der Schuld an ihr. Dieser Fall ist dann vergleichsweise oberflächlich, wenn die Person ihre Handlung aufgrund der von ihr akzeptierten moralischen Prinzipien sehr wohl schon vorher als falsch hätte einstufen können, hätte sie sich diese Frage gestellt. Dann nämlich hätte ihr faktisch durch das Auftreten der Emotion zustande gekommenes Urteil auch unabhängig von der Emotion gefällt werden können. Ihr Urteil geht zwar faktisch dem Auftreten der Emotion nicht voran, aber die Person hätte das Urteil ebensogut emotionslos, unter Anwendung ihrer moralischen Prinzipien, als ungerecht klassifizieren können.

In einem tiefgreifenderen Fall gelangte die Person allein auf der Basis der moralischen Prinzipien, über die sie explizit verfügt, nicht zu dem moralischen Urteil. Die moralischen Prinzipien, die sie akzeptiert oder weiß, ermöglichten es ihr nicht, eine bestimmte Handlung als richtig oder falsch zu klassifizieren. Betrachten wir noch einmal das obige Beispiel der Person, die sich über eine ungerechte Bestrafung empört. Ihr Verständnis von Gerechtigkeit könnte auf einer Menge von impliziten Prinzipien beruhen, die die Extension des Prädikats „gerecht" bestimmen und die einen ähnlichen Status wie unbewußte und dennoch korrekt angewendete grammatische Prinzipien haben.[41] Die Existenz solcher Prinzipien vorausgesetzt, muß ein Subjekt diese weder vollständig explizit formulieren können, noch muß ihre explizite Formulierung mit den impliziten Prinzipien wirklich übereinstimmen. Unter diesen Prämissen könnte das Auftreten der Empörung die Funktion erfüllen, der Person ihren impliziten Begriff von Gerechtigkeit explizit zu machen. Möglicherweise entspricht die Emotion diesem Begriff besser als die moralischen Prinzipien, über die die Person explizit verfügt. In diesem Fall würde nicht nur das Urteil, daß die Bestrafung des Gefangenen ungerecht sei, durch das Auftreten der Emotion allererst ermöglicht, sondern insbesondere müßte die Person ihre ausdrücklichen moralischen Überzeugungen im Vergleich mit diesem Urteil neu prüfen.

Daraus folgt jedoch nicht, daß die Frage, was es heißt, daß etwas gerecht ist, im Rückgriff auf emotionale Reaktionen beantwortet werden muß. Die obige Erklärung dafür, wie Emotionen Urteile über Gerechtigkeit ausbilden können, ist mit der Annahme verträglich, daß die implizite Konzeption der Gerechtigkeit mit Emotionen gar nichts zu tun hat. Weiter unten werden wir auf einige weitergehende Fragen eingehen, die an dieser Stelle auftreten.

Insofern Emotionen aktuale Zustände sind, die die Aufmerksamkeit des Subjekts auf sich ziehen und beanspruchen können (womit natürlich nicht impliziert ist, daß sie Gegenstand der Aufmerksamkeit sind), haben sie eine herausragende Stellung im Bewußtsein inne. Sowohl ihr Affekt als auch ihr repräsentationaler Inhalt sind Bestandteil ihrer bewußten, subjektiven Beschaffenheit, d. h. dessen, wie es ist, die Emotion zu erleben. Aufgrund dieser herausragenden Stellung im Bewußtsein überrascht es wenig, daß Emotionen in der Hervorbringung von Urteilen besonders wirksam sind. Selbst wenn

---

[41] Vgl. N. Chomsky, Knowledge of Language: Its Nature, Origin, and Use, New York 1986, u. Ch. Peacocke, Implicit Conceptions, Understanding and Rationality, in: E. Villaneuva (Hg.), Philosophical Issues, 8, Concepts, Atascadero, Calif. 1998, 43–88.

man auf inferentiellem Wege oder aufgrund von Erinnerungen zu der Überzeugung gelangen könnte, daß die Schlange gefährlich ist, zeichnet sich die Furcht vor der Schlange kraft ihrer unmittelbaren Präsenz im Bewußtsein dadurch aus, daß ein sich auf sie berufendes Urteil nicht zu warten braucht, bis derselbe Inhalt auf anderem Wege erreicht wird – sofern es überhaupt andere Wege gibt. Unabhängig davon, ob es andere Wege gibt, besteht ein typisches Rechtfertigungsverfahren eben darin, den repräsentationalen Inhalt einer Emotionen für bare Münze zu nehmen.

Diese Feststellung bezüglich der Wirksamkeit von Emotionen läßt sich auf (von Urteilen verschiedene) Handlungen übertragen, die dadurch rationalisiert werden, daß der Inhalt einer Emotion für bare Münze genommen wird. Unter sonst gleichen Umständen ist die Überzeugung eines Subjekts stärker und bringt mit größerer Wahrscheinlichkeit eine Handlung hervor, wenn sie auf einem seiner eigenen repräsentationalen Bewußtseinszustände beruht, der den Inhalt der Überzeugung als korrekt darstellt. Etwas mit eigenen Augen zu sehen, bringt unter sonst gleichen Umständen wahrscheinlich eine stärkere Überzeugung hervor als eine Schlußfolgerung desselben Inhalts oder das Zeugnis einer anderen Person. Entsprechend wird eine Bewertung, die auf dem repräsentationalen Inhalt einer Emotion beruht, unter sonst gleichen Umständen eine stärkere Überzeugung hervorrufen als eine Bewertung aufgrund von Schlußfolgerungen oder Zeugnissen anderer. Dies wird dadurch noch verstärkt, daß der repräsentationale Inhalt im Fall einer Emotion Bestandteil eines affektiven Bewußtseinszustandes ist.

Um eine Handlung rational erklären zu können, muß natürlich das durch den repräsentationalen Inhalt einer Emotion gerechtfertigte Urteil – oder genauer: der Inhalt der aus aus diesem Urteil resultierenden Meinung – überhaupt für eine Handlung sprechen. Nicht jede emotional rechtfertigbare Proposition liefert notwendig einen Handlungsgrund. Wenn sich z. B. jemand darüber freut und stolz darauf ist, daß er eine schwierige Prüfung bestanden hat, hat er dadurch, daß er dem repräsentationalen Inhalt seiner Emotion vertraut, nicht zwingend einen Handlungsgrund. Vielleicht gibt er anläßlich der bestandenen Prüfung ein Fest, aber für diese Handlung gibt ihm die Meinung, daß es erfreulich und löblich sei, die Prüfung bestanden zu haben, für sich genommen keinen Grund. Kurz gesagt: Nicht jede emotional rechtfertigbare Proposition ist *praktisch*. Als exemplarisch für praktische Propositionen können moralische gelten, insofern diese nämlich, wie hier vorausgesetzt wird, notwendig Handlungsgründe liefern. Dementsprechend hat die Person, die sich über die harte Bestrafung des Gefangenen empört und den repräsentationalen Inhalt ihrer Empörung für bare Münze nimmt, unmittelbar einen Grund, etwas gegen die Bestrafung des Gefangenen zu unternehmen. Ihre Empörung repräsentiert die harte Bestrafung des Gefangenen als ungerecht und ist, indem sie somit einen moralischen Begriff impliziert, eine moralische Emotion. Mit der Überzeugung, daß die harte Bestrafung des Gefangenen ungerecht sei, liefert ihre Emotion der Person mindestens einen subjektiven Handlungsgrund. Für das Vorliegen eines objektiven Handlungsgrundes ist zusätzlich erforderlich, daß die Person berechtigt ist, den repräsentationalen Inhalt ihrer Emotion für bare Münze zu nehmen.

Im Gegensatz dazu ignorieren Versuche, die Rationalisierung von Handlungen durch Emotionen in das Prokrustesbett des *Belief-desire*-Modells zu zwängen, daß der repräsentationale Inhalt von Emotionen Urteile rechtfertigen und zu diesen Urteilen möglicherweise auch berechtigen kann. Emotionen werden stattdessen auf bloße Handlungsdispositionen hin zurechtgestutzt. Patricia Greenspan vertritt zum Beispiel die Ansicht, daß die kognitive Funktion der Emotionen darin bestehe, Gründe, die für eine Handlung sprechen, zu verstärken.[42] So empfinde eine Person im Falle einer „negativen" Emotion Unbehagen und habe das Bedürfnis, ihrem Unbehagen Abhilfe zu schaffen. Ihr Unbehagen liefere der Person gleichsam „einen rationalen Stoß von hinten".[43] So verstanden würde die Empörung über die harte Bestrafung des Gefangenen zur Rechtfertigung des Einschreitens gegen diese Bestrafung dadurch beitragen, daß sie unabhängig von ihr vorliegende Gründe für das Einschreiten verstärkt, indem sie nämlich als eine negative Emotion in eine Empfindung des Unbehagens mündet und so die handelnde Person dazu antreibt, ihrem Unbehagen angesichts der Bestrafung Abhilfe zu schaffen. Jedoch wird in Wahrheit das Einschreiten auf diese Weise nicht gerechtfertigt, da ja die Person ihr Unbehagen ebensogut im Alkohol ertränken oder ihm sogar einfach standhalten könnte. Für die Rechtfertigung des Einschreitens gegen die Bestrafung ist es vielmehr – wie für die emotionale Rechtfertigung einer jeden Handlung – erforderlich, daß eine Emotion nicht bloß, wie Greenspans Unbehagen, als „blinder Antreiber" fungiert,[44] sondern einen repräsentationalen Inhalt hat, der für die Handlung spricht und den das Subjekt für bare Münze nimmt. Denn erst kraft ihres repräsentationalen Inhalts kann eine Emotion überhaupt als Input der praktischen Begründung und rationalisierenden Handlungserklärung fungieren.

VII. Schluß und Ausblick: Emotionen, Werte und Apriorität

Welche Konsequenzen hat diese Konzeption der rationalen Erklärung durch Emotionen für allgemeinere metaphysische und erkenntnistheoretische Fragestellungen? Abschließend werden wir zumindest einige dieser Konsequenzen aufzeigen, und zwar insbesondere in Hinblick auf den Bereich der moralischen Erkenntnis. Für jeden Erkenntnisbereich lassen sich zwei Standpunkte bezüglich der Rolle von Emotionen unterscheiden: Theorien, die Emotionen eine bloß unterstützende Funktion beim Erwerb von Wissen in diesem Bereich zuschreiben, stehen Theorien gegenüber, nach denen Emotionen eine wesentliche, konstitutive Rolle beim Wissenserwerb zukommt.

---

[42] Vgl. Greenspan, Emotions & Reasons, a.a.O., 154.
[43] Vgl. ebenda.
[44] So die treffende Metapher, die Robert Musil in seinem großen Roman (a.a.O., 1193) in polemischer Absicht wählt, um die Rolle zu kennzeichnen, die den Emotionen typischerweise ausschließlich zugebilligt wird.

Nach der stärkeren der beiden Thesen, die wir als *Konstitutivitätsthese* bezeichnen, kann Wissen um bestimmte Inhalte in einem bestimmten Bereich nur dadurch erreicht werden, daß der repräsentationale Inhalt von Emotionen akzeptiert wird. Dies wiederum wird auf die spezifische Beschaffenheit der Inhalte in diesem Bereich zurückgeführt. Gemäß der Konstitutivitätsthese gibt es Wissen, das ausschließlich durch Emotionen erlangtwerden kann. Sie hat Konsequenzen für die Frage, ob das Wissen in einem gegebenen Bereich *a priori* sein kann. Bezogen auf den Bereich moralischer Erkenntnis ist die Konstitutivitätsthese unvereinbar damit, daß grundlegende moralische Prinzipien *a priori* sind (oder genauer: *inhaltlich a priori* im Sinne von Peacocke[45]). Wissen, das sich nur dadurch erlangen läßt, daß der repräsentationale Inhalt einer Emotion für bare Münze genommen wird, ist kein unabhängig von aller Erfahrung rechtfertigbares Wissen.

Im Gegensatz dazu besagt die *Komplementaritätsthese* für einen gegebenen Erkenntnisbereich, daß das Wissen um einige Inhalte in diesem Bereich zwar faktisch durch die Akzeptanz der Inhalte von Emotionen zustande kommt, daß aber im Prinzip jedes so erreichte Wissen auch auf einem Weg verfügbar ist, bei dem Emotionen keine Rolle spielen. Die Komplementaritätsthese für den Bereich moralischer Erkenntnis ist vereinbar damit, daß grundlegende moralische Prinzipien *a priori* sind. Ihr zufolge gibt es in jedem Fall, in dem Wissen um ein moralisches Prinzip durch eine Emotion (und insofern faktisch *a posteriori*) erlangt wird, auch einen Erkenntnisweg, der im Hinblick auf die Rechtfertigbarkeit unabhängig von den Emotionen des Erkennenden ist. Sämtliche der oben behandelten Beispiele sind mit der Komplementaritätsthese vereinbar.

Die Konstitutivitätsthese läßt sich auf vielerlei Weise motivieren. Abschließend geben wir einen sehr knappen Überblick über eine Reihe von moralphilosophischen Positionen, die die Konstitutivitätsthese implizieren. Dies gilt für eine Theorie, der zufolge die moralische Qualität einer Handlung identisch mit deren Disposition ist, diejenige Emotion hervorzurufen, die die fragliche Qualität repräsentiert. Moralische Eigenschaften wären dann sogenannte sekundäre Qualitäten, und die Emotionen erfüllten die Funktion der Wahrnehmung dieser Qualitäten. Die Konstitutivitätsthese würde auch durch die schwächere These impliziert, daß zwar in den paradigmatischen Fällen die Richtigkeit oder Falschheit einer Handlung unabhängig von Emotionen erkannt werden können, die Klassifikation anderer, nicht-paradigmatischer Fälle aber darauf beruht, daß wir auf sie emotional in der gleichen Weise reagieren wie auf die paradigmatischen Fälle. Ferner implizieren einige Varianten der Tugendethik die Konstitutivitätsthese, sofern sie einschließen, daß die Richtigkeit einer Handlung auf der Grundlage der Tugendhaftigkeit eines Handelnden expliziert werden muß, der sie ausführen würde. Dies gilt jedenfalls dann, wenn in diesen Theorien Tugendhaftigkeit die Fähigkeit voraussetzt, unter bestimmten Umständen diejenigen Emotionen zu haben, die für die moralischen Urteile und Handlungen der tugendhaften Person relevant sind.

---

[45] Vgl. Ch. Peacocke, Moralischer Rationalismus: Eine erste Skizze, in: Deutsche Zeitschrift für Philosophie 49 (2001), 197–208.

Es ist nicht das Ziel dieses Aufsatzes, bereits eine Entscheidung zugunsten der Konstitutivitätsthese oder der Komplementaritätsthese zu fällen. Diese Entscheidung setzt eine Antwort auf die allgemeine Frage voraus, welche Rolle Emotionen in einer Theorie der Werte spielen. Uns geht es zunächst darum, einen begrifflichen Rahmen für die angemessene Beantwortung dieser Frage bereitzustellen. Wir hoffen, daß innerhalb dieses Rahmens die Untersuchung weiterer Beispiele von Urteilen, die auf Emotionen beruhen, und ihrer Rolle im Erkenntnisprozeß zum Verständnis der Beziehungen zwischen Werten und Emotionen beitragen wird.[46]

---

[46] Bei diesem Beitrag handelt es sich um die deutsche Übersetzung unseres Vortrags auf dem Symposium „Gefühle und Moral" / „Emotion and Morality" vom 5. bis 6. April 2001. Wir bedanken uns bei den Teilnehmern des Symposiums sowie den Mitgliedern des Essener Oberseminars von Carl-Friedrich Gethmann, Bernd Gräfrath und Thorsten Sander für konstruktive Kritik, die uns auch dazu veranlaßt hat, in der deutschen Übersetzung einige Punkte noch einmal genauer auszuführen. Jan Schreiber gebührt Dank für die erste Fassung dieser Übersetzung.

Holmer Steinfath

Emotionen, Werte und Moral

Ich möchte im folgenden einige – im wesentlichen begriffliche – Zusammenhänge zwischen Emotionen, Werten und Moral beleuchten. Meine Überlegungen zerfallen in sechs Teile: Im ersten werde ich erläutern, was ich unter „Emotionen" und was unter „Werten" verstehe. Im zweiten Abschnitt diskutiere ich sehr knapp verschiedene Theorien zur Bestimmung der Beziehung zwischen Werten und Emotionen. Nach der Theorie, der ich den Vorzug gebe, ist etwas wertvoll, wenn es Gegenstand einer angemessenen Emotion werden kann. Diese Sichtweise provoziert die Frage, wann und in welchem Sinn Emotionen „angemessen" genannt werden können. Elemente einer Antwort darauf liefere ich im dritten und vierten Teil; sie bilden das Zentrum meiner Ausführungen. Im fünften Abschnitt stelle ich dann Überlegungen zur Möglichkeit an, die bis dahin entwickelte Werttheorie auf die besondere Klasse der moralischen Werte anzuwenden. Ich schließe meine Darlegungen im sechsten und letzten Teil mit einer Bemerkung zum Verhältnis von moralischen Werten und davon zu unterscheidenden moralischen Normen.[1]

I. Emotionen und Werte

Sowohl in der Philosophie als auch in Zweigen der Psychologie ist die Auffassung verbreitet, daß es wichtige Beziehungen zwischen Emotionen und Werten gibt.[2] Doch oft sind selbst die Übereinstimmungen derer, die Emotionen eine zentrale Rolle bei der

---

[1] Ich habe mich mit dem Verhältnis von Emotionen (bzw. – weiter gefaßt – Gefühlen) und Werten bereits in zwei anderen Veröffentlichungen beschäftigt; vgl. Holmer Steinfath, Orientierung am Guten. Praktisches Überlegen und die Konstitution von Personen, Frankfurt am Main 2001, bes. Kap. 4, sowie H. Steinfath, Gefühle und Werte, in: Zeitschrift für philosophische Forschung 55 (2001), 196–220. Auf Überschneidungen mit und Abweichungen von diesen Arbeiten weise ich in diesem Aufsatz nur vereinzelt hin. Ich betrachte sowohl die vorangegangenen als auch die hier angestellten Überlegungen als tentative Erkundungen auf dem Weg zu einer umfassenderen Theorie der Werte und Normen, die ich später einmal vorlegen zu können hoffe.

[2] Die dafür relevante Literatur ist inzwischen kaum noch zu überschauen. Stellvertretend für neuere philosophische Arbeiten seien genannt: E. Anderson, Value in Ethics and Economics, Cambridge, Mass. 1993; R. de Sousa, The Rationality of Emotion, Cambridge, Mass. 1987; G. F. Gaus, Value and Justification. The Foundations of Liberal Theory, Cambridge 1990; M. Nussbaum, Upheavals of Thought. The Intelligence of Emotions, Cambridge 2001; M. Stocker, Valuing Emotions (with E. Hegeman), Cambridge 1996.

Erklärung von Werten zuweisen, oberflächlicher Natur. Streitigkeiten setzen bereits bei der Abgrenzung von Emotionen von anderen Zuständen und Einstellungen (1) und bei der Charakterisierung von Werten (2) ein.

(1) Ich betrachte Phänomene wie Furcht, Zorn, Scham, Abscheu, Freude, Trauer, Empörung, Bewunderung und Neid als typische Emotionen. Nimmt man sie als aktuale Zustände oder Einstellungen, so sind für sie mindestens zwei Eigenschaften charakteristisch. Erstens sind sie mit eigenen, wenn auch nicht notwendig je distinkten Formen des Empfindens, Spürens oder Berührtseins verbunden. Im Jargon der Philosophie des Geistes ausgedrückt: Emotionen sind Qualia bzw. wesentlich mit Qualia verknüpft. Die Empfindungsseite von Emotionen möchte ich als ihre „Affektivität" bezeichnen. Zweitens haben Emotionen mehr oder minder scharf umrissene kognitive Implikationen; sie besitzen einen repräsentationalen Gehalt. Affektivität ist diejenige Eigenschaft von Emotionen, die sie von Einstellungen wie Meinungen und Absichten unterscheidet, während ihr kognitiver Gehalt sie von anderen affektiven Phänomenen wie Trieben, rein körperlichen Empfindungen und einzelnen Stimmungen abzuheben erlaubt.

Daß Affektivität ein Grundzug von Emotionen ist, entspricht einem verbreiteten alltagsweltlichen Verständnis von ihnen, wird in der Philosophie aber des öfteren bestritten.[3] So ist darauf aufmerksam gemacht worden, daß jemand auf Jahre den Verlust eines Freundes betrauern kann, ohne sich deswegen jahrelang in einem Zustand permanenter Niedergedrücktheit zu befinden.[4] Auch können Menschen eifersüchtig sein, ohne sich dessen bewußt zu sein. Und gibt es nicht Formen der Liebe, die im Unterschied zur Verliebtheit ganz ohne spürbare Empfindungen auskommen? Gegenbeispiele dieser Art sind jedoch nicht sehr überzeugend. Manchmal sprechen wir Personen Emotionen zu, obwohl es genauer wäre, von einem Disponiertsein zu Emotionen zu sprechen. Ein jähzorniger Mensch etwa ist dazu disponiert, oft wütend zu werden. Im Unterschied zum akuten Wutausbruch muß er seine Disponiertheit zu solchen Ausbrüchen nicht empfinden. Aber wenn man erklären will, was es heißt, zu einer Emotion disponiert zu sein, muß man wissen, was es heißt, eine solche Emotion akut zu haben.[5] Aus diesem Grund möchte ich den Ausdruck „Emotionen" für aktuale Gefühle im Sinne von aktualisierten, nicht bloß dispositionell vorliegenden Zuständen und Einstellungen reservieren. Nach diesem Muster lassen sich allerdings nicht alle vermeintlichen Gegenbeispiele abweisen. So ist tiefe und lang andauernde Trauer mehr als die Disposition zu gelegentlichen oder häufigen Einbrüchen von Traurigkeit. Doch in diesem Fall liegt eine lang währende subjektive Tönung des Lebens der trauernden Person vor, die diese sehr wohl spürt, wenn auch vielleicht nur äußerst gedämpft. Auch bei Emotionen, die nur kurz auftreten, kommt es vor, daß die zu ihnen gehörenden Empfindungen eher am Rand unseres Bewußtseinsfeldes liegen. Beispielsweise können wir in der Freude an

---

[3] Vgl. z. B. E. Bedford, Emotions, Proceedings of the Aristotelian Society 57 (1957), 281–304, 283 ff.; G. Pitcher, Emotion, Mind 74 (1965), 326–346, 338; W. Lyons, Emotion, Cambridge 1980, 58; R. Solomon, The Passions, Indianapolis 1993, bes. 96–102.

[4] Vgl. J. Oakley, Morality and the Emotions, London 1992, 8.

[5] Ähnlich argumentiert W. Lyons, Emotion, a.a.O., 53–57, bes. 56.

einer Tätigkeit so in der Tätigkeit aufgehen, daß wir unsere Freude kaum wahrnehmen. Ebenso kann uns eine schreckliche Situation so in ihren Bann ziehen, daß wir unsere Furcht oder unseren Schrecken kaum empfinden. Trotzdem unterscheiden sich diese Zustände phänomenal von solchen ohne Freude oder Schrecken. Dies zeigen die Veränderungen, die wir spüren, sobald unsere Freude abnimmt oder der Schreck verfliegt. Selbst relativ distanzierte emotionale Zustände wie das Interessiertsein an etwas haben eine, wiewohl meist sehr schwache, Spürenskomponente. Einen schwierigen Grenzfall stellen dagegen die stabileren Haltungen einer Person dar, die mit Emotionsausdrücken bezeichnet werden, etwa die Liebe zu einer anderen Person oder auch zu einem Gegenstand oder einer Tätigkeit. Bei ihnen spielt die Empfindungsseite zuweilen eine sehr untergeordnete Rolle. Nur bleibt auch hier zu fragen, ob sie wirklich ganz ausbleiben kann. Liebe ohne jede Empfindung der Zärtlichkeit, der Zuneigung, des Gefallens usw. verdient wohl kaum ihren Namen.

Kann die Affektivität von Emotionen in unterschiedlichen Formen und Intensitäten vorliegen, so sind auch ihre kognitiven Implikationen von unterschiedlicher Art und Komplexität. Oftmals sind Emotionen in Werturteilen fundiert, ja in ihnen kann zum Ausdruck kommen, wie eine Person die Welt insgesamt bewertet. Ebenso sind deskriptive Meinungen oftmals Bestandteil oder Voraussetzung für das Auftreten einer Emotion. So setzt die moralische Empörung über eine andere Person normalerweise sowohl die Annahme voraus, daß diese Person etwas Bestimmtes bewußt und willentlich getan oder unterlassen hat, als auch das Urteil, daß sie damit eine wichtige Norm verletzt hat. Im Unterschied zu Vertretern ausgeprägt kognitivistischer Emotionstheorien glaube ich jedoch nicht, daß der kognitive Gehalt von Emotionen stets propositional strukturiert und mit einem Wahrheitsanspruch verbunden ist. Manchmal reicht eine einfache sinnliche Wahrnehmung, die ich für einen nicht-propositionalen und nicht-begrifflichen kognitiven Zustand halte,[6] um eine Emotion auszulösen. So kann der bloße Anblick einer Schlange Furcht auslösen; der Glaube, daß Schlangen gefährlich sind, bildet sich gegebenenfalls erst später aus, unter Umständen erst aufgrund der Furcht. Die Begegnung mit einer schönen Landschaft oder einer attraktiven Person kann Gefallen oder Bewunderung erregen; das Urteil, daß Landschaften oder Personen von der und der Art schön oder attraktiv sind, wird gegebenenfalls erst später und nicht selten erst aufgrund der entsprechenden Emotion gefällt.

Affektivität und kognitiver Gehalt sind nicht die einzigen Kennzeichen von Emotionen: Die meisten Emotionen haben eine motivationale Seite; häufig werden Emotionen von distinkten Gesichtsausdrücken begleitet; wahrscheinlich haben sie auch eine distinkte neuronale Basis. Für meine Zwecke reicht es jedoch, Emotionen als besondere affektiv-kognitive Strukturen zu bestimmen.

(2) Was ist unter „Werten" zu verstehen? Der Ausdruck „Wert" hat bis heute keinen festen Sitz in der Umgangssprache, so daß hier noch mehr stipuliert werden muß als im

---

[6] Vgl. dazu Ch. Peacocke, Does Perception Have a Nonconceptual Content?, The Journal of Philosophy 98 (2001), 239–264.

Fall der Emotionen. Ich gehe von der Annahme aus, daß etwas entweder ein Wert ist oder einen Wert hat, wenn es mit Hilfe eines oder mehrerer Wertprädikate ausgezeichnet werden kann. Dabei lassen sich zwei Arten von Wertprädikaten unterscheiden. Erstens gibt es die allgemeinen und unspezifischen Prädikate „gut" und „schlecht" sowie ihre Komparative und Superlative. Zweitens gibt es spezifischere oder „dichte" Prädikate wie „häßlich", „erhaben", „abscheulich", „bewundernswert", „mutig", „freundlich", „großzügig" und „elegant". Wie sich beide Arten von Prädikaten genau zueinander verhalten, will ich offenlassen.[7] Die genannten Beispiele für unspezifische und spezifische Wertprädikate machen deutlich, daß ich die Rede von „Werten" sowohl auf positive wie auf negative Werte beziehen möchte.

Die Zuschreibung von Werten erfolgt dann, wenn jemand etwas in irgendeiner Hinsicht hoch oder niedrig schätzt, es gut findet oder als gut beurteilt. Mir scheint es sinnvoll, dabei zunächst von einem sehr weiten Begriff des Schätzens und Bewertens auszugehen, der von einfachen Ge- oder Mißfallensäußerungen bis hin zu elaborierten Werturteilen reicht. Unter dieser Maßgabe gibt es zahllose Gegenstände, die Kandidaten für Werte bzw. Wertobjekte sind. Menschen schätzen die unberührte Natur, Werke der Kunst, Freundschaft und Liebe, Autonomie und Gerechtigkeit, Frieden und das Leben. Doch schätzen sie auch banalere Dinge wie Autos, Fernsehserien oder Schokolade, und manche Menschen schätzen Zerstörung, Gewalt und Krieg. Manchmal wird von den „Werten einer Person" gesprochen. Dann geht es in der Regel um die Dinge, die für die betreffende Person am meisten zählen, Dinge, um die sie sich wirklich sorgt und besonders bemüht.

Werte und evaluative Ausdrücke stehen in einem deutlichen Kontrast zu Normen und normativen Ausdrücken wie „sollen" und „müssen". Kevin Mulligan hat in seinem instruktiven Aufsatz „From Appropriate Emotions to Values" auf drei wichtige Unterschiede zwischen evaluativen und normativen Ausdrücken aufmerksam gemacht.[8] So enthält die Klasse der evaluativen Ausdrücke relationale Prädikate wie „___ besser als ___" und „___ schlechter als ___", während es dazu kein alltagssprachliches Äquivalent bei normativen Ausdrücken gibt. Insbesondere gibt es keinen Komparativ zum So-und-so-handeln-Sollen.[9] Entweder soll man etwas tun oder man soll es nicht tun oder es ist gleichgültig, was man tut. Entweder ist etwas geboten oder verboten oder es ist erlaubt. Nicht aber ist etwas mehr oder minder verboten, auch wenn es mehr oder minder schlimm sein (oder mit mehr oder minder scharfen Sanktionen geahndet werden) mag, etwas Verbotenes doch zu tun. Sodann scheint es im Bereich der normativen Ausdrücke keine Parallele zur Unterscheidung zwischen unspezifischen und spezifischen Wertprädikaten zu geben. Und schließlich haben zumindest spezifische oder „dichte" Wertprädikate einen deskriptiven Gehalt, für den es ebenfalls nichts Vergleichbares bei den

---

[7] Ein Vorschlag dazu kann Elijah Millgram, Inhaltsreiche ethische Begriffe und die Unterscheidung zwischen Werten und Tatsachen, in: C. Fehige u. G. Meggle (Hgg.), Zum Moralischen Denken, Bd 1, Frankfurt am Main 1995, 354–388, entnommen werden.

[8] K. Mulligan, From Appropriate Emotions to Values, The Monist 81 (1998), 161–188, 164 ff.

[9] Ebd., 164.

normativen Ausdrücken gibt. Wie Mulligan bemerkt, liegt die Annahme sehr nahe, daß der Besitz einer spezifischen, „dichten" axiologischen Eigenschaft den Besitz einer bestimmten natürlichen Eigenschaft impliziert.[10] Zum Beispiel gehört zum Mutigsein unter anderem, Furcht zu kennen und sie zu überwinden oder nicht handlungswirksam werden zu lassen. Im Gegensatz dazu enthalten Aussagen darüber, was getan und was unterlassen werden soll, nicht in derselben Weise Unterstellungen über natürliche Eigenschaften.

Diese Hinweise helfen, das Evaluative und das Normative auseinanderzuhalten. Beides nicht zu vermischen ist wichtig, weil wir häufig Normen mit Verweis auf Werte rechtfertigen. Zum Beispiel können wir meinen, man *dürfe* Menschen nicht töten, weil menschliches Leben *wertvoll* ist. Sind wir mit verschiedenen Handlungsalternativen konfrontiert, so gilt, daß wir diejenige wählen *sollen*, die *am besten* ist.

II. Werte als Gegenstand angemessener Emotionen

Nach diesen Vorklärungen kann ich nun näher auf die Beziehung zwischen Emotionen und Werten eingehen. Warum kann es überhaupt naheliegen, ein enges Verhältnis zwischen beiden anzunehmen?

Der schlagendste Grund dafür ist sprachlicher Natur. In allen mir bekannten Sprachen gibt es ein beeindruckend reiches Vokabular zur Zuschreibung von positiven und negativen Werten, das semantisch auf Emotionen verweist. Zwar trifft dies nicht auf die allgemeinen und unspezifischen Wertausdrücke „gut" und „schlecht" zu. Aber es läßt sich an sehr vielen spezifischen oder „dichten" Wertprädikaten belegen. Einige davon habe ich schon genannt; Beispiele sind: „abscheulich", „langweilig", „bewundernswürdig", „erfreulich", „liebenswert", „empörend". Zumindest im Fall dieser – keineswegs randständigen – Wertausdrücke leuchtet der Gedanke ein, daß Emotionen eine wichtige Rolle in bezug auf Werte spielen. Plausibel erscheint eine solche Vermutung aber auch im Hinblick auf Wertausdrücke, die zwar nicht direkt auf bestimmte Emotionen verweisen, denen sich aber leicht Emotionen zuordnen lassen. Ein Beispiel dafür sind ästhetische Wertprädikate wie „häßlich" und „erhaben", denn das Häßliche mißfällt auf eigentümliche Art, während das Erhabene Erstaunen und Schrecken auslösen kann. Ähnlich lassen sich Ungerechtigkeit und Grausamkeit als natürliche Objekte der Empörung, große Kunstwerke und Menschen mit besonderen Fähigkeiten als natürliche Objekte der Bewunderung und religiöse Plätze als Objekte der Ehrfurcht betrachten.

Beispiele dieser Art geben der Auffassung Nahrung, daß die Welt für uns ein viel weniger wertbesetzter – wenn nicht sogar ein gänzlich wertloser – Ort wäre, wären wir all unserer Emotionen beraubt. Ohne Emotionen, so scheint es, wäre für uns alles gleichgültig, sozusagen in kaltes, neutrales Licht getaucht. Ich glaube, daß diese Intuition richtig ist und Wesen ohne Emotionen die Welt zumindest als viel wertärmer wahrneh-

---

[10] Ebd., 165.

men als solche, die über Emotionen verfügen. Nur ist dies grundsätzlich mit einer Reihe von verschiedenen theoretischen Erklärungen für den Zusammenhang von Emotionen und Werten vereinbar.

Ohne dies hier ausführlicher begründen zu können, möchte ich zwei theoretische Ansätze verwerfen, die in scharfem Gegensatz zueinander stehen und beide in der ersten Hälfte des zwanzigsten Jahrhunderts ausgearbeitet worden sind. Der erste dieser Ansätze ist der eines strikten oder naiven Realismus. Dieser Konzeption zufolge haben Gegenstände geist- bzw. betrachterunabhängige axiologische Eigenschaften, die wir mit Hilfe bestimmter Emotionen erfassen können. Emotionen werden demnach als Einstellungen begriffen, die uns einen epistemischen Zugang zu Werten als besonderen Teilen der objektiven Realität verschaffen. Das Verhältnis von Emotionen und Werten wird hier nach dem Vorbild der Beziehung zwischen optischer Wahrnehmung und Farben modelliert. Eine solche Sicht wird beispielsweise von Scheler vertreten;[11] mit Blick auf Moore hat Mackie eine Version von ihr überzeugend in seinem Buch *Ethics* kritisiert.[12] Bei allen Schwächen von Mackies Argumentation bleibt der Vorwurf berechtigt, ein strikter Wertrealismus, der Werte wie primäre oder auch sekundäre Qualitäten[13] von Gegenständen behandelt, postuliere Entitäten, die keinen Platz in einer mit den modernen Wissenschaften kompatiblen Ontologie haben.

Die zweite – polar entgegengesetzte – Theorie ist der radikale Emotivismus des jungen Alfred Ayer.[14] Folgt man ihr, so sind Bewertungen nichts anderes als Ausdruck von subjektiven emotionalen Zuständen oder Einstellungen und Werte lediglich Projektionen dieser Zustände oder Einstellungen auf die Welt. Während der Realismus mit einer „absonderlichen" Ontologie operiert (Mackie), vernachlässigt der Emotivismus wichtige Züge vieler Bewertungen wie ihre Bestreitbarkeit und ihren Anspruch auf Objektivität. Nicht nur im Fall von moralischen, sondern auch zum Beispiel bei vielen ästhetischen Werturteilen gehen wir von der Möglichkeit aus, unsere Urteile in einer Weise zu begründen, wie wir es bei reinen Geschmacksfragen nicht tun.

Mit ganz ähnlichen Problemen ist auch ein dritter Ansatz behaftet, der in Form verschiedener dispositionaler Wertkonzeptionen vertreten wird.[15] Ihm gemäß hat etwas einen Wert, wenn es dazu tendiert, beim Betrachter eine bestimmte emotionale Reak-

---

[11] M. Scheler, Der Formalismus in der Ethik und die materiale Wertethik. Neuer Versuch der Grundlegung eines ethischen Personalismus, Bern/München 1980, insbes. Kap. V. 2. In eine ähnliche Richtung, wie sie Scheler einschlägt, gehen einige der Überlegungen, die de Sousa, The Rationality of Emotion, a.a.O., anstellt; vgl. auch M. Johnston, The Authority of Affect, Philosophy and Phenomenological Research 63 (2001), 181–214.

[12] J. L. Mackie, Ethics. Inventing Right and Wrong, Harmondsworth 1977, 38 ff.

[13] Zum Vergleich zwischen sekundären Qualitäten wie Farben und Werten vgl. J. McDowell, Values and Secondary Qualities, in: Ders., Mind, Value, and Reality, Cambridge, Mass. 1998, 131–150; kritisch dazu: Steinfath, Gefühle und Werte, a.a.O., 202–204.

[14] A. J. Ayer, Language, Truth and Logic, London 1936, Kap. 6.

[15] Eine Version dispositioneller Werttheorien, die sich allerdings nicht auf Emotionen bezieht, vertritt D. Lewis, Dispositional Theories of Value, Proceedings of the Aristotelian Society, Suppl. Vol. LXIII (1989), 113–137.

tion auszulösen. Auch hierfür kann das Modell der Farbwahrnehmung Pate stehen. So könnte man in Analogie zu einer verbreiteten Deutung der Farbzuschreibung meinen, daß etwas bewundernswert oder empörend genau dann ist, wenn durchschnittliche Personen unter Normalbedingungen diesem Etwas mit Bewunderung oder Empörung begegnen. Es würde dann möglich sein, Wertdispute auf der Grundlage rein empirischer Untersuchungen zu lösen. Dieser Vorschlag hat eine gewisse Plausibilität mit Rücksicht auf emotional getönte Wertprädikate wie „ekelig" und „langweilig". Aber er ist verfehlt im Hinblick auf Prädikate wie „bewundernswert", „empörend" und „hassenswert". Zuschreibungen dieser Art können mit Gründen gestützt werden, wir überprüfen sie regelmäßig auf ihre Korrektheit und gebrauchen sie zur Anleitung eigener wie fremder Gefühle und Handlungen. Sie sind in einer Weise offen für Rechtfertigungen, die durch keinen Verweis auf eine feste Disposition von uns selbst oder einer Mehrheit von Personen eingefangen werden kann.[16] Schließlich lassen sich auch die Dispositionen einer Mehrheit von Personen im Licht neuer Erfahrungen verbessern, ja sie können gänzlich verfehlt sein. Dispositionelle Werttheorien haben keine überzeugende Erklärung für unsere Praxis der kontinuierlichen wechselseitigen Verfeinerung unserer emotionalen Reaktionen und unserer evaluativen Sprache.[17]

Damit zeichnet sich eine doppelte Herausforderung ab: Im Gegensatz zum Emotivismus und zu Dispositionstheorien müssen wir den rationalen Aspekten von Bewertungen angemessen Rechnung tragen, aber wir sollten dies tun, ohne in Varianten eines naiven Wertrealismus zurückzufallen. Während der Emotivismus und dispositionelle Werttheorien insoweit richtig liegen könnten, als zumindest viele Werte ohne Emotionen der Grundlage zu entbehren scheinen, wirkt der Realismus attraktiv, weil er eine Erklärung für Korrektheitsbedingungen anzubieten hat, die in evaluativen Diskursen regelmäßig unterstellt werden. Die Frage ist, wie sich die Stärken aller drei Positionen so verbinden lassen, daß ihre Schwächen vermieden werden.

Genau darauf hoffen verschiedene Autoren mit eben jener Wertkonzeption eine Antwort geben zu können, die ich eingangs als die von mir favorisierte ausgezeichnet hatte. Danach ist etwas wertvoll, wenn es zum Gegenstand einer angemessenen Emotion werden kann.[18] Wer meint, ein Gegenstand habe eine bestimmte evaluative Eigenschaft, meint damit zumindest in vielen Fällen, daß es angemessen ist, dem betreffenden Gegenstand gegenüber eine bestimmte emotionale Einstellung einzunehmen.[19] Doch in welcher Weise können und müssen Emotionen „angemessen" sein, um auf Werte zu führen? Und können sie es wirklich so sein, daß die Probleme von Emotivismus, Dispositionalismus und Realismus vermieden werden?

---

[16] So auch J. D'Arms u. D. Jacobson, Sentiment and Value, Ethics 110 (2000), 722–748, 726.
[17] So auch Mulligan, From Appropriate Emotions to Values, a.a.O., 178.
[18] D'Arms u. Jacobson (Sentiment and Value, a.a.O.) rechnen Autoren wie Allan Gibbard, John McDowell und David Wiggins zu den Vertretern dieser Position.
[19] Diese Formulierung ist D'Arms u. Jacobson, Sentiment and Value, a.a.O., 729, entlehnt.

III. Die Angemessenheit von Emotionen

Ich kann auf diese Fragen keine ausgearbeitete Antwort geben, will aber zumindest die Richtung markieren, in der sie meiner Meinung nach zu suchen ist. Die größte Schwierigkeit besteht in der Angabe von Kriterien für die Angemessenheit von Emotionen, die diese selbst nicht überflüssig für das Verständnis von Werten machen. In der Prüfung der Angemessenheit von Emotionen liegt ja selbst eine Bewertung, und diese Bewertung scheint gerade unabhängig von emotionalen Erfahrungen zu sein. Bemißt sich der Wert von etwas an unserem Urteil über die Angemessenheit einer Emotion, so scheint über diesen Wert allein unser Urteil zu entscheiden und nicht die Emotion, der es gilt.

Ein erster Schritt zur Klärung der Rede von der „Angemessenheit" von Emotionen ist schnell getan: Emotionen sind dann angemessen, wenn sie gerechtfertigt sind, und die Möglichkeit, sie zu rechtfertigen, wiederum beruht auf dem erwähnten Umstand, daß Emotionen mehr oder minder scharf umrissene kognitive Implikationen haben, die ihnen einen repräsentationalen Gehalt verschaffen. Es bietet sich mithin an, Emotionen im Verhältnis zu ihrem kognitiven Gehalt zu rechtfertigen.

Nehmen wir als erstes Beispiel die Emotion der Furcht! Wie bemerkt, glaube ich, daß Furcht als einzige kognitive Basis eine einfache Wahrnehmung haben kann, bei der es sich um eine nicht-propositionale kognitive Einstellung handelt. Beim bloßen Anblick einer sich um meine Füße windenden Kobra verspüre ich Furcht. Natürlich kann ich mich auch fürchten, weil ich glaube, daß sich eine Kobra um meine Füße windet. In beiden Fällen erscheint meine Furcht gerechtfertigt, wenn die entsprechende Wahrnehmung oder Überzeugung stimmt bzw. wahr ist. Trifft dies zu, ist meine Furcht meiner Situation angemessen, und dies bedeutet, daß meine Situation gefährlich und insofern negativ-wertig ist.

Als ein zweites Beispiel möchte ich die Emotion der Bewunderung aufgreifen. Vielleicht kann es vorkommen, daß die bloße Wahrnehmung eines Gegenstands, etwa eines Bauwerks oder einer Person, Bewunderung auslöst. Adam Smith bestimmt Bewunderung als eine Form der Billigung (*approbation*), die durch Staunen (*wonder*) und Überraschung (*surprise*) erhöht wird,[20] und dazu mag eine bloße Wahrnehmung ausreichen. Viel wahrscheinlicher sind allerdings Fälle, in denen unsere Bewunderung in komplexen Überzeugungen über den Gegenstand, den wir bewundern, wurzelt. So mögen wir die ägyptischen Pyramiden auch deshalb bewundern, weil wir glauben, daß sie ohne moderne Techniken erschaffen worden sind und es nur wenig vergleichbare Bauwerke aus derselben Zeit gibt. Wie dem aber auch sei: auch Bewunderung erscheint dann gerechtfertigt, wenn die entsprechende Wahrnehmung oder Überzeugung stimmt bzw. wahr ist. Es handelt sich dann um eine angemessene Bewunderung, und das bedeutet, daß der Gegenstand, auf den sie sich richtet, tatsächlich bewundernswert ist und nicht nur dafür gehalten wird.

---

[20] A. Smith, The Theory of Moral Sentiments, Indianapolis 1982, 20.

Ich glaube nicht, daß man sich mit dieser Analyse, die die Angemessenheit von Emotionen einfach am Realitätsgehalt oder der Wahrheit der in sie eingehenden kognitiven Einstellungen festmacht, zufrieden geben kann. Trotzdem lohnt es sich, bei den beiden recht einfachen Beispielen der Furcht und der Bewunderung für einen Moment zu verweilen und auf zwei Punkte aufmerksam zu machen.

Der erste betrifft eine Parallele zwischen den Beispielen: Ich habe sie jeweils so konstruiert, daß die angesprochenen Emotionen greifen, ohne notwendigerweise auf axiologischen Überzeugungen oder Werturteilen zu beruhen. Mit anderen Worten: Wir müssen nicht glauben, daß etwas gefährlich ist, um Furcht zu empfinden, und wir müssen auch nicht glauben, daß etwas bewundernswert ist, um es zu bewundern. Damit möchte ich nicht bestreiten, daß unsere emotionalen Reaktionen sehr häufig durch Werturteile der einen oder anderen Art bedingt sind. Für das Projekt einer möglichst engen Verzahnung von Emotionen und Werten wäre eine ausnahmslose oder auch nur grundsätzliche Abhängigkeit emotionaler Reaktionen von Werturteilen jedoch stark abträglich. Sie würde den Gedanken stützen, daß Werte in jedem Fall etwas den Emotionen Vorgeordnetes sind, und würde so entweder wieder einer Form von Wertrealismus Vorschub leisten oder dazu zwingen, eine Konzeption von Werten im Rückgriff auf andere Einstellungen als solche emotionaler Art zu entwickeln. Letzteres könnte zum Beispiel im Hinblick auf zwecksetzende Einstellungen wie das Wollen und Beabsichtigen erfolgen. Etwas hätte dann einen Wert, wenn es den Zwecken dienen würde, die wir uns in volitiven Akten setzen.[21] Zumindest ein Wert, der des Nützlichen, läßt sich ja weitgehend genau so analysieren.

Der zweite Punkt, den ich hervorheben möchte, betrifft eine signifikante Differenz zwischen der Emotion der Furcht und der der Bewunderung. Furcht fungiert als Indikator von Gefahr. Vorausgesetzt, ihre kognitive Basis entspricht der Wirklichkeit, hilft sie uns, auf die Gefährlichkeit unserer Situation aufmerksam zu werden. Für Wesen wie uns ist die Fähigkeit zur Furcht überlebenswichtig, und angesichts technischer Entwicklungen wie der Kernkraft und der Gentechnik kann man sich wünschen, die Menschen wären furchtsamer als sie es faktisch sind.[22] Dagegen können wir nicht sagen, die Furcht konstituiere die Gefahr. Etwas wird nicht dadurch gefährlich, daß wir es fürchten. Es läßt sich ohne weiteres eine Welt voller Gefahren denken, in der niemand fähig ist, Furcht zu empfinden. Wenn Gefahr, verstanden als ein negativer Wert, überhaupt wesentlich mit einer Emotion verbunden ist, dann muß es sich dabei um eine andere Emotion als die Furcht handeln. Zum Beispiel könnte man erwägen, ob die Gefährlichkeit einer Situation für ein Wesen nicht voraussetzt, daß diesem Wesen an etwas emotional liegt, daß es etwas liebt oder sonstwie affektiv schätzt. Das hätte allerdings zur

---

[21] Vgl. dazu Steinfath, Gefühle und Werte, a.a.O., Abschnitte VI u. VII.
[22] Es könnte allerdings sein, daß Menschen generell so verfaßt sind, daß sie sich nur vor unmittelbar drohenden Übeln fürchten können. Aristoteles definiert deswegen Furcht als „eine Art Schmerz oder Beunruhigung aufgrund der Vorstellung von einem unmittelbar bevorstehenden verderblichen oder schmerzlichen Übel" (Aristoteles, Ars Rhetorica, II 5, 1382a35 ff.).

Folge, daß wir nur abgeleiteter Weise von Gefahren für Wesen und Objekte reden könnten, die nicht empfindungsfähig sind.

In einem anderen Licht erscheinen diese Verhältnisse im Fall von Emotionen wie Bewunderung. Hier fällt es viel schwerer, sich eine Welt mit bewundernswerten Zügen vorzustellen, ohne die Existenz von Wesen vorauszusetzen, die etwas bewundern können. Ähnlich verhält es sich bei Emotionen wie Freude, Abscheu oder Liebe und den ihnen korrespondierenden Wertausdrücken sowie bei allen Emotionen, die für im weiten wie engen Sinn ästhetische Werturteile relevant sind. Dies schließt nicht notwendig die Möglichkeit aus, daß etwas bewundernswert ist, obwohl es niemand bewundert, oder liebenswert, ohne daß es jemand liebt. Nur scheinen wir bei der Erläuterung dessen, was es heißt, daß etwas bewundernswert ist, nicht umhin zu kommen, an das Gefühl der Bewunderung zu appellieren. Das Bewunderungswürdige können wir nicht so ohne Bezugnahme auf die Bewunderung erklären, wie wir das Gefährliche ohne Bezugnahme auf die Furcht verständlich machen können. Insofern scheint das Bewundernswürdige irgendwie mit konstituiert zu sein durch die Bewunderung.

Wir können demnach tentativ zwei verschiedene Funktionen von Emotionen in bezug auf Werte unterscheiden: Einige Emotionen fungieren als Indikatoren oder Anzeichen von Werten; sie signalisieren deren Gegebensein. Andere spielen dagegen eine konstitutive Rolle für Werte; in ihrem Fall hängt die Existenz von Werten von der Existenz von Wesen ab, die bestimmte Emotionen (oder zumindest die Disposition dazu) haben. Diese Differenz wird in Ansätzen, die Werte als Korrelate von angemessenen Emotionen deuten, regelmäßig verwischt. Ihr ist jedoch großes Gewicht zu geben, weil sie deutlich macht, daß die Behauptung eines engen – im Sinne von: konstitutiven – Zusammenhangs zwischen Emotionen und Werten überhaupt nur für eine bestimmte Gruppe von Emotionen und Werten zutreffen kann.

Alles spricht dafür, daß diese wesentliche Differenz zwischen einer Emotion wie Furcht und einer Emotion wie Bewunderung Rückwirkungen auch auf das Problem der Angemessenheit von Emotionen hat. Die Beobachtung, daß Emotionen mit Bezug auf ihren kognitiven Gehalt gerechtfertigt werden können, kann schon insofern nicht mehr als einen ersten Schritt in Richtung auf eine befriedigende Lösung dieses Problems darstellen. Sie bleibt an der Oberfläche, denn selbst wenn wir uns weiter an unsere beiden simplen Beispiele halten, so kann doch immer noch gefragt werden, warum die Wahrnehmung einer Kobra oder bestimmte Überzeugungen über die Errichtung der Pyramiden in Ägypten die Einstellung der Furcht bzw. der Bewunderung rechtfertigen können sollen.

Hinsichtlich der Furcht ist eine Antwort darauf relativ leicht zu geben. Furcht hat die Funktion, uns auf mögliche Gefahren für uns oder für Personen und Dinge, die uns etwas bedeuten, aufmerksam zu machen. In dieser Aufgabe ist sie faktisch nur partiell durch Formen der nicht-emotionalen Situationseinschätzung zu ersetzen. Sie hat von daher einen unstrittigen instrumentellen Nutzen. Dieser stellt zugleich einen klaren Maßstab zur Beurteilung ihrer Angemessenheit bereit. Furcht ist angemessen, wenn sie ihre Aufgabe erfüllt, dem sich fürchtenden Subjekt Gefahren für Dinge, die ihm wichtig sind, zu Bewußtsein zu bringen, und zwar möglichst so, daß es Anstalten zur Abwehr der Gefahren treffen kann.[23] Im Fall von Emotionen wie Bewunderung fehlt uns jedoch eine vergleichbare Beurteilungsgrundlage. Sicherlich können auch Emotionen wie Bewunderung, Freude und Liebe einen instrumentellen Nutzen haben. Nur ist dieser für die Beurteilung ihrer Gegenstandsangemessenheit nicht zentral. Aufgrund ihrer wertkonstituierenden Rolle unterstützen Emotionen wie Bewunderung eher emotivistische und dispositionelle Konzeptionen, die Emotionen mehr oder minder radikal subjektivieren und deswegen nur wenig Raum lassen für die Rede von der „Angemessenheit" von Emotionen.

Damit sind wir wieder am Ausgangspunkt. Zwar zeichnet sich für bestimmte Emotionen wie Furcht eine einigermaßen befriedigende Antwort auf die Frage nach ihrer Beziehung zu Werten und nach ihrer Angemessenheit ab, aber diese Antwort ist vergleichsweise uninteressant. Dort hingegen, wo Emotionen eine konstitutive Rolle für Werte zu spielen scheinen, droht uns ein Rückfall in Konzeptionen, die wichtigen Zügen unseres wertenden Welt- und Selbstverhältnisses nicht gerecht werden.

IV. Eine evolutionäre und soziale Perspektive

Einen Ausweg aus dieser verfahrenen Lage könnte die Einnahme einer evolutionären oder historischen Perspektive weisen. Wir können versuchen, einen langen und komplexen Prozeß mit unserem gegenwärtigen Wertvokabular als seinem provisorischen Ende zu skizzieren. Einen solchen Vorschlag hat David Wiggins in seinem von Hume inspirierten Essay „A Sensible Subjectivism?" gemacht.[24] Im Unterschied zu Wiggins und aus Gründen, die ich unter dem ersten Punkt des vorangegangenen Abschnitts angedeutet habe, glaube ich, daß wir den Prozeß der Herausbildung bestimmter Wertzuschreibungen mit emotionalen Reaktionen beginnen lassen sollten, die nicht schon auf axiologischen Überzeugungen oder Werturteilen beruhen. Davon ausgehend läßt sich vermuten, daß Gegenstände, die regelmäßig eine Emotion wie Bewunderung (oder eine Vorform davon) hervorrufen, nach und nach unter die gemeinsame Kategorie des „Bewundernswerten" zusammengefaßt wurden. Auf diese Weise könnten paradigmatische Fälle des Bewundernswerten gebildet worden sein, die ein spezifisches oder „dichtes" Wertprädikat wie „bewundernswert" mit seinem deskriptiven Gehalt versahen. Im Anschluß an Ronald de Sousa könnte man auch von „Schlüsselszenarien" sprechen, in denen die emotionale Reaktion auf einen bestimmten Gegenstand oder Gegenstandstypus erstmalig oder typischerweise mit der Zuschreibung einer emotional grundierten

---

[23] Furcht kann übertrieben ja nicht nur sein, wenn sie Reaktion auf Sachverhalte ist, die keine Gefahr bedeuten, sondern auch, wenn sie dazu führt, daß die betreffende Person vor Furcht erstarrt und damit der Gefahr schutzlos ausgeliefert ist.

[24] D. Wiggins, A Sensible Subjectivism?, in: Ders., Needs, Values, Truth, Oxford 1998 (3. Auflage), 185–214.

Wertung verbunden wird.[25] Nur sollten wir an dieser Stelle unsere Geschichte nicht abbrechen. Müßten wir es, dann wäre eine dispositionelle Werttheorie wohl am zutreffendsten. Wie bereits zugestanden, mag es sich bei Wertprädikaten wie „ekelhaft" und „langweilig" tatsächlich so verhalten. Aber in vielen anderen Fällen kann die Entwicklung weiter gegangen sein. So könnte der Bereich der bewundernswerten Gegenstände in einem nächsten Schritt mit Hilfe der Feststellung von Familienähnlichkeiten über die paradigmatischen Objekte hinaus erweitert worden sein. Und dies wiederum könnte zu einem Prozeß der wechselseitigen Anpassung von emotionalen Reaktionen und der Zuschreibung der zu Beginn eingeführten Wertprädikate geführt haben. Diese Möglichkeit ist der springende Punkt. Sie eröffnet einerseits Wege zur Korrektur emotionaler Reaktionen aufgrund verfeinerter Wahrnehmungen und Beurteilungen der Gegenstände, auf die sich die Emotionen beziehen. Andererseits legt sie zugleich die Grundlage zur Korrektur und Verfeinerung von Wahrnehmungen und Urteilen unter Bezugnahme auf eine erhöhte Sensibilität für die entsprechenden emotionalen Reaktionen. Wiggins bemerkt, daß wir entweder ein Objekt oder eine Klasse von Objekten in den Blick nehmen können, um für die Angemessenheit bestimmter emotionaler Reaktionen zu argumentieren, oder umgekehrt eine bestimmte Reaktion zum Ausgangspunkt wählen können, um dann Gründe für die Züge des Objekts beizubringen, für die diese Reaktion gemacht zu sein scheint.[26] Emotionale Erfahrungen und situationsbezogene Urteile könnten sich auf diese Weise gegenseitig so befruchtet haben, daß sie sich am Ende nicht mehr unabhängig voneinander erläutern ließen.

Die soweit entwickelte Geschichte liefert mit dem Verweis auf paradigmatische Objekte und ihnen korrespondierenden emotionalen Einstellungen wichtige Anhaltspunkte für ein besseres Verständnis der Kritik von Wertzuschreibungen und damit der Rede von der „Angemessenheit" einer Emotion wie Bewunderung. Auch ohne ins Detail zu gehen, muß sie jedoch in mindestens zwei Hinsichten ergänzt werden. Die kritischen Phasen des skizzierten Prozesses sind zum einen die Festlegung der paradigmatischen Objekte und zum anderen die Erweiterung ihres Kreises um neue Objekte. Wie können diese Vorgänge überhaupt zum Erfolg führen? Damit sie auch nur Fuß fassen können, muß *erstens* eine hinreichende Homogenität in den emotionalen Reaktionen einer Gruppe von Menschen oder in ihrem Disponiertsein zu solchen Reaktionen unterstellt werden. Für die Emotionen bedeutet dies, daß zumindest eine Reihe von ihnen gleichsam abgestimmt sein muß auf jeweils besondere Züge der Welt. Unseren emotional grundierten Wertzuschreibungen fehlte jegliche Stabilität und Verläßlichkeit, würden wir mit immer anderen Emotionen auf gleiche oder ähnliche Sachverhalte und auf ganz verschiedene Sachverhalte mit den gleichen oder ähnlichen Emotionen reagieren. Es ist allerdings fraglich, ob die nötige Stabilität und Verläßlichkeit allein durch biologisch

---

[25] De Sousa, The Rationality of Emotion, a.a.O., bes. 181 ff. De Sousa bestimmt Schlüsselszenarien über zwei Aspekte: „first, a situation type providing the characteristic *objects* of the specific emotion-type [...], and second, a set of characteristic or 'normal' *responses* to the situation, where normality is first a biological matter and then very quickly becomes a cultural one." (182)

[26] Wiggins, A Sensible Subjectivism?, a.a.O., 198.

festgelegte emotionale Einstellungsmuster gewährleistet werden kann. Deswegen sind *zweitens* Formen des sozialen Drucks und der intersubjektiven Verständigung erforderlich, um die Festlegung von Paradigmata und deren Erweiterung in Gang bringen und regulieren zu können. Nur aufgrund sozialen Drucks und intersubjektiver Verständigungsprozesse werden wir in die Lage versetzt, die Bedeutung evaluativer Begriffe so zu fixieren, daß wir uns über sie mit anderen austauschen können. Die Notwendigkeit, unsere emotional fundierten Evaluationen anderen verständlich zu machen, ja sie mit ihnen zu teilen, zwingt uns, unsere variablen und häufig höchst wechselhaften emotionalen Reaktionen zu transzendieren, ohne daß sie deswegen überflüssig im Hinblick auf die Konstitution von Werten werden müßten. Hume hatte etwas dieser Art im Sinn, als er in seinem *Treatise on Human Nature* schrieb:

> *Besides, that we ourselves often change our situation [...], we every day meet with persons, who are in a different situation from ourselves, and who cou'd never converse with us on any reasonable terms, were we to remain constantly in that situation and point of view, which is peculiar to us. The intercourse of sentiments, therefore, in society and conversation, makes us form some general inalterable standard, by which we may approve or disapprove of characters and manners.*[27]

Diese Bemerkung ist geeignet, ein ganzes Feld von Untersuchungen aufzuschließen. Wie sich der Prozeß der von Hume vage umrissenen intersubjektiven Konstitution von Werten genau fassen läßt, ist in der Philosophie noch zu wenig erforscht. Ich kann dieses Desiderat an dieser Stelle nicht beheben, will aber wenigstens eine Umakzentuierung von Humes Gedanken vornehmen. Sie betrifft die angebliche Unveränderlichkeit jener sozialen oder intersubjektiven Standards, die wir Bewertungen zugrunde legen. Es ist nämlich damit zu rechnen, daß zur Geschichte unserer evaluativen Sprache essentiell strittige Interpretationen gehören, die in unterschiedlichen – auch emotionalen – Erfahrungen wurzeln und Ausdruck unterschiedlicher Auffassungen von einem für Menschen guten Leben sind. Dies gilt schon für die Festlegung von paradigmatischen Objekten für einzelne Emotionen, erst recht aber gilt es für die Ausdehnung des Kreises dieser Objekte und ihre Feinbeschreibung. Es ist deswegen zu erwarten, daß einige – wenn nicht die meisten – Dispute über Werte nicht abzuschließen sind, ohne daß dabei eine der am Streit beteiligten Parteien richtig und die andere falsch liegen müßte.[28] Daß sich für die in Emotionen wurzelnden Zuschreibungen von Wertprädikaten wie „bewundernswert" Gründe beibringen lassen, heißt nicht, daß diese Gründe zwingend sein müssen.

V. Moralische Werte

Bisher habe ich Überlegungen zum Verhältnis von Emotionen und Werten im allgemeinen angestellt und dabei zwei Arten von Beziehungen zwischen Emotionen und Wer-

---

[27] D. Hume, A Treatise of Human Nature, hg. v. L. A. Selby-Bigge, Oxford 1989, 603.
[28] Hier ist eine wichtige Quelle von Wertinkommensurabilitäten zu verorten.

ten: konstitutive und nicht-konstitutive erörtert. Bei Emotionen, die nicht wertkonstituiv sind, ist es möglich, Wertungsmaßstäbe für ihre Angemessenheit oder Unangemessenheit zu formulieren, ohne dabei auf sie selbst Bezug nehmen zu müssen, während dies bei wertkonstitutiven Emotionen nicht möglich ist. Jetzt möchte ich mich moralischen Werten als einer besonderen Klasse von Werten zuwenden. Wieweit lassen sich moralische Werte mit Hilfe einer Konzeption von Werten, die diese in Begriffen angemessener Emotionen faßt, sinnvoll erläutern?

Um darauf eine Antwort geben zu können, müssen wir zunächst wissen, was als „moralischer Wert" gelten soll. Unklar ist dies, weil strittig ist, wie die Sphäre der Moral von anderen Bereichen unseres Lebens am besten abgegrenzt werden kann. Zur Vermeidung von für meine Zwecke unnötigen Disputen möchte ich ein eher weites und vages Verständnis des Moralischen zugrundelegen. Unter dieser Voraussetzung lassen sich verbreitete Ausdrücke für Tugenden und Laster als Ausdrücke für moralische Werte nehmen. Dann stehen Prädikate wie „gerecht", „großzügig", „wohltätig", „mutig", „besonnen" und „klug" für positive und Prädikate wie „ungerecht", „unfair", „feige", „grausam" und „engherzig" für negative moralische Werte. Die Tugenden und Laster, die damit benannt werden, zerfallen grob in zwei Gruppen: einige gelten stärker Bedingungen für das gute Leben des einzelnen, während andere deutlicher auf unser Zusammensein mit anderen bezogen sind. Besonnenheit ist ein Beispiel für die erste Gruppe, Gerechtigkeit und Wohltätigkeit sind klassische Beispiele für die zweite.

In einem weiteren Schritt müssen wir überlegen, ob es möglich und sinnvoll ist, den so umgrenzten moralischen Werten einzelne Emotionen als angemessene Reaktionen zuzuordnen. Diesbezüglich hatte ich bereits ein positives Ergebnis antizipiert, als ich Ungerechtigkeit und Grausamkeit als natürliche Objekte von Empörung bezeichnete. Anders als eine Reihe von Autoren glaube ich jedoch nicht, daß es Emotionen gibt, die in dem Sinn moralspezifisch sind, daß sie nur als Antworten auf moralisches Wohl- oder Fehlverhalten auftreten können. Auch die häufig als geradezu moralkonstitutiv reklamierten Emotionen der Empörung, des Grolls und des Schuldgefühls können in Kontexten ausgelöst werden, die zumindest nicht in einem engen Sinn moralischer Natur sind.[29] Außerdem spielen auch andere Gefühle wie Mitleid, Achtung, Wohlwollen und Bewunderung eine wichtige Rolle in unserem moralischen Leben. Aber der Möglichkeit, moralischen Werten einzelne Emotionen als angemessene Reaktionsformen zuzuordnen, ist weder das eine noch das andere abträglich.

Nur ist allein damit noch nicht viel gewonnen. Sicherlich können wir zum Beispiel Ungerechtigkeit auch als etwas charakterisieren, was Empörung oder ein ähnliches Gefühl verdient. Im Licht der Erörterungen zum Unterschied zwischen Furcht und Bewunderung ist die entscheidende Frage jedoch, ob sich moralische Werte als in irgendeiner Hinsicht konstituiert durch bestimmte Emotionen begreifen lassen. Auch wenn dies nicht der Fall ist, könnten Emotionen wichtige Funktionen im Rahmen der Moral

---

[29] S. dazu ausführlicher A. Wildt, Die Moralspezifität von Affekten und der Moralbegriff, in: H. Fink-Eitel u. G. Lohmann (Hgg.), Zur Philosophie der Gefühle, Frankfurt am Main 1993, 188–217.

übernehmen. So sind Emotionen wie Empörung und Schuldgefühle zweifellos nützlich, wenn nicht sogar unverzichtbar für die motivationale Verankerung moralischer Regeln. Und häufig helfen uns unsere Emotionen etwas als moralisch fragwürdig zu erkennen, was wir ohne sie vielleicht als unproblematisch einstufen würden.[30] Diese Funktionen von Emotionen für die Moral sind jedoch leicht zu konzedieren. Die These, Emotionen konstituierten zumindest teilweise, was es heißt, moralisch gut oder schlecht, tugendhaft oder lasterhaft zu sein, ist dagegen philosophisch anspruchsvoll und deshalb natürlich auch besonders strittig.

Nun spricht auf den ersten Blick sicherlich mehr gegen als für die Konstitutionsthese. Primär selbstbezogene Tugenden wie Standhaftigkeit und Besonnenheit sind für uns vor allem von instrumentellem Wert; wir brauchen sie, um ein gutes oder einigermaßen befriedigendes Leben führen zu können. Sie helfen uns mit äußeren Hindernissen und internen Wunschkonflikten klug umzugehen. Wir loben sie, weil sie uns für eine Lebensführung dienlich sind, an der uns liegt. Ihre Wertschätzung mag dabei emotional getönt sein. Doch so wie im Fall von Gefahr und Furcht, so gilt auch hier: Unser Lob von Standhaftigkeit und Besonnenheit macht diese nicht zu Tugenden. Das Positive an ihnen können wir ohne Bezug auf die Emotionen erklären, mit denen wir auf sie gegebenenfalls reagieren. Es ist sogar derselbe Maßstab, den wir zur Beurteilung von Gefahren und von selbstbezogenen Tugenden anwenden, nämlich das Wohl der jeweiligen Individuen.

Können wir aber nicht ähnliches von sozialen Tugenden wie Gerechtigkeit und Wohltätigkeit sagen? Auch hier liegt es nahe, auf das Wohl einzelner oder einer Gruppe oder aller Menschen als relevanten Maßstab zu verweisen. Für das Wohl einzelner oder vieler könnten Emotionen wichtig, vielleicht sogar konstitutiv sein, zum Beispiel in der Form, daß es ein gutes Leben ohne Freude nicht geben kann. Aber die These, daß Emotionen konstitutiv für Tugenden und Laster sind, besagt etwas anderes: sie zielt auf die Emotionen, mit denen wir auf Tugenden bzw. Laster reagieren, und behauptet, daß *diese* Emotionen konstitutiv für moralische Werte sind. Und für diese These brauchen wir weiterhin einen Beleg. Ihn beizubringen wird auch noch dadurch erschwert, daß Emotionen selbst zum Gegenstand einer im weiten oder engen Sinn moralischen Bewertung werden können, so daß die Moral eher ein Licht auf die Emotionen zu werfen scheint als umgekehrt.

Aber hat die Konstitutionsthese, die in verschiedenen Formen zum Beispiel von David Hume und Adam Smith vertreten worden ist, nicht doch etwas für sich? Sind moralische Werte und bestimmte Emotionen nicht doch enger miteinander verflochten, als es etwa der Verweis auf die motivationale Rolle von Emotionen suggeriert? Für eine affirmative Antwort sprechen zwei Gründe.

Zum einen gehen moralische Urteile und die Empfänglichkeit für bestimmte Emotionen bei der Ausbildung eines moralischen Bewußtseins Hand in Hand. Um wirklich

---

[30] Allerdings kann auch der umgekehrte Mechanismus wirken, daß nämlich Emotionen uns etwas als moralisch fragwürdig vorstellen, was bei nüchterner Betrachtung völlig harmlos ist.

verstehen zu lernen, was beispielsweise Grausamkeit und Demütigung sind und warum sie schlecht sind, müssen wir sowohl mit einer Reihe von emotionalen Reaktionen (etwa Mitleid und Sympathie) vertraut als auch in der Lage sein, Gründe für ihre Berechtigung anzuführen. Das Verständnis bestimmter moralischer Werte scheint zumindest in der Phase des Erwerbs eines moralischen Vokabulars sowohl eine Frage der emotionalen Sensibilität als auch der Wahrnehmung und des Überlegens zu sein.

Zum anderen spricht aber auch ein bestimmtes generelles Verständnis von Moral für die wenigstens partielle Richtigkeit der Konstitutionsthese. Wenn wir einzelne Tugenden (und entsprechend auch Laster) durch ihre Beziehung auf das Wohl einzelner oder vieler auszeichnen, so begreifen wir sie leicht wie Mittel zu einem von ihnen unterschiedenen Zweck und nehmen dann diesen Zweck zum Maßstab für ihre Beurteilung. In dieser Perspektive wird die Moral zu einer Einrichtung zur Beförderung außermoralischer Zwecke. Nun ist sie dies in meinen Augen auch wirklich, jedoch ist sie es nicht nur. Bestimmte Tugenden und Laster loben bzw. tadeln wir, weil wir in ihnen Dispositionen zu Verhaltensweisen sehen, die wir um ihrer selbst willen schätzen bzw. ablehnen. Noch bei einer selbstbezogenen Tugend wie Besonnenheit muß sich unsere Wertschätzung nicht allein auf den Umstand beziehen, daß sie Personen zu einem befriedigenden Umgang mit ihrem eigenen Begehren verhilft. Vielmehr können wir Personen für ihre Besonnenheit auch einfach deshalb schätzen, weil sie damit einem bestimmten Ideal von Personsein nahekommen. Und wenn wir an Laster wie Grausamkeit und Unfairneß denken, so drückt sich in ihnen eine Einstellung aus, die wir unabhängig von dem Schaden, den sie bewirken kann, verabscheuen oder sonstwie emotional zurückweisen können. Es mag sein, daß diese Ablehnung zu einer moralischen erst wird, wenn sie von einem bestimmten Standpunkt oder aus einer bestimmten Perspektive – etwa der eines unparteiischen Zuschauers oder der aller von einer Handlung Betroffenen – erfolgt. Doch auch dann noch erscheint es plausibel, zu sagen, der intrinsische Unwert von Lastern wie Grausamkeit und Unfairneß werde durch unsere zumindest im weiten Sinn emotionale Mißbilligung mit konstituiert. Natürlich können wir etwas fälschlicherweise als grausam oder unfair verdammen; unsere Verdammung allein reicht nicht aus, um etwas grausam, unfair und moralisch unwert zu machen, weil „grausam" und „unfair" „dichte" Wertprädikate sind, die immer auch auf natürliche Eigenschaften verweisen, über die wir uns irren können. Aber wenn unsere Verdammung auf richtigen Informationen und auf Erfahrungen beruht, wie sie sich der Geschichte der Bewertung von etwas als „grausam" oder „unfair" entnehmen lassen, dann ist sie ihrem Gegenstand angemessen und macht ihn so zu etwas Verdammenswertem.

Diese Perspektive auf moralische Werte wird verständlicher, wenn man sie als eine quasi-ästhetische charakterisiert. Die Bestimmung von etwas als „schön", „häßlich" oder „erhaben" scheint mir nur unter der Annahme von Wesen sinnvoll zu sein, die über bestimmte Formen emotionaler Sensibilitäten verfügen. Wie am Beispiel des Bewundernswerten ausgeführt, muß das nicht bedeuten, daß etwas nur dann etwa als „häßlich" qualifiziert zu werden verdient, wenn es tatsächlich von einzelnen oder vielen mit einem diffusen Mißfallen aufgenommen wird. Die Charakterisierung mit ästhetischen Wertprädikaten ist offen für den Austausch von Gründen, der sich auf jenen evolutionär-sozialen Prozeß stützen kann, den ich im Anschluß an Wiggins zu skizzieren versucht habe. Aber in letzter Instanz bleibt die Bestimmung von etwas als zum Beispiel häßlich an – wie im einzelnen immer zu bestimmende – emotionale Reaktionen rückgebunden. Und genauso scheint es im Fall der negativen Wertung von Handlungen als „grausam" oder „unfair" zu sein. Aufgrund ihres deskriptiven Gehalts können wir Zuschreibungen mit diesen Prädikaten auch ohne alle emotionale Beteiligung vornehmen, und wir können deswegen auch lernen, Handlungen als „grausam" oder „unfair" auf unemotionale Weise zu verurteilen. Aber wenn wir sie nicht auf einen von ihnen unabhängigen Nutzen beziehen, dann verweist ihre Bedeutung letztlich auf bestimmte emotionale Reaktionen zurück. Pointiert ausgedrückt: es gibt am Ende keinen tieferen Grund für unsere Verurteilung von Grausamkeit als unseren Abscheu vor ihr.

VI. Moralische Normen

Trotz dieser Angleichung moralischer an andere, insbesondere ästhetische Werte – eine Angleichung, die populär vor allem in der vorkantischen Philosophie des 18. Jahrhunderts war – möchte ich mit einer Bemerkung schließen, die eine Besonderheit der Moral bzw. eines bestimmten Zweigs der Moral betrifft.

Dieser Zweig der Moral – meist unter dem Begriff der „Gerechtigkeit" subsumiert – bezieht sich auf Dinge, die wir anderen schulden. Die Moral verlangt etwas von uns, und nicht selten glauben wir, daß moralische Forderungen im Konfliktfall alle anderen Interessen übertrumpfen sollten. Dinge, die wir anderen schulden, sind Dinge, die wir tun sollen bzw. müssen, und dies ist keine Frage von moralischen Werten, sondern Sache moralischer Normen. Normen aber haben eine andere Logik als Werte; von diesen zu jenen ist immer ein Schritt zu vollziehen, der sich nicht einfach von selbst ergibt. Ich vermute, daß er in etwa dem Schritt entspricht, den wir bei der Formung von Willensentschlüssen und Absichten auf der Grundlage emotionaler Erfahrungen zu machen haben. Im Licht dieser erscheint uns etwas als gut oder schlecht, aber ob wir danach unser Handeln ausrichten, hängt von Entscheidungen ab, die wir im Rekurs auf emotionale Erfahrungen treffen können, die durch diese normalerweise jedoch nicht erzwungen werden.[31]

Ich hatte schon darauf hingewiesen, daß wir oft Normen mit Rücksicht auf Werte rechtfertigen. Beispielsweise können wir die Norm, die es verbietet, anderen Menschen Leiden allein zum eigenen Vergnügen zuzufügen, unter Bezug auf den Umstand rechtfertigen, daß ein Verstoß gegen diese Norm grausam und abscheulich wäre. Moralische Ge- und Verbote müssen sich auf irgendetwas stützen, und moralische Werte sind dafür der beste Kandidat. Nur können moralische Werte mit anderen Werten, sei es mit anderen moralischen oder auch mit nicht-moralischen Werten, kollidieren. Dann sind wir ge-

---

[31] Vgl. dazu Steinfath, Orientierung am Guten, a.a.O., insbes. Kap. 5.

zwungen, Werte gegeneinander zu gewichten. Ich kenne keine einfache Formel, nach der dabei vorgegangen werden könnte, und mir scheint grundsätzlich zweifelhaft, daß es eine solche Formel gibt. Darin ist impliziert, daß ich die Auffassung, moralische Erwägungen müßten immer alle anderen Erwägungen überwiegen, für verfehlt halte.

Ich kann darauf hier nicht näher eingehen. Nur bleibt es wichtig, im Auge zu behalten, daß der Übergang von moralischen Werten zu moralischen Normen (und von Werten zu Normen im allgemeinen) eine eigene Schwierigkeit darstellt. Für das Verständnis der Moral kann deswegen eine Theorie der Werte nur ein erster Schritt sein. Eine Lehre, die sich aus den vorangegangenen Überlegungen speziell zu einem möglichen konstitutiven Zusammenhang von Gefühlen und Werten ziehen läßt, hat gleichwohl wichtige Auswirkungen auch für das Verständnis der Moral. Dort, wo sich die Zuschreibung bestimmter Wertprädikate einem evolutionär-sozialen Prozeß verdankt, in dem sich emotionale Reaktionen und Wahrnehmungen sowie Urteile wechselseitig befruchten, kann die Kritik und Begründung von Werten nämlich prinzipiell nur eine „interne" sein. Sie wird sich an den für eine bestimmte soziale Praxis gebundenen Prozeß der Fixierung der Bedeutung einzelner Wertprädikate festmachen und an die Möglichkeit bestimmter emotionaler Erfahrungen appellieren müssen. Der darin liegende Relativismus, der durch die Möglichkeit divergierender Interpretationen paradigmatischer Fälle für einzelne Wertzuschreibungen verschärft wird, steht einem partiellen und empirischen Universalismus nicht entgegen. Es ist sehr wohl möglich, daß es Muster emotionaler Reaktionen, auf denen sich dann bestimmte Wertzuschreibungen aufbauen, gibt, die allen Menschen gemeinsam sind. Gleichwohl ist davon auszugehen, daß es nicht-moralische wie moralische Werte gibt, die kulturell oder sogar individuell bedingt sind und dementsprechend variieren.

Teil II
Gefühle in einzelnen Moraltheorien und Theorien der praktischen Rationalität

Verena Mayer

Tugend und Gefühl

I. Tugend als Handlungsdisposition

In der modernen Moralphilosophie werden Tugenden als die anwendungsbezogene Seite der Moral den theoretisch begründeten objektiven Regeln der deontologischen Ethik gegenübergestellt. Moralische Regeln oder Prinzipien, heißt es, seien in situativen Kontexten blind und ihre Anwendungsbedingungen blieben unklar, während Tugenden gerade in der kontextsensitiven, von praktischer Vernunft geleiteten Anwendung von Regeln bestünden. Der moralische Akteur mit seinen Überzeugungen und Gefühlen steht deshalb im Mittelpunkt der Tugendethik, während er in der prinzipienorientierten Moralphilosophie theoretisch keine besondere Rolle spielt.

In der Tugendethik gelten Tugenden als personenbezogene Eigenschaften oder Charakterzüge, nicht als abstrakte Verhaltensprinzipien, die auch in einem Regelkanon beschrieben werden könnten. Der tugendhafte Akteur muß deshalb nicht nur gewisse ethische Überzeugungen inkorporieren, sondern auch verschiedene Eigenschaften aufweisen, etwa Regeln auf Kontexte relativieren, geeignete Handlungen wählen und bestimmte Gefühle empfinden können.

Ein verbreiteter Vorschlag, den Tugendbegriff zu präzisieren, geht zunächst dahin, Tugenden als Dispositionen zu bestimmtem Verhalten aufzufassen, Tugend also als dauerhafte Bereitschaft und Fähigkeit zu gewissen Handlungen („Habitus") zu definieren.[1] Dispositionen sind zunächst in Bezug auf physikalische Eigenschaften definiert; moralische Eigenschaften von Personen sind aber von physikalischen Eigenschaften grundsätzlich verschieden. Trivialerweise ist ein aufrichtiger Mensch nicht im selben Sinne aufrichtig, wie ein Gegenstand viereckig oder hölzern ist. Moralische Eigenschaften lassen sich weder messen noch zuverlässig vorhersagen; sie können, entgegen manchen Theorien der „folk psychology", nicht an den Gesichtszügen abgelesen werden, und sie scheinen überhaupt nicht regelmäßig mit physiologischen Vorgängen korreliert. Vielleicht entspricht noch am ehesten der Heilige der Vorstellung einer kon-

---

[1] Vgl. die Definition der Nikomachischen Ethik: „Es ist mithin die Tugend ein Habitus des Wählens, der die nach uns bemessene Mitte hält und durch die Vernunft bestimmt wird, und zwar so, wie ein kluger Mann ihn zu bestimmen pflegt." (Aristoteles, Nikomachische Ethik (im folgenden NE), 1107a1 ff.) In der neoaristotelischen Tugendethik gibt es keine einheitliche Tugenddefinition; Verhaltensdispositionen nennt sie z. B. J. Annas, Virtue and Eudaimonism, in: Social Philosophy and Policy 28 (1998), 149–160), ähnlich J. Dewey, Theory of the Moral Life, New York 1980.

stanten, quasi-physikalischen Disposition – der Heilige steht zu seiner Tugend auch angesichts der widrigsten Umstände – doch gilt er, weil er sich in der Regel als sozial „untüchtig" erweist, nicht als der Prototyp einer auf den Tugendbegriff gestützten Moralphilosophie.

Die Hauptschwierigkeit des Versuchs, Tugenden als Verhaltensdispositionen zu verstehen, liegt in der Tatsache, daß tugendhafte Verhaltensweisen, selbst wenn sie derselben Tugend zugeschrieben werden, nur entfernte Ähnlichkeiten aufweisen müssen. So kann sich die Tugend der Wohltätigkeit in einer unendlichen Anzahl möglicher Handlungsweisen äußern, denen das Prädikat „tugendhaft" doch immer nur relativ zu gewissen äußeren Verhältnissen und inneren Einstellungen und Absichten zugeschrieben werden kann.[2] Die Spende eines geringen Betrags mag bei einen Mittellosen eine moralische Handlung sein, bei einem Begüterten nicht; sie verliert ihren moralischen Wert, wenn sie mit der Absicht der Demütigung verbunden ist, wenn sie mit Hinblick auf persönlichen Vorteil geschieht, oder wenn sie negative Folgen zeitigt, etwa weil der Empfänger des Diebstahls bezichtigt wird. Dasselbe gilt *mutatis mutandis* für andere Tugenden wie die Kardinaltugenden der Gerechtigkeit, Tapferkeit, Mäßigung und Weisheit; auch sie kann man wegen ihres intrinsischen Merkmals der inneren und äußeren Kontextabhängigkeit nicht als Dispositionen zu bestimmten Handlungen, sondern bestenfalls als allgemeine Handlungsstrukturen beschreiben. Gerade die Akteurbezogenheit von Tugenden, die als ein Vorteil der Tugendethik gegenüber einer prinzipienzentrierten Moralphilosophie hervorgehoben wurde, steht deshalb einer Definition von Tugenden als Handlungsdispositionen im Weg.

II. Dispositionen zu Gefühlen

Der subjektive Aspekt des Tugendbegriffs scheint nun gerade den Ausweg aus dem Dilemma zu weisen: Tugend besteht nicht in bestimmten, dauerhaft richtigen Handlungen und Entscheidungen, sondern in gewissen moralischen Gefühlen, die den „guten Willen" des moralischen Akteurs ausmachen. Einige Tugenden, darunter das Mitleid, scheinen in diesem Sinne direkt mit Gefühlen identifizierbar, also „Gefühlstugenden" zu sein.[3] Solche Gefühlstugenden könnten nun nicht im dauerhaften Empfinden moralischer Gefühle bestehen, sondern müßten Dispositionen zu solchen Gefühlen sein, die dann unter geeigneten Umständen und verbunden mit der richtigen Überlegung ein dem

---

[2] Diese Tatsache begründet auch Kants These, daß nur der „gute Wille" uneingeschränkt gut genannt werden könne; I. Kant, Grundlegung zur Metaphysik der Sitten, in: Kants Werke („Akademieausgabe") Bd. IV, Berlin 1903, 385–464, hier: 393.

[3] R. C. Roberts, What an Emotion Is: A Sketch, in: The Philosophical Review 97 (1988), 183–209; den Gefühlsaspekt der Tugenden betont u. a. Ph. Foot, Virtues and Vices, in: dies., Virtues and Vices and Other Essays in Moral Philosophy, Oxford 1978, 1–18.

Kontext angemessenes Verhalten motivieren würden.[4] In diesem Sinne verstand schon die Tradition der angelsächsischen moral-sense-Theorien die Tugend der Menschlichkeit als „Widerhall" der Empfindungen anderer Personen, oder die Tugend der Gerechtigkeit als Vergeltungsgefühl, das uns motiviert, die Schwachen zu schützen und die Schuldigen zu bestrafen.[5] Sicherlich sind nicht alle tugendhaften Charaktereigenschaften Dispositionen zu Gefühlen (Schwierigkeiten bereiten die klassischen Kardinaltugenden Mäßigung und Weisheit), aber dennoch vermeidet die Lehre von Gefühlsdispositionen ein wesentliches Problem der deontologischen Ethik: sie zeigt, wie ethische Prinzipien mit der Person des moralischen Akteurs so verknüpft sind, daß moralische Handlungen herauskommen.

Die Lehre von den Tugenden als Gefühlsdispositionen kommt der fundamentalen Kritik entgegen, die von Seiten der Tugendethiker an deontologischen Moraltheorien formuliert wurde. Seit Schiller wurde insbesondere der Kantischen Ethik vorgeworfen, daß sie das moralische Subjekt als emotionale Person vernachlässige, und damit gegen starke Intuitionen eine „kalte" und rein verstandesmäßig geregelte Moral definiere. Nach einem viel zitierten Beispiel, das an Schillers Kant-Kritik anschließt, ist intuitiv einer, der seinen kranken Freund „aus Neigung" besucht, ein besserer Mensch als derjenige, der dasselbe nur „aus Pflicht", das heißt aus allgemeinen Prinzipien heraus, tut.[6] Der moralische Wert einer Handlung, und *a fortiori* der handelnden Person, muß deshalb im zugehörigen Gefühl begründet sein. Wer in diesem Sinne den im Tugendbegriff enthaltenen Begriff der Emotion stark macht, muß allerdings auch eine Theorie der Emotionen vorlegen können, die die Kritik an der Prinzipienethik stützt. In der kognitivistischen Theorie der Emotionen, wie sie in jüngerer Zeit gegen die sogenannten feeling-Theorien entwickelt wurde, gelten Emotionen nun als intentionale, wertende Urteile, nicht als Klasse von bloßen Empfindungen.[7] Tugenden müßten dann, wenn man die Definition fortschreibt, Dispositionen zu solchen Werturteilen sein.

Dies entspricht aber sicherlich nicht der Absicht der Tugendethiker. Wenn die Tugend des Mitleids in dem Urteil besteht, daß es gut sei, den kranken Freund zu besuchen, wo bleiben dann die geforderten emotionalen Motive, die dieses Urteil von dem bloßen

---

[4] Vgl. R. Hursthouse, Virtue Ethics and the Emotions, in: D. Statman (Hg.), Virtue Ethics, Washington D.C. 1997, 99–117.

[5] Vgl. A. Smith, The Theory of Moral Sentiments (= Bd. I der Glasgow Edition of the Works and Correspondence of A. Smith, hg. v. D. D. Raphael u. A. C. Macfie), Oxford 1976, Kap. 5. Außer Smith setzen auch Rousseau und Rawls ein Gerechtigkeitsgefühl voraus. Bei Rousseau ist dieses Gefühl sogar grundlegend und angeboren: „Je ferais voir que *justice* et *bonté* ne sont point seulement des mots abstraits, de purs êtres moraux formés par l'entendement, mais de véritables affections de l'âme éclairée par la raison, et qui ne sont qu'un progrès ordonné de nos affections primitives [...]". J.-J. Rousseau, *Emile ou l'éducation*, Den Haag 1726, § 835; vgl. auch J. Rawls, A Theory of Justice, Cambridge, Mass. 1971, 485 ff.

[6] Vgl. M. Stocker, The Schizophrenia of Modern Ethical Theories, in: Journal of Philosophy 62 (1976), 453–66.

[7] Für einen Überblick über kognitivistische Emotionstheorien vgl. J. Deigh, Cognitivism in the Theory of Emotions, in: Ethics 104 (1994), 824–854.

Prinzip, daß Krankenbesuch moralisch gut sei, unterscheiden? Der Besuch aus Neigung ließe sich dann gar nicht mehr eindeutig vom Besuch aus Pflicht abgrenzen, und es scheint, daß eine in diesem Sinne „emotionale" Ethik demselben Vorwurf wie die kantische unterliegen müßte. Verpflichtet also die Kritik an der Prinzipienethik zu einer moral-sense-Theorie, die elementare Empfindungen voraussetzt und so der kognitivistischen Gefühlstheorie widerspricht?[8]

Nun ist die Erklärung von Tugenden als Disposition zu Empfindungen oder „feelings" nur beschränkt plausibel. So sehr gewisse Tugenden, insbesondere Mitleid, mit Empfindungen verbunden scheinen[9], so strittig scheint es dennoch, sie mit bloßen Empfindungen zu identifizieren. Mitgefühl verlangt dazu gehörige Taten, wenn es als Tugend gelten soll, und umgekehrt müssen Handlungen des Helfens von entsprechenden Gefühlen begleitet sein, wenn sie tugendhaft sein sollen. Tapferkeit besteht nicht so sehr im „Sich mutig Fühlen", sondern eher in der aktiven Überwindung von Angst, verlangt aber auch eine richtige Einschätzung der Lage, um Tollkühnheit oder Dummheit unterscheidbar zu sein. Aufrichtigkeit geht mit keiner typischen Empfindung einher, es sei denn einer eher abstrakten „Liebe zur Wahrheit", besteht in einer zwar kontextabhängigen, dennoch aber beschreibbaren Handlungsdisposition – „Sagen, was man denkt" – und scheint von Zwecken geradezu entwertet zu werden. Selbst Liebe läßt sich nicht adäquat als bloßes Fühlen beschreiben.[10] Im allgemeinen gilt das bloße Haben von Empfindungen ohne gewisse zugehörige Handlungen, Motive und Überlegungen nicht schon als moralisch gut, sondern bestenfalls als ein Anzeichen bestimmter Arten von Einstellungen und Handlungen. Bleiben sie aus, wird die moralische Bewertung der Person um so negativer ausfallen. Soll Tugend auf Gefühle gegründet werden, wie die neoaristotelische Tugendethik in Abhebung zur deontologischen Ethik vorschlägt, dann darf also nicht nur das Vorhandensein von Gefühlen gefordert, sondern es muß gezeigt werden, in welcher Weise sich Empfindung („feeling"), Überzeugung und Tugend zueinander verhalten.

III. Gefühle

Auf den ersten Blick sind Gefühle einheitliche mentale Erlebnisse mit zumeist deutlich wahrnehmbaren Gefühlsqualitäten. Insbesondere elementare und vielleicht auch univer-

---

[8] Dies wäre allerdings ein Schritt, den Tugendethiker ablehnen. So macht Stocker gerade die Reduktion von Gefühlen auf *feelings* oder Triebe dafür verantwortlich, daß das Subjekt aus der Moralphilosophie herausgefallen sei; vgl. Stocker, The Schizophrenia of Modern Ethical Theories, a.a.O., 464.

[9] Vgl. allerdings die Kritik Spinozas und Kants am Mitleid als „Leidenschaft" (s. u. Abschnitt IX).

[10] Vgl. J. D. Velleman, Love as a Moral Emotion, in: Ethics 109 (1999), 338–374. Solche spezifischen Analysen der Zusammenhänge von Gefühl, Handlung, Zweck und Überzeugung sind ein beliebter Gegenstand klassischer Gefühlstheorien; besonders ausführlich dargestellt in B. de Spinoza, Ethica Ordine Geometrico demonstrata, Buch 3, Lehrsätze 9 u. 11, in Opera – Werke (lat.-dt.), Bd. II, Buch 3 und 4.

selle Gefühle wie Trauer, Angst oder Aggression werden als bestimmte Qualia erlebt, denen ebensolche Evidenz zugeschrieben wird wie den Wahrnehmungsqualia, etwa individueller Röte oder einer Tonqualität. Gefühle fühlen sich in bestimmter Weise an, sie bestehen in typischen Empfindungen oder „feelings". Hume gilt als Vertreter ein „feeling"-Theorie der Emotionen, weil er Gefühle als Eindrücke (*impressions*) wie die Sinnesdaten betrachtet und damit von Ideen oder kognitiven Ereignissen abgrenzt.[11]

Analytische Emotionstheoretiker der Gegenwart sind an Gefühlen auch insofern interessiert, als diese in Begründungszusammenhängen eine Rolle spielen und Handlungen oder Entscheidungen motivieren. Vor allem unter diesem motivationalen Aspekt zeigt sich, daß Gefühle sich in aller Regel durch urteilende und wertende Aspekte differenzieren und mittels solcher Aspekte auch in Begründungen auftreten können, während die begleitenden Empfindungen oder Feelings oft ununterscheidbar sind und keine handlungsentscheidende Funktion übernehmen. Eine wichtige Differenz zwischen Gefühlen und Empfindungen folgt aus Brentanos klassischer Definition des Mentalen: Gefühle sind intentional gerichtet und müssen also zu den mentalen Ereignissen gezählt werden; für Empfindungen gilt dies nicht, sie müßten demnach zu den Körperwahrnehmungen gerechnet werden, wie es in der modernen neurophysiologischen Gefühlstheorie auch tatsächlich geschieht. Die so begründete kognitivistische Gefühlstheorie stellt den Empfindungsaspekt in den Hintergrund, wenn sie Empfindungen nicht ganz aus der Klasse der Emotionen ausschließt, und betont den wesentlich intentionalen und – in der Regel – auch den propositionalen Gehalt von Emotionen.

Obwohl die kognitivistische Kritik sich pauschal gegen „ältere Feelingtheorien" richtet, gibt es nur wenige echte Beispiele solcher Theorien.[12] Klassische philosophische Gefühlstheorien liefern oft präzise analytische Beschreibungen der Phänomenologie einzelner Gefühle. Sie zerlegen dabei die Gefühle in einzelne Komponenten, zu denen neben Basisempfindungen wie Lust, Unlust und Begierde auch kognitive Urteile, Zwecke und Überzeugungen zählen. Gefühle werden so als strukturierte Komplexe solcher Bausteinen beschrieben, denen im Unterschied zum „reinen" kognitiven Urteil

---

[11] D. Hume, Ein Trakat über die menschliche Natur, Hamburg 1978 (engl. D. Hume, A Treatise of Human Nature: Being an Attempt to Introduce the Experimental Method of Reasoning into Moral Subjects (1739/40), hrsg. v. L. A. Selby-Bigge und P. H. Nidditch, Oxford 1978), Buch II, Teil I, Abschnitt 1. Hume (327 ff.) unterscheidet bei den Gefühlen die „primären Eindrücke" von den „sekundären" oder „reflektiven" Eindrücke, die auf Ideen zurückgehen. Vgl. dazu in diesem Band den einleitenden Beitrag von Sabine A. Döring.

[12] Selbst Humes Theorie der Leidenschaften ist keine eindeutige *Feeling*-Theorie. Sekundäre Eindrücke, eben die Emotionen oder *passions*, sind gerade durch einen konstruktiven Charakter ausgezeichnet, der sich durch ihre Beziehung zu primären Eindrücken oder Ideen ergibt. Dies trifft insbesondere auf die indirekten sekundären Leidenschaften zu, für die gilt, daß sie „proceed from the same principles („pain oder pleasure", V. M.), but by the conjunction of other qualities." (Hume, Ein Trakat über die menschliche Natur, a.a.O., 328) Zu den indirekten Leidenschaften zählt Hume Tugenden und Laster wie Stolz, Demut, Ehrgeiz, Eitelkeit, Liebe, Haß, Neid, Mitleid, Arglist und Großzügigkeit, zu den direkten eher basale Gefühle wie Wunsch, Abneigung, Kummer, Freude, Furcht, Verzweiflung und Sorglosigkeit.

immer ein empfindungsmäßiger Aspekt – zumeist Lust und Unlust, aber auch Vergnügen und Schmerz, Trauer und Freude oder Liebe und Haß[13] – zukommt. Nach diesem Muster analysiert Aristoteles das Gefühl des Zorns oder Ärgers als einen Impuls, der von Schmerz (dem zugehörigen Feeling) begleitet ist und auf Vergeltung für eine Kränkung abzielt.[14] Der intentionale Charakter von Zorn ist dabei ebenso wichtig wie die Abhängigkeit von Tatsachen und ganz bestimmten Überlegungen: Wer zornig (im Sinne des Aristoteles) ist, richtet sich damit gegen eine Person und hat nicht etwa eine allgemeine Einstellung zu einer ganzen Gattung oder ein bloßes Empfinden. Zorn ist also ein Komplex aus Wünschen, Vorstellungen, Urteilen, Intentionen und Empfindungen, der zwar phänomenal als integrales Ganzes erlebt wird, aber sich in der phänomenologischen Analyse als bestimmte Struktur aus Kognition und Feeling erweist.

Gefühle haben die psychologische Beobachtungsgabe von Philosophen immer wieder zu solchen Komponentialanalysen herausgefordert. In Spinozas Affektenlehre wird der Affekt, als gleichzeitig körperliche und seelische Reaktion auf „Affektionen", in die Grundgefühle der Lust, Unlust und der Begierde zerlegt, die in Verbindung mit Vorstellungen die Konstitution einer ganzen Reihe von Gefühlen ermöglichen.[15] In Spinozas Liste von Gefühlsdefinitionen erscheint etwa Liebe als „Lust, begleitet von der Vorstellung einer äußeren Ursache" oder Hoffnung als „unbeständige Lust, entsprungen aus der Vorstellung eines zukünftigen oder vergangenen Gegenstandes, über dessen Ausgang wir in gewisser Hinsicht im Zweifel sind".[16] Auch Kant steht noch in dieser Tradition, wenn er Begierde definiert als „die Selbstbestimmung der Kraft eines Subjekts durch die Vorstellung von etwas Künftigem als einer Wirkung derselben", oder Sehnsucht als den „leere(n) Wunsch, die Zeit zwischen dem Begehren und Erwerben des Begehrten vernichten zu können".[17] Selbst Rawls analysiert in diesem Sinne

---

[13] allgemein ein positives oder negatives körperliches Empfinden.

[14] Aristoteles beschreibt nicht eigentlich Zorn, sondern das spezifische personengerichtete Gefühl großer Empörung über eine Verletzung der persönlichen Ehre: „Zorn ist also (definiert als) ein von Schmerz begleitetes Trachten nach offenkundiger Vergeltung wegen offenkundig erfolgter Geringschätzung, die uns selbst oder einem der Unsrigen von Leuten, denen dies nicht zusteht, zugefügt wurde. Ist das also Zorn, dann zürnt notwendigerweise der Zürnende immer einer individuell bestimmbaren Person, z. B. dem Kleon [...]." Aristoteles, Rhetorik, übers. u. hg. v. G. Krapinger, Stuttgart 1999, Buch 2, 1378a ff.

[15] Auch die „Grundgefühle" von Lust und Unlust sind nicht bloße Empfindungen. Lust ist vielmehr die Leidenschaft, „wodurch der Geist zu größerer Vollkommenheit übergeht", Unlust deren Gegenteil; Begierde ist bewußter Trieb von Körper und Seele, in ihrem Sein zu beharren, also wesentliche Ausdrucksform des *conatus*. Vgl. B. de Spinoza, Ethica Ordine Geometrico demonstrata, a.a.O., 275 f. Kant übernimmt die spinozistische Idee, wenn er Vergnügen als „das Gefühl der Beförderung; Schmerz das einer Hinderung des Lebens" beschreibt; vgl. I. Kant, Anthropologie in pragmatischer Hinsicht, in: ders., Gesammelte Schriften („Akademieausgabe"), Berlin 1902 ff., Bd. VII, 231

[16] Spinoza, Ethica Ordine Geometrico demonstrata, a.a.O., 359.

[17] Kant, Anthropologie, a.a.O., 117–333.

noch das Gerechtigkeitsgefühl (den „sense of justice") in ein Gefüge von Empfindungen und Einstellungen gegenüber Autoritäten, Gemeinschaften und Prinzipien.[18]

Indem die klassische Gefühlstheorie Gefühle als Komplexe von affektiven und kognitiven Elementen beschreibt, verwischt sie gleichzeitig die intuitive Unterscheidung zwischen Gefühl und Überzeugung. Die Intuition ließe sich, wie etwa in der Urteilstheorie Brentanos, rechtfertigen, indem man Gefühle als affektive Bewertung von Urteilen oder Vorstellungen auffaßt. Nach Brentano repräsentiert die Vorstellung das Objekt neutral, im Urteil wird der Gegenstand „anerkannt oder geleugnet", im Gefühl und im Willen wird er „geliebt oder gehaßt". Aber schon die phänomenologische Beschreibung einzelner Emotionen zeigte, daß der Zusammenhang zwischen Feeling und Kognition uneinheitlich und wesentlich komplexer ist. Empfindungsanteile kommen ebenso wie die übrigen Bestandteile in ganz verschiedener Weise in der Emotion zum Tragen und der Empfindungsanteil scheint um so stärker, je elementarer das Gefühl ist (Lust, Angst, Trauer), und um so subtiler, je komplexer die übergeordnete kognitive Struktur ist (Hoffnung, Bewunderung). Hume glaubte deshalb, daß der Anteil der Empfindung unmerklich werden kann, so daß selbst scheinbar kühle Überlegungen von „calm passions" begleitet wären, die sich weniger an unmittelbaren gefühlsmäßigen Sensationen, als an den Folgen, etwa bestimmten Handlungen, zeigten.[19] Empfindungen wären in diesem Sinne nur das eine Ende eines Kontinuums von mehr oder weniger emotional gefärbten kognitiven Ereignissen.[20]

Selbst wenn in dieser Hinsicht die Grenze zwischen Emotionen und Urteilen verschwindet, bleibt als Konstante der klassischen Gefühlstheorien die positive oder negative Empfindung von Lust und Unlust. Es ist unklar, wie eine rein kognitivistische Gefühlstheorie Tugend und Gefühl integrieren würde, eine nicht-kognitivistische müßte aber zumindest die Beziehung zwischen Tugend und solchen elementaren Feelings klären. Zuvor muß aber noch deutlich werden, was diese Feelings eigentlich sind.

---

[18] Rawls, A Theory of Justice, a.a.O., 485 ff.

[19] „Now 'tis certain, there are calm desires and tendencies, which, tho' they are real passions, produce little emotion in the mind, and are more known by their effects than by the immediate feeling or sensation. These desires are of two kinds; either certain instincts implanted in our natures, such as benevolence and resentment, the love of life, and kindness to children; or the general appetite to good, and aversion to evil, consider'd merely as such." Hume, Ein Traktat über die menschliche Natur, a.a.O., 417. Die Theorie der "calm passions" ist eine notwendige Folge der Humeschen Motivationstheorie.

[20] Vgl. J. Robinson, Startle, in: The Journal of Philosophy XCII (1995), 53-74. Auch Spinoza zog keine scharfe Grenze zwischen Affekten und Überzeugungen; in der Ethica sind Affekte definiert als Modi des Denkens, haben als solche aber gleichwohl ihr Spiegelbild im Attribut der Ausdehnung (s .u. Abschnitt VII).

IV. Psychologische und neurophysiologische Aspekte

Wenn Empfindungen ein notwendiger Bestandteil von Emotionen sind, wodurch zeichnen sich dann solche Basiserlebnisse aus? Schon in der älteren Gefühlstheorie werden sie körperlichen Zuständen zugeschrieben, die sich in äußeren Anzeichen wie Gesichtsausdruck, Haltung, Tremor etc. ausdrücken. Erst William James hat in seiner – vom Kognitivismus oft kritisierten – Emotionstheorie Empfindungen Empfindungen in einem umfassenderen physiologischen Sinn beschrieben.[21] Elementare Emotionen sind nach James' Wahrnehmungen von körperlichen Reaktionen auf Umweltreize, die nach einem angeborenen und weitgehend unveränderlichen Muster organisiert sind. Dazu gehören Wahrnehmungen intrakorporärer Ereignisse wie Blutdruck, Muskelkontraktionen, Hormonschüben oder neurophysiologischen Vorgängen. Die eigentlichen Emotionen folgen dann auf solche Wahrnehmungen, indem sie diese in bestimmte Richtungen interpretieren. James' Theorie galt als eine Provokation auch für die Alltagspsychologie. Wir gehen intuitiv davon aus, daß Gefühle Reaktionen auf bestimmte kognitive Urteile sind, daß wir also etwa Angst empfinden, *weil* wir die Gefährlichkeit einer Situation erkennen, und daß erst auf das Gefühl hin sich bestimmte körperliche Ereignisse entwickeln. Die Begegnung mit einem Bären in freier Wildbahn hat das Urteil zur Folge, daß Lebensgefahr besteht, woraus sich Angst entwickelt, die wiederum Herzklopfen und andere physiologische Reaktionen erzeugt. Gefühle erhalten in dieser alltagspsychologischen Reihenfolge einen sonderbaren ontologischen Status: sie schweben zwischen den Urteilen und den körperlichen Empfindungen gewissermaßen als eine eigene Art von Entitäten in der Luft und sind weder kognitiv noch physiologisch greifbar. Indem James nun diese Reihenfolge umkehrt, werden Gefühle in die übliche Körper/Geist-Ontologie eingeordnet: auf die Wahrnehmung des Bären folgt unmittelbar eine körperliche Reaktion (Herzklopfen), die dann wahrgenommen, d. h. „gefühlt" wird und sich so gemeinsam mit gewissen Urteilen als Emotion manifestiert.[22] Die Emotion ist also eine interne Wahrnehmung körperlicher Reaktionen auf gewisse Reize. Daß Reize unmittelbar bestimmte solcher physiologischen Antworten auslösen, ist genetisch determiniert, denn Gefahr, Hunger oder Verlassenheit verlangen unmittelbare Maßnahmen, die durch die elementaren emotionalen Prozesse in Gang gesetzt werden. Bei komplexeren Gefühlen folgt dann die körperliche Reaktion nicht nur auf die unmittelbare Wahrnehmung, sondern auch mittels Erinnerung und Assoziation auf Urteile, die einen solchen Ausgangsreiz repräsentieren. Entscheidend ist also, daß Gefühle den körperlichen Ereignissen *nachfolgen* und nicht umgekehrt, daß Gefühle also nicht eine

---

[21] Vgl. die Texte in C. G. Lange u. W. James, The Emotions, hg. v. Knight Dunlap, New York u. London 1967.

[22] James hat allerdings einen recht elementaren Begriff der Emotion, der eher die klassischen Feelings umfaßt: „My thesis on the contrary is that *the bodily changes follow directly the* PERCEPTION *of the exciting fact, and that our feeling of the same changes as they occur* IS *the emotion.*" (Lange u. James, The Emotions, a.a.O., 13).

eigene und recht sonderbare Klasse von mentalen Entitäten darstellen, die weder kognitiver noch körperlicher Natur wären. Gegen eine solche Gefühlsontologie richtet sich James' berüchtigte These, daß „we feel sorry because we cry, angry because we strike, afraid because we tremble, and not that we cry, strike, or tremble, because we are sorry, angry or fearful as the case may be".[23]

Der Jamessche Befund scheint von neueren neurophysiologischen Untersuchungen gestützt zu werden.[24] Einige emotionale Grundreaktionen auf bestimmte Reize in der Außenwelt scheinen angeboren und auf ähnliche Objekte übertragbar. Das angeborene Grundgefühl wird zu einer echten Empfindung, wenn sich die mentale Aufmerksamkeit auf den Prozeß des Fühlens oder auch die entsprechende Erinnerung richtet. Aus der Empfindung entsteht wiederum eine Emotion dann, wenn das Fühlen in komplexere Begriffsstrukturen eingebaut wird. Ein sekundärer Wahrnehmungsprozeß, das „continuous monitoring" körperlicher Veränderungen als Folge und neben gewissen mentalen Ereignissen, ist dann der eigentliche Empfindungsaspekt der Emotion.[25] Alle kognitiven Erlebnisse wären also im Sinne Humes von „calm passions" begleitet und die Unterscheidung zwischen Emotionen und bloßen Urteilen müßte aufgegeben werden. Urteile sind dann nur noch ein abstrakter Bestandteil faktischer Kognitionen.

Die physiologischen Ereignisse, durch die Emotionen konstituiert werden, entsprechen den klassischen Grundempfindungen Lust und Unlust oder Liebe und Haß. Die Jamessche Theorie greift damit einen Topos auf, der allen klassischen Gefühlstheorien gemeinsam ist und sich im Zusammenhang mit der Abgrenzung von Gefühl und Tugend als wesentlich erweisen wird, der aber auch von den kognitivistischen Gefühlstheorien am deutlichsten kritisiert wird. Nach der klassischen Lehre sind die Affekte und Leidenschaften der menschlichen Rationalität und geistigen Freiheit durchaus abträglich; sie halten den Menschen in „Knechtschaft" (Spinoza) oder werden geradezu mit Krankheit und Wahnsinn identifiziert (so Kant in der Anthropologie). In der Jamesschen Theorie zeigt sich diese Abhängigkeit der Vernunft vom Gefühl in der Genese der Emotionen. Sie nehmen körperliche Wahrnehmungen auf, interpretieren und entfalten sie kognitiv, und integrieren sie in das vorgängige System von Überzeugungen. Setzt man nun die alte Einsicht hinzu, daß die Grenze zwischen Emotionen und Überzeugungen fließend ist, dann scheint klar, was Hume schon in aller Schärfe formuliert hatte, daß nämlich der Körper mit seinen unwillkürlichen Reaktionen auf Reize (den „impressions") das Denken bestimmt, und der Verstand so zum „Sklaven der Leidenschaften" wird.

---

[23] Ebd. Wahrnehmung hat für James urteilenden Charakter. Wahrnehmung ohne körperliche Empfindungen wäre für ihn rein kognitiv und also keine Emotion: „We might then see the bear, and judge it best to run, receive the insult and deem it best to strike [...]".

[24] A. R. Damasio, Descartes' Error. Emotion, Reason and the Human Brain, New York 1994.

[25] Ebd. 145.

V. Fremde Gefühle

Wie zwingend ist nun die Bewertung einer Situation durch eine bestimmte Empfindung oder umgekehrt, wie zwangsläufig ist die Interpretation einer bestimmten Körperwahrnehmung als Emotion? Sollen wir immer das Muster aus Herzklopfen, Atemnot und feuchten Händen als Lampenfieber interpretieren, und hat Verlassenheit notwendig Trauer zur Folge? Beispiele aus der Anthropologie scheinen nun zu zeigen, daß die Beziehung zwischen Empfindung und Urteil keine „interne Relation", sondern von externen Faktoren bestimmt ist. Gewisse Urteile, etwa „A hat meine Ehre verletzt", führen also nicht immer und überall zu bestimmten Emotionen wie dem aristotelischen Zorn. Umgekehrt haben Empfindungen wie Herzrasen nicht notwendig bestimmte Urteile wie „Ich habe Angst" zur Folge. Für diese externalistische These hat man zwei Typen anthropologischer Beobachtungen angeführt: In manchen Gemeinschaften treten Gefühle, die bei uns als elementar gelten, nicht (oder doch nur sehr selten) auf, und in manchen kulturellen Gemeinschaften werden Gefühle beobachtet, die keinen ersichtlichen „westlichen" Gegenpart haben. Selbst innerhalb unseres eigenen Kulturkreises gibt es Ereignisse, die uns emotional unverständlich sind, wie die sich häufenden Amokläufe Jugendlicher oder die in Haß umschlagenden ursprünglich freundschaftlichen Beziehungen zwischen ganzen Volksgruppen wie im Fall des ehemaligen Jugoslawien. Für die sozialanthropologische Gefühlstheorie zeigen solche Beispiele, daß die Bewertung von Urteilen oder die Interpretation von Empfindungen von umfassenden sozialen Strukturen determiniert ist, und es Gefühle als anthropologische Konstanten nicht gibt.[26] Diese These soll hier nicht diskutiert werden, sie führt jedoch zurück zur Ausgangsfrage, wie Tugenden und Gefühle sich zueinander verhalten.

Die Utku-Eskimos aus dem nordwestlichen Kanada sind ein vielzitiertes Beispiel für die angenommene soziale Bedingtheit von Gefühlen, weil sie angeblich „niemals in Zorn" geraten. Da sie Gefühlen von Wut oder Ärger keinen Raum geben und sie durch Mißachtung und Ablehnung sanktionieren, scheinen dann auch erwachsene Utku nichts zu fühlen, das unserem Begriff des Zorns entsprechen würde.[27] Allerdings kennen und tolerieren die Utku kindliche Wutanfälle, die als irrational belächelt und im Verlauf der Sozialisation abtrainiert werden. Die mentale „Enthaltung" vom Zorn hat ihren guten Grund in der feindlichen Umwelt der Eskimos: es scheint ihnen sinnlose Energieverschwendung, sich über nicht veränderbare widrige Lebensumstände zu erregen. In klei-

---

[26] Vgl. C. Lutz, Unnatural Emotions: Everyday Sentiments on a Micronesian Atoll and Their Challenge to Western Theory, Chicago 1988.

[27] Vgl. die Diskussion des Beispiels in R. C. Solomon, Emotions and Anthropology: The Logic of the Emotional World View, in: Inquiry 21 (1978) 181–199; die Diagnose, die Utku seien „niemals im Zorn", ist schon deshalb bestreitbar, als Gefühle (ebenso wie ihr Fehlen) im Sinne von Empfindungen intersubjektiv unzugänglich und deshalb als solche auch nicht beobachtbar sind. Das Wittgensteinsche Argument, daß Zorn nicht „privat" sein kann und dort, wo kein entsprechendes Sprachspiel besteht, auch nicht existiert, greift hier nicht: die Utku kennen und benutzen Wörter für Zorn.

nen Gemeinheiten, Träumen, und in Gewalt gegenüber Tieren treten dennoch Zornsymptome auf und dokumentieren das Weiterbestehen der elementaren Empfindung. Es trifft also nicht zu, daß die Utku niemals im Zorn geraten würden, vielmehr lassen sie es nicht zu, daß sich elementare Aggressionen („Unlust") zum Gefühl des Zorns auswachsen oder verdichten. Anstelle des Zorns kultivieren sie eine besondere Form der Gelassenheit, die im Inuit *ayuqnaq* genannt wird. Sie kann so ausgeprägt sein, daß ein Utku, der sich im Schnee verirrt hat, still auf der Stelle sitzen bleibt, anstatt einen Weg zu suchen. Zentral an dieser Haltung ist, daß ein Gefühl von Ärger oder „Unlust" nicht auf komplexere kognitive Zustände oder Urteile übertragen wird; es wird nicht zur „Wertung" einer Situation eingesetzt oder emotional interpretiert. Die soziale Sanktionierung unterbindet damit die Ausbildung des Gefühls; es kann sich folglich kein habituelles Reaktionsmuster und keine „Grammatik des Zorns" entwickeln.

Das weitgehende Fehlen von Zorn bei den Utku ist also nicht nur ein Hinweis auf die soziale Konstitution von Gefühlen, sondern zeigt, daß elementare Empfindungen auf verschiedene Weise kognitiv integriert werden können. Für die Beziehung zwischen Tugend und Gefühl läßt sich daraus folgende Lehre ziehen: Sind Gefühle kognitiv „aufgenommene", gedeutete Empfindungen, dann sind zumindest einige Tugenden, wie die Eskimo-Tugend des *ayuqnaq* dadurch gekennzeichnet, daß die Deutung unterbleibt, daß also Urteile nicht affektiv bewertet werden. Der tugendhafte Utku geht zu den eigenen Empfindungen auf Distanz und versagt sich die sonst selbstverständliche und automatische Wertung seiner Urteile und motivierende Einbettung der Feelings in sein konkretes Handeln. Tugend in diesem Sinne setzt voraus, daß man sich in einer gewissen, distanzierten Weise zu sich selbst „verhält"; sie besteht nicht im Haben, sondern vielmehr in der kognitiven Kontrolle von Empfindung. Beim Tugendhaften darf der Verstand also – anders als bei Hume – gerade nicht „Sklave der Leidenschaften" sein. In diesem Sinne wirken Tugenden als Korrektive der Gefühle und damit auch als Ausdruck von Rationalität und menschlicher Freiheit. Tugenden stehen, wie Philippa Foot einmal schreibt, „at a point at which there is some temptation to be resisted or deficiency of motivation to be made good".[28] Dieser gefühlskorrigierende Charakter der Tugend ist Bestandteil der meisten klassischen Tugendtheorien, wie sich im folgenden an drei sehr verschiedenen Varianten zeigen wird.

VI. Die „Mitte" zwischen Affekten

Für Aristoteles sind Affekte (*pathē*) zunächst einmal allgemein Eigenschaften der Seele, so daß auch das vernünftige Erkennen (*noein*) unter die Affekte fällt. Wesensmerkmal der Affekte im engeren Sinne ist dann, daß sie „begriffliche Verhältnisse (*logoi*) an der Materie", dem physischen Körper sind, die von dieser Materie nicht abgetrennt werden

---

[28] Ebd. 6.

können. Affekte kommen also nicht spezifisch der Seele zu, sondern immer nur der Seele insofern sie sich physisch manifestiert.[29] Kennzeichen von Affekten ist deshalb, daß gleichzeitig mit ihnen auch der Körper etwas „erleidet". Obwohl also Affekte immer physiologischer Natur sein müssen, lassen sie sich, wie in der Geometrie die gerade Linie, in abstracto analytisch beschreiben. Anders als im Fall der Linie muß aber in solchen Definitionen der physiologische Aspekt zum Ausdruck kommen. „Daher sind auch die Definitionen von der Art: z. B. daß das Sich-Erzürnen eine Bewegung des so beschaffenen Körpers oder (Körper-)Teiles oder Vermögens ist, (verursacht) von diesem bestimmten Objekt und wegen dieses bestimmten Zweckes."[30] Obwohl die analytische Beschreibung der Affekte in der Rhetorik, die Analyse der Tugenden in der Ethik abgehandelt wird, ist die Beziehung zwischen Affekt und Tugend eng. „Das ganze Geschäft der Tugend und Staatskunst" dreht sich nämlich, wie es in der Nikomachischen Ethik heißt, um die Begriffe von Lust und Unlust, die die physiologische Basis von Gefühlen bilden.[31] Diese Verbindung zwischen Tugend und Gefühl bei Aristoteles steht auch in den ersten beiden Büchern der Nikomachischen Ethik im Vordergrund. Tugend wird dort geradezu definiert als eine Haltung oder ein Habitus (*hexis*), der „macht, daß wir uns in bezug auf die Affekte richtig oder unrichtig verhalten".[32] Das richtige Verhalten gelingt dem, der mit Hinblick auf die Affekte „die rechte Mitte hält", also den Mittelweg zwischen *pathē* wie Feigheit und Tollkühnheit, Stolz und Bescheidenheit findet. Tugendethiker haben geltend gemacht, daß Aristoteles damit gerade im Unterschied zu Kant den Affekten eine wesentliche Rolle in der Ethik zuschreibe. Tugend sei eben nicht bloßes Befolgen moralischer Pflicht auch gegen die eigene emotionale Haltung, sondern fordere geradezu das Haben gemäßigter Gefühle, die dann zu tugendhaften Handlungen motivieren könnten. Wird Tugend in diesem Sinne als Disposition zu gemäßigten Gefühlen verstanden, dann entsprechen Affekten jeweils aristotelische Tugenden.[33]

So weit verbreitet diese Auffassung gerade in Abhebung gegenüber deontologischer Ethik ist, setzt sie doch den Schwerpunkt des Aristotelischen Tugendbegriffs an der falschen Stelle. Es kommt Aristoteles gerade nicht darauf an, daß Tugend mit Emotionen einhergeht; vielmehr betont er im Gegenteil, daß man wegen sittlicher Eigenschaften, nicht aber wegen seiner Affekte gelobt wird, daß beide also in Bezug auf die Sittlichkeit

---

[29] Gefühle in diesem sehr allgemeinen physiologischen Sinn behandelt Aristoteles in der Abhandlung „Über die Seele"; vgl. Aristoteles, Über die Seele, übers. u. hg. v. H. Seidl, Hamburg 1995, 403a1 ff.

[30] Über die Seele, a.a.O., 403a25; vgl. auch die Definition des Zorns und anderer Affekte in Aristoteles, Rhetorik, übers. u. hg. v. G. Krapinger, Stuttgart 1999, 1378a1 ff. Der physiologische Anteil liegt immer in den Begriffen Lust, Schmerz und Begierde.

[31] NE 1105a10.

[32] NE 1105b20.

[33] So etwa R. C. Roberts, Aristotle on Virtues and Emotions, in : Philosophical Studies 56 (1989), 293-306, hier: 295, der in diesem Sinne z. B. eine Tugend der gemäßigten Schadenfreude postuliert.

nicht koextensiv sind.³⁴ Nicht das Haben von Gefühlen, sondern die Haltung, die man gegenüber seinen Gefühlen einnimmt, macht das Ethische aus. Es geht also nicht darum, gewisse Affekte zu kultivieren, sondern "diese Affekte zu haben, wann man soll, und worüber und gegen wen und weswegen und wie man soll, das ist die Mitte und das Beste, und das ist die Leistung der Tugend".³⁵ Tugend ist eine distanzierte Einstellung gegenüber den eigenen *pathē*, und zwar in dem Sinne, daß die Leidenschaften von der Vernunft geleitet werden, daß sie also nicht den Akteur motivieren, sondern umgekehrt der Akteur das richtige Maß seiner Gefühle selbst bestimmt. Nur so erweisen sich tugendhafte Handlungen dann als Akte der Selbstbestimmung oder freien Wahl (*prohairesis*).³⁶ Die Kontrolle der Leidenschaften verlangt dabei vernünftige Einsicht in das, was jeweils im Kontext angemessen ist, also praktische Urteilskraft oder *phronesis*. Nur so integrieren sich die verschiedenen Bestimmungen, die Aristoteles der Tugend in seiner umfassenden Definition gibt.³⁷ Die Tugend ist demnach ein „Habitus des Wählens" zwischen möglichen Verhaltensweisen und Affekten, „der die nach uns bemessene Mitte hält", d. h. die spezifischen Bedingungen des Subjekts, der Umstände und des Handlungstyps überlegt in Rechnung stellt und dabei Extreme vermeidet.

Der Tugendhafte ist also wesentlich „durch die Vernunft bestimmt", er läßt sich nicht durch den Affekt zur Handlung motivieren.³⁸ Dennoch können Affekte nutzbringend eingesetzt werden. Bei der Definition der Affekte in der Abhandlung „Über die Seele" hieß es, daß etwa der Zorn eine „Bewegung" des Körpers ist, die von einem Objekt verursacht wird (nach der Lehre der Rhetorik durch geringschätziges Verhalten von Leuten, denen dies nicht zusteht), und die einen gewissen Zweck verfolgt (das Trachten nach offenkundiger Vergeltung). In der Nikomachischen Ethik erhält der Zorn nun einen gewissen ethischen Status insofern, als er dem Mutigen, der aus dem „Beweggrund der Sittlichkeit" handelt, die nötige Energie zum Handeln verleiht; Aristoteles läßt aber keinen Zweifel daran, daß der Zorn dem höheren Motiv untergeordnet werden muß, wenn er in tugendhaftes Verhalten integriert werden soll, denn „ein Wesen, das von Schmerz oder Zorn getrieben gegen die Gefahr angeht, ist nicht mutig.³⁹

Wesentlich an der Aristotelischen *mesotes*-Lehre ist also nicht die Identifikation von Tugenden mit Emotionen, sondern eine Theorie der ethischen Motivation: Bedingung und Voraussetzung für tugendhaftes Handeln ist eine innere Haltung der Distanz zu den eigenen Affekten, und zwar in dem Sinne, daß die verursachenden Objekte der Emotion nicht gleichzeitig als handlungsleitend zum Tragen kommen. Tugend bedeutet also, seine Gefühle in dem Sinne zu kontrollieren, daß sie nur in der geeigneten Weise zur Handlung beitragen, nicht aber selbst handlungsmotivierend sind. Eine aristotelische Haupttugend ist deshalb die an sich namenlose Tugend der „Sanftmut" (*praotes*), die

---

³⁴ NE 1105b25 f.
³⁵ NE 1106 b 22 ff.
³⁶ NE 1106a3.
³⁷ NE 1107a1.
³⁸ NE 1117a31.
³⁹ NE 1117a37.

darin besteht, daß man „sich nicht verwirren und von seinem Affekt fortreißen läßt, sondern in der Art, in der Veranlassung und in der Dauer seines Zornes nur der Vernunft Gehör gibt".[40] Tugend besteht also im aristotelischen Sinne zwar in einer Disposition, aber nicht in einer Disposition zu Gefühlen, sondern zur überlegten Distanz von den eigenen Gefühlen, die Ursache und Ziel des Affekts durchschaut und dem übergeordneten sittlichen Zweck unterordnet. Im aristotelischen Sinne sind Affekte also emotional kontrollierte Überlegungen und Handlungen, Tugenden dagegen kognitiv kontrollierte und motivierte Affekte.

Die Ansicht, daß Aristoteles Tugend mit einer Disposition zu Emotionen gleichsetze, wird manchmal auch damit begründet, daß nach Aristoteles wahre Tugend lustvoll ist[41], während nach der kantischen Lehre auch der, dessen Gemüt „vom eigenen Gram umwölkt" ist, sittlich handeln kann.[42] Die mit der ethischen Handlung verbundene Lust ist für Aristoteles jedoch nur ein Anzeichen für die Einbettung des tugendhaften Habitus in die Persönlichkeit des Akteurs (also für eine erfolgreiche Erziehung zur Tugend), kann aber nicht ihrerseits ein Motiv für die sittliche Handlung sein.[43] Wem nämlich die moralische Pflicht Unlust bereitet, der hat sich noch nicht von dem Zugriff der Affekte gelöst, ist nicht „Herr über seine Begierden", und deshalb tatsächlich nicht tugendhaft. „Wer Gefahren besteht und sich dessen freut oder wenigstens keine Unlust empfindet, ist mutig, wer aber darüber Unlust empfindet, ist feig."[44] Das rechte Verhalten in Bezug auf die Affekte besteht also keineswegs im Haben mäßiger Gefühle, sondern in der Kontrolle von Lust und Unlust, die als handlungsmotivierende Leidenschaften außer Kraft gesetzt werden müssen.

VII. Adäquate Tugend und inadäquate Affekte

Die aristotelische Forderung des selbstbezüglichen Abstands von den eigenen Affekten findet sich nicht nur in der von einer teleologischen Metaphysik geprägten aristotelischen Tugendlehre, auch ganz andere philosophische Hintergründe haben vergleichbare Konzepte hervorgebracht. Es kann hier nicht um eine Auflistung der historischen Tugendethiken gehen, sondern um die Frage, wie sehr sich eigentlich der Rückgriff der modernen Tugendethiker auf den klassischen Tugendbegriff mit dem systematischen Anspruch verträgt, die Ethik auf das emotional agierende Subjekt zu gründen. Tatsächlich liegt dem klassischen Tugendbegriff die Überzeugung zugrunde, daß Emotionen gerade die falschen Handlungsmotive darstellen, daß der tugendhafte „Mann von Einsicht" im Gegenteil sich durch rationale Unabhängigkeit und Kontrolle seiner Lust-

---

[40] NE 1125b33.
[41] NE 1099a7-21, 1177a23, 1104b4, 1105a1 u.a.
[42] Kant, Grundlegung, a.a.O., 398.
[43] Wohl aber ist Lust Motiv für das sittlich Schlechte und Unlust Motiv für das Unterlassen des Guten; vgl. NE 1104b10.
[44] NE 1104b7.

und Unlustgefühle auszeichnet und nicht, wie die animalische Natur, von bloßen Begierden getrieben wird. Daran ändert auch die Tatsache nichts, daß das traditionelle Konzept der Emotion durchaus starke intentionale und kognitive Aspekte enthält. Vielmehr weisen alle Gefühle per definitionem einen nicht reduzierbaren physiologischen, positiven oder negativen Anteil auf, der begrifflich als Lust und Unlust, Vergnügen und Schmerz, Freude und Trauer oder Liebe und Hass ausgedrückt wird, und der das movens der nicht-tugendhaften Handlung ausmacht. Es scheint also, daß der klassische Begriff der Tugend wesentlich auf eine Form interner Autonomie abzielt und nur mit solchen Emotionen kompatibel ist, die selbst in Autonomie gründen. Für solche vernunftgeleiteten Emotionen bietet nun gerade die aristotelische Ethik, entgegen ihrem Ruf, wenig Ansätze, sieht man einmal von der Lust ab, die der Habitus der Tugend und das tugendhafte Handeln an sich vermitteln sollen.

Das metaphysische System Spinozas ist in dieser Hinsicht reichhaltiger.[45] Auch für Spinoza sind Affekte Ereignisse auf der körperlichen *und* der geistigen Ebene, bestehen also sowohl im Attribut der Ausdehnung, als auch im Attribut des Denkens. Auf den Menschen bezogen kann der Unterschied zwischen Körper und Geist, oder Ausdehnung und Denken, als ein bloßer Unterschied der Auffassung gelten. In einer Anmerkung zum Lehrsatz 2 des dritten Teils heißt es in diesem Sinne, Geist und Körper seien „ein und dasselbe Ding [...], welches bald unter dem Attribute des Denkens, bald unter dem der Ausdehnung begriffen wird."[46] Körperlichen Erscheinungen entsprechen deshalb jeweils Ideen und umgekehrt. Das Subjekt ist im Sinne Spinozas ein nach Selbsterhaltung strebendes, endliches Ding (der *conatus*); es erfährt gewisse körperliche Veränderungen, die zugleich als Vorstellungen auftreten, und die es als Behinderung oder Vermehrung seiner Macht erlebt. Im dritten Buch der *Ethik*, in dem die Diskussion der Affekte einsetzt, heißt es in diesem Sinne, Affekte seien, „die Affectionen des Körpers, wodurch das Thätigkeitsvermögen des Körpers vermehrt oder vermindert, erhöht oder beschränkt wird, und zugleich die Vorstellungen dieser Affectionen."[47] Der grundsätzlich nach Selbstentfaltung strebende Akteur erfährt sich also in seiner Tätigkeit als behindert (Unlust) oder gefördert (Lust), und entwickelt daraus im Zusammenspiel mit spezifischen Handlungsintentionen seine Affekte.

Den Unterschied zwischen Affekten und Tugenden begründet Spinoza in der Erkenntnisfähigkeit des Akteurs. Grundsätzlich hat das Subjekt zwei Möglichkeiten, seine eigene Tätigkeit wahrzunehmen. Insofern der Mensch die Dinge so wahrnimmt, wie sie ihm subjektiv perspektivisch verzerrt erscheinen, nämlich als Dinge, die ihn „affizieren" und berühren, beeinträchtigen oder in seiner Macht fördern, ist er passiv und der Knechtschaft der Affekte, den Leidenschaften unterworfen. Aus den perspektivisch verzerrten, inadäquaten Ideen entstehen die drei passiven Grundaffekte Begierde,

---

[45] Eine angemessene Rekonstruktion der Affektenlehre Spinozas, die weitaus vielschichtiger und streckenweise auch dunkler ist, als es ihm folgenden erscheinen wird, ist in diesem Rahmen nicht möglich.
[46] Spinoza, Ethica Ordine Geometrico demonstrata, a.a.O., Buch 3, Lehrsatz 2 Anm.
[47] Ebd. Buch 3, Def. 3.

Lust und Unlust. Die Begierde ist das Selbsterhaltungsstreben, insofern es auf Geist und Körper gleichzeitig bezogen, d. h. mit Bewußtsein begleiteter Trieb ist.[48] Lust und Unlust (*laetitia* und *tristitia*) sind die geistigen Aspekte der Vermehrung und Verminderung der Macht des *conatus*. Je mehr inadäquate Ideen der Mensch hat, um so mehr Leidenschaften ist er unterworfen, und um so mehr sieht er sich in seiner Macht von äußeren Ursachen manipuliert.

Die Natur des Menschen hat nun zur Folge, daß jeder dasjenige begehrt, von dem er glaubt, daß es seine Macht vermehrt, also das, was ihm Lust verursacht. Da dies Streben natürlich ist, können Affekte nur durch stärkere aus dem Feld geschlagen werden, sind also nicht etwa durch bloße Vernunftgründe oder Wahrheit zu überwinden. Die Möglichkeit einer Ethik überhaupt, in der der Mensch sich von seiner Abhängigkeit von äußeren Affektionen befreit, setzt damit schon die Notwendigkeit von „vernunftgewirkten" Gefühlen voraus. Nun ist der Mensch in geistiger Hinsicht frei, weil er adäquate Ideen entwickeln kann, also Ideen, die die Dinge in ihrem objektiven Zusammenhang verstehen. Adäquate Ideen zeigen an, was den Dingen gemeinsam ist, wodurch sie sich unterscheiden, wie sie aufeinander wirken und in welcher Weise das gesamte Beziehungsgefüge der Welt strukturiert ist. Adäquate Ideen entstehen durch den Vergleich der Dinge unter Absehung von den subjektiven Affektionen, also durch rationale Überlegung aus einem Standpunkt sub specie aeternitatis. In der Erkenntnis adäquater Ideen, dem Vergleichen und Berechnen der Gemeinsamkeiten, ist der Geist selbsttätig und aktiv, während er in seinen inadäquaten Ideen, die durch äußere Anstöße zustande kommen, passiv-leidend bleibt.[49]

Die Befreiung von den Affekten erfolgt durch vernünftige, objektive Betrachtung der Welt. Dies gelingt nur deshalb, weil auch das adäquate Erkennen, ebenso wie das inadäquate, dem Menschen Lust bereitet, weil es „den Geist zu größerer Vollkommenheit übergehen" läßt, d. h. seinem natürlichen Streben nach Selbststeigerung entspricht. Auch muß eine entsprechende Begierde nach dieser Art der Lust vorhanden sein (die eben in der Definition des Menschen als Conatus gründet), so daß adäquate Erkenntnis der Dinge, d. h. im eigentlichen Sinne Vernunfterkenntnis, ebenso wie inädaquate Erkenntnis Affekte erzeugt. Da nun adäquate Erkenntnis immer wahr ist, entsteht durch das adäquate Erkennen keine Unlust. Es fehlen gegenüber dem subjektiv-affektiven Denken die Erfahrungen der „Selbstverminderung". Darin liegt nun gerade die Chance des adäquaten Erkennens gegenüber den „inadäquaten" Affekten: Es ist, da es nicht durch Negativerlebnisse aufgewogen wird, stärker als die natürlichen Leidenschaften und vermag dadurch die natürliche „Knechtschaft" des Menschen, seine Gefangenschaft im emotionalen Subjektivismus, zu besiegen.

---

[48] Ebd. Buch 3, Lehrsatz 9 Anmerkung.

[49] „Unser Geist tut manches, manches aber leidet er. Sofern er nämlich adäquate Ideen hat, insofern tut er notwendig manches; und sofern er inadäquate Ideen hat, insofern leidet er notwendig manches", ebd. Buch 3, Lehrsatz 1.

Diese positiven, durch adäquate Ideen, d. h. durch rationale Erkenntnis hervorgerufenen Affekte sind die Tugenden,[50] also geistige Aktivitäten, die in gewissem Sinne Affekte des Verstandes sind. Die Lust der Tugend ist das kontrollierte Ergebnis selbstbestimmenden Denkens und Handelns, während die Lust der Leidenschaften Zufallsprodukt subjektiv verzerrter Überlegungen ist. Wie bei Aristoteles, wenn auch in einem ganz anderen Begründungszusammenhang, besteht für Spinoza also Tugend wesentlich in rationaler Handlungsmotivation, die sich gegen die affektgeleiteten natürlichen Antriebe ausrichtet und durchsetzt. Der Tugendhafte bestimmt sich durch seine objektive Vernunft (die adäquate Erkenntnis) und strikt in Absehung von seiner persönlichen „Betroffenheit" zum Handeln, während der affektive Mensch sich von äußeren Ursachen und Anstößen motivieren läßt. Wieder ist also Tugend eine kontrollierende Haltung gegenüber den Leidenschaften, wobei die „adäquaten" Affekte die „inadäquaten" durch ihren eigenen „Lustfaktor" überwinden. In gewissem Sinn führen die inadäquaten Leidenschaften allerdings ein Eigenleben, das sie niemals ganz eliminierbar macht: der Mensch ist eben ein Wesen, das auch als Körper in natürliche Kausalketten eingebunden und insofern notwendig Gegenstand von Affektionen ist. Tugend kann deshalb kein Zustand sein, sondern nur in einer andauernden Tätigkeit der rationalen Selbstentfaltung bestehen, die ihren eigenen rationalen „Affektraum" erzeugt.

VIII. Kantianische Tugend

Die Beziehung zwischen Tugend und Affekt ist von einem bislang latent gebliebenen Dilemma geprägt: auf der einen Seite machen Affekte den Akteur unfrei und sind deshalb ethisch nur durch die Kontrolle und Distanz der Vernunft von Bedeutung, auf der anderen Seite motivieren sie zu moralischen Handlungen, die durch Vernunft allein nicht zustande kämen. Dieses Motivationsproblem zeigt sich vor allem bei Spinoza; es nötigt ihn zu der Behauptung, daß die tugendhaften Handlungen in der Summe mehr Lust vermitteln als die bloß affektiven und so dennoch ein affektives Übergewicht für sich verbuchen können. Daraus folgt aber, daß letztlich doch die Lust an der Selbststeigerung und nicht die Vernunft die Ethik garantieren, eine Einsicht, der zwar aus der Sicht des Menschen als Conatus nichts widerspricht, die aber doch wieder mit der Annahme kollidiert, daß im ethischen Handeln der Mensch sich selbst gerade nicht als Individuum, sondern gewissermaßen als kollektives Wesen sub specie aeternitatis begreift. Der Affekt macht den Menschen naturgemäß zum Subjekt, die Tugend fordert aber gerade die Überwindung des subjektiven Standpunkts; wie kann also eine Tugendethik Gefühle integrieren, wenn sie nicht, wie in den moral-sense-Theorien, das Projekt der Moral von vornherein auf eine affektive Motivationstheorie abstellen will?

Dem Dilemma stellt sich erst Kant mit vollem Bewußtsein. Die in der *Grundlegung* erhobene Frage „Wie ist ein kategorischer Imperativ möglich?" bezieht sich nicht nur

---

[50] „Unter Tugend und Vermögen [potentia] verstehe ich dasselbe, d. h. Tugend, insofern sie sich auf den Menschen bezieht, ist die Wesenheit oder Natur des Menschen selbst, insofern er Macht hat, Einiges zu bewirken [...]", ebd. Buch 4, Definition 8.

auf das Problem der Ableitbarkeit des Imperativs aus der transzendentalen Idee der Freiheit, sondern auch auf die Frage, wie es sein kann, daß sich moralische Akteure den Imperativ zu eigen machen, ihm also ihre natürliche Maxime der Glückseligkeit unterordnen und aus diesem Motiv heraus handeln. Im Sinne Kants ist klar, daß die „Möglichkeit" des kategorischen Imperativs im zweiten Sinne nicht durch empirische Bedingungen, also auch nicht durch moralische Gefühle im Sinne einer moral-sense-Theorie begründet werden kann. Der Akteur handelt nicht moralisch auf Grund altruistischer Gefühle, sondern bestenfalls hat er altruistische Gefühle, *weil* er moralisch handelt. Der transzendentale Begründungsweg darf nicht durch eine Psychologie des moralischen Gefühls unterlaufen werden.

Die Moralphilosophie Kants wurde deshalb traditionell als „gefühllos" und rigoristisch kritisiert. Im ersten Kapitel der *Grundlegung* formuliert Kant den Pflichtbegriff ausdrücklich in Abgrenzung gegen die „Neigung". Er vergleicht in einem viel kritisierten Gedankenexperiment die Moralität eines teilnehmenden Menschen, der „ein inneres Vergnügen daran find[et], Freude um sich zu verbreiten" mit der Moralität derselben Person, nachdem sie ihre gefühlsmäßige Disposition verloren hat. Im ersten Zustand fehle der Maxime, Gutes aus Freude zu tun, der sittliche Gehalt, während im zweiten Fall die ohne Gefühl vollzogene teilnehmende Handlung erst eigentlich sittlichen Wert erhalte.[51] Kant scheint sich damit gerade in Widerspruch zur aristotelischen und spinozistischen Tugendlehre zu stellen, nach der eine Handlung mit Lust geschehen muß, um als tugendhaft gelten zu können. Auch explizit wendet sich Kant gegen die klassische Tugendtheorie, wenn er schreibt, „Mäßigung in Affekten und Leidenschaften, Selbstbeherrschung und nüchterne Überlegung" seien nicht schon an sich moralisch gut, da sie ja wohl auch Eigenschaften eines ausgemachten Bösewichts sein könnten,[52] sondern verlangten einen „guten Willen", der ausschließlich aus Pflicht, d. h. auf Grund von moralischen Maximen handelt.

Die Abgrenzung der Moral gegen das Gefühl ist in der *Grundlegung* dadurch gerechtfertigt, daß es hier um „reine Moralphilosophie" geht, nämlich um „die Aufsuchung und Festsetzung des obersten Prinzips der Moralität".[53] Eine solche Untersuchung muß von allem Empirischen, das zur Anthropologie gehören würde, frei gehalten werden. Die Begründung der Tugend (die mit dem „guten Willen" in eins geht) durch die Vernunft hat dabei nicht nur den systematischen Zweck, überhaupt eine verhandelbare Grundlage für sittliches Handeln zu schaffen, sondern verfolgt auch das praktische Ziel, in Zweifelsfragen einen „Kompaß" zur Verfügung zu stellen, der die (für den Menschen typische) Einmischung von sinnlichen Ansprüchen abzuweisen vermag. Gefühle, als dem Bereich der subjektiven Sinnlichkeit zugehörige Affekte, können nicht moralische Handlungen motivieren, weil sie eben aus der subjektiven Perspektive stammen, die dem notwendig objektiven Charakter der Moral widerspricht. Allein affektiv motivierte

---

[51] Kant, Grundlegung, a.a.O., 398.
[52] Ebd. 394.
[53] Ebd. 392.

Maximen und Handlungen sind deshalb nicht moralisch. Diese Grundbedingung der Kantischen Moralphilosophie hat allerdings zwei Einschränkungen: Zum einen bedeutet die Zurückweisung der Affekte als Motive moralischer Handlungen nicht, daß Gefühle bei solchen Handlungen keine Rolle spielen. Zum anderen ist von Affekten hier in einer spezifisch Kantischen Bedeutung die Rede, die von gewissen pflichtgemäßen „Gefühlen" zu unterscheiden ist.

Betrachtet man jedoch zunächst die *Metaphysik der Sitten*, dann stellt sich der Zusammenhang von Tugend und Gefühl ganz ähnlich wie in der klassischen Tugendethik dar. Tugend ist fortitudo moralis, nämlich „das Vermögen und der überlegte Vorsatz, einem starken, aber ungerechten Gegner Widerstand zu tun", und zwar „in Ansehung des Gegners der sittlichen Gesinnung in uns", das sind in der Regel die subjektiven Neigungen und Gefühle.[54] Tugendpflicht in diesem Sinne besteht einmal in der bloß negativen Pflicht zur Apathie, d. h. der Pflicht, sich nicht von Neigungen beherrschen zu lassen (ähnlich dem *ayuqnaq* der Utku-Eskimos), zum anderen in der positiven Pflicht, „alle seine Vermögen und Neigungen unter seine (der Vernunft) Gewalt zu bringen".[55] Erst die aktive Leitung der Affekte durch die Vernunft, die sich in den sog. Tugendpflichten manifestiert, macht dann Sittlichkeit aus.

Dennoch kommt die Tugendlehre nicht ohne moralische Gefühle aus. Tugendpflichten konstituieren sich aus der Anwendung des kategorischen Imperativs auf die obersten Maximen der Glückseligkeit (die Maxime der sinnlichen Natur) und der Vollkommenheit (die Maxime der Vernunft).[56] Durch Universalisierung der beiden Maximen entstehen die Pflichten, Glückseligkeit und Vollkommenheit aller Menschen zu befördern. In einem zweiten Schritt modifiziert Kant die beiden Maximen zu den Pflichten der Förderung eigener Vollkommenheit und fremder Glückseligkeit. Für diese Tugendpflichten spielen Gefühle in mehrfacher Hinsicht eine Rolle. Zum einen nämlich folgt aus der Pflicht zur Beförderung fremder Glückseligkeit auch die Pflicht zur Liebe gegen Andere, zu der Gefühle wie Achtung, Dankbarkeit und Teilnehmung zählen. Da nun moralisches Handeln nicht nur pflichtgemäß, sondern „aus Pflicht" erfolgen soll, kann die Abgrenzung zwischen Affekten und Tugenden nicht im Unterschied zwischen Vernunft und Sinnlichkeit aufgehen: Handeln aus Pflicht hieße dann eben auch Handeln aus der Tugendpflicht der Liebe und Achtung für andere, also Handeln aus Gefühl. Aber noch in zweitem Sinne sind Gefühle wesentlich für die kantische Ethik: sie bilden nämlich die subjektive Voraussetzung dafür, daß überhaupt ein Subjekt sich dem kategorischen Imperativ als oberster Maxime unterwerfen kann; sie sind in diesem Sinne

---

[54] I. Kant, Die Metaphysik der Sitten, in: ders., Gesammelte Schriften („Akademieausgabe"), Berlin 1902 ff., Bd VI, 205 – 491, hier 380.
[55] Ebd. 408.
[56] Vgl. dazu die Typologie „aller möglichen Prinzipien der Sittlichkeit aus dem angenommenen Grundbegriffe der Heteronomie" in der Grundlegung zur Metaphysik der Sitten (a.a.O., 441-445) und die recht unvermittelte Einführung der beiden Tugendpflichten in der Metaphysik der Sitten, a.a.O., S. 385f.

„ästhetische Vorbegriffe der Empfänglichkeit des Gemüts für Pflichtbegriffe überhaupt".[57]

Moralische Gefühle können diese Doppelrolle nur dann erfüllen, wenn sie nicht mit sinnlichen Affekten identisch sind. Denn Gefühle zu haben kann nicht zur Pflicht gemacht werden, und die Möglichkeit des kategorischen Imperativs kann nicht von empirischen Voraussetzungen abhängen. Was unterscheidet aber dann sittliche von sinnlichen Gefühlen oder Affekten? In der Einleitung zur *Metaphysik der Sitten* wird deutlich, daß Kant unter Affekten ausschließlich Empfindungen verstehen will. Er versteht darunter die Fähigkeit, Gefühle der Lust oder Unlust mit einer Vorstellung zu verknüpfen, und zwar ohne Beziehung auf ein Objekt, also ohne das Merkmal der Intentionalität, das den Emotionen traditionell zugeschrieben wird.[58] Die „pathologische" Lust an einem Gegenstand geht dabei dem Begehren des Gegenstandes vorher, das Gefühl der Lust erzeugt auf diesem Weg die Begierde. Diese kausale Beziehung läßt sich nicht auf das Sittengesetz übertragen. Zwar ist auch das moralische Gefühl mit Lust oder Unlust verknüpft, aber als Folge der Annahme des Sittengesetzes, nicht als deren Ursache. Die Lust kann hier auch nicht im eigentlichen Sinne pathologisch sein, da das Sittengesetz ja gerade die pathologischen Neigungen zurückweist. Das moralische Gefühl ist deshalb eine Art „negativer Lust", die in der (durch subjektive Neigung ungehinderten) Empfänglichkeit des freien Willens für das Sittengesetz besteht.[59] Da es für diese Empfänglichkeit zwar eine ursprüngliche Anlage gibt, sie aber im endlichen Vernunftwesen durch vielfältige pathologische Neigungen gebrochen ist, kann das moralische Gefühl nur das Ergebnis und der intentionale Endpunkt von Tugendentwicklung, nicht aber deren Motiv sein. Der Akzeptanz des kategorischen Imperativs aus Vernunft (nicht aus Begierde) folgt also die Kultivierung der Tugend als Willensstärke in Hinsicht auf die beiden Tugendpflichten, und damit schließlich die Entwicklung der moralischen Gefühle Liebe und Achtung. Als Tugendpflichten müssen Liebe und Achtung mit einer Distanzierung von subjektiven Neigungen einhergehen, weshalb sie sich für Kant in erster Linie in Handlungen und nicht so sehr in Empfindungen manifestieren.[60] Das Dilemma der Tugendethik, die Frage wie Gefühle, die rational kontrolliert werden sollen, gleichzeitig handlungsmotivierend wirken können, löst Kant also in gewissem Sinne prospektiv: Das vernunftgemäße moralische Handeln basiert auf der

---

[57] Ebd. 399 ff.

[58] „Man nennt die Fähigkeit, Lust oder Unlust bei einer Vorstellung zu haben, darum Gefühl, weil beides das bloß Subjektive im Verhältnisse unserer Vorstellung, und gar keine Beziehung auf ein Objekt zum möglichen Erkenntnisse desselben (nicht einmal dem Erkenntnisse unseres Zustandes) enthält" (ebd. 212 f).

[59] Vgl. ebd. 212 u. 399 ff. (Das moralische Gefühl). Für die moralische Lust verwendet Kant in der zweiten Kritik den etwas irreführenden Begriff der Selbstzufriedenheit als „ein negatives Wohlgefallen an seiner Existenz [...], in welchem man nichts zu bedürfen sich bewußt ist". (I. Kant, Kritik der praktischen Vernunft, in: ders., Gesammelte Schriften („Akademieausgabe"), Berlin 1902 ff., Bd. V, Berlin 1908, 1–164, hier 117)

[60] Für eine Rekonstruktion der Beziehung von Liebe und Achtung vgl. Velleman, Love as a ;oral Emotion, a.a.O.

Empfänglichkeit des Gemüts für die Tugendpflichten; der Prozeß der Unterwerfung der natürlichen Neigungen durch moralisches Handeln führt zu einer immer größeren Unabhängigkeit von den Neigungen, die ihrerseits als (negative) Lust erlebt wird und den moralischen Handlungen schließlich affektiven Charakter verleiht. Nur der Tugendhafte ist also zum tugendhaften Handeln gefühlsmäßig motiviert, dies aber nicht aus pathologischer, sondern aus moralischer Lust, die ihrerseits nicht von subjektiven Neigungen bestimmt ist.

IX. Mitleid als moralisches Gefühl

Die Tugendlehre Kants fordert wider Erwarten gerade jene Gefühle, die von der modernen Tugendethik als zentral für die Bewertung von moralischem Handeln betrachtet worden sind. Es sind moralische Gefühle wie Mitleid, Achtung, Nächstenliebe oder auch Dankbarkeit, Scham und Reue – Gefühle also, die die Tugendethiker bei Kant vermißt hatten und in der klassischen Tugendethik zu finden glaubten. Aber solche Gefühle spielen gerade in den klassischen Tugendlehren eine untergeordnete Rolle. Ist Tugend wesentlich die kognitive Distanz und Kontrolle von Affekten, dann ist für „Gefühlstugenden" kein Platz. Am deutlichsten zeigt sich dies am genuin „moralischen" Gefühl des Mitleids, das in der aristotelischen Tugendlehre[61] ebenso wie bei Spinoza zu den Affekten, nicht zu den Tugenden gerechnet wird. Aristoteles betrachtet Mitgefühl als einen grundsätzlich egoistischen Affekt, der auf der Vorstellung beruht, es könne einem selbst ähnliches widerfahren wie dem bemitleideten Anderen. Hinweis darauf ist für Aristoteles, daß weder diejenigen Mitleid empfinden, die alles verloren haben, noch die übermäßig Glücklichen, die denken, daß ihnen alle Güter zur Verfügung stünden; beide haben nämlich nichts zu verlieren. Eigeninteresse scheint deshalb notwendig Voraussetzung für das Empfinden von Mitleid, das damit faktisch seinen Anspruch, sich uneigennützig nur dem Anderen zu widmen, widerlegt.

Spinoza behandelt Mitleid in ganz ähnlichem Sinn als ein Gefühl, das auf inadäquaten (also subjektiv verzerrten) Ideen beruht. Auch er beschreibt Mitgefühl als egoistischen Affekt, als „Unlust, verbunden mit der Idee eines Übels, das einem andern, den wir uns als unseresgleichen vorstellen, begegnet ist".[62] Spinoza wertet Mitleid deshalb eindeutig als einen Bestandteil der „Knechtschaft" des Menschen, wie er unverblümt im 4. Buch der *Ethik* zu erkennen gibt. Dort heißt es, Mitleid sei „bei einem Menschen, der nach der Leitung der Vernunft lebt, an und für sich schlecht und unnütz."[63] Spinoza demonstriert dies aus den Definitionen von Mitleid und Lust: Mitleid besteht in Unlust, die Vernunft vermittelt aber nur Lusterfahrungen. Denn jede wahre Erkenntnis läßt den Geist „zu größerer Vollkommenheit" übergehen, der Übergang zu größerer Vollkommenheit des Conatus ist aber gerade definiert als Lust. Mitleid (als Unlust) kann also

---

[61] NE 1105b20; Rhetorik 1385b10 ff.
[62] Spinoza, Ethica Ordine Geometrico demonstrata, a.a.O., Buch 3, Lehrsatz 18.
[63] Ebd. Lehrsatz 50.

kein „vernunftgewirktes", adäquates Gefühl sein. Die Vernunft leitet zudem von sich aus dazu an, anderen Gutes zu tun, also zu handeln, wie man es vielleicht auf Grund von Mitleid tun würde.[64] Daher ist Mitleid der Unlustgefühle wegen schlecht und der autonomen Vernunftmotive wegen überflüssig.

Während die Tugendethiker mit dem Mitleid gerade eine der wichtigsten Gefühlstugenden zurückweisen müssen, kann Kant das Mitleid als moralisches Gefühl in seiner Pflichtethik integrieren. Zunächst ist auch für Kant Mitleid ein Affekt, und zwar ein „ästhetisches Gefühl", das auf der Einbildungskraft und damit der Naturseite des Menschen beruht. Mitleid ist das teilnehmende („sympathetische") Empfinden, die Simulation der „Unlust" eines anderen, die in der menschlichen Natur als „Empfänglichkeit des Gemüts" angelegt ist.[65] Der Mensch als freies Naturwesen kann auf zwei verschiedene Weisen mit dieser natürlichen Sensitivität umgehen. Er mag es einerseits bei der bloßen Empfänglichkeit belassen, die ihm die Gefühle des anderen pathologisch vermittelt. Er verhält sich dann in dieser Hinsicht unfrei und erliegt dem Mitleid wie einer ansteckenden Krankheit.[66] Da das Mitleiden hier auf der Stufe der pathologischen Empfindung stecken bleibt, wird weiter nichts erreicht, als daß die ursprüngliche Unlust des leidenden Menschen durch die reproduktive Unlust des mitleidenden Subjekts noch verdoppelt wird. Dieses Unlust vermehrende Mitleid nennt Kant auch „Mitleidenschaft". Ein solches Gefühl zu haben kann aus zwei Gründen nicht moralische Pflicht sein: zum einen, weil es von Natur angelegt ist und deshalb, wie etwa auch die Eigenliebe, nicht moralisch geboten werden kann; zum anderen, weil die Verdopplung des Übels in der Welt nicht moralische Pflicht sein kann.[67]

Die natürliche Sensitivität für das Leiden oder Glück anderer kann aber auch im Sinne der Pflicht eingesetzt werden, und zwar dazu, „sich in Ansehung seiner Gefühle mitzutheilen", nicht so sehr im Sinne verbaler Kommunikation, sondern vielmehr als teilnehmendes, tätiges Wohltun (humanitas practica). Solches Handeln auf der Grundlage praktischer Vernunft mit dem Ziel, das Leiden des anderen faktisch zu vermindern, muß der eigentliche Effekt der Sensitivität sein, wenn sie über das bloße Empfinden hinauswachsen soll. Während in der Mitleidenschaft das Leiden des anderen nur gefühlsmäßig übernommen wird, nimmt das Subjekt im echten Mitleid aktiv am Schicksal des anderen teil und erlebt sich dadurch als Person mit einer entsprechenden „mitleidigen" Maxime. Nun ist die Empfänglichkeit für das Leiden anderer Voraussetzung des tätigen Mitleids. In diesem indirekten Sinne, als Bedingung praktischer Wohltätigkeit, ist auch das Mitfühlen moralisch wertvoll, so daß eine Pflicht zu seiner Kultivierung besteht. Kant denkt hier aber nicht so sehr an Mitleidenschaft im Sinne das Fühlens fremder

---

[64] Spinozas Argument dafür kann hier nicht im Einzelnen verfolgt werden.
[65] Analog gibt es auch das Gefühl der Mitfreude; vgl. Kant, Metaphysik der Sitten, a.a.O., 456 ff.
[66] Ebd. 457.
[67] „In der That, wenn ein Anderer leidet und ich mich durch seinen Schmerz, dem ich doch nicht abhelfen kann, auch (vermittelst der Einbildungskraft) anstecken lasse, so leiden ihrer zwei; obzwar das Übel (in der Natur) eigentlich nur Einen trifft." (ebd.).

Lust und Unlust, sondern an die Entwicklung der Wahrnehmung für fremdes Wohlergehen und Leid.

In diesem Sinne fügt sich nun das Kantische Mitleid (die Teilnehmung oder humanitas practica) in die klassische Auffassung der Tugend als Kontrolle von Gefühlen. Denn um die emphatische Sensitivität zu kultivieren muß die affektive Mitleidenschaft kontrolliert werden und darf nicht in der Sensation des Miterlebens aufgehen. Intentionales Objekt des Mitleids muß strikt das andere, nicht das eigene Empfinden sein. Die Kultivierung der humanitas practica im eigentlichen Sinn setzt also voraus, daß die Fähigkeit zum Mitfühlen in geeigneter Weise gefördert wird; dazu gehört etwa, sich Mitleid erregenden Situationen zu stellen, anstatt sie zu meiden, wie es die (tatsächlich ja Unlust vermittelnde) Mitleidenschaft nahe legen würde.[68] So gesehen besteht selbst die Gefühlstugend des teilnehmenden Wohlwollens in einer durch die Vernunft bestimmten Kontrolle des subjektiven (Mit-)Gefühls. Die Kantische Phänomenologie des Mitleids scheidet also die bloße emphatische Empfänglichkeit für das Leiden anderer von dem pathologischen Mitfühlen dieses Leids auf der einen, und dem aktiven Handeln auf der anderen Seite, das, je müheloser es geschieht, um so mehr von der lustvollen Erfahrung eigener Autonomie begleitet ist. Dieser spezifische affektive Anteil der Tugend des Mitleids setzt aber zunächst den mühevollen Erwerb der Autonomie voraus.

X. Selbstgewirkte Gefühle

Gefühle und Tugenden schien zunächst ein struktureller Unterschied zu trennen: Während Gefühle aus einer Empfindungs-Basis und einem kognitiven Überbau bestehen, der diese Basis aufgreift und interpretiert, setzten Tugenden Selbstdistanz und Kontrolle der Empfindungsbasis voraus. Indem das Subjekt seine Gefühle kontrolliert, handelt es auf Grund seiner Vernunft und läßt sich nicht vom Affekt motivieren. Das kontrollierte Handeln aber erzeugt nun eigene moralische Empfindungen, die dann die Motive des tugendhaften Akteurs bilden, ohne dabei in subjektiv-sinnliche Antriebe überzugehen. Einige der moralischen Gefühle sind, wie sich am Beispiel des Kantischen Mitleids zeigt, solche affektkontrollierenden Tugenden, also Dispositionen, auf affektive Reize überlegt und tätig zu reagieren, die ihre eigenen affektiven Anteile erzeugen und dadurch selbst Gefühlscharakter erhalten.

Neben der negativen Lust an der Autonomie (dem Bewußtsein, „nichts zu bedürfen") kennt Kant bekanntlich auch ein positives moralisches Grundgefühl, die Achtung.[69] Auf Umwegen gründet auch die Achtung in der negativen Lust der Selbstbestimmung, und

---

[68] In der Anthropologie weist Kant auch auf die Sensationslust, die sich in Massenansammlungen bei öffentlichen Hinrichtungen zeigte. Die sympathetisch empfundene Unlust wird dabei von einem Lustgewinn abgelöst, der durch Spannungsabfuhr entsteht. Vgl. Kant, Anthropologie, a.a.O., 238 f.
[69] Zur Genese der Achtung vgl. Kritik der praktischen Vernunft, „Von den Triebfedern der reinen praktischen Vernunft", a.a.O., 71 ff.; vgl. auch Kant, Grundlegung, a.a.O., Anm. 2, 401.

zwar entsteht sie zunächst aus der Beschränkung der eigenen Selbstschätzung durch die Anerkennung des überragenden Werts eines anderen. Diese Selbstbeschränkung erzeugt unmittelbar Unlust, die aber aus freiwilliger Unterwerfung unter das moralische Gesetz, also aus einer autonomen Handlung des Subjekts resultiert. Das Subjekt fühlt sich also zwar durch den anderen zur Selbstreduktion gezwungen, hat sich diese Zurücksetzung der eigenen Person aber autonom verordnet. Die negative Erfahrung der Selbstbeschränkung wird also von der positiven Erfahrung der eigenen Freiheit überwogen. Deshalb besteht (echte moralische) Achtung als „selbstgewirktes Gefühl" nicht in Unlust, sondern geht mit einer gewissen Erhebung des Selbstwertgefühles der eigenen Person durch die Freiwilligkeit des Aktes einher, also wiederum mit der Lust-Erfahrung der eigenen Autonomie, die aber nicht sich selbst, als Lusterfahrung, zum intentionalen Objekt setzt, sondern den Wert der anderen Person. Moralische Achtung gegenüber Personen (anderen ebenso wie sich selbst) bedeutet in diesem Sinne nichts anderes, als sie auf Grund ihrer Handlungen oder Einstellungen als Indikator für den absoluten Wert der Freiheit zu betrachten, der sich im moralischen Gesetz ausdrückt. Achtung als positives moralisches Grundgefühl dient so neben der negativen Lust an der Autonomie zur Konstitution komplexer moralischer Gefühle, die ganz analog der klassischen Konstitution der Affekte verläuft. Dankbarkeit etwa ist Achtung gegen einen Wohltäter, der gegen den Empfänger der Wohltat „nur als im Verhältnis der Liebe betrachtet wird".[70] Bescheidenheit ist „freiwillige Einschränkung der Selbstliebe eines Menschen durch die Selbstliebe anderer" (ebd. 462). Insofern unterscheiden sich die Gefühlstugenden nicht strukturell von anderen Emotionen, sondern nur im „Feeling", aus dem sie sich konstituieren. Diese Feelings, die elementaren moralischen Empfindungen, sind allerdings nicht ohne Selbstdistanz und Kontrolle der elementaren Lust- und Unlustempfindungen zu haben. Den elementaren Altruismus im Sinne einer unmittelbaren Empfindung gibt es demnach nur im Sinne der angeborenen „Empfänglichkeit" des Gemüts für die Gefühle anderer. Es obliegt immer der Freiheit des Akteurs, in welchem Sinne er diese Empfänglich ausgestaltet: zur „Knechtschaft" oder zur Autonomie.

XI. Selbstbezogene und fremdbezogene Tugenden

Begriffsgeschichtlich ist Tugend ursprünglich das „Bestsein", die Tauglichkeit oder Vortrefflichkeit einer Sache oder Person mit Hinblick auf deren Wesen und Zweck. In einem veralteten Gebrauch des Begriffs in diesem Sinn spricht man etwa auch von den Tugenden des Pferdes, des Arztes oder des Ackerbaus.[71] Die menschlichen Tugenden oder Tüchtigkeiten kann man dementsprechend in zwei große Klassen unterteilen, die

---

[70] Kant, Die Metaphysik der Sitten, a.a.O., 454 ff.
[71] Vgl. dazu den Artikel „Tugend" v. P. Stemmer (Antike), R. Schönberger (Mittelalter), O. Höffe u. C. Rapp (Neuzeit), in: J. Ritter u. K. Gründer (Hgg.), Historisches Wörterbuch der Philosophie, Darmstadt 1998, Band 10, 1532–1570.

selbstbezogenen und die fremdbezogenen Tugenden. Zur ersten Klasse gehören Charakterzüge (Dispositionen), die den besten Umgang mit sich selbst und den eigenen Antrieben betreffen, etwa Besonnenheit und Mäßigung, zur zweiten solche Tugenden, die im Umgang mit anderen gefordert werden, wie Gerechtigkeit oder Mitleid. Die beiden grundsätzlichen Typen der Beziehung zwischen Tugend und Gefühl, die sich aus der Durchsicht der drei klassischen Tugendlehren ergaben, decken sich mit dieser Einteilung: Affektive Selbstdistanz ist die Grundlage der selbstbezogenen Tugenden, die sich im Kantischen Sinne unter der Maxime „eigene Vollkommenheit" subsumieren lassen, während fremdbezogene Tugenden vom Gefühl der Achtung gegenüber anderen bestimmt werden und im Sinne Kants also „fremde Glückseligkeit" verfolgen. Beide Einstellungstypen verlangen einen Entwicklungsprozeß der Person, der von Überlegung und Prinzip gesteuert sein muß und auf Autonomie vom affektiven Selbst abzielt. Tugend im Sinne des Bestseins oder Tüchtigkeit ist in der Regel nicht natürlich gegeben. Tugenden sind deshalb nicht mit moralischen Gefühlen im Sinne elementarer Empfindungen identifizierbar. Wenn die neoaristotelische Ethik also die Tugenden vor den „kalten" kantischen Prinzipien bevorzugt, weil Tugenden mit Emotionen notwendig einhergingen, dann verkennt sie sowohl die Forderung der Selbstdistanz, die in den klassischen Tugendlehren grundsätzlich erhoben wird, als auch die Konstitution moralischer Gefühle in der kantischen Ethik. Die Moral der Debatte lautet, daß man nicht auf der Seite der Ethik fordern kann, was man auf der Seite der Gefühlstheorie leugnet: moralische Empfindungen, die doch, wo sie überhaupt bestehen, nicht den Anspruch an Ursprünglichkeit erheben können, der ihnen in der modernen Tugendethik zugeschrieben wird.

Jens Timmermann

The Shadow of Fortune
Adam Smith on Moral Luck

I. The Problem of Moral Luck

Intuitively, most of us share the conviction that the moral assessment of actions in terms of praise and blame should be concerned with what is within an agent's control. Mere events that are not the conscious effect of an agent's actions hardly seem to be morally relevant. For instance, if I consciously resolve to murder someone and carry my plans out, I deserve to be blamed and punished because I am the person responsible for the death of that person. If, on the other hand, somebody is killed by a mere accident, say by an avalanche, no person is morally responsible; nobody is to blame for the death except, perhaps, the person killed for his or her own foolhardiness. There may be complicating factors such as indirect responsibility for the circumstances, cases of ignorant action or negligence (both of which may be culpable), but still: we fundamentally believe that (i) the personal factor for which an agent is responsible and (ii) accidental factors the agent cannot be said to be responsible for can always, at least in principle, be clearly distinguished. In other words, responsibility in terms of praise and blame—note that we may be *responsible* for actions that deserve neither—is tied to conscious and deliberate action. Yet our emotional reactions often seem to contradict this principle.

Let us consider the following cases: I consciously resolve to murder my rival and act accordingly: what if my bullet fails to kill because the man was wearing a bullet-proof vest, or had a copy of *The Canterbury Tales* in his waistcoat pocket? What if the avalanche was caused by my slipping on the pathway above the unfortunate person buried underneath? What if my attempt to rescue a child from a burning house fails because a burning beam drops down from the wooden ceiling and knocks me out? Or, to move away from these rather sinister examples, if a morally worthy but somewhat basic act of friendship, such as inviting people to a dinner party, turns out to be the beginning of a wonderful, life-long relationship for two of them? As these cases show, good and bad luck can somehow—emotionally—affect our moral assessment of both situations and agents by virtue of the success or failure it helps to bring about, even though success and failure are, ultimately, almost inevitably beyond our control. This phenomenon can be observed both in the case of our own actions and of the actions of others. Good and bad luck seem to have a place in moral judgement after all. At any rate, they have a significant impact on how we feel about actions. To contemporary moral philosophers, this sounds familiar enough.[1] Let us have a look at what the author of *The Theory of Moral Sentiments* makes of it.

II. Adam Smith on the Influence of Fortune

In the introductory chapter of the section 'Of the influence of Fortune upon the Sentiments of Mankind, with regard to the Merit or Demerit of Actions', Adam Smith identifies three possible candidates for what we assess in moral praise and blame: (i) 'the intention or affection of the heart', (ii) 'the external action or movement of the body' or (iii) 'good or bad consequences which proceed from it' (*The Theory of Moral Sentiments*, 92). The latter two can easily be ruled out.

Praise and blame do not relate to external bodily movement, Smith argues, as the same bodily movement is involved in 'shooting a bird and shooting a man' (93), namely that of pulling the trigger; even though the external act may be the same, morally there is a world of a difference. Nor can an action's consequences be the decisive factor determining 'merit or demerit' of actions. Smith states that consequences are 'if possible even more indifferent' than bodily movements (93) because they crucially depend on 'fortune': the agent to some extent always has to be lucky for the action's effects to match its underlying intentions. Accordingly, only the first of the afore-mentioned candidates can possibly be adequate: moral sentiment and judgement seem 'directed towards *character* and *conduct*'. Smith concludes:

> The only consequences for which he can be answerable, or by which he can deserve either approbation or disapprobation of any kind, are those which were someway or other intended, or those which, at least, show some agreeable or disagreeable quality in the intention of the heart, from which he acted. To the intention or affection of the heart, therefore, to the propriety or impropriety, to the beneficence or hurtfulness of the design, all praise or blame, all approbation or disapprobation, of any kind, which can justly be bestowed upon any action, must ultimately belong. (93)

Smith hastens to add that 'in abstract and general terms' this is a sound principle and 'there is nobody who does not agree to it'—but in *particular* cases the actual consequences almost inevitably have some 'a very great effect upon our sentiments' concerning merit or demerit, praise or blame, 'and almost always either enhance or diminish our sense of both' (93). According to Smith, moral assessment is of course a matter of 'sentiment', and sentiment does not always agree with rational principles. He proceeds to discuss and explain this 'irregularity' in the three chapters that follow. They

---

[1] The two seminal articles on moral luck by Bernard Williams and Thomas Nagel, originally published in: Proceedings of the Aristotelian Society, Suppl. Vol. L (1976), 115–136 and 137–152 respectively, form part of the useful collection of papers on Moral Luck, ed. Daniel Stratman, Albany 1993. References to *The Theory of Moral Sentiments* refer to the Glasgow Edition, edd. D. D. Raphael and A. C. Macfie, Oxford 1976.

concern, first, the *mechanistic cause* of the 'influence of Fortune' on our moral assessment of the merit or demerit of actions, secondly the *extent*—i. e. the range of cases—of this influence, and thirdly the *final cause* or purpose of the said 'irregularity'.

III. The *Causes* of the Influence of Fortune

Before we turn to the causes of the influence of luck on our moral assessment of characters and actions, we should briefly note that the phenomenon is here discussed in the context of part II of the *Theory of Moral Sentiments*, treating 'Of MERIT and DEMERIT, or, of the Objects of REWARD and PUNISHMENT' (67). Whereas in the part I the sense of 'propriety of action' (9) was explained by the direct sympathy we feel with the affections and motives of the agent, the sense of merit is now accounted for by the indirect sympathy with the gratitude of the person affected by an action. Similarly, the sense of demerit relates to the feeling of resentment on part of the object of action. Remarkably, Smith focuses on merit *and* demerit, gratitude *and* resentment in every-day human interaction, not just at the abstract level of philosophical reasoning. He is a rich source of examples, as we shall soon see.

According to Smith, the causes of pain and pleasure quite generally occasion gratitude and resentment. Even inanimate objects excite these sentiments for a short time. For example, we are 'angry, for a moment, even at the stone that hurts us' (94), even though on reflection we quickly realise that it is quite an improper object of our wrath. We also experience feelings of gratitude towards inanimate objects. If they give us 'great or frequent pleasure' (94) a fondness usually reserved for human beings may at times seem appropriate. Smith mentions a snuff-box, a pen-knife, a staff. If we break or lose such items, we are 'vexed out of all proportion to the value of the damage' (94). Consequently some actions towards inanimate objects can even seem, in a sense, ungrateful:

> *The sailor, who, as soon as he got ashore, should mend his fire with the plank upon which he had just escaped from a shipwreck, would seem to be guilty of an unnatural action. We should expect that he would rather preserve it with care and affection, as a monument that was, in some measure, dear to him.* (94)

However, the *proper* object of gratitude or resentment must not just be a cause of pleasure or pain, but *capable of experiencing these feelings*. That is the reason why animals are less improper objects of gratitude and resentment than inanimate objects. Smith cites the example of the ungrateful officer 'who stabbed the horse that had carried him across an arm of the sea lest that animal should afterwards distinguish some other person by a similar adventure' (95), taken from G. P. Marana's *Letters writ by a Turkish Spy*.

So the capacity of consciousness is certainly required on the part of the object of our gratitude or resentment for our reactions to be appropriate; but consciousness is not sufficient. In addition, the object must be capable of conscious action, of sensing the connection between our reactions of reward or punishment and the actions they refer to as well as our being justified in so reacting. Gratitude for instance is not just an expression of goodwill, but of another person's appreciation of our actions as we intended them. As Smith says, we 'are delighted to find a person who values us as we value ourselves, and distinguishes us from the rest of mankind, with an attention not unlike that with which we distinguish ourselves' (95). In a similar vein, punishment is not just a means to inflict pain, but to make the culprit conscious 'that he feels it upon account of his past conduct, to make him repent that conduct, and to make him sensible that the person whom he injured did not deserve to be treated in that manner' (96). We are enraged by the 'absurd self-love, by which he seems to imagine that other people may be sacrificed at any time, to his convenience or his humour' (96). Punishment and even revenge are meant to 'bring him back to a more just sense of what is due to other people, to make him sensible of what he owes to us, and of the wrong that he has done us' (96).

In sum, the object of appropriate gratitude or resentment must be, first of all, the cause of our pleasure and pain, secondly capable of feeling pleasure or pain him or herself, and thirdly capable of acting from design and capable of appropriately connecting the action and our subsequent reaction. However, the first factor of being the cause of pleasure and pain is crucially 'the sole *exciting cause* of gratitude and resentment' (96). This explains the phenomenon of moral luck: if good or bad intentions fail to produce the intended effect, less gratitude or resentment seems to be due; and if though the intentions lack benevolence or malice the effects of an action are considerable, we are likely to feel some gratitude or resentment. The consequences of actions 'are altogether under the empire of Fortune' but a 'shadow' of merit or demerit still seems to fall on the agent (97).

IV. The Extent of the Influence of Fortune

Smith first turns to those cases in which our sense of merit or guilt is diminished because, unfortunately, the intended good or bad effects fail to come about. It is striking that Smith reflects upon the success and failure of well-meaning intentions such as acts of friendship, which rarely feature in discussions of moral luck today:

> *It is common indeed to say, that we are equally obliged to the man who has endeavoured to serve us, as to him who actually did so. It is the speech which we constantly make upon every unsuccessful attempt of this kind; but which, like all other fine speeches, must be understood with a grain of salt.* (97)

It is true that we appreciate great generosity as such. Our appreciation is quite independent of beneficial effects that are likely to occur. Yet 'some little difference of affection' in favour of the generous person who actually succeeds will be present 'even in the noblest and best mind' (98).

Accidental failure is also bound to affect our belief in the talents and abilities of a person. Smith cites, among others, the example of an architect whose 'plans are either not executed at all, or when they are so far altered as to spoil the effect of the building'. The architect's plan bears the mark of his genius. This does not depend on its competent execution, and yet—*pace* Kant—'a plan does not, even to the most intelligent, give the same pleasure as a noble and magnificent building' (99). The emotional effect of a mere plan is very different from that of a real building. Similarly, individuals may be more talented than even the great and the good of bygone ages but as, perhaps through no fault of their own, their achievements do not match those of Caesar or Alexander the Great, we do not admire them as much:

> *The calm judgements of the mind may approve of them more, but they want the splendour of great actions to dazzle and transport it. The superiority of virtues and talents has not, even upon those who acknowledge that superiority, the same effect with the superiority of achievements.* (99)

Our emotional response crucially depends on actions and their effects, not just on latent talents and dispositions. Smith calls this fact ungrateful, but that seems ultimately what we are: 'ungrateful mankind' (99). As we shall soon see, this ambivalent attitude is very characteristic of Smith's stance on moral luck as a whole: fine speeches must be taken with a grain of salt, ingratitude can be explained and possibly even justified as part of nature's wise design.

Turning to accidental failure of bad intentions, Smith remarks that, treason excepted, planning to commit a crime is less severely punished as actually committing it. The exceptional status of treason can be explained by the direct threat it poses to the government: the sovereign 'is apt to be more violent and sanguinary in his punishments than the impartial spectator can approve of' (99). Also, mere criminal plans and criminal deeds 'do not necessarily suppose the same degree of depravity': many would-be criminals eventually feel incapable of carrying out their crime (100). There is consequently some justification for being more lenient towards them.

This kind of reasoning becomes irrelevant as soon as the action is carried out; and yet, firing a pistol and actually killing a person are not punished in the same way. The death of the victim has to occur within a fixed period of time in some countries for the deed to count as an act of murder. Remarkably, Smith recommends that attempted murder ought to be a capital offence in all countries because of the resentment and terror we feel for a person capable of committing such a heinous crime (100). On the other hand, the attempt to commit smaller crimes—e. g. 'the thief, whose hand has been caught in his neighbour's pocket'—is often only punished much more leniently:

> *Our resentment against the person who only attempted to do a mischief, is seldom so strong as to bear us out in inflicting the same punishment upon him, which we should have thought due if he had actually done it. In the one case, the joy of our deliverance alleviates our sense of the atrocity of his conduct; in the other, the grief of our misfortune increases it. His real demerit, however, is undoubtedly the same in both cases, since his intentions were equally criminal; and there is in this respect, therefore, an irregularity in the sentiments of all men, and a consequent relaxation of discipline in the laws of, I believe, all nations, of the most civilised, as well as of the most barbarous.* (100)

Let us now turn to the second kind of influence that 'fortune' may have on the effects of actions, and on our attitude towards the agent, that of good or bad consequences which are unintended. Smith says that the 'agreeable or disagreeable effects of the action often throw a shadow of merit or demerit upon the agent' even though there was nothing in the intention 'that deserved either praise or blame, or at least that deserved them in the degree in which we are apt to bestow them' (101). There is, for instance the rather extreme case of the messenger decapitated by a ruler because he brings bad news. This seems 'barbarous and inhuman' (102)—yet we do not object to a messenger's being rewarded for bringing good news, as rulers were also wont to do, even though strictly speaking the bearer of good tidings deserves as little of his reward as his unfortunate colleague deserves his punishment. Smith explains this intriguing asymmetry by observing that any sort of excuse seems 'sufficient to authorise the exertion of the social and benevolent affections; but it requires the most solid and substantial to make us enter into that of the unsocial and malevolent' (102).

In cases of negligence, things are slightly different. Negligence constitutes at least some kind of fault in action. There turn out to be three varieties of negligence. A nice example to illustrate the first, punishable to some degree, is that of a person who throws 'a large stone over a wall into a public street without giving warning to those who might be passing by, and without regarding where it was likely to fall'. Such a person would 'deserve some chastisement', and a 'very accurate police would punish so absurd an action, even though it had done no mischief' (102). Somebody who shows so little regard for the interests and the well-being his other human beings, exposing them to what nobody in his or her sane mind 'would chuse to expose himself', is guilty of gross negligence, legally 'said to be almost equal to malicious design' (102). Thus it is often punished as if the unintended consequences had in fact been intended by the agent. Negligently killing someone by throwing a stone over a wall can be regarded as on par with murder: it is 'by the laws of many countries, particularly by the old law of Scotland'—which apparently made no distinction between murder and manslaughter—'liable to the last punishment' (103). This is said to be 'excessively severe', but 'not altogether inconsistent with our natural sentiments' as our 'just indignation against the folly and inhumanity' of such an action 'is exasperated by our sympathy with the unfortunate sufferer' (103).

> *Nothing, however, would appear more shocking to our natural sense of equity, than to bring a man to the scaffold merely for having thrown a stone carelessly into the street without hurting any body. The folly and inhumanity of his conduct, however, would in this case be the same; but still our sentiments would be very different.* (103)

That is certainly true. This first kind of culpable negligence is clearly the most prominent in the context of moral luck.

The second kind of negligence is much less weighty. It is that of somebody who is in general a moral and perfectly harmless person, but on a certain occasion falls short of being quite 'so careful and circumspect in his conduct as he ought to be' (103). The damage done must then be compensated, but the careless person will not be punished. The third variant of negligence consists 'merely in a want of the most anxious timidity and circumspection, with regard to all the possible consequences of our actions' (103–4). This kind of negligence is almost unavoidable. Also, timid circumspection would render the agent incapable of action, so this kind of negligence might be the lesser evil. Nonetheless, unfortunate consequences may result. Harm arising from this third kind of negligence usually has to be compensated.

V. An Analysis of Remorse

It seems to be an Enlightenment commonplace that all criminals dreadfully regret their crimes and would much rather be decent, law-abiding citizens. In other words, criminals feel remorse, which 'of all the sentiments which can enter the human breast' Smith declares to be 'the most dreadful' (85). He offers the following analysis:

> *[Remorse] is made up of shame from the sense of the impropriety of past conduct; of grief for the effects of it; of pity for those who suffer by it; and of the dread and terror of punishment from the consciousness of the justly provoked resentment of all rational creatures.* (85)

In ordinary case of aggravating bad moral luck—such as blameable negligence or mildly bad intentions producing disproportionately grave consequences—shame would seem appropriate to some extent. Grief would be entirely appropriate, as would be pity for the persons suffering. Whether one ought to dread the punishment of society very much depends on how the tension between our emotional reaction and rational principles is resolved. So, all in all, remorse does not quite seem to be an adequate reaction to ordinary cases of aggravating moral luck, even though we all feel it when we have done something that, owing to bad luck, turned out to be disastrous.

In extreme cases of bad moral luck something quite different happens. Even though the agent has no reason to feel guilty because the harmful effects of his actions could in no way be foreseen or he just got caught up in some very unfortunate situation, he still feels 'piacular' and some degree of compensation or atonement seems to be appropriate:

> *A man of humanity, who accidentally and without the smallest degree of blamable negligence, has been the cause of the death of another man, feels himself piacular, though not guilty. During his whole life he considers this accident as one of the greatest misfortunes that could have befallen him.* (107)

To make up for his deed and 'to propitiate, as much as possible, their, perhaps natural, though no doubt most unjust resentment, for the great, though involuntary offence which he has given them' (107), he tries to make up for his misfortune by taking care of the family of the dead man. This kind of behaviour is probably still widely regarded the decent thing to do in the case in question, but it may be less common today than it was in Smith's eighteenth-century environment. All in all, Smith's rich and nuanced vocabulary of 'feeling remorse' and 'feeling piacular' seems to reflect our intuitions rather well.

VI. The *Final Cause* of the Alleged Irregularity

In the last chapter on the topic of Fortune, Smith offers what seems a highly ambivalent justification of the phenomenon of moral luck. It is probably the weakest chapter of the three. Smith at first grants that the fact that 'the world judges by the event, and not by the design' has always been a prominent complaint and 'is the great discouragement of virtue' (104–5). He then sums up the dilemma as follows:

> *Every body agrees to the general maxim, that as the event does not depend on the agent, it ought to have no influence upon our sentiments, with regard to the merit or propriety of his conduct. But when we come to particulars, we find that our sentiments are scarce in any one instance exactly conformable to what this equitable maxim would direct.* (105)

As the preceding chapters show, good and bad outcomes almost inevitably have an effect on our emotions and influence our assessment of merit and demerit. Everybody feels the influence of good or bad luck to some extent, even Smith's ultimate judge of morals, the impartial spectator:

> *Though the intentions of any person should be ever so proper and beneficent, on the one hand, or ever so improper and malevolent on the other, yet, if they fail in producing their effects, his merit seems imperfect in the one case, and his demerit incomplete in the other. Nor is this irregularity of sentiment felt only by those who are immediately affected by the consequences of any action. It is felt, in some measure, even by the impartial spectator.* (97)

As the 'general maxim' is equally explicitly said to be the principle of reason, we have to conclude that impartiality and rationality do occasionally diverge. They are on no account to be identified with each other. A normal, uninvolved bystander, the yard-stick of morality, displays, perhaps, the right and proper kind of sentiments; but he is not rational.

However, as in all other matters of moral sentiment, Smith detects an ulterior purpose of this 'irregularity'. When Nature 'implanted' its 'seeds' in the human constitution, she seems 'to have intended the happiness and perfection of the species' (105). As Smith expressly acknowledges the negative effects of the said 'irregularity', this line of defence seems surprising.

The argument runs as follows. If things were otherwise, if 'the hurtfulness of the design, if the malevolence of the affection, were alone the causes which excited our resentment', the suspicion of bad intentions would be too costly emotionally (105). Sentiments, intentions and thoughts—now reserved for the 'unerring tribunal' of 'the great Judge of hearts'—would be punishable, courts would become inquisitions, in short: 'There would be no safety for the most innocent and circumspect conduct' (105). Smith even concludes that

> *every part of nature, when attentively surveyed, equally demonstrates the providential care of its Author, and we may admire the wisdom and goodness of God even in the weakness and folly of man.* (105–6)

The idea that Nature or a benevolent Creator account for our ambivalence about cases of moral luck seems unappealing to many philosophers today, though we might be tempted let evolution take that role instead. Incidentally, it seems worth pointing out to members of economics departments and their disciples that Smith's arguments to the effect that all is for the best in this world rest on theological premises. The Invisible Hand may well be the Hand of the Invisible. Nonetheless, it is not for this reason only that Smith's vindication of moral luck seems untenable.

Smith glosses over all the different kinds of moral luck he so carefully distinguished in earlier chapters. It may be a good thing that we do not punish mere intentions, for which evidence is quite meagre anyway, or to err on the side of lenience when the intention is a mere intention. But when a wicked plan has clearly and visibly been carried out, this line of defence fails. As Smith himself admits, in the case of an attempted murder lenience is sometimes inappropriate. Should there be different rules for the thief whose hand was caught in his neighbour's pocket? Even if emotionally we have difficulties treating success and failure as on par, the law could surely be revised to accord not with our 'sentiments' but with the sound principle that only intentions counts. It may also be generally useful that neither unsuccessful attempts to do good nor 'mere good inclinations' (106) are praised and rewarded like successful actions. Any such practice would probably make us lazy. However, it can also be very disheartening if you do not succeed in your good works and others judge your actions merely by their success. Lastly, Smith is undoubtedly right when he says that it is 'of considerable importance, that the evil which is done without design should be regarded as a misfortune to the other as well as to the sufferer' (106), and there may be some use in feeling 'piacular'; and yet we would hardly wish to argue that our emotions are completely in line with reason, and that it is good that they are not.—And yet, Nature consoles the person who causes unintended harm or fails in producing good:

> *He summons up his whole magnanimity and firmness of soul, and strives to regard himself, not in the light in which he at present appears, but in that in which he ought to appear, in which he would have appeared if his generous designs had been crowned with success, and in which he would still appear if the sentiments of mankind were either altogether candid and equitable, or even perfectly consistent with themselves.* (108)

It is blatantly obvious that Smith is trying to have it both ways. Whatever is candid, equitable and rational must be judged useful, but occasional irregularities and sentimental departures from the rule are useful too.

Outlining the aims of his project, Smith makes some further remarks that help us to put his treatment of moral luck into perspective. The current enquiry, he says in a footnote concerning the general account of merit and demerit, is 'not concerning a matter of right' but 'a matter of fact'. He spells this out as follows:

> *We are not at present examining upon what principles a perfect being would approve of the punishments of bad actions; but upon what principles so weak and imperfect a creature as man actually and in fact approves of it.* (77)

However, he also expressly states that 'it seems wisely ordered' that actions have the kinds of effects on our sentiments that they do in fact have. The very existence of society requires the punishment of criminals, and we feel, appropriately, that punishing criminals is a proper and laudable action. Nature generally seems to be planned in such a way that utility within society be maximised 'sentimentally'. We naturally love society and feel abhorrence of what destroys it (87). Also, the general interest of society can even justify punishing good moral luck as if it had turned out to be bad, as in the case of the sentinel who is condemned to death for falling asleep, irrespective of the consequences of his negligence. This is considered a necessary severity, but it is not emotionally shared (90).

In the end it the gap between is and ought seems minimal. This is the general weakness of Smith's theory of moral feelings as a normative theory, if indeed that is what it was meant to be: very little normativity is gained by pitching sentiment against sentiment, and justifying any departure from the rule of reason by the alleged utility such irregularity may help to bring about. Whether you are a victim of bad moral luck or an unfortunate moral agent does not really matter. In either case, Smith offers advice and solace. All his subtlety notwithstanding, a certain tendency of having it both ways is the major flaw of Smith's theory of 'the Influence of Fortune upon the Sentiments of Mankind, with regard to the Merit or Demerit of Actions'.

VII. Concluding Remarks

Moral theories can differ decisively in more than one way. There is, obviously, the question of the status moral goodness, whether, for instance, there are moral facts that call for recognition, or whether goodness is some—emotional or rational—projection of moral agents. There is also the question of the ground of goodness in action: is the standard, ultimately, the good of the agent, the good of society, or perhaps some more abstract and formal variety of goodness. Moreover, we have to decide whether only actions and attitudes directed towards other people should be subject to moral assessment or whether, perhaps, there are morally good and bad qualities concerning solely one's own person; and, as Smith's discussion of moral luck shows, there is of course the question of what exactly we assess when we judge our own actions or the actions of others from the moral point of view. Elaborating upon Smith's initial distinction, there seem to be five candidates:

(i) We assess emotions, feelings, 'sentiments' in general which may or may not be expressed in action. When we say that some feeling as such, e. g. sympathy in a case in which help is impossible or inappropriate, is a morally good thing, we seem to do just that.

(ii)   We judge a person's character, i. e. his principles and motives for action. The rationale might be that whereas emotions generally are not within one's control, actions and their subjective principles must be thought to be voluntary for moral judgement to make sense at all.

(iii) We judge not motivation or character but intentions of actions, thinly construed as the expected outcome the agent wishes to bring about by his or her action.

(iv)   We judge the visible act performed, called 'conduct' in Smith's eighteenth-century moral terminology, perhaps because we consider motives and intentions too elusive to be the object of moral assessment.

(v)   We assess the effects of actions. There seems to be no good reason for this approach at all, but as this paper has largely been concerned with the effects of actions and the extent to which they are subject to 'Fortune', this fifth possibility deserves at least to be mentioned.

Option (v)—effects—excepted we still operate with the principle that we are morally responsible in terms of praise and blame only for actions that are within our control. As the first four answers show, consistently applying this criterion harbours the danger of our actions' being absorbed into the class of events or portions of the world, as Thomas Nagel puts it (*Moral Luck* in Stratman, 67). As mere events of the world are beyond our control and, if *we* are to be in charge of our actions, *we* cannot be part of the world, we presumably face the highly elusive question of what constitutes our moral self.

I tend to favour the second option—motives, character, personality *in action*, but let this be just an aside. Also, if we decide that more than one or even all of the above-mentioned categories are morally relevant, we still have to say which of them is primary and which derivative, or at least give some account of their relation. Smith, for example, talks about merit, duty, virtue and propriety, which he takes to be complementary. Any moral theory with the least claim to plausibility will have to accommodate and account for—much of—our rich moral vocabulary. The important thing to note is the following: if moral assessment implicitly relies on some notion of the moral self, the paradox of moral luck can be further developed, even resolved. For it seems that when we emotionally take fortune into account in our moral assessment of people's actions we are not just unduly impressed by the effects of their actions. We can make further sense of the 'shadow' of fortune. When we judge people's actions on the strength of their fortunate or unfortunate effects, we unconsciously attribute to them the characteristic of being a lucky or unlucky sort of person, and praise or blame them—or withhold due praise or blame—for precisely that. We still judge them for what they are, either implicitly alleging that they are responsible for that too, or, which seems to be more likely, reinforcing the link between the moral judgements of praise and blame and personality while at the same time severing the link between moral responsibility and the notion of control.

If this is a correct analysis of the matter, it is clearly irrational and morally unacceptable. It ought first to be thoroughly understood and then to be remedied. Surely at least our legal system can be made to accommodate our reflected judgement, even though our emotions may not.

Wilhelm Vossenkuhl

Rational and Irrational Intentions: An Argument for Externalism

There is plenty of evidence, e. g. in mathematics, in the sciences, and in economics, that rationality is paramount to all other cognitive powers. There is further evidence that intentions are borne and originate in the mind. We therefore might be inclined to conclude that rational intentions are brought about in the mind internally by the best of all cognitive powers. In this case it would be enough to analyse mental representations which are antecedent to decision making in order to find the basic ingredients causing rational or irrational intentions. But there is neither evidence for representations of this sort nor for mental causes of rational intentions. It is true that intending is a mental state or act, but it would, indeed, be false to believe that intentions are produced or brought about internally, i. e., without reference to the external world.[1]

Some intentions seem to be irrational although their mental origin is not different from the origin of rational ones. I shall argue that this indifference of origin of rational and irrational intentions is due to the fact that intentions—like all volitional attitudes—have external meanings. This implies that the criteria of rationality themselves are external to the mental activities of reasoning and intending. 'External' here means that the contents of volitional attitudes are individuated by the objects they are directed to and not by the mental acts or performances of intending themselves.[2] I shall further argue that the indifference of origin of rational and irrational intentions sheds light on the hybrid nature of rationality. For the sake of argument I shall use examples from the theory of choice. The gist of my argument is that intentional states enable us to choose mental acts, speech acts or non-verbal actions without reflecting alternatives beforehand.[3] This links up with the debate about voluntary action in this volume. Proust in her present paper tries to jump the belief-desire-model and follows K. Bach holding that some actions—"minimal actions" as they are called—neither presuppose conscious decisions nor intentions. My claims are a lot weaker. From what I argue, actions may be

---

[1] Intentions may well refer indirectly to internal entities. I may, e. g., intend to go for a walk in order to overcome my headache, or I may intend to solve a mathematical problem by using a certain method of proof. But I cannot intend any pain, or pleasure, or mathematical operation directly.
[2] This is in accordance with what the late Miss Anscombe wrote in her seminal book *Intention* (G. E. M. Anscombe, Intention, Oxford 1957): "[...] intention is never a performance in the mind [...]"(Ibd., 49).
[3] For arguments to the same effect see K. Bach, A Representational Theory of Action, in: Philosophical Studies 34 (1978), 361–379, and J. Proust in this volume.

intentional even if they do not result from deliberate choice. I therefore need not tackle the belief-desire-model myself.

I. Volitional Attitudes and External Meanings

It is not obvious why volitional attitudes, like, e. g., intending or wanting, should have external meanings. It is textbook knowledge that these attitudes are akin to other forms of intentionality or intentional states like, e. g., believing, or perceiving. As a common feature intentional states are directed to some objects.[4] If I intend or want to go for a walk it's the walking which renders content to my intending or wanting. If I believe that two plus two makes four it's a piece of arithmetic which is the content of what I believe. No independent meanings, no 'intending as such' nor 'believing as such' seem to be left if I omit the walking or the arithmetical operation, respectively. Therefore, over and above their word-meanings 'intending', 'believing' and other intentional states have no cognitive or semantic content of their own.

There are some attitudinal differences worth being noted. While the intentional states of believing and knowing represent cognitive attitudes, intending and wanting belong to the group of volitional attitudes. Being members of different families of attitudes the contents of believing and intending differ significantly in terms of their temporal conditions of satisfaction. While I may believe, or think what is already known, I cannot intend or want what I believe is already the case. I may, of course, intend, e. g., to close the front door, not knowing that somebody else already did. From a subjective point of view the external meanings of volitional attitudes are not constitutive to these attitudes as they stand. In other words, the objects or contents which give meaning to these attitudes are—at least from the viewpoint of the person who entertains these attitudes—not yet existing. If I intend, or want to feel pleasure or are in fear of pain, it's not the actual pleasure I'm intending or wanting, and not the existing pain I fear but future pleasure and future pain, respectively.[5] Volitional attitudes are in general directed to the future, while cognitive attitudes are to all tenses. In terms of tenses there is even a slight difference within the family of volitional attitudes. I may, e. g., have always wished or wanted that some event never occurred but it wouldn't make sense to intend that something in the past was or was not the case.[6] Wittgenstein's famous note in his *Tractatus* (6.373), that the world is independent from my own will, is true at least for the past.

---

[4] "Objects" here stands for all sorts of things like, e. g., thoughts, spatio-temporal objects, feelings, and ideas.

[5] For a similar characterization of wants see L. W. Sumner, Welfare, Happiness, and Ethics, Oxford 1996.

[6] It is possible to have intentions concerning the past. I may, e. g., intend that some past event is or will not be known by others. The conative attitude here concerns the knowledge of some facts by other people but not the facts themselves.

II. Intending and Choosing Spontaneously

The cognitive function of all intentional states may be described as the mental capacity to choose or select objects of knowledge, volition, and action without reflection. 'Choice without reflection' sounds awkward and paradoxical. But we do, indeed, direct our attention to contents or things without consciously considering alternatives. Without being able to offer a reason why we, e. g., turned our attention to this person rather than that one we choose objects of seeing, thinking, wanting, and intending without knowing why in the moment we do.[7] Let us call the choice brought about by intentional states 'mental choice'.[8]

There is some unwelcome vagueness to this kind of choice. While we know mostly what makes us choose what we believe, do, or say, we need not know exactly what makes us choose our intentions and wants. There are two obvious exceptions, first, long-term wants and intentions which already exist, and, second, rationalisations. Long-term intentions keep arousing deliberation and reasoning. If I always wanted to hike in the Hindu Kush I shall keep thinking about how to realise this intention till I find the opportunity to really do so. As to rationalisations, we are, of course, in retrospect, always able to answer the question why we intended or wanted to do something or other. But rationalisations must not be sincere and are not terribly reliable if we are really interested in finding out what made us choose our intentions. Leaving long-term intentions and rationalisations of intentions aside, in order to entertain volitional attitudes we need no reasons to do so. In other words, we need no states of affairs which may count as reasons for intending or wanting. Volitional attitudes may well be taken spontaneously.

Now, 'spontaneity' is a rather vague notion with an air of delusion. It should, therefore, need further qualification if it is of any use at all. The spontaneity of choice in the domain of intentional states or acts has two connotations, first, being undetermined, and, second, being caused or enacted without deliberation. Considering the first, volitional attitudes may count as being spontaneous in so far as they are brought about by mental choices which are—at least from the first person point of view—causally undetermined by any earlier choices. It is important to differentiate between conscious and subconscious causes. If I hold that a consciously taken choice of mine is causally undetermined this will not preclude that there may be subconscious causes at work. This leaves room for conditions, constraints or causes of choice which are either presently or generally unknown to the chooser but possibly sub-consciously valid or empirically evident in psychological research. Considering the second of the two connotations of spontaneity, volitional states may be called spontaneous if their choice is not inaugu-

---

[7] In a similar vein T. M. Scanlon proposes: "Not only perceptual beliefs, but many other attitudes as well arise in us unbidden, without conscious choice or decision." (T. M. Scanlon, What We Owe to Each Other, Cambridge, Mass. 1998, 22)

[8] I shall consider some aspects of mental and rational choice later. Both kinds of choices can be represented in standard and non-standard versions of choice.

rated by a process of deliberation or reasoning. This leaves further room for all sorts of "gut reactions"[9] determined by instincts, fears, or paranoia. In brief, spontaneous choice of intentions is choice without conscious motive and without deliberate reason.

Both these connotations merge in one and the same kind of example: E. g., my spontaneous intention to go to the cinema after my friend told me she couldn't make our date for dinner this evening. May be I am disappointed and angry, may be not; may be I just heard good news about the movie before, may be not. My intention is still spontaneous, independent from whether I could have chosen something else. Probably, after deep and thorough psychological scrutiny it will become obvious that there are bundles of causal chains which explain why I chose the intention to go to the cinema as against the theatre or staying home. Subjectively, my choice will still remain as having been taken spontaneously. It is not causally determined by earlier choices of the same or of a similar kind and it is not taken after reasoning or deliberation. This leaves enough room for long term intentions, emotions, aesthetic attitudes, and tastes to influence spontaneous mental choices of intentions and wants. These are some of the stronger candidates for the bundles of causal chains which might in the end explain my spontaneous choice of intentions.

III. Mental Choice

I introduced the notion of 'mental choice' claiming that it is the capacity of intentional states to choose their own objects and thereby their contents. The exercise of this cognitive function is far from clear. We are, at least conceptually, at a loss to explain in detail the faculty of directing and guiding ones perceptual and cognitive attention to whatever available contents of intending. We therefore, gladly, take it that these contents individuate what we intend. But, of course, in order to avoid circular explanations, we shall not hold that these contents will direct our attention externally. Otherwise, the intentional contents would cause their respective intentions backwards, as it were.

To direct ones attention to an object rather seems to be a process of mutual fit in which an individual's attention and the special features or even attractions of an object merge nicely. It looks as if the direction of ones attention is a co-operative mixture of active and passive between a subject and an object. On the background of a subject's pro-attitudes, including emotional dispositions, likings and dislikings, one and the same object seems appealing at a time but not at another one. In the latter case the person will not even take notice of it. If I like walking and if I want to take a break, going for a walk may seem appealing. But I may not even think of talking a walk although I'm taking a break. This active-passive interplay is a simple picture of what is going on when we intend to do, say, or know something.

---

[9] I borrow this phrase from D. Calne; Within Reason. Rationality and Human Behavior, New York 1999, 23.

We choose—as I argue above—many of our intentions to do something spontaneously without being knowingly or consciously determined or caused by earlier mental choices of the same or of a similar kind. It would, e. g., not make sense to say that I now intend to go for a walk because I had the same intention before. But the relation between intentions, actions, and habits is tricky. Although habits and actions following a rule are repetitive they are still intentional activities. They express what someone is up to, i.e., his or her intention-in-action.[10] The tricky bit is that the expression of intention of each action-token is in a way guaranteed by the action-type. A certain action-type or habit is known to express a respective intention-in-action. If I use the common words and gestures to greet people my behaviour will be identified as greeting independent from further intentions of mine.

Nevertheless, habits do not cause but represent and express intentions. My habit of greeting people is not the cause of my greeting Paul or Luisa. I don't greet everybody. Habits need some training and if they are well trained they become long term attitudes which we are prone to follow. In so far habits make it easy to choose affiliated and conventionally used actions. But action-types or habits will not cause action-tokens. The further are necessary in order to identify but not sufficient to execute the respective action-tokens. The choice of an action-token is open and leaves room for spontaneity. This may be underlined by an example from the realm of the reproductive arts. A pianist performing will know his program by heart. His maturity to interpret the pieces of music in his own individual way is beyond his technical ease. His individuality and authenticity thrive on top of his technical brilliance. Spontaneity in this case as in all other cases of intentional actions with strong habitual and repetitive aspects presupposes a high amount of practical knowledge which operates successfully without deliberate choice. Spontaneity is neither obviated by subconsciously valid causes nor by practical knowledge or repetitiveness.

Looking closer to my own intentional actions I might find that some of my intentions—like in the case of greeting—are not really chosen by myself but rather prompted by the social grid of rules and habits and their sanctions and gratification. My intentions in other cases might even result from evolutionary training to avoid pain and to pursue happiness. Here, again, in the social and in the evolutionary case emotional dispositions and evaluative attitudes come into play. I might as well find that consciously acquired and trained emotional dispositions and attitudes often do the whole job of choosing even without the gravitational forces of evolution and the social grid. Finally, all these dispositions and attitudes are mine and there is nothing wrong or awkward if I claim authorship for choosing my intentions on the basis of my emotions and psychological dispositions.

But then, why 'mental choice' and not just 'choice'? Indeed, because choice even if it is taken after deliberation, calculation, or reasoning, may still be spontaneous. It seems to be an unwarranted prejudice that deliberation, reasoning, and similar mental opera-

---

[10] The causally undetermined role of a person's intention in action is analysed by Anscombe, Intention, loc cit., 34–37.

tions count as being void of or even obviate spontaneity. Choosing mentally is nothing else but choosing, i. e., deciding about alternatives. All choices can be spontaneous independent from their antecedent conditions. In order, e. g., to find an elegant and economic mathematical proof one needs good ideas, and they got to be spontaneous even if the mathematical techniques and operations are common practice among mathematicians. What is left of the above mentioned two connotations of spontaneity? Mental choices are spontaneous in so far as they are neither consciously caused after deliberation nor by earlier choices of the same kind. Nevertheless, mental choices may have bundles of subconsciously valid causes and they may be accompanied by conscious operations of reasoning and deliberation. But all these conditions are not sufficient to explain the choice consciously taken.

IV. Rationality and Rational Choice

Like intentionality, rationality too has a functional meaning. It's, again, a cognitive function which resembles the type of mental choice just described for intentional states. But while the mental choice of intentions is generally spontaneous, the degree of spontaneity in rational choice is to be clarified. Some differences between mental and rational choice seem to be obvious. As against mental choice, the choice we perform rationally—so it seems—is caused by conscious motives and explained by deliberate reasons. If it is following deliberation and reasoning the rationality of choice is taken in a wide sense implying non-instrumental aims and purposes like, e. g., self-respect or social justice.[11] Rationality in the wide sense is often used as a synonym for 'reason'. As I mentioned above, deliberation and reasoning does not obviate spontaneity.

In a narrow sense rationality in terms of rational choice has an instrumental meaning. This type of choice is based on motives of gain relative to some purposes or aims. It seems that these motives make choices successful by making decisions clear and predictable. In its latter sense, the rationality of individual behaviour is unanimously defined by the axioms which determine the maximisation of expected utility.[12] Nobody will deny the importance of rationality in the wide sense, nor will anybody ignore that the model of rational choice offers a clear and useful normative model of individual decision making under certainty, risk, and uncertainty. Under certainty every agent knows exactly the utilities of his action. Under risk or uncertainty utilities are gauged by probabilities. The Bayesian rule tells the agent to maximise his subjectively expected

---

[11] Rationality in the wide sense implies a number of models like, e. g., expressive rationality, and bounded rationality. Useful surveys are offered, e. g., by B. R. Wilson (ed.), Rationality, Oxford ³1977; F. Hahn, M. Hollis (eds.), Philosophy and Economic Theory, Oxford 1979; M. Hollis, S. Lukes (eds.), Rationality and Relativism, Oxford 1982.

[12] For the sets of axioms for rational choice under certainty and one for rational choice under uncertainty see S. Hargreaves Heap, M. Hollis, B. Lyons, R. Sugden, A. Weale, The Theory of Choice: A Critical Guide, Oxford 1992, 5–11.

utilities.[13] Every rational agent behaves as if he is motivated by the maximisation of expected utility. The theory of choice tells us how the agent realises his motive rationally, i. e., with the utmost success relative to some intended aim.

There is no need to go into the details of expected utility theory. Thinking about rational intentions it will be enough to recall two of the major features of rational choice: first, its psychological groundwork, and, second, its axiomatic structure. The psychological groundwork is more or less expressed by the motivational force of expected utility maximisation. Francis Edgeworth's famous conjecture—in his *Mathematical Psychics* (1881)—that all individuals are driven by their pursuit of gain is a possible but not wholly adequate descriptions of the psychological nature of this very motive. It must not necessarily be the case that in rational decision making I am intending to get more of a certain good for myself. It's not greed which motivates my decision but the optimum of outcomes relative to certain aims independent from their egotistic or altruistic nature. *Why* humans want to take successful decisions is imbedded in their psychological groundwork and may remain opaque. *What* they want to be successful in is made transparent by the rational decisions themselves. This is how human psychology and mathematical axioms are co-ordinated. On top of the psychological groundwork a small number of axioms tell us how rationality works in order to maximise expected utility. With the axiomatic layer rational action and social exchange in general is modelled on economic action. Edgeworth described the economy as a bazaar, "an arena in which everyone is free to haggle with everyone else."[14] I won't pursue Edgeworth's economic ideas here. But the way he gives pure exchange economy a mathematical face makes it obvious how rationality ascends from the psychological and motivational groundwork via the mathematical structure of exchange to the maximisation of expected utility. There is no doubt, rationality in the narrow sense has psychological roots. At least in theory, it originates from non-rational dispositions. But these dispositions do not explain the decisions people take. The theory explains their rationality externally on basis of the pay-offs they gain.

V. Rational Paradox and the Contexts of Choice

Historically, we may now remember Hume's notorious plea for the passions as being the masters of reason. But I don't think that this piece of history is of any help if we want to understand rational intentions. What we learn from expected utility theory—if we want to—is that the psychology at the bottom of the theory will never carry us anywhere near rational choice on its own. The problem is that non-rational dispositions and motives are blind and clueless without the theoretical scaffolding which is offered by

---

[13] The Bayesian rule contains a subjective probability function and a subjective utility function. Both these functions come down to the value of expected utility.

[14] R. Sugden, Anarchic Order, in: Hargreaves Heap et. al., The Theory of Choice, loc cit., 179–195, 191.

expected utility theory. Therefore no Humean internalist will be able to explain the rationality or irrationality of choices. On the other hand expected utility theory is empty and inefficient without the motivational force from some psychological groundwork. It is difficult to explain how motives become forceful without cognitive guidance. One may, of course, try Hume again that the passions press reason into slavery and make them willynilly develop the theory needed. Instrumentalism is definitely not void of plausibility. As long as my motives are strong enough I'll do anything I can to realise my intentions; this is the message of instrumentalism. But, as we know from the suboptimal results of non-cooperation in the Prisoner's Dilemma, the dictates of the passions will not guarantee maximal success not even with theoretical help. Too easily rationality turns into irrationality.[15]

Obviously, the fit between the psychological groundwork and the instruments offered by decision theory to reach success is not quite happy. And I am not trying to improve it. I am rather interested in the incongruency itself and what we learn from it. It tells us, first, that we cannot generally proceed from the mental or psychological origin of intentions to rational outcomes even if we know what we should do to behave rationally in terms of the theory. It tells us, further, that our preferences do not agree with those norms of rationality that the standard theory prescribes. The axiomatic structure of the theory seems to be unable to account for what very many of us take to be the most rational thing to do. The story I have in mind is the Allais Paradox.[16]

The French economist M. Allais published a paper in which he criticised some of the axioms of expected utility theory.[17] His idea was to argue that people choose contrary to some of the assumptions made by the standard theory.[18] In order to show this Allais offered two problems which are described by the following lists. The pay-offs on these lists are in money in whatever currency:

Problem 1: choose between

A: 2500 with probability 0.33 2400 with probability 0.66 0 with probability 0.01	B: 2400 with certainty

---

[15] See A. Sen, Rational Fools: a Critique of the Behavioural Foundations of Economic Theory, in: Hahn, Hollis, Philosophy and Economic Theory, loc cit., 87–109.
[16] I borrow R. Sugden's version of the story (R. Sugden, How People Choose, in: Hargreaves Heap et. al., The Theory of Choice, loc cit, 36–50, 45).
[17] M. Allais, Le comportement de l'homme rationnel devant le risque: critique des postulats et axiomes de l'école américaine", in: Econometrica 21 (1953), 503–556.
[18] There are other paradoxes of a similar kind trying to question the empirical adequacy of the postulates of utility theory, e. g., the Ellsberg Paradox; for details see D. Ellsberg, Risk, Ambiguity, and the Savage Axioms, in: Quarterly Journal of Economics 75 (1961), 643–669.

Instead of problem 1 you now face a slightly different problem.

Problem 2: choose between

C: 2500 with probability 0.33	D: 2400 with probability 0.34
0 with probability 0.67	0 with probability 0.66

As it turned out in experiments[19], many people choose B in Problem 1 and C in problem 2 and only few people choose A and D, respectively. This is, indeed, what Allais supposed. Let us consider the risks implied in the two problems. A is obviously riskier than B. It seems unreasonable to take the risk of getting nothing for a relatively small increase. Most people will therefore reason that it seems preferable to be on the safe side and choose B instead of A. In problem 2 C looks a bit riskier than D, but here it seems reasonable to take the higher risk for the larger pay-off.

Why should these choices be paradoxical? The paradox is due to expected utility theory. According to the axiomatically grounded recommendations of the theory, if I choose B in problem 1 I shall have to choose D in problem 2; and if I choose A in problem 1 I shall have to choose C in problem 2. The axiom which obliges me to follow this course of decision making is the independence axiom. It tells us that any preference between A and B should not be influenced by components which are irrelevant. If it is irrelevant for my choosing B (2400 with certainty) that a higher amount (2500) is offered with probability 0.33 this very option must be ignored in problem 2 as well. I must prefer D to C. But if I prefer A to B in problem 1 I obviously go in for better outcomes even if they are offered with lower probability. I am even prepared to ignore an outcome offered with certainty. In order to choose consistently I have to prefer C to D in this case. Those who choose B in problem 1 and C in problem 2 are sinning against the independence axiom.

It should be easy to correct expected utility theory if it doesn't suit human behaviour. We could, e. g., delete or modify the axiom of independence, as it seems to be too demanding. Allais' paradox arises because people choose options which are irrational in terms of the theory. It seems over-ambitious and counter-intuitive to blame people for behaving irrationally just because they choose—unimpressed by the theory—according to their own expectations of winning.[20] Their intentions to win certain pay-offs seem to be both rational and irrational. Either the theory is wrong or people's choices are, depending on which perspective we choose. This is what I mention at the beginning where I claim that some intentions seem to be irrational although their mental origin does not

---

[19] One of the most well-known experiments was undertaken by Kahnemann and Tversky; see D. Kahneman, A. Tversky, Prospect Theory: An Analysis of Decision under Risk, in: Econometrica 43 (1979), 263–291. The pay-offs in the above lists are taken from this experiment.

[20] T. M. Scanlon rightly argues that violating axioms of choice is not enough to criticise people as being irrational (Scanlon, What We Owe to Each Other, loc cit., 31).

differ from the origin of rational intentions. The external meanings which determine the contents of intentions in these cases are either the pay-offs chosen by a great majority of people or the pay-offs offered by the standard theory. But the rationality or irrationality of both of these options are determined externally by the respective pay-offs.

Both of those pay-offs are external to the psychological groundwork or motivational dispositions of ordinary choosers. People's preferences for pay-offs depend on the contexts in which the pay-offs are offered to them. The preferences for pay-offs neither derive from individual psychological dispositions nor from the individuals' internal representations of long-term preferences like, e. g., life-plans. On the other hand, people's general attitudes towards risks and pay-offs are primed by their characters. But my personal character will not explain each of my choices. My timidity, e. g., will prompt me to choose a pay-off offered with certainty. But, first, I won't take any of the pay-offs which are certain if the risks of considerably larger pay-offs are reasonable. Secondly, any success of mine will give buoyancy to my taking greater risks in the next round of choices. My former timidity will only return after one or two unfortunate decisions before my confidence to win is strengthened again. Choices will always express timidity or boldness or other characters but the latter do not explain the choices themselves. This is a further reason why people's intentions to choose are determined externally.

The external nature of the contexts of choice is finally evident in Robert Sugden's Regret Theory.[21] I need not go into the mathematical details of the theory in order to give a brief sketch of Sugden's basic idea. While Allais tries to liberate choosers from the axiom of independence Sugden is prepared to give up the axiom of transitivity for individual preferences. This is illustrated by his example: Imagine three situations E, F, and G and their respective probabilities $p(E)=0,1$, $p(F)=0,4$, and $p(G)=0,5$.[22] These situations figure in two options of choice A and B:

Option A

0 - if E or F	1000+e - if G

Option B

1000 - if E or F	0 - if G

The pay-offs are in money and 'e' is an amount slightly larger than 0. Now, as long as the set of options is limited to A and B almost every theory will recommend A. The picture changes if there is one further option C available.

---

[21] R. Sugden, An Axiomatic Foundation for Regret Theory, in: Journal of Economic Theory 60 (1993), 159–180.
[22] $p(E)=0,1$ reads: the probability that E occurs is 0,1.

Option C

5000 - if E	0 - if F or G

Considering the order of preferences {A, B, C} Sugden argues if e is sufficiently small B is preferable to A. Option C changes the original order of preference of A over B. The switch of preferences from A to B and the implied violation of the axiom of transitivity is easily explained: If we choose A and E occurs our regret will be considerably deeper with option C than without. Of course, it all depends on the negligibility of e. Nevertheless, the change of preferences is brought about externally by a contextual change.

I shall neither discuss the general consequences of weakening the axiom of transitivity nor shall I defend Sugden's Regret Theory. His theory plausibly and convincingly shows that the alternatives of choice are not to be characterised by some intrinsic features of the alternatives themselves but by their mutual relations. These relations change relative to the contexts in which the alternatives of choice are offered. Finally, whenever these contexts change our preferences change as well.

The incongruency which I mentioned earlier between the psychological groundwork of decision making and the standard theory of rational choice is partly overcome by the different strategies of either weakening the axiom of transitivity or giving up the axiom of independence. In both cases the norms of rationality are adjusted to the possible changes of individual preferences. It is now possible to proceed without paradox from the psychological groundwork of decision making to the revised standards of rationality. Whatever revision of the set of axioms of the standard theory of rationality we accept the very possibility of revising the set corroborates the externalist account of rational decision making.

After all, both the analyses of mental and of rational choice showed that intentions are individuated by external meanings. While this issues from the spontaneity of mental choice in volitional attitudes it is due to the contextual character of preferences in rational choice. It first seemed that rational choice was not spontaneous but governed by the single motive to maximise expected utility. The advantage of the single motive seemed to be that it makes decisions clear and predictable, and that it guarantees maximal success. If this was the case rational choice would be determined internally by an intrinsic motive of gain. We now see that this is not the case. Obviously rational decision making is influenced by external factors to be found in its context. And these factors are beyond the control of the standard theory of choice. Each individual's psychological groundwork including character, emotions and evaluative attitudes play a role.[23] This is not surprising but it shows how inept the internalist Humean picture of the pas-

---

[23] As D. Calne resumes: "We favor certainty if we are dealing with a potential gain and uncertainty if we are facing a potential loss. These attitudes are emotional—we minimize our anxiety by making decisions in this way." (Calne, Within Reason, loc cit., 288)

sions pressing reason into slavery is, at least from the view-point of rational decision making. The passions are too clueless and changeable to control reason. On the other hand, reason is unable to control the passions to the same effect.

Finally, rational choice can be as spontaneous as the mental choice of intentions. Even if we assume that we all share similar motives the choices we make are not caused by these motives directly. We choose our intentions to maximise our expected utilities basically the same way as we choose intentions mentally, i. e., independent from the clues and fixations which might have accrued from earlier choices.

At the beginning I mention the hybrid nature of rationality. Rationality is at least in its narrow, instrumental sense a hybrid. It is partly based on some psychological groundwork or motivational set and partly on theoretical and axiomatic structure. None of these parts is sufficient for rational decision making, and their relation is—as we learnt from Allais and Sugden—precarious. Why is rationality a hybrid? Because it combines two incongruent ingredients, psychological groundwork and theoretical structure. The mutual influence of these counterparts to form a coherent whole is ad hoc and a matter of compromise.

In order to determine the rationality of intentions we need to know their objects in a context of alternatives. Neither the psychological groundwork nor the theoretical structure of the standard theory offer a universal and conclusive basis to judge whether intentions are rational or not. Rational intentions are determined externally. No intention is intrinsically rational. The consequences of this observation in ethics are to be considered carefully at least for theories which are based on the intrinsic nature of moral rationality.[24]

---

[24] The most prominent example is I. Kant who in his *Groundwork for the Metaphysics of Morals* argues from the intrinsic goodness and moral rationality of the "good will".
I would like to acknowledge my gratitude to Martin Rechenauer, Bettina Walde, Sabine Massen and Tillmann Vierkant for helpful discussions and valuable criticisms and recommendations.

Olaf L. Müller

Fühlen oder Hinsehen?
Ein Plädoyer für moralische
Beobachtungssätze

I. Zwei Optionen für nicht-apriorische Rechtfertigung moralischer Sätze

Es gibt moralische Beobachtungssätze. Das ist zumindest die These des vorliegenden Aufsatzes. Etwas ausführlicher lautet meine These wie folgt: Es gibt moralische Sätze, denen wir unter besonders dramatischen Umständen deshalb zustimmen sollten, weil uns diese Umstände die fragliche moralische Reaktion genauso deutlich aufdrängen wie uns der Anblick eines nahenden Tigers zu der zoologischen Behauptung „Da ist ein Tiger" drängt.

Sollte meine These zutreffen, so spräche dies für intellektuellen Respekt vor der Ethik: Wir müßten die Ethik gegenüber den empirischen Naturwissenschaften nicht erkenntnistheoretisch zurücksetzen, da sie laut meiner These aus derselben Erkenntnisquelle schöpfen könnte wie die Naturwissenschaften.

Um Mißverständnissen vorzubeugen: Ich werde im folgenden nicht dafür plädieren, daß Empirie den *einzigen* Weg zur ethischen Erkenntnis darstelle; die Möglichkeit apriorischer Erkenntnis in der Ethik werde ich offenlassen. Meiner Ansicht nach hat apriorisches Wissen in der Ethik einen berechtigten Platz – so wie in den Naturwissenschaften.[1] Zu diesem Thema werde ich im vorliegenden Aufsatz nichts sagen. Hier möchte ich nur für die nicht-apriorische Überprüfbarkeit *mancher* moralischer Sätze argumentieren.

Genauer gesagt, möchte ich für die *empirische* Überprüfbarkeit (mancher) moralischer Sätze argumentieren: für deren Überprüfbarkeit durch *sinnliche* Erfahrung. Sinnliche Erfahrung ist nur eine Kandidatin für nicht-apriorisches Wissen – emotionale Selbsterfahrung wäre eine andere Kandidatin: Wer auf seine eigenen Gefühle acht gibt und daraus Schlüsse zieht, gelangt dadurch sicherlich nicht zu apriorischem Wissen im engeren Sinne (d. h. zu Wissen, das sich allein durch *Nachdenken* rechtfertigen läßt).

---

[1] Ich habe an anderer Stelle für die Existenz synthetischer Sätze plädiert, die im Rahmen der Physik a priori gelten. Vgl. O. Müller, Kantische Antworten auf die moderne Physik *oder* Sollen wir Kants Apriori mit Michael Friedman relativieren?, Philosophia naturalis 37, Heft 1 (2000), 97–130. Daß wir auch in der Ethik apriorisches Wissen erreichen können, werde ich demnächst anhand eines neuen transzendentalen Beweises gegen den Utilitarismus vorführen, vgl. O. Müller, Grenzen für den Utilitarismus: Ein transzendentales Gegenargument (erscheint in den Kongressakten zum XIX. Deutschen Kongress für Philosophie, 23.–27.9.2002 in Bonn).

Dennoch ist emotionale Selbsterfahrung kein Fall von sinnlicher Erfahrung. Denn bei der emotionalen Selbsterfahrung brauchen sinnliche Erfahrungen keine Rolle zu spielen. Es kann vorkommen, daß jemand in einem Moment starker emotionaler Bewegung alle sinnliche Erfahrung aus dem Blick verliert. Man kann blind sein vor Wut – und zwar im Wortsinne blind (und nicht nur in dem Sinne, in dem man etwa sagt: Liebe macht blind).

Wer also (wie ich es vorhabe) plausibel machen will, daß wir in der Ethik nicht-apriorisches Wissen erwerben können, der könnte hierfür entweder an unsere emotionale oder an unsere sinnliche Reaktion auf das appellieren, was um uns herum und in uns vorgeht. Fühlen oder Beobachten – das scheinen die beiden konkurrierenden Optionen für nicht-apriorische Ansätze in der Erkenntnistheorie der Ethik zu sein. Wie der Untertitel dieses Aufsatzes andeutet, werde ich mich am Ende für die zweite dieser Optionen aussprechen: Fürs Hinsehen, für moralische Beobachtung.[2]

Zuvor möchte ich exemplarisch gegen die erste erkenntnistheoretische Option – Fühlen – plädieren, und zwar anhand eines Vorschlages von Morton White, der unsere ethischen Emotionen als Kriterium zur Überprüfung bestimmter moralischer Sätze ins Spiel zu bringen versucht hat. Sollte meine Kritik zutreffen, so führt uns Whites Vorschlag zurück auf die ausgetretenen Pfade des ethischen Intuitionismus, die White hatte vermeiden wollen: zurück zu der alten Idee, der zufolge uns bei der Unterscheidung zwischen Gut und Böse eine geheimnisvolle, fühlende Erkenntnisinstanz namens „Intuition" zur Seite steht – und derartige Vorschläge gelten zu Recht als überholt.

Zwar werde ich nicht zeigen, daß jeder Versuch, unsere ethischen Emotionen für die Erkenntnistheorie der Ethik fruchtbar zu machen, zum Intuitionismus zurückführt. Aber durch die Zurückweisung eines besonders ausgefeilten Vorschlags in dieser Richtung hoffe ich, den erkenntnistheoretischen Anhängern der ethischen Emotionen dartun zu können, wie man es besser nicht anfangen sollte.

In meinem eigenen Vorschlag werden die ethischen Emotionen keine erkenntnistheoretische Rolle spielen. (Ob und inwiefern sie kausal auf den Erwerb nicht-apriorischer ethischer Meinungen wirken, kann ich offen lassen). Mein Vorschlag rückt sinnliche Erfahrung in den metaethischen Vordergrund. Ich möchte darlegen, daß wir ganz bestimmte ethische Sätze im Lichte und aufgrund unserer augenblicklichen Sinneserfahrung akzeptieren.

Gegen derartige metaethische Vorschläge wird schnell eingewandt, daß wir kein eigenes Sinnesorgan zur Wahrnehmung moralischer Qualitäten hätten. Daß wir kein solches eigenes Sinnesorgan (etwa zur Wahrnehmung moralischer Verbote) haben, gebe ich zu. Aber wir haben auch kein *eigenes* Sinnesorgan zur Wahrnehmung von Tigern. Und trotzdem sind wir berechtigt, Sätzen über die Anwesenheit von Tigern aufgrund sinnlicher Erfahrung zuzustimmen. Diese Zustimmung ergibt sich aus einer höchst

---

[2] Über den Gesichtssinn dürften wir die wichtigsten Informationen für moralische Beobachtung erlangen; trotzdem sind die anderen Sinne nicht ganz ohne Bedeutung für unser Thema. Der Titel „Fühlen oder *Hinsehen*" gibt mein Thema also nicht ganz vollständig wieder.

Fühlen oder Hinsehen? Ein Plädoyer für moralische Beobachtungssätze 177

komplizierten Verarbeitung der unterschiedlichsten sinnlichen Eindrücke: aus Verarbeitungsroutinen, die wir uns beim Spracherwerb aneignen. Nicht minder kompliziert sind (behaupte ich) die Verarbeitungsroutinen, die uns von ganz bestimmten Mustern sinnlicher Eindrücke zu gewissen moralischen Sätzen leiten; und auch diese Routinen eignen wir uns an, wenn wir sprechen lernen.

Aus diesen wenigen Andeutungen (die ich später inhaltlich füllen werde) läßt sich bereits extrapolieren, daß ich auf dem Boden ganz bestimmter Voraussetzungen für moralische Beobachtungssätze plädieren werde: auf dem Boden der Sprachphilosophie W.V.O. Quines. Das ist ganz gewiß nicht das einzige Terrain, auf dem ein Plädoyer für moralische Beobachtung von Interesse wäre. Aber Quine bietet meiner Ansicht nach besonders interessantes Terrain für solch ein Plädoyer, und zwar aus drei Gründen.

Erstens hat Quine einen Begriff des Beobachtungssatzes entwickelt, der einigermaßen präzise ist und in der Wissenschaftsphilosophie gute Dienste leistet. (Wir werden diesen Begriff unten eingehend zu motivieren versuchen.) Wenn man sie in Quines Terminologie formuliert, dann hat die Frage nach der Existenz moralischer Beobachtungssätze meiner Ansicht nach soviel präzisen Sinn, daß sie sich eindeutig, und zwar positiv, beantworten läßt.

Quine hätte dies positive Resultat überrascht. Er glaubte nicht an die Möglichkeit moralischer Beobachtung. Damit sind wir beim zweiten Vorteil, den es mit sich bringt, wenn wir unsere Überlegungen an Quine anknüpfen. Quine hat seinen Begriff des Beobachtungssatzes eigens für die empirischen Naturwissenschaften entwickelt und steht als hartgesottener Szientist ganz sicher nicht im Verdacht, die Möglichkeit moralischer Beobachtung zu leichtfertig in Kauf zu nehmen. Ließe sich Quines Mißtrauen gegen die erkenntnistheoretische Dignität der Ethik auf dem Boden seiner eigenen, szientistischen Voraussetzungen beschwichtigen, so wäre für die Ethik besonders viel gewonnen. Meine Behauptung, daß es moralische Beobachtungssätze im Sinne Quines gibt, geht viel weiter und viel überraschender als die Behauptung, daß es moralische Beobachtungssätze in irgendeinem (etwa: non-szientistischen) Sinne gibt.[3]

Der dritte Vorteil unserer Anlehnung an Quine liegt in Quines Holismus. Quine unterscheidet wissenschaftliche Sätze aus dem *Innern* unseres Überzeugungsnetzes (die sich nur durch Vermittlung von und im logischen Zusammenhang mit anderen Sätzen des Netzes überprüfen lassen) von Sätzen an der *Peripherie*, die man isoliert testen kann und deren Verwerfung (aufgrund widerspenstiger Daten) uns zu Veränderungen im

---

[3] Andreas Graeser z. B. spricht sich gegen Quines Begriff des Beobachtungssatzes aus, vgl. A. Graeser, Moralische Beobachtung, interner Realismus und Korporatismus, Zeitschrift für philosophische Forschung 50, Heft 1/2 (Januar–Juni 1996), 51–64, hier: 61, Anmerkung 28. Graeser verteidigt moralische Beobachtungen, ohne sich auf einen vergleichbar präzisen Beobachtungsbegriff festzulegen. Klar ist: Da er weniger verlangt als Quine, haben Graesers Schlußfolgerungen eine geringere Tragweite, als es die Existenz moralischer Beobachtungssätze i. S. Quines hätte.

Innern unseres Überzeugungsnetzes nötigt, ohne eindeutig zu bestimmen, wie diese inneren Veränderungen auszusehen haben.[4]

Quines holistisches Bild ist auch für die Metaethik attraktiv. Es lädt zu einer Übertragung auf ethischen Überzeugungen ein, weil es uns einerseits – im Innern unseres ethischen Überzeugungsnetzes – Spielraum für konkurrierende Optionen frei läßt (wodurch moralische Meinungsverschiedenheiten erklärt werden können) und weil es die Ethik trotzdem unter die Kontrolle einer äußeren Instanz (an der Peripherie des Netzes) stellt – im Unterschied zu bloß kohärentistischen Ansätzen, die frei in der Luft herumzuschweben drohen.

Es ist dieser Vorzug des holistischen Bildes gegenüber kohärentistischen Ansätzen, durch den die Leitfrage meines Aufsatzes motiviert ist. Sie lautet: Wodurch sollen sich – nach der Übertragung der holistischen Netzmetapher auf den ethischen Diskurs – die direkt testbaren ethischen Sätze vor allen anderen Sätzen aus unserem ethischen Überzeugungssystem auszeichnen?

Wie ich angedeutet habe, sucht White (der Quines Methapher vom Netz unserer Überzeugungen dankbar aufgreift) nach ethischen Sätzen am Rand des Netzes, die sich anhand unserer *emotionalen* Reaktion auf die Welt direkt überprüfen lassen; er verdichtet sozusagen die Datenbasis, die bei Quine nur als sinnliche Basis gefaßt war, um eine neue Komponente: die Gefühle – dazu gleich mehr (Abschnitte II und III).

Nach der Zurückweisung dieser Idee werde ich in den Abschnitten IV bis VII zu Quines ursprünglicher Vorstellung zurückkehren und zeigen, daß es schon in Quines Sinn mehr direkt testbare Sätze an der Peripherie des Netzes gibt, als dieser gemeint hat: nicht nur die direkt testbaren Sätze aus den Naturwissenschaften – sondern auch direkt testbare moralische Beobachtungssätze: einige Beispiele für solche Sätze werde ich im letzten Abschnitt dieses Aufsatzes genauer vorführen.

II. Der Vorschlag von Morton White im Vergleich mit Quines Begriff des Beobachtungssatzes

Morton White möchte die erkenntnistheoretische Respektabilität der Ethik gegen seinen alten Weggefährten Quine verteidigen und argumentiert (genau wie ich es später auch zu tun beabsichtige) von einem Standpunkt, den Quine hätte plausibel finden müssen. White betrachtet ein ethisches Überzeugungsnetz, das in einer konkreten Situation zur

---

[4] Vgl. W. V. O. Quine, Word and Object, Cambridge, Mass. 1960, 64; u. ders., Five Milestones of Empiricism, in: Theories and Things, Cambridge, Mass. 1981, 67–72, hier: 70–1. Ein ausführliches Plädoyer für diese holistische Sicht der Dinge gebe ich in: O. Müller, Synonymie und Analytizität: Zwei sinnvolle Begriffe. Eine Auseinandersetzung mit W.V.O. Quines Bedeutungsskepsis, Paderborn 1998, Kapitel 7.

moralischen Verurteilung eines Schwangerschaftsabbruchs führt.[5] Laut White kann es vorkommen, daß sich gegen dieses moralische Verdikt ethische Emotionen sperren – insbesondere dann, wenn man die betreffende Frau, ihre Lage und die Gründe für ihre Entscheidung gut genug kennt, um ihre moralische Verurteilung als unangemessen zu *empfinden*. Diese Gefühle sprechen dann gegen das Überzeugungsnetz, aus dem die moralische Verurteilung der Frau hervorgegangen war. White sagt: *Weil* wir fühlen, daß die Schwangere keine moralische Schuld auf sich geladen hat, widersprechen wir dem Satz:

(1)   Die Schwangere hat moralisch falsch gehandelt.[6]

Satz (1) scheint also vor dem Tribunal unserer ethischen Emotionen nicht bestehen zu können – ganz genau so, wie im traditionellen Verständnis der Quine/Duhem-These ein Satz wie:

(2)   Da ist ein Tiger,

angesichts ausbleibender gestreifter Tiereindrücke nicht vorm Tribunal unserer sinnlichen Erfahrung bestehen wird.[7]

Wenn die Analogie zwischen (1) und (2) wirklich tragen könnte, so hätte White ein gutes Argument zugunsten der erkenntnistheoretischen Respektabilität der Ethik. Es gäbe dann zwei gleichberechtigte Sorten direkt testbarer Sätze – einerseits empirisch direkt testbare (deskriptive) Sätze, andererseits emotional direkt testbare (moralische) Sätze, die zwar nicht durch widerspenstige *Erfahrungs*daten zu Fall gebracht werden können, wohl aber durch widerspenstige *emotionale* Daten.

Daß es, wie ich behaupten werde, moralische Beobachtungssätze gibt, würde White zwar verneinen. Denn seiner Sicht zufolge lassen sich direkt testbare moralische Sätze

---

[5] Vgl. M. White, Normative Ethics, Normative Epistemology, and Quine's Holism, in: L. E. Hahn u. P. A. Schilpp (Hgg.), The Philosophy of W. V. Quine, La Salle 1986, 649–662, hier 652–3. Vgl. auch M. White, What Is and What Ought to Be Done, Oxford 1981, 39 *et passim*.

[6] Man fragt sich: Auf *wessen* Gefühle kommt es hier an? White scheint sich nicht recht entscheiden zu können. In seinem Aufsatz testet White den Satz (1) aus der Perspektive der Schwangeren: „I now ask Quine to imagine that the mother who is criticized does not have the feeling of being obligated *not* to have done what she did. In my view, she might be justified under certain conditions in denying statement (1)" (Normative Ethics, Normative Epistemology, and Quine's Holism, a.a.O., 653; Whites Hervorhebung; ich habe die Nummer des Beispielsatzes stillschweigend an meine Numerierung angepaßt). Anders in seinem Buch, wo White allerdings einen anderen (und meiner Ansicht nach weniger überzeugenden) Beispielsatz verwendet; hier zählen plötzlich nicht mehr die ethischen Emotionen des Handelnden, sondern die eines Beobachters von außen (What Is and What Ought to Be Done, a.a.O., 39).

[7] White setzt das Zitat aus der vorigen Fußnote wie folgt fort: „In denying (1), she [i. e., the mother – O. M.] would, I contend, do something analogous to what a descriptive scientist, say a chemist, might do upon failing to have a sensory experience that was predicted by some chunk of purely descriptive belief" (Normative Ethics, Normative Epistemology, and Quine's Holism, a.a.O., 653).

wie (1) nicht durch widerspenstige *Beobachtungen* widerlegen.[8] Die Frage: *Gibt es direkt testbare moralische Sätze?* würde White hingegen bejahen. Sätze wie (1), auf die er sich hierbei berufen würde, hätten White zufolge denselben erkenntnistheoretischen Wert wie Beobachtungssätze.[9] Wir müssen daher fragen: Wie weit geht die Analogie, an die White appelliert?

Es ist nicht einfach, sich eindeutige Intuitionen über die erhoffte Analogie zwischen Sätzen wie (1) und (2) zu verschaffen. Denn hierfür scheint man sinnliche Erfahrungen mit ethischen Emotionen vergleichen zu müssen.[10] Aber schon der Begriff der sinnlichen Erfahrung verflüchtigt sich im philosophischen Streit allzu schnell; wieviel weniger dürfen wir da auf die Hoffnung geben, daß es uns gelingt, den Begriff der ethischen Emotion dingfest zu machen!

Folgendes Rezept zur Auflösung solcher philosophischen Schwierigkeiten hat sich bewährt: Vermeide die verwirrende Rede von irgendwelchen schwer faßlichen mentalen Entitäten dadurch, daß du dich mit der Rede von ihren *sprachlichen Gegenstücken* zufriedengibst.

Statt daß wir uns also z. B. über den Begriff der sinnlichen Erfahrung endlos den Kopf zerbrechen, sollten wir uns (dem Rezept zufolge) mit der Frage begnügen, welche *Sätze* sich direkt vor dem Tribunal der sinnlichen Erfahrung zu verantworten haben. Vielleicht können wir diese Frage beantworten, ohne uns darauf festzulegen, was genau sich in unseren Köpfen abspielt, wenn wir die fraglichen Sätze mit der sinnlichen Erfahrung konfrontieren. Das zumindest behauptet W.V.O. Quine: Meiner Ansicht nach ist es

---

[8] Irritierenderweise möchte er seine Position Quine dadurch schmackhaft machen, daß er sie als neuen Meilenstein des *Empirismus* verkauft (Normative Ethics, Normative Epistemology, and Quine's Holism, a.a.O., 661). Meiner Ansicht nach entspräche es eher seinen Intentionen, wenn er stattdessen von einem neuen Meilenstein des Anti-Apriorismus reden würde. Immerhin charakterisiert er seine Position wie folgt: „In my view moral principles are not a priori truths, not necessary truths, not analytic truths, not intuitively known" (ebd., 661).

[9] White sagt: „I [...] avoid drawing an epistemological distinction between the *testing* of normative statements and the *testing* of descriptive statements" (ebd., 661, Whites Hervorhebungen). White vermeidet allerdings die Rede von direkt testbaren Sätzen – möglicherweise deshalb, weil er Testbarkeit (genau wie Quine: Beobachtungsnähe) streng genommen für einen graduellen Begriff hält? (Mehr dazu in den Fußnoten 11, 16, 26, 37). Aber auch bei White gibt es klare Fälle: In „Normative Ethics, Normative Epistemology, and Quine's Holism" (a.a.O., 653–5) gibt er sich bereits mit Sätzen wie (1) zufrieden, allerdings unter der Voraussetzung normaler Wahrnehmungs- und Gefühlsbedingungen (ebd., 653). In seinem Buch gönnt sich White den Platz, dies im holistischen Geiste auszubuchstabieren. Das Ergebnis: Sogar Sätze wie (1) können nicht einzeln durch ethische Emotionen bestätigt oder zurückgewiesen werden, wohl aber hinreichend starke Konjunktionen, in denen sie vorkommen (What Is and What Ought to Be Done, a.a.O., 40). Zumindest solche Konjunktionen verdienen also das Gütesiegel direkter Testbarkeit. Ich werde oben im Haupttext diese Komplikation ignorieren, da sie das Problem nur verschiebt.

[10] So sagt White: „The view [...] requires the existence of a feeling which stands to the predicate 'ought not to be uttered' very much as a sensory experience of whiteness stands to the predicate 'is white'" (What Is and What Ought to Be Done, a.a.O., 40).

ihm gelungen, einen befriedigenden Begriff des Beobachtungssatzes auszubuchstabieren, ohne an den Begriff der sinnlichen Erfahrung appellieren zu müssen.

Ich möchte die verzweigte Debatte zu diesem Thema hier nicht nachzeichnen, sondern allein an ihr Ergebnis anknüpfen. Zwei Kriterien müssen laut Quine erfüllt sein, damit ein Satz beobachtungsnah[11] ist:

(i) Wird irgendeinem Sprecher der fragliche Satz zur Beurteilung vorgelegt, so hängt sein Verdikt ausschließlich von der augenblicklichen Stimulation seiner sensuellen Außenflächen ab.

(ii) Verschiedene Sprecher derselben Sprachgemeinschaft stimmen in ihrer Beurteilung des Satzes überein, wenn ihnen der Satz unter denselben Umständen vorgelegt wird.[12]

Betrachten wir ein Gegenbeispiel und einen positiven Fall. Der Satz

(3) Da ist ein Junggeselle,[13]

erfüllt keines der beiden Kriterien und gilt daher nicht als Beobachtungssatz im Sinne Quines. Denn erstens hängt unsere Beurteilung des Satzes nicht allein vom kausalen Geschehen an unseren Außenflächen ab. Wir können ein und denselben Prinzen zweimal auf exakt gleiche Weise präsentiert bekommen: Wenn die Präsentationen zwei Wochen auseinanderliegen und dazwischen die Traumhochzeit in allen Gazetten gefeiert worden ist, dann werden wir dem Satz bei der ersten Gelegenheit zustimmen und bei der zweiten Gelegenheit widersprechen – obwohl sich an unseren Außenflächen beidemal dasselbe abspielt. Unsere Reaktion hängt nicht ausschließlich von der augenblicklichen Stimulation unserer Sensorik ab; es fließen darüber hinaus *Hintergrundinformationen* in unser Urteil ein.[14]

Zweitens erntet der Satz nicht immer unter denselben Umständen das einhellige Verdikt aller Anwesenden. Wer nicht die einschlägigen Journale liest, hat vielleicht von der

---

[11] Durch die relative Rede von „Beobachtungsnähe" (anstelle der absoluten Rede von „Beobachtungssätzen") möchte ich herausheben, daß die folgende Definition streng genommen nur einen graduellen Begriff charakterisiert. Gute Beispiele für Beobachtungssätze müssen die Kriterien also nur hinreichend gut erfüllen und nicht etwa vollständig. Daß der Begriff des Beobachtungssatzes ein gradueller Begriff ist, hat Quine an vielen Stellen seiner Schriften betont, vgl. Word and Object, a.a.O., 42; Pursuit of Truth, Cambridge, Mass., überarbeitete Ausgabe 1992, 3.

[12] W. V. O. Quine, In Praise of Observation Sentences, in: The Journal of Philosophy 90 (1993), 107–116, hier 108–9. Vgl. auch W. V. O. Quine, Reply to Morton White, in: L. E. Hahn u. P. A. Schilpp (Hgg.), The Philosophy of W. V. Quine, a.a.O., 663–665, hier 664. Dort ist das Kriterium (i) allerdings nur implizit enthalten. Quines Kriterien für Beobachtungsnähe haben sich seit ihrer ersten Formulierung in *Word and Object*, a.a.O., 40–42, oft gewandelt; die Feinheiten dieses Wandels sind für die Zwecke dieses Aufsatzes irrelevant. (Ich erörtere sie ausführlich in *Synonymie und Analytizität*, § 7.19–§ 7.23).

[13] Quines Beispiel, vgl. Word and Object, a.a.O., 42.

[14] Quine spricht von „collateral information", vgl. Word and Object, a.a.O., 42.

Hochzeit nichts gehört und beurteilt daher den Satz angesichts derselben prinzlichen Stimulationen anders als die wohlinformierte Mehrheit.

So weit das Gegenbeispiel. Ein positives Beispiel für einen Beobachtungssatz haben wir schon kennengelernt:

(2)   Da ist ein Tiger.[15]

Ob wir diesem Satz zustimmen, hängt überhaupt nicht von irgendwelchen Hintergrundinformationen ab. Einzig die furchteinflößende und sehr gegenwärtige tigerartige Stimulation unserer Außenflächen löst unsere Zustimmung zu dem Satz aus. Und jeder Deutschsprachige in derselben gefährlichen Lage wird den Satz genau so beurteilen wie wir.[16]

Ich habe vorhin Quines Begriff des Beobachtungssatzes deshalb angepriesen, weil man ihn ohne Rückgriff auf den Begriff der sinnlichen Erfahrung erklären kann. Nun können wir sehen, wie Quine das Wunder vollbracht hat: Er kann die problematische Rede von sinnlicher Erfahrung in unseren Köpfen (sozusagen auf der Mattscheibe unseres inneren Fernsehers) dadurch vermeiden, daß er stattdessen von Stimulationen an unseren Außenflächen spricht. Das sind respektable physikalische Ereignisse, die sich unter gehörigem sinnesphysiologischem Aufwand ganz gewiß identifizieren lassen.

Wenn also White seinen alten Kampfgefährten Quine davon überzeugen will, daß im ethischen Diskurs Sätze vorkommen, deren erkenntnistheoretischer Status den Beobachtungssätzen Quines in nichts nachsteht, dann muß er die fraglichen ethischen Sätze dingfest machen können, ohne auf den zweifelhaften Begriff der ethischen Emotion zurückzugreifen. So, wie Quine im naturalistischen Geiste den Begriff der sinnlichen Erfahrung zum Verschwinden gebracht hat, so muß White ohne den Begriff der ethischen Emotion auskommen.[17] Sonst wäre die Analogie zumindest in Quines Augen verfehlt.

---

[15] Traditionellerweise illustriert Quine seinen Begriff des Beobachtungssatzes eher anhand von Kaninchen als anhand von Tigern; noch beobachtungsnäher sind laut Quine Sätze mit Farbwörtern (vgl. Word and Object, a.a.O., 41).

[16] Jeder Deutschsprachige? *Fast* jeder Deutschsprachige – wenn man es ganz genau nehmen will. Cartesische Skeptikerinnen oder auch besonders gewissenhafte Beobachter könnten sicherheitshalber ihr Urteil zurückhalten, bis sie ganz rückhaltlos verspeist werden. Solche Sonderfälle schaden nicht, da wir streng genommen ohnehin nur von einem hinreichenden Grad an Beobachtungsnähe sprechen sollten, Vgl. Fußnoten 11 u. 37.

[17] Mit alledem möchte ich nicht behauptet haben, wir hätten kein inneres moralisches Leben. Im Gegenteil, ich stimme Iris Murdochs Argumenten gegen die auf Wittgenstein zurückgehende (aber natürlich nicht von ihm vertretene) Orthodoxie zu, der zufolge es kein inneres moralisches Leben geben könne (I. Murdoch, The Idea of Perfection, in: The Sovereignty of Good, London 1970, 1–45, hier 10–23). – Im Gegensatz zu Iris Murdoch meine ich, daß es beim metaethischen Plädoyer für Respekt vor der Ethik günstig wäre, ohne Rückgriff auf das innere moralische Leben auszukommen. Warum? Weil man dann die von ihr kritisierten Szientisten mit deren eigenen Waffen schlagen kann.

White behauptet, dieser Forderung nachkommen zu können.[18] Daß er sich hierin täuscht, werden wir im nächsten Abschnitt sehen. Und wir werden dort sehen, daß Whites Vorschlag nicht einmal dann funktioniert, wenn man Quines naturalistische Forderung zurückweist. Nimmt man diese beiden Punkte zusammen, so kann Whites Vorschlag als erledigt gelten.

III. Warum Whites Vorschlag nicht funktionieren kann

Wir haben im letzten Abschnitt gesehen, daß White die ethischen Emotionen naturalisieren sollte, wenn er ethische Sätze auftun will, die mit Quines Beobachtungssätzen gleichauf sind. Wie könnte White dieser Forderung nachkommen? Er müßte eine eigene Klasse respektabler physikalischer Ereignisse aufweisen, die sich zu ethischen Emotionen so verhalten, wie sich die sensuellen Stimulationen an unseren Außenflächen zu sinnlichen Erfahrungen verhalten.

Und nun steckt White in der Klemme. Es kann die gesuchten physikalischen Extra-Ereignisse nicht geben. Denn wenn wir versuchen, Quines naturalistisches Manöver auf dem Gebiet der ethischen Emotionen zu wiederholen, stoßen wir ins Leere. Um zu verstehen, woran das liegt, sollten wir uns Quines Manöver noch einmal griffig vor Augen führen: Weil (respektable) Stimuli an der Sensorik eines Sprechers stets zuverlässig die (schwerer faßlichen) Erfahrungen des Sprechers bestimmen, welche ihrerseits zuverlässig dessen Verdikte auf Beobachtungssätze auslösen, konnte Quine in dieser kausalen Kette das dubiose Zwischenglied („Erfahrung") überspringen.

Was müßte White tun, um dies Manöver zugunsten direkt testbarer ethischer Sätze zu wiederholen? Versuchen wir es rückwärts. Der Sprecher reagiert auf einen direkt testbaren ethischen Satz. Wodurch wird sein Urteil ausgelöst? Durch eine ethische Emotion. Was sind ethische Emotionen? Wir wissen es nicht genau, aber vielleicht haben sie ja kausale Vorläufer, die wir besser identifizieren können. Verfolgen wir also die kausale Kette ein Stück zurück. Welche physikalischen Ereignisse an den Außenflächen des Sprechers ziehen zuverlässig ethische Emotionen nach sich? Gäbe es eigene Sinnesorgane für ethische Emotionen, so könnte White auf diese Frage befriedigend antworten. Doch was von draußen zu uns ins Innere dringt, gelangt immer nur durch die Pforten der Wahrnehmung ins Bewußtsein. Einzig und allein Stimulationen an der Sensorik

---

[18] Obwohl er der Forderung aus erkenntnistheoretischen Gründen nicht unbedingt mit viel Sympathie gegenübersteht (vgl. Normative Ethics, Normative Epistemology, and Quine's Holism, a.a.O., 658–9), behauptet White, daß das geforderte Manöver im Fall der Ethik funktionieren müßte, wenn es im deskriptiven Fall funktioniert: „Since he [i. e., Quine – O. M.] has managed to his own satisfaction to construct a theory which avoids „phenomenalistic interpretation" by involving surface irritations rather than experiences, he might – if we were to accept what I have said so far – be able to transform a similar transformation on „feelings of obligation" if he finds that term [...] subject to some defect of the kind he finds in 'experience' because of its association in his mind with phenomenalism" (ebd., 658).

hinterlassen kausale Spuren weiter innen. Könnte sich White nicht mit diesen sensuellen Stimulationen zufriedengeben? Nein; denn er wollte die Klasse der direkt testbaren Sätze *erweitern*, indem er deren Testbasis vergrößerte. Und wenn sich nun herausstellt, daß bei der Naturalisierung dieser Testbasis nichts anderes übrig bleibt, als auch schon bei Quine vorkommt, dann hat White am Ende genauso viele direkt testbare Sätze zur Verfügung wie Quine: Ohne erweiterte Testbasis kein Zuwachs direkt testbarer Sätze.[19]

Rekapitulieren wir. White hatte die Ethik mit den Wissenschaften auf dieselbe erkenntnistheoretische Stufe stellen wollen, indem er die Evidenzbasis für die Wissenschaften – sinnliche Erfahrung – um zusätzliche Evidenzen anreichern wollte, die dann auch zum Test ethischer Systeme taugen sollten. Diese Rolle hatte White den ethischen Emotionen zugedacht. Doch bei der Naturalisierung der Evidenzen im Stil Quines, bei der im deskriptiven Fall alle sinnlichen Erfahrungen durch Stimuli an der Sensorik ersetzt werden, konnten die ethischen Emotionen nicht mitziehen. Und es blieben allein die Stimuli an der Sensorik im Spiel. Wenn aber die Basis für den direkten Test von Sätzen nicht erweitert werden kann, dann kann es neben den Beobachtungssätzen keine zusätzlichen direkt testbaren Sätze geben. Quines Beobachtungssätze behalten das Monopol der direkten Testbarkeit.

Nun mag man gegen diese pessimistische Konklusion einwenden, es sei unbillig gewesen, von White zu verlangen, er solle die naturalistischen Manöver wiederholen, die ihm Quine beim Übergang von sinnlicher Erfahrung zu Stimulationen an der Sensorik vorgemacht hat. Entspringen diese naturalistischen Manöver nicht jenem szientistischen Vorurteil, in dessen Licht die Respektabilität der Ethik von vornherein verloren ist?

Selbst wenn es sich so verhielte, reichte dieser Einwand allenfalls für ein Unentschieden. Ich werde nun aber zeigen, daß der Einwand nicht sticht. D. h. ich werde zeigen: Selbst wenn wir es White durchgehen lassen, daß er die ethischen Emotionen nicht nach Art Quines naturalisieren kann, bekommt er immer noch keine *eigene* Klasse direkt testbarer ethischer Sätze.

Um zu sehen, woran das liegt, wollen wir versuchen, eine nicht-naturalistische Definition für Whites Begriff des (durch Gefühl und Beobachtung) direkt testbaren Satzes aufzuschreiben. Wie das? Wir müssen Quines Begriff des Beobachtungssatzes zunächst entnaturalisieren (indem wir die Rede von sensueller Stimulation durch die Rede von

---

[19] Hier mag sich der Einwand aufdrängen, ich überzöge die Forderung nach Analogie zwischen Beobachtungssätzen und direkt testbaren moralischen Sätzen, wenn ich von White verlangte, daß er ausgerechnet respektable physikalische Ereignisse an den *Außenflächen* des Sprechers dingfest machen soll. Genügt es nicht, neuronale Feuermuster im Gehirn aufzuweisen, die mit den fraglichen ethischen Emotionen einhergehen? Nein; denn dann ginge das Charakteristikum *direkt testbarer* Sätze verloren. Wenn die Neurophysiologie eines schönen Tages überhaupt so weit reichen kann, wie wir zugunsten des Einwandes einmal annehmen wollen, dann wird sie uns mit folgendem Faktum beglücken: Der Zustimmung bzw. Ablehnung *jedes beliebigen* Satzes geht ein jeweils ganz spezifisches neuronales Feuermuster voraus.

sinnlicher Erfahrung rückübersetzen[20]) und dann erweitern (indem wir der sinnlichen Erfahrung ethische Emotion hinzugesellen). Hier ist das Ergebnis:

(i') Wird irgendeinem Sprecher der fragliche Satz zur Beurteilung vorgelegt, so hängt sein Verdikt ausschließlich von seiner augenblicklichen *sinnlichen Erfahrung und/oder ethischen Emotion* ab.

(ii) Verschiedene Sprecher derselben Sprachgemeinschaft stimmen in ihrer Beurteilung des Satzes überein, wenn ihnen der Satz unter denselben Umständen vorgelegt wird. [Unverändert].

Nehmen wir das veränderte erste Kriterium (i') genauer unter die Lupe. Von welchen ethischen Emotionen ist die Rede? Obwohl White das nicht ausdrücklich sagt, geht es ihm nicht um moralphilosophische Emotionen allgemeinerer Art; er würde es nicht zulassen, daß jemand den Utilitarismus oder Kants kategorischen Imperativ dadurch verteidigt, daß er sich auf ein abstraktes Pflichtgefühl beruft, etwa: *Ich fühle mich verpflichtet, wie ein Utilitarist (bzw. wie ein Kantianer) zu handeln.* Warum würde White das nicht zulassen? Weil dadurch der anti-apriorische Pfiff seines gesamten Unternehmens verloren ginge. Die fraglichen Gefühle wären ein Beispiel für ethische Intuitionen, wie sie White ablehnt.[21]

Wenn White sein Projekt nicht konterkarieren möchte, darf er also keine ethischen Emotionen im Spiel lassen, die ein Sprecher *sowieso* hat – d. h. unabhängig von der Situation hat, aus der heraus er urteilt. Die für Whites Zwecke einschlägigen ethischen Emotionen müssen vielmehr von außen induziert sein. Sie müssen sich angesichts konkreter äußerer Umstände eigens entwickeln. *Angesichts* konkreter äußerer Umstände: d. h. wenn der Sprecher sie wahrnimmt! Die fraglichen Gefühle hängen also von den augenblicklichen Wahrnehmungen des Sprechers ab. (*Wenn* sie die metaethische Rolle spielen sollen, die White ihnen zuweist.) Wenn nun die Verdikte des Sprechers auf einen direkt testbaren ethischen Satz unmittelbar von seinen ethischen Emotionen abhängen und diese wiederum von seinen sinnlichen Erfahrungen, dann kann man das emotionale Zwischenglied genauso gut überspringen und kürzer sagen: Die Verdikte des Sprechers auf einen direkt testbaren ethischen Satz hängen ausschließlich von seinen sinnlichen Erfahrungen ab. (Die ethischen Emotionen mögen zwar eine zentrale interne Rolle im Urteilsprozeß spielen, können aber bei der externen Charakterisierung der fraglichen Sätze ebensogut weggelassen werden.) Damit ist gezeigt: Jeder Satz, auf

---

[20] Durch derartige Übersetzungen ändert sich im wesentlichen nur die Redeweise. In einem bald erscheinenden Aufsatz versuche ich zu zeigen, wie sich die naturalistische Redeweise aus der Außenperspektive systematisch in die Redeweise aus der Innenperspektive überführen läßt (und umgekehrt). Die beiden Perspektiven ergänzen einander. Vgl. O. Müller, From within and from without: Two perspectives on analytic sentences, erscheint in: W. Hinzen u. H. Rott (Hgg.): Belief and Meaning: Interfaces and Dependencies (erscheint 2002).
[21] Vgl. oben Fußnote 8.

den Whites Kriterien (i') und (ii) zutreffen, erfüllt *eo ipso* auch die folgenden zwei Kriterien:

(i'') Wird irgendeinem Sprecher der fragliche Satz zur Beurteilung vorgelegt, so hängt sein Verdikt ausschließlich von seiner augenblicklichen *sinnlichen Erfahrung* ab.

(ii) Verschiedene Sprecher derselben Sprachgemeinschaft stimmen in ihrer Beurteilung des Satzes überein, wenn ihnen der Satz unter denselben Umständen vorgelegt wird. [Unverändert].

Und das heißt: Ein solcher Satz ist ein Beobachtungssatz in Quines Sinn![22] Kurz, es kann White selbst unter nicht-naturalistischen Prämissen nicht gelingen, eine *eigene* Klasse direkt testbarer ethischer Sätze aufzutun. Quines Klasse der Beobachtungssätze läßt sich nicht um direkt testbare ethische Sätze erweitern. Der Grund für Whites Scheitern liegt nicht in irgendwelchen szientistischen Annahmen des Naturalismus. Der allgemeine Grund für sein Scheitern lautet vielmehr: Ethische Emotionen stehen mit sinnlichen Erfahrungen nicht auf derselben Stufe. Die Idee, sinnliche und emotionale Erfahrung parallel zu behandeln, führt grundsätzlich in die Irre.

IV. Quines Argument gegen moralische Beobachtungssätze

Bietet das Ergebnis unserer bisherigen Überlegungen Anlaß zur metaethischen Verzweiflung? Keineswegs. Wir wissen zwar nun, daß es keine eigene Klasse direkt testbarer ethischer Sätze gibt, zusätzlich zu Quines Beobachtungssätzen. *Daraus folgt aber nicht, daß kein einziger ethischer Satz direkt testbar wäre!* Es folgt nur: Wenn es direkt testbare ethische Sätze gibt, dann fallen sie unter Quines Begriff des Beobachtungssatzes.

Wir müssen uns jetzt also fragen, ob es ethische Beobachtungssätze im Sinne Quines gibt. Wie versprochen, werde ich die Frage bejahen. Und zwar werde ich die Frage unter rein naturalistischen Voraussetzungen bejahen. Diese naturalistischen Voraussetzungen halte ich zwar nicht für zwingend. (Sogar halte ich sie für falsch.[23]) Aber ich akzeptiere sie um der dialektischen Lage willen: Je strikter die Vorgaben, desto wertvoller die Ergebnisse. Wenn die Ethik sogar unter den naturalistischen Voraussetzungen ihrer Verächter unseren erkenntnistheoretischen Respekt verdient, dann ist dies Ergebnis besonders wertvoll. (Es kann sogar als *reductio ad absurdum* besonders krasser Formen von Naturalismus verwendet werden.)

---

[22] Freilich nur ein Beobachtungssatz in Quines Sinn nach Entnaturalisierung. Aber vergessen wir nicht, daß wir Quines Begriff nur White zuliebe entnaturalisiert hatten.

[23] Im letzten Kapitel meiner Habilitationsschrift, die voraussichtlich 2002 unter dem Titel *Wirklichkeit ohne Illusionen* in Paderborn herauskommen wird, versuche ich, überzeugende Gründe gegen die naturalistische Weltsicht vorzubringen.

Doch bevor die Zeit für diesen glücklichen Ausgang der Geschichte reif ist (siehe Abschnitte V bis VII), soll im vorliegenden Abschnitt Quine zu Wort kommen, der die Frage nach der Existenz moralischer Beobachtungssätze verneint hat. Quine verneint die Frage in seiner Reaktion auf Whites Vorschlag.[24] Aber die negative Antwort auf unsere augenblickliche Frage kann Whites Vorschlag nicht treffen. Denn wie wir gesehen haben, behauptet White nicht, daß es ethische Beobachtungssätze im Sinne Quines gibt; vielmehr behauptet er (und zwar wenig überzeugend, wie wir gesehen haben), daß Quines Begriff des Beobachtungssatzes so *erweitert* werden kann, daß eine Klasse von (wie wir sie genannt haben) direkt testbaren Sätzen entsteht, die einerseits Quines Beobachtungssätze umfaßt und *darüber hinaus* gewisse ethische Sätze. Und zu dieser These sagt Quines negative Antwort auf unsere Frage nichts.

Betrachten wir aber Quines Argument gegen moralische Beobachtungssätze im eigenen Recht:

> *An observation sentence is an occasion sentence that commands the same verdict from all witnesses who know the language. Consider, then, the moral occasion sentence 'That's outrageous'. In the hope of getting it to qualify as an observation sentence, let us adopt an unrealistic „best-case" assumption about our linguistic community, to the effect that all speakers are disposed to assent to 'That's outrageous' on seeing a man beat a cripple or [...] commit any other evil that can be condemned on sight without collateral information. [....] Would 'That's outrageous' then qualify as an observation sentence? It would still not, simply because it applies also and indeed mostly to other acts whose outrageousness hinges on collateral information not in general shared by all witnesses of the act.*[25]

Quine gibt also zu, daß der fragliche Satz *zuweilen* die einhellige Zustimmung aller Beobachter findet; aber das genügt nicht. Um die Konsensbedingung (ii) zu erfüllen, muß der Satz *immer* von allen Zeugen einhellig beurteilt werden.[26] Und das ist selbst dann nicht zu erwarten, wenn die Sprecher in allen allgemeinen Fragen der Moral einig sind. Denn selbst dann können unterschiedliche Hintergrundinformationen zu divergierenden Einzelurteilen führen. Das ist ein raffinierter Punkt, den ich durch folgendes Beispiel illustrieren möchte.

Malen wir uns eine hypertraditionelle Gesellschaft[27] aus, in der voreheliche Liebesbeziehungen allenfalls auf rein platonischem Niveau toleriert werden. Selbst Küsse zwischen Nichtverheirateten empfinden unsere Hypertraditionalisten als skandalös. Wenn

---

[24] Denn er beendet seine Zusammenfassung der Position Whites wie folgt: „Some of the observation sentences we would thus be driven [...] would be moral ones. This is what I find problematic, as I shall explain" (Quine, Reply to Morton White, a.a.O., 664).

[25] Vgl. Quine, Reply to Morton White, 664.

[26] Oder zumindest von *fast* allen Zeugen. Da die Frage nach Beobachtungsnähe graduell zu beantworten ist (s. o. Fußnote 11), brauchen wir uns hier nicht auf übertriebene Generalisierungen festlegen zu lassen.

[27] Diese Bezeichnung habe ich mir von einem Beispiel bei Bernard Williams ausgeliehen, ohne daß ich mich damit auf die Details seines Beispiels festlegen möchte. Vgl. B. Williams, Ethics and the Limits of Philosophy, Cambridge, Mass. 1985, 142.

sich also zwei Frauen innig küssen, werden alle Zeugen dem folgenden Satze einhellig beipflichten:

(4)   Was da vor sich geht, ist moralisch unerhört!

Denn natürlich ist im hypertraditionellen Moralkodex keine gleichgeschlechtliche Ehe vorgesehen; ohne Hintergrundwissen über den Familienstand der zwei Frauen ist also jedem Zuschauer auf der Stelle klar, daß die beiden Frauen nicht miteinander verheiratet sind: Ihr Kuß ist sichtlich sittenwidrig.

Damit Satz (4) aber als Beobachtungssatz im Sinne Quines durchgeht, müssen ihn die Hypertraditionalisten in *jeder* Situation einhellig bewerten. Nun küßt heute irgendeine Frau den schönen Prinzen. Weil die beiden gestern heimlich im engsten Kreise der Königsfamilie geheiratet haben, verurteilen die Eingeweihten den Kuß nicht, während das gemeine Volk vor moralischer Empörung kocht. Und damit herrscht bei den Hypertraditionalisten kein einhelliges Urteil über den Satz

(4)   Was da vor sich geht, ist moralisch unerhört!

Der Satz ist daher kein Beobachtungssatz im Sinne Quines, und zwar aus demselben Grund wie vorhin der Junggesellensatz:

(3)   Da ist ein Junggeselle.

Beides sind Sätze, deren Beurteilung nicht allein von gegenwärtigen Beobachtungen (sensuellen Stimulationen) abhängt, sondern auch von Hintergrundinformationen; sie können selbst unter identischen Umständen von verschiedenen Sprechern unterschiedlich beurteilt werden – nämlich dann, wenn die Sprecher unterschiedliche Hintergrundannahmen hegen.

Bei genauem Hinsehen wird deutlich, daß die Beurteilung des Satzes (4) von exakt denselben Hintergrundannahmen abhängt wie die Beurteilung des Junggesellensatzes (3). Nur wer informiert ist, ob der geküßte Prinz irgendwann vorher am Traualtar gewisse Ja-Worte hat vernehmen lassen, weiß, ob der Prinz verheiratet ist und von seiner Liebsten schon geküßt werden darf. Die mangelnde Beobachtungsnähe des Junggesellensatzes vererbt sich also bei den Hypertraditionalisten direkt auf die mangelnde Beobachtungsnähe des Satzes (4).

Dieser Zusammenhang muß uns nicht überraschen. Wenn in einem Moralkodex zur Unterscheidung von richtig und falsch auf beobachtungsferne deskriptive Unterscheidungen (wie hinsichtlich des Familienstandes) zurückgegriffen wird, dann sind die resultierenden konkreten moralischen Gebote und Verbote mindestens so beobachtungsfern wie die deskriptiven Sätze, von denen ihre Beurteilung abhängt.

Quines Argument ruht also auf solidem Grund.[28] Ergibt sich aus alledem, daß es überhaupt keine moralischen Beobachtungssätze geben kann? Keineswegs. Wir haben nur gesehen, daß der Satz

(4) Was da vor sich geht, ist moralisch unerhört!

kein Beobachtungssatz ist. Zwar läßt sich das Argument in kanonischer Weise auf beispielsweise folgende Sätze übertragen:

(5) Hier verletzt der Bundeskanzler seine Pflicht.
(6) Dies ist moralisch erlaubt.
(7) Dies ist ungerecht.

Aber um zu Quines genereller pessimistischer Konklusion zu gelangen, muß mehr gezeigt werden, als daß ein paar ethische Beispielsätze beobachtungsfern sind. Diesmal spielt die dialektische Lage denen in die Hände, die den intellektuellen Respekt vor der Ethik verteidigen wollen. Sie dürfen sich mit einem einzigen positiven Beispiel begnügen, während ihre Gegner anhand einzelner Gegenbeispiele nie gewinnen können. Und in der Tat werde ich am Ende dieses Aufsatzes ein paar Beispiele für moralische Beobachtungssätze formulieren.

Im nächsten Abschnitt werden wir ein Manöver kennenlernen, mit dessen Hilfe sich moralische Sätze formulieren lassen, deren Beurteilung nicht von deskriptiven Hintergrundinformationen abhängt. Damit wäre der ursprüngliche Grund für Quines Bedenken ausgeräumt; es wäre gezeigt, daß es moralische Beobachtungssätze geben *kann*. Daß es sie tatsächlich gibt, werden wir erst in den Abschnitten VI und VII sehen.

V. Wie sich die Abhängigkeit von Hintergrundinformation umgehen läßt

Gehen wir zunächst in die betrachtete hypertraditionelle Gesellschaft zurück, und stellen wir uns vor, das Kußverbot für Nichtverheiratete wäre die einzige moralische Regel, die dort gilt. In diesem Fall wäre der folgende Satz ein moralischer Beobachtungssatz:

(8) Wenn die zwei da drüben nicht miteinander verheiratet sind, dann ist moralisch unerhört, was da vor sich geht.

---

[28] Auf nicht so solidem Grund ruht im Lichte meines Beispiels allerdings folgende Behauptung von Quine: „The sentence 'It's raining' [...] and the sentence 'That's a rabbit' [...] qualify well enough as observational, a status that is somewhat a matter of degree. 'He's a bachelor', at the other extreme depends on collateral information that is seldom widely shared. *That's outrageous' is intermediate between 'That's a rabbit' and 'He's a bachelor'*" (Reply to Morton White, a.a.O., 664 – meine Hervorhebung). Vermutlich hat Quine im Zuge dieser konzilianten Geste gegenüber White nicht bedacht, daß es von der jeweiligen ethischen Theorie abhängt, wie beobachtungsfern ein ethischer Satz ist, und daß ethische Theorien sehr gern auf den Familienstand der Akteure zurückgreifen?

Der Vordersatz dieses Bedingungsgefüges schränkt das durch (4) ausgedrückte moralische Verdikt ein; und er schränkt es in einer Weise ein, die das Hintergrundwissen überflüssig macht, das zur Beurteilung von (4) unabdingbar war. In der hypertraditionalistischen Gesellschaft werden dem Satz (8) alle Zeugen irgendwelcher Küsse einhellig zustimmen (womit Quines Konsensbedingung (ii) für Beobachtungsnähe erfüllt wäre). Und ihr Urteil wird ausschließlich von den aktuellen Stimuli an ihren Außenflächen abhängen (womit Quines Bedingung (i) der ausschließlichen kausalen Abhängigkeit von Stimulationen erfüllt wäre).

In der vorgestellten hypertraditionellen Gesellschaft ist der Satz daher ein Beobachtungssatz in Quines Sinn. Doch muß ich zugeben: Dies Ergebnis kam unter der künstlichen Annahme zustande, daß es in jener Gesellschaft bloß eine einzige moralische Regel gibt. Obwohl uns das Beispiel hat Mut schöpfen lassen, müssen wir uns von seinen Beschränkungen lösen.

Statt der speziellen Einschränkung hinsichtlich vergangener Ereignisse ausgerechnet vorm Traualtar wie in (8) können wir das moralische Verdikt folgendermaßen gegen jedwede Hintergrundinformation hinsichtlich der Vergangenheit immunisieren:

(9)   Was auch immer in der Vergangenheit geschehen sein mag: Was hier vor sich geht, ist moralisch unerhört.

Mit diesem Satz sind wir schon ein gutes Stück näher am Ziel. Anders als in (8) haben wir das ursprüngliche moralische Verdikt aus (4) diesmal verstärkt. In welcher Weise auch immer die Moralisten irgendeiner Gesellschaft auf Hintergrundinformationen über Vergangenes zurückgreifen, wenn sie Verdikte wie (4) fällen: für die Beurteilung des Satzes (9) spielt diese Hintergrundinformation keine Rolle, weil ja in diesem Satz das moralische Verbot so sehr verschärft wird, daß es unter allen denkbaren Annahmen über die Vergangenheit greifen soll. Und wenn im betrachteten Moralkodex neben Regeln mit Bezug auf Vergangenes allein solche Regeln vorkommen, die sich auf gegenwärtig Beobachtbares beziehen, dann braucht ein Sprecher nur seine Umgebung im Blick zu behalten, um den Satz (9) zu beurteilen. – Wodurch abermals Quines Bedingungen für Beobachtungsnähe erfüllt wären.

Aber auch mit dem Satz (9) sind wir noch nicht am Ziel. Sobald ein Moralkodex konsequentialistische Elemente enthält, hängen seine Verdikte auch von Hintergrundinformationen über die Zukunft ab. Und dies beeinträchtigt abermals die Beobachtungsnähe von Sätzen wie (4) und (9). Natürlich hilft dagegen dasselbe Kraut wie zuvor – Neutralisierung des Bezugs auf andere Zeiten als die Gegenwart:

(10)   Was auch immer in der Zukunft geschehen wird oder in der Vergangenheit geschehen sein mag: Was hier vor sich geht, ist moralisch unerhört.

Dieser Satz dürfte in den meisten moralischen Systemen bereits ein Beobachtungssatz sein. Wie der Satz beurteilt wird, hängt ausschließlich davon ab, was sich kurz vor der Abgabe des Urteils an den Außenflächen des Urteilenden abspielt. Wenn dessen Moralkodex überhaupt irgendeinen Bezug zur Gegenwart aufweist, dann wird der Urteilende dem Satz je nach Stimulation entweder beipflichten oder widersprechen. Und andere Sprecher, die demselben Kodex anhängen, werden in ein und derselben Situation ein und dasselbe Verdikt über den Satz fällen.

Was aber, wenn ein Moralkodex überhaupt keinen Bezug zur Gegenwart hat? Abstrakt mag es uns schwerfallen, uns einen Moralkodex ohne Bezug zur Gegenwart vorzustellen. Denn wozu sollte ein solcher Kodex da sein? Und wie sollte er gelehrt werden?

Trotzdem gibt es solche moralischen Systeme. Ich rede vom reinen Konsequentialismus in all seinen Spielarten. Laut Konsequentialismus (welcher Spielart auch immer) hängt es *ausschließlich* von den Folgen einer Handlung ab, ob sie geboten, verboten oder erlaubt ist. Und da die Folgen einer Handlung immer in der Zukunft liegen, über deren genauen Verlauf selbst wohlinformierte Kreise allzuleicht in Streit geraten können, wird für Konsequentialisten selbst der Satz (10) nicht als Beobachtungssatz herauskommen.

Doch auch Konsequentialisten kommen nicht ohne moralische Sätze aus, deren Bewertung allein von der Gegenwart abhängt. Diese Sätze geben allerdings keine Handlungsanweisungen und enthalten daher keine der deontischen Operatoren 'geboten', 'verboten', 'erlaubt'. Es ist vielmehr die konsequentialistische Werttheorie, die sich ganz ausdrücklich nur aufs Hier und Jetzt bezieht. Für konsequentialistische Moralgemeinschaften mit axiologischem Konsens wäre daher der folgende Satz beobachtungsnah:

(11)   Dies ist intrinsisch gut.

Im Vergleich zu seinen wortreichen und gewundenen Vorgängern (9) und (10) ist der Beobachtungssatz (11) angenehm prägnant. Und er dürfte in allen Gesellschaften beobachtungsnah sein, die sich eines hinreichenden Konsensus in werttheoretischen Fragen erfreuen.[29]

Anders als Quine in der vorhin zitierten Passage nahegelegt hat, gibt es also moralische Beobachtungssätze, wenn sich die Sprecher der betrachteten Gemeinschaft in allgemeinen ethischen Fragen einig sind. Die Abhängigkeit mancher ethischer Einzelurteile von deskriptiven Hintergrundinformationen muß – entgegen Quine – unsere Hoffnung auf moralische Beobachtungssätze nicht zunichte machen. Jetzt kann sich Quine natürlich immer noch darauf zurückziehen, daß in unserer modernen oder gar postmodernen Zeit kein Konsens mehr über allgemeine ethische Fragen herrscht. Wie sich dieser zusätzlichen Herausforderung begegnen läßt, möchte ich in den nächsten beiden Abschnitten vorführen, die unseren Gedankengang abschließen werden.

---

[29] Man mag es irritierend finden, daß je nach vorausgesetzter ethischer Theorie verschiedene Sätze als Beobachtungssätze herauskommen. Diese Irritation verdient mehr Aufmerksamkeit, als ich ihr hier zuwenden kann. Zur Beruhigung zitiere ich hier nur, was Einstein über das parallele Problem in der Physik gesagt hat: „It is the theory which decides what we can observe" (zitiert nach W. Heisenberg, Physics and Beyond: Encounters and Conservations, New York 1971, 63). – Selbst der sonst so skeptische Harman scheint hier eine Parallele zwischen Ethik und Wissenschaft zu sehen (G. Harman, The Nature of Morality, New York 1977, 4–6).

VI. Zwei Antworten auf Zweifel am erforderlichen Konsens

Ohne hinreichenden Konsens gibt es keine Beobachtungssätze im Sinne Quines (siehe oben Abschnitt II). Herrscht in der Moral jemals so viel Konsens, wie für die Existenz moralischer Beobachtungssätze erforderlich wäre? Das mag man bezweifeln. Ich werde diese zusätzliche Herausforderung mit einer doppelten Antwort parieren. Erstens: Ob Konsens herrscht, hängt von der Größe der betrachteten Gruppe ab. Je kleiner die Anzahl ihrer Mitglieder, desto größer die Hoffnung auf Konsens. Und zweitens brauchen wir keinen allumfassenden Konsens in ethischen Fragen anzunehmen. Ein gewisser Minimalkonsens genügt.

Zur ersten Antwort. Auf transkulturellen Konsens dürfen wir natürlich nicht zählen. Aber wir brauchen auf ihn auch nicht zu zählen. Denn Quines Begriff des Beobachtungssatzes hängt nur vom Konsens innerhalb ein und derselben Sprachgemeinschaft ab; daher sprechen transkulturelle Meinungsverschiedenheiten in moralischen Fragen nicht gegen die Existenz moralischer Beobachtungssätze in jeder einzelnen Sprachgemeinschaft.[30]

Wie steht es auf der darunter liegenden Ebene: auf der Ebene ein und derselben Gesellschaft? Ich beanspruche, gegen Quine gezeigt zu haben, daß es Gesellschaften gibt oder gegeben hat, in deren Sprache moralische Beobachtungssätze formuliert werden können. Ethik *kann* also ein intellektuell respektables Unterfangen sein. Warum es möglicherweise in unserer Gesellschaft so weit gekommen ist, daß keine moralischen Beobachtungssätze mehr in Sicht sind, diese Frage hängt mit der allgemeineren Frage nach der Respektabilität der Ethik nicht unbedingt zusammen. Der angenommene Mangel an ethischem Konsens in unserer Gesellschaft muß – wenn er überhaupt besteht – nicht gegen die Ethik sprechen. Er könnte ja auch gegen die Respektabilität unserer Gesellschaft sprechen.

Aber selbst wenn in unserer Gesellschaft der für moralische Beobachtungssätze nötige Konsens verloren gegangen ist, können einzelne deutsche Sprecher immer noch moralische Beobachtungssätze in ihrem Repertoire haben. Wie das? Die Sprecher könnten einer Gemeinschaft angehören, die kleiner ist als die Gesamtgesellschaft und in der es den fraglichen Konsens noch gibt: Kirchen, Tierschutzvereine, Menschenrechtsorganisationen, Antifa-Gruppen.[31] Man könnte sogar soweit gehen zu argumentieren, es

---

[30] Ohne den Ergebnissen unseres augenblicklichen Gedankenganges zu widersprechen, werde ich an anderer Stelle dafür plädieren, daß verschiedene Kulturen in ethischen Fragen massiv verschiedene Meinungen haben können.

[31] Weinexperten und wissenschaftlich geschulten Beobachtern zuliebe erlaubt auch Quine Beobachtungssätze in subgesellschaftlichen Gemeinschaften: „[...] assent to the sentence and dissent from it must command agreement of all competent witnesses. 'Competent' here means membership *in the chosen community,* whether just English-speaking chemists or all speakers of the language" (In Praise of Observation Sentences, 109, meine Hervorhebung; cf. auch 108; weniger liberal gibt sich Quine in „Three indeterminacies", in: R. B. Barrett u. R. F. Gibson (Hgg.), Perspectives on Quine, Oxford 1990, 1–16, hier 2). Wenn das Manöver im wissenschaftlichen und im alkoholischen Fall

liege in der Natur des Menschen, daß er sich Gruppen zugehörig fühlen und sich der moralischen Übereinstimmung innerhalb dieser Gruppen sicher wissen muß. Verhielte es sich so, so *müßte* es moralische Beobachtungssätze geben. Dies hätte Konsequenzen für unsere Gesellschaft: Wenn sie als Ganzes überleben soll, statt in autonome Untereinheiten zu zersplittern, dann darf sie den moralischen Dissens zwischen ihren Mitgliedern nicht allzu weit wuchern lassen.

Ich möchte nicht mißverstanden werden, so als wolle ich zum Rückmarsch in die Geschlossene Gesellschaft blasen und einem ethischen Totalkonsens das Wort reden. Ich habe lediglich bestritten, daß wir es uns leisten können, ganz ohne moralischen Konsens auszukommen. Damit sind wir bei meiner zweiten Antwort auf Zweifel daran, daß sich der erforderliche Konsens erreichen läßt. Für die Existenz moralischer Beobachtungssätze brauchen wir keinen durchgängigen Konsens in allen moralischen Fragen anzunehmen. Es genügt ein gewisser Grundkonsens: nämlich mindestens ein Konsens hinsichtlich der Sätze, die als Beobachtungssätze durchgehen sollen. Das wird dann zwar den Konsens hinsichtlich einiger anderer moralischer Sätze nötig machen. Aber es gebietet keinen Konsens in *allen* moralischen Fragen.

Anders als die Pessimisten bin ich der Meinung, daß dieser Grundkonsens sogar auf gesamtgesellschaftlicher Ebene noch besteht. *Wie lange* er noch besteht, ist eine andere Frage. Meiner Ansicht nach haben wir Anlaß genug, beunruhigt zu sein.

Nehmen wir aber einmal an, daß sich die meisten Mitglieder unserer Gesellschaft in gewissen moralischen Fragen einig sind. Wo könnte diese Einigkeit am ehesten bestehen? Vermutlich nicht in der Werttheorie, denn die heutigen Lebenspläne, Ziele und Träume vom guten Leben gehen weit auseinander: Denken wir an das regenbogenbunte Spektrum vom geldgierigen Gewerkschaftsmitglied zum postmaterialistischen Hedonisten, vom Anhänger des trauten Familienlebens auf dem Lande bis zum urbanen Einzelgänger – von Konsens keine Spur. Suchen wir den Konsens daher außerhalb der Werttheorie. Wo wir selbst in unserer Gesellschaft des beginnenden Jahrtausends immer noch auf hinreichenden Konsens rechnen dürfen, das ist der Gegenstand des nächsten (und letzten) Abschnittes dieses Aufsatzes.

VII. Sichtliches Unrecht

Ich behaupte: Fast jeder, der einer sinnlosen Grausamkeit gegen wehrlose Opfer beiwohnt (d. h. sie nicht nur im Fernsehen verfolgt), wird z. B. einem der folgenden beiden Sätze zustimmen:

(12) Dies ist *sichtliches* Unrecht.

(13) Man *sieht* doch, daß etwas unternommen werden muß.

---

erlaubt ist: warum dann nicht auch im normativen Fall? – Habe ich damit für Ethik-Kommissionen plädiert? Nein.

Ich habe in diesen Sätzen die Wörter kursiv hervorgehoben, durch die weit stärkerer Gehalt entsteht als in unserem altbekannten beobachtungsfernen Satz:

(4)   Was da vor sich geht, ist moralisch unerhört!

Im Gegensatz zu diesem Satz sind die Sätze (12) und (13) Beobachtungssätze in Quines Sinn.[32] Es ist der Verweis auf die direkte Wahrnehmung, durch die diesmal die Abhängigkeit von Hintergrundinformationen ausgehebelt wird.[33] Die Sätze (12) und (13) sagen nicht nur, daß da schweres moralisches Unrecht vor sich geht; sie sagen zusätzlich, daß man das buchstäblich *sehen* kann.[34] Und das bedeutet, daß man diesen Sätzen im Angesicht noch so schweren Unrechts *widersprechen* muß, wenn es zusätzlicher Information bedarf, um die Lage moralisch richtig einzuschätzen. Ein leicht kontrafaktisches Beispiel aus dem Kalten Krieg wird den Punkt verdeutlichen. Wenn der amerikanische Präsident das Reich des Bösen für vogelfrei erklärt und dann auf irgendeinen roten Knopf drückt, dann ist diese präsidiale Fingerbewegung zwar ein Akt schweren Unrechts. Aber *ansehen* kann man das der fraglichen Fingerbewegung nicht. (Reagan könnte immer noch *Kidding!* rufen: Vielleicht war es der falsche Knopf?) Selbst pazifistische Zeugen der Aufführung im *Oval Office* müssen daher den Sätzen (12) und (13) widersprechen. – Was sie nicht davon abhalten wird, dem Satz (4) entschieden zuzustimmen. (Und wenn dann tatsächlich das atomare Inferno losbricht, dann dürfen sie natürlich auch den Sätzen (12) und (13) zustimmen.)[35]

---

[32] Thomas Schmidt hat mich darauf aufmerksam gemacht, daß mit dieser Behauptung deshalb noch nicht viel gewonnen ist, weil sie nur zur *Beschreibung* der Gewohnheiten irgendwelcher Sprachgemeinschaften dient und daher normativ neutral ist. Nun lassen sich alle unsere Schachzüge, die wir im Gefolge Quines aus der Außenperspektive betrachtet haben, ebenso gut aus der Innenperspektive betrachten: Ich kann diesen Wechsel der Perspektive hier zwar aus Platzgründen nicht im Detail vorführen; Vgl. aber oben Fußnote 20. Ich werde in „From within and from without" zeigen, daß beim Wechsel von der Außen- zur Innenperspektive genau die normative Dimension ins Spiel gerät, die Thomas Schmidt in den vorliegenden Überlegungen vermißt. Quine hätte diese Dimension nicht vermißt, sondern verdächtigt. Der zentrale Punkt meiner Überlegungen ist für beide Sichtweisen offen.

[33] An den beiden Beispielen wird der Unterschied zwischen Whites und meiner Auffassung deutlich. Während sich mein Vorschlag auf handgreifliche visuelle Wahrnehmung beruft, postuliert White ein höchst abstraktes moralisches Pflichtgefühl: „[...] a feeling or emotion that would justify the rejection of [the] statement [...], „The prisoner's act of saying yesterday at 4 P.M. 'My regiment went north' is an act that ought not to have been performed"" (What Is and What Ought to Be Done, a.a.O., 39).

[34] Quine hätte solche ethischen Beobachtungssätze voraussehen können. In dem langen Zitat oben kommt folgende hellsichtige Formulierung vor: „evil that can be condemned on sight without collateral information" (Reply to Morton White, a.a.O., 664). Fordert uns das nicht geradezu heraus, folgenden Satz als beobachtungsnah anzusehen: 'That's evil that has to be condemned on sight without collateral information'?

[35] Das Beispiel macht klar, daß die von mir aufgewiesenen moralischen Beobachtungssätze (12) und (13) stärker sind als Sätze wie (4). Der Verweis auf Wahrnehmung schwächt also die jeweiligen Sätze nicht ab, wie es etwa in folgendem Beispiel der Fall ist:

(i)   Das sieht aus wie schweres Unrecht.

Damit sind wir auf eine Unterscheidung gestoßen, die dem Streit um die Respektabilität der Ethik neue Denkanstöße verpassen könnte. Wer der Ethik den Respekt verweigert, verweist gern auf Beispiele für moralische Meinungsverschiedenheiten. Die Verteidiger der Ethik müssen diese Meinungsverschiedenheiten irgendwie wegerklären, und ein beliebter Schachzug hierbei besteht darin, sich darauf zu berufen, daß es doch eindeutige Fälle *schwersten Unrechts* gebe, über deren Verurteilung sich alle einig sind. Die Unterscheidung, die in diesem Streit meiner Ansicht nach hilfreich werden könnte, erlaubt es, die Aufmerksamkeit auf *sichtbares* (statt: auf schweres) Unrecht zu lenken. Wenn ich richtig liege, dann ist es einfacher, sich über sichtbares Unrecht zu einigen als über schweres Unrecht.

Warum sollte das so sein? Weil man nicht auf möglicherweise strittige Hintergrundinformationen angewiesen ist, um sichtbares Unrecht festzustellen. Mein Punkt erlaubt es, eine der Ursachen für den scheinbar ubiquitären ethischen Dissens aus dem Weg zu räumen.[36]

Natürlich würde dadurch nur der ethische Dissens hinsichtlich *einiger* Sätze aus dem Weg geräumt. Aber mehr ist zur Verteidigung der erkenntnistheoretischen Respektabilität der Ethik auch nicht nötig. *Einige* ethische Sätze (wie z. B. (12) und (13)) können in unserer Gesellschaft auf Konsens hoffen und erfreuen sich starker Beobachtungsnähe.[37] Daß nicht alle ethischen Sätze beobachtungsnah sind, braucht uns nicht zu beunruhigen. Denn auch nicht alle wissenschaftlichen Sätze sind beobachtungsnah. So

---

Der Unterschied zwischen (12) und (i) entspricht dem Unterschied zwischen folgenden beiden deskriptiven Sätzen:
(ii) Man sieht, daß das Gold ist.
(iii) Das sieht aus wie Gold.

Im deskriptiven Fall ist der schwächere Satz (iii) interessanterweise beobachtungsnäher als der stärkere Satz (ii). Im ethischen Fall beanspruchen meiner Ansicht nach dagegen beide Sätze (12) und (i) denselben Grad an Beobachtungsnähe. Oder?

[36] Man mag einwenden, daß im Alltag Sätze wie (12) und (13) nicht dazu verwendet werden, auf die buchstäbliche Sichtbarkeit des Unrechts zu verweisen, sondern eben doch darauf, wie schwer das fragliche Unrecht wiegt. Im Alltag mag das so sein. Aber meiner Ansicht nach spricht das nicht gegen meine Behauptung, sondern gegen den unachtsamen Umgang mit unserer Sprache. Diese Unachtsamkeit liegt nahe, ist aber gefährlich. Wenn nämlich Sätze wie (12) und (13), *wörtlich verstanden,* auf größeren Konsens rechnen dürfen, dann sind Moralisten schnell versucht, sie für den Kampf gegen schweres Unrecht zu instrumentalisieren und somit stärkere verbale Geschütze aufzufahren, als die Sache hergibt. Für einen guten Zweck mag dies Mittel der sprachlichen Mimikry geheiligt erscheinen – auf lange Sicht ist es gefährlich. Denn der fortgesetzte Mißbrauch von Sätzen wie (12) und (13) weicht deren konsensstiftende Kraft mehr und mehr auf. Und wie im Fall des Scherzboldes, der am Ende vom Wolf gefressen wurde, muß sich auch die Aufweichung unserer moralischen Warnsignale rächen. Die Respektabilität der Ethik sinkt, und dann bleibt den wortgewaltigen Moralisten weniger, als sie zuvor gehabt haben.

[37] Auf den Konsens *aller* Sprecher? *Fast* aller Sprecher – wenn man es genau nehmen will. Ich habe mich hier mit Absicht nur auf die graduelle Behauptung hinreichender Beobachtungsnähe festgelegt. Wenn also nicht alle Sprecher diesen Sätzen unter denselben Umständen dasselbe Verdikt geben, sondern nur fast alle, so bleiben die Sätze immer noch beobachtungsnah genug. Im deskriptiven Fall steht es nicht anders, vgl. Fußnote 11.

wie wissenschaftliche Theorien zur Erklärung ein und desselben Phänomens im Innern weit auseinanderliegen können, so dürfen auch die beobachtungsfernen Teile der konkurrierenden ethischen Theorien voneinander abweichen.

Der theoretische Streit zwischen den verschiedenen Moralsystemen spricht also nicht *per se* gegen die Respektabilität der Ethik. Für meine metaethische These, daß es in unserer Gesellschaft moralische Beobachtungssätze gibt, genügt ein gewisser Grundkonsens in manchen moralischen Fragen, der zur Zeit noch besteht.

Umgekehrt stützt meine metaethische These aber auch den Grundkonsens, auf dem sie beruht. Denn wer einsieht, daß die Ethik denselben Respekt verdient wie die Wissenschaften, daß also auch in der Ethik nicht immer nur irgendwelche persönlichen Vorlieben den Ausschlag geben müssen, der wird sich stärker für den Konsens engagieren als jemand, der jede ethische Frage auf das Niveau von Geschmacksfragen herabstuft. Setzen wir uns also dafür ein, daß uns die moralischen Beobachtungssätze noch möglichst lange erhalten bleiben![38]

---

[38] Dies ist die deutsche Ausarbeitung eines Vortrages, den ich unter dem Titel „Emotions in the Web of Belief: Quine or White? On the Possibility of Moral Observation Sentences" auf dem Symposium *Gefühle und Moral* am 5. April 2001 in München gehalten habe. Dank an alle Teilnehmer der dortigen Diskussion. Die wichtigsten Ideen für diesen Aufsatz sind während eines Forschungsaufenthalts an der Jagiellonischen Universität in Krakau entstanden, den der DAAD und das polnische Erziehungsministerium finanziert haben: Dank an beide Institutionen. Ich danke Prof. Jerzy Perzanowski für die Einladung nach Krakau; ohne seine und Tomek Kowalskis handfeste Hilfe hätte ich dort im Frühlingssemester 1996 das „Seminar for advanced students: Radical translation and moral discourse" nicht ingang bringen können. Den Studierenden danke ich, daß sie das Seminar trotz der Sprachbarrieren am Laufen gehalten haben. Ohne die raffinierte Dauerkritik durch Andrzej Walkowski und Maciej Witek hätten sich in meine Überlegungen noch viel mehr philosophische Schnitzer eingeschlichen: mein herzlicher Dank daher an die beiden.

Teil III
Moralische Gefühle

Peter Goldie

Compassion: A Natural, Moral Emotion

My central argument in this paper is that compassion is best understood as a natural, moral emotion—an emotion which is directed in thought, feeling and motivation towards another's difficulties and towards the alleviation of those difficulties.[1] The paper is divided into three main sections.

In the first section, I outline our ordinary, everyday idea of emotion. I contrast three ideas here: having an emotional disposition; having an emotion; and having an emotional experience, which is typically relatively short-term, and 'hot'. An emotional experience is part of a complex and unfolding structure of inter-related features, including: perceptions, thoughts and feelings directed towards a characteristic sort of object; physiological changes; facial expression; other sorts of expressive behaviour; and action out of the emotion. It is characteristically passive in a number of respects. This idea of emotional experience is close to the more scientifically acceptable notion of an 'affect program response'[2] or a 'basic emotion'[3]. Compassion, I will show, fits very well with these ideas: it has a complex, unfolding structure, and it is characteristically passive.

However, compassion is often omitted from the list of affect program responses or basic emotions: the list typically includes fear, anger, sadness, joy, disgust, surprise, and possibly a few others, but not compassion. In Section II, I consider four distinctive features of compassion, which might serve in part to explain why this is. First, its facial expression needs a context to be distinguishable from other sorts of facial expression—for example, from that involved in personal distress. Secondly,

---

[1] Compassion here is thus intended to exclude emotional responses of imaginative identification such as Humean sympathy or 'sympathetic strings', and also responses such as those that involve coming to have the same emotion as the other person through empathy or putting myself in the other's shoes. Such responses are neither necessary nor sufficient for compassion, although, as the empirical evidence shows, imaginative identification can play an important part in enhancing our compassionate responses (a point I will touch on later). I would also distinguish compassion from pity, the latter involving a feeling of superiority over the one who is suffering; it is interesting to note that both 'compassion' and 'pity' in English translate as 'Mitleid' in German. See the doctoral thesis of Gudrun von Tevenar (G. v. Tevenar, Pity and Compassion, University of London 2002), which also includes a discussion of the place of Mitleid in the moral philosophy of Schoperhauer, Kant, and Nietzsche.
[2] P. Griffiths, What Emotions Really Are: The Problem of Psychological Categories, Chicago 1997.
[3] P. Ekman, An Argument for Basic Emotions, in: Cognition and Emotion 6 (1992), 169–200.

compassion involves altruistic behaviour and thus might (mistakenly) be thought to be incapable of evolutionary explanation. Thirdly, compassion involves altruistic motivation, and thus might (mistakenly) be thought to be logically or psychologically impossible. And fourthly, compassion is, in a number of respects, a more 'sensitive plant' than is, for example, fear or anger. But none of these features gives good reason not to consider compassion to be an emotion, just as much as, for example, fear and anger.

Lastly, in Section III, I consider the implications for morality of treating compassion as an emotion. This involves a vindication of Hume's optimism: compassion is a *natural* emotion, an 'original passion' in Hume's sense, 'universal' in humans; and it is a *moral* emotion, not only involving altruistic motivations, but also open to be shaped by our moral upbringing and by reason. However, I also attempt to vindicate Hume's pessimism (or rather his realism): our compassion can be biased in that the virtue of having a compassionate disposition is an *emotional* disposition, and the deliverances of this disposition (especially at the 'hotter' end) can be partial to our nearest and dearest in ways that conflict with reason and with the deliverances of the impartial virtue of justice. Seeing compassion as a natural, moral emotion helps to explain why and in what manner these virtues can conflict.

I.

In our ordinary, everyday way of thinking about emotions, we make a distinction between having an emotional disposition, having an emotion, and having an emotional experience. To have an emotional disposition is to be disposed to have a kind of emotion, sometimes to a marked degree. For example, to be a timorous or an irascible person is to be disposed to be afraid or angry more than is appropriate. To have an emotion is to have thoughts and feelings directed towards a particular object. For example, I can be afraid of getting old, or angry about President Bush's policy on the environment. An emotion in this sense can last for some time, and can go from being relatively 'cool' to 'hot' and back to 'cool' again. An emotional experience is towards the hotter end, and is relatively short-term. For example, I feel fear of the snake in front of me, or I feel my anger welling up on hearing President Bush talking about the environment on the radio.

I appreciate that our commonsense idea of an emotional experience is not a precise one. For example, it is not clear whether a lustful urge, or a pang of hunger or of remorse, is a specifically *emotional* response. But I do think we have a broad, and fairly flexible, idea of an emotional experience as a characteristically short-term part of a complex and unfolding structure of coordinated and inter-related features, including: perceptions, thoughts and feelings directed towards a characteristic sort of object; physiological changes and feelings of those changes; facial expression; other sorts of expressive behaviour; motivation; and action out of the emotion. For each type of emotion—fear, anger and so forth—there is a structure of such features which is characteristic of it. Taking fear for example, the characteristic structure includes: recognition of something as dangerous and fearful feelings towards it; certain muscular and other physiological changes such as trembling, increased adrenalin, and flow of blood to the legs, and feelings of those changes; fearful facial expressions; expressive behaviour such as cowering or flinching; motivation to be out of harm's way; and action, such as running away or freezing to the spot. And there will be different sorts of characteristic structures for anger, surprise, disgust, and so forth.

A further aspect to our idea of emotional experiences is that they are passive. Passivity is manifested in responses which are 'automatic' in the sense that they are not directly willed: not only physiological changes, but also thoughts and feelings which, in the evocative phrase of Richard Wollheim, return and 'cling' to the object of the emotion.[4] Emotions are also passive in that, when you are in the grip of an emotion, you can so to speak *find yourself* acting in a certain sort of way—doing something spontaneously and without being aware of having deliberated: for example, you run in fear, lash out in anger, turn away in disgust, and so forth. This reveals the very close connection between recognition and motivational response—roughly, desire—that is typical of emotional experience.[5] Emotions are thus both world-guided and action-guiding.

This everyday idea of a short-term emotional experience bears a close similarity to the idea found in scientific psychology (but not in everyday psychology) of an affect program response or a basic emotion. Affect program responses are, as Paul Griffiths puts it, 'complex, coordinated and automated'. They are complex because they include '(a) expressive facial changes, (b) musculoskeletal responses such as flinching and orienting, (c) expressive vocal changes, (d) endocrine system changes and consequent changes in the level of hormones, and (e) autonomic system changes', as well as 'emotion feelings and cognitive phenomena'; they are coordinated because 'the various elements occur together in recognisable patterns or sequences; and they are automated because they unfold in this coordinated fashion

---

[4] R. Wollheim, On the Emotions, New Haven 1999, 70.

[5] The precise nature of this connection between recognition and response is, of course, a highly controversial matter, related as it is to the debate in ethics about motivational internalism. Some argue that recognizing something as dangerous alone gives, at least prima facie, reason to avoid that danger, and is sufficient to explain your action. See, for example, T. Nagel, The Possibility of Altruism, Princeton 1970; and A. Ross, The Status of Altruism, in: Mind 92 (1983), 204–18. Others suggest there are psychological states which, so to speak, have both directions of fit, being both world-guided and action-guiding. I myself (P. Goldie, The Emotions: A Philosophical Exploration, Oxford 2000) think that the connection between recognition and response is psychologically very close but that it is not one which cannot come apart as a conceptual matter, as would be implied by either of these views. However, controversial and important as this debate is, it can be put to one side here. For what matters for my purposes is that it be accepted that there is *some* close connection in emotional experience between recognition and response.

without the need for conscious direction'.[6] Paul Ekman, a psychologist who has pioneered much empirical work on the emotions, and who has studied them across the continents for many years, has a similar notion, as do many others. Ekman calls them basic emotions, which, he says, have the following characteristics: 'automatic appraisal, commonalities in antecedent events, presence in other primates, quick onset, brief duration, unbidden occurrence, and distinctive physiology', plus, in many cases, 'a distinctive universal signal'.[7] Part of what lies behind their approach is the thought that the notions of affect program response and basic emotion are not scientifically suspect, as is the ordinary, everyday concept of emotion, because affect program responses and basic emotions are observable and operationally measurable, involving visceral changes, autonomic system changes, observable facial expressions, and so forth. Another thought lying behind their approach is that affect program responses or basic emotions may be pan-cultural (a more precise term here than 'universal'), and that they may be open to some sort of evolutionary explanation. I will return to these points later.

Now, our characteristic experiences of compassion fit very well with these ideas: that is to say they fit not only with our commonsense idea of a characteristically short-term, hot emotional response, but they also fit with the more scientifically acceptable ideas of an affect program response or basic emotion. On the side of recognition, just as it is true to the phenomenology of fear to say that we *see* the danger, so it is true to the phenomenology of compassion to say that we *see* the suffering of another person - on his face, perhaps, or in the way he is standing. In both cases, the emotion, so to speak, latches on to its proper object.[8] Secondly, compassion has a distinctive physiology, distinguishable from personal distress and other emotional responses: for example, compassion is associated with lowered heart rate, whereas heart rate increases with personal distress.[9] Thirdly, as for fear,

---

[6] Griffiths, What Emotions Really Are, loc cit., 77.

[7] P. Ekman, Strong Evidence for Universals in Facial Expression: a Reply to Russell's Mistaken Critique, in: Psychological Bulletin 115 (1994), 268–287; cf. Ekman, An Argument for Basic Emotions, loc cit., 169–200.
I will not consider here Ekman's criterion of 'presence in other primates', but for discussion see W. Köhler, The Mentality of Apes, London 1925; and F. de Waal, Good Natured: the Origins of Right and Wrong in Humans and other Animals, Harvard, Mass. 1996.

[8] Cf. the sensitive discussion of the importance of imagination in compassion in: L. Blum, Moral Perception and Particularity, Cambridge 1994, Chap. 8. I am generally much indebted to Blum's work on these matters.

[9] Martin Hoffman's researches indicate that the response time for visceral arousal is about 1–2 seconds, and follows on from the facial response. See M. Hoffman, Is Altruism Part of Human Nature?, in: Journal of Personality and Social Psychology 40 (1981), 121–37. See also N. Eisenberg, R. A. Fabes, D. Bustamente, and R. M. Mathy, Physiological Indices of Empathy, in: N. Eisenberg and J. Strayer (eds.), Empathy and its Development, Cambridge 1987, 380–385; N. Eisenberg, and R. A. Fabes, Prosocial Behaviour and Empathy: a Multimethod Developmental Perspective, in: M. S. Clark (ed.), Prosocial Behaviour, Newbury Park, California 1991, 34–61; reported in E. Sober, and D. S. Wilson, Unto Others: The Evolution and Psychology of Unselfish

there are characteristic facial, gestural, and other expressions involved in compassion: the involuntary compassionate or sympathetic frown, the wince, the intake of breath. One would perhaps need to be aware of the context of the emotional experience to be able to distinguish an expression of compassion from, for example, an expression of personal distress, but surely we can tell from the manner of expression that someone's reaction to another's suffering is one of compassion and not of indifference or of some other emotion such as delight or disgust. Fourthly, also characteristic of short-term emotional experience, are the intimate and co-ordinated connections between these responses. In particular, there is the close connection between world-guidedness in recognition and action-guidingness in motivation, often involving the passivity of which I have spoken: you *find* yourself rushing to the aid of someone you see in difficulties, and you do this spontaneously and without deliberation. This is how people often account for their actions in such circumstances: 'I didn't stop to think; his clothes were burning and I just rushed to put the flames out'.[10] And finally, the short-term compassionate response can be part of the longer-term, cooler emotion of compassion. Just as my anger at President Bush's environmental policy can well up again at hearing the President discuss these matters on the radio, so my compassion towards the plight of the poor in the slums of Mexico City can well up again on seeing Bunuel's *Los Olvidados*.

II.

So I think that there are good reasons to treat compassion as an emotion, and, moreover, as an emotion the experience of which can involve the complex, coordinated and automated responses that are characteristic of an affect program or a basic emotion. But many people remain deeply suspicious of this view of compassion, exemplified by the fact that it is not on either Griffiths' or Ekman's lists: we find fear, anger, sadness, joy, disgust, surprise and possibly one or two others, but no sign of compassion.[11] Why this suspicion? Partly, I surmise, it is

---

Behavior, Cambridge, Mass. 1988, and C. D. Batson, J. Fultz, and P. A. Schoerade, Adults' Emotional Reactions to the Distress of Others, in: Eisenberg and Strayer, Empathy and its Development, loc cit., 163–184.

[10] Hoffman reports on research into what is a typical response time to recognition of an emergency: such events as hearing someone who appears to be having an epileptic seizure or seeing someone with a cane collapse on the subway floor. Typical times were between five and ten seconds. This may not seem particularly fast, but it is to be compared with other research into the time taken by mothers in Botswana to treat an infant crying in apparent distress: the average was six seconds. See Hoffman, Is Altruism Part of Human Nature?, loc cit., 126 f.

[11] See Griffiths, What Emotions Really Are, loc cit.; P. Ekman, Universals and Cultural Differences in Facial Expression of Emotion, in J. Cole (ed.), Nebraska Symposium on Motivation, Lincoln, Nebraska 1972, 207–283; P. Ekman and W. V. Friesen, Constants across Cultures in the Face and

because compassion has certain features which mark it off from the other affect program responses or basic emotions such as fear, anger and disgust. So let me now turn to four such features; in each case I will try to show why, contrary perhaps to first appearances, acknowledgement of the feature's being distinctive of compassion gives no good reason to refuse to allow compassion a place amongst the other emotions.

Compassion's first distinctive feature I have, in fact, already mentioned and need not discuss much further. Paul Ekman, following on from Charles Darwin's work in his *The Expression of Emotion in Man and Animals*,[12] is justly famous for his cross-cultural studies of facial expression of emotion, and has persuasively shown that the manner of expression of each of the emotions on his list is pan-cultural. His principal method of demonstrating this involves what are called judgment tests, where subjects are shown photographs of posed facial expressions of emotion and are asked to judge which emotion is being expressed. Now, because, unlike those other emotions on Ekman's list, the expression of compassion cannot, without knowledge of the *context* of its expression, readily be distinguished from some other sort of emotional expression (for example, the compassionate or sympathetic frown from the frown of personal distress), this emotion presents operational difficulties for this method, and I gather from Ekman that no research has so far been done to find out whether compassion, like the other emotions, has a pan-cultural manner of expression.[13] My intuition—and that is all it can be in the circumstances—is that it does have, and I urge Ekman and others to do the necessary research.

The second distinctive feature of compassion has to do with evolutionary explanation. Evolutionary explanations have been put forward for many supposedly pan-cultural psychological traits—for language and face recognition for example—

Emotions, in: Journal of Personality and Social Psychology 17 (1971), 124–129; and P. Ekman and W. V. Friesen, A new Pan-cultural Expression of Emotion, in: Motivation and Emotion 10 (1986), 159–168. See Ekman, An Argument for Basic Emotions, loc cit.; and Ekman, Strong Evidence for Universals in Facial Expression, loc cit., for longer lists of basic emotions, but still with no sign of compassion.

[12] Charles Darwin, The Expression of the Emotions in Man and Animals (1889), with an introduction, afterword and commentary by Paul Ekman, London 1998.

[13] (Personal correspondence). Nor, Ekman tells me, does he 'know of any research within a culture which has identified a compassion-specific signal, that is context free, as the signals are for fear, anger, sadness, disgust, etc'. There is a further difficulty, which can best be explained by reference to an experiment which was done in the early days of photo-montage. Pudovkin showed a still photo of an actor to an audience interspersed with a photo of a bowl of soup, then the photo of the actor with a photo of a skull, and so on. The audience raved about how excellent the actor was, since you could see such fine differences in expressions (of joy, sadness etc.). But, of course, the expression remained unchanged, because it was the same photo throughout. What explains the different responses is that the audience's relational associations affected which features of the actor's face were taken to be expressive and in what way. I owe this point to Matthew Kieran.

as well as for what are supposed to be the affect program responses or basic emotions. These traits, it is argued, are *adaptations*, which in the past improved fitness, or the chances of the individual's survival and reproduction. But compassionate behaviour is altruistic, and, by definition, an individual's altruistic behaviour *reduces* that individual's fitness, in that it reduces the chances of its survival and thus of its producing offspring. So, it might seem, compassion cannot evolve as an adaptation because the trait for it would be bound to die out in the species. But the argument is not sound: it relies on a simplistic view of evolutionary explanation. Compassionate behaviour does indeed reduce the fitness of the individual relative to his non-altruistic conspecifics, but it does not follow that compassion cannot evolve.

Here are two ways in which the evolution of compassion could be explained. (There are other explanations I know of which I will not discuss here.[14]) One way, at the centre of Elliot Sober and David Sloan Wilson's book *Unto Others*,[15] is to appeal to the group as a possible vehicle of selection: where more than one group is involved, in certain conditions the group with more altruists will grow to be larger than the group with fewer altruists. A second way is to appeal to the idea of inclusive fitness or kin selection, where fitness is defined in terms of the chances of the survival of the individual and its kin, so an individual's altruistic behaviour towards its kin can *increase* inclusive fitness. This on its own will not do to explain compassion because it does not explain compassionate behaviour towards non-kin. But one can then go on to appeal to Dan Sperber's distinction between a trait's proper domain and its actual domain:[16] the proper domain of compassion would be suffering kin, but the actual domain would be wider, including not just kin but all suffering conspecifics, and possibly other animals too. I do not need to determine here what is the correct evolutionary explanation of compassion, or even whether compassion, or for that matter any other emotion, has *any* true evolutionary explanation; all I need to do is to show that the argument that an altruistic trait like compassion is unlike the other affect program responses in that it could not *possibly* have evolved, is an argument which is based on a simplistic view of evolutionary explanation—one which refuses to allow the vehicle of selection to be anything other than the gene or the individual.[17]

---

[14] For example, there is R. Trivers' idea of reciprocal altruism (R. Trivers, The Evolution of Reciprocal Altruism, in: Quarterly Review of Biology 46 (1971), 35–57); and G. Miller's idea that a disposition to be altruistic is a sort of fitness indicator, explicable in terms of sexual selection (G. Miller, The Mating Mind: How Sexual Choice Shaped the Evolution of Human Nature, London 2000). See N. Sesardic, Recent work on Human Altruism and Evolution, in: Ethics 106 (1995), 128–157, for a review of recent work on human altruism and evolution.

[15] Sober and Wilson, Unto Others, loc cit.

[16] D. Sperber, Explaining Culture: A Naturalistic Approach, Oxford 1996, 134–138.

[17] The selfish gene theory, which is sometimes put forward against group selection, often fails to distinguish between replicator and vehicle: between the replicator by which reproduction takes

The third distinctive feature of compassion, closely related to the second, is that compassion involves not just altruistic behaviour, but also altruistic motivation. And this feature gives rise to a concern which is also closely related to the second. I have in mind the sort of cynicism about motivation which is exemplified in the writing of Hobbes: the idea that our compassionate responses, like all other sorts of altruistic behaviour, are, at bottom, motivated by narrow self-interest: *homo economicus* is the only game in town—or rather the only *homo* in town.

Seeing compassion as an emotion can help us to put this concern to one side and to realize that the concern is based on another simplistic view—this time one about human motivation. Let me explain. Emotions involve what I like to call *primitively intelligible desires*.[18] Such desires are primitive because they cannot be explained by reference to anything else in the agent's psychology other than the emotion of which they are a part. And they are intelligible because to have such a desire when in the grip of an emotion is an intelligible aspect of our humanity. Anger, for example, involves the primitively intelligible desire for revenge, which cannot itself be explained in terms of some further goal of the agent, but which is a perfectly intelligible desire for someone to have who is angry. Similarly, when you feel compassion, the desire to help the other person is primitively intelligible, and is thus not to be explained by some further goal, expressed say in terms of narrow self-interest;[19] yet again it is a perfectly intelligible desire to have. Of course we can concede to Hobbes that one can sometimes *behave* compassionately in order to promote one's own interests narrowly conceived, but this is not to act *out of* compassion, any more than getting revenge for reasons of narrow self-interest is an action done *out of* anger.

But even if we can show that it is logically, and psychologically, possible genuinely to act out of compassion, the worry remains that none of us ever does. The social psychologist Daniel Batson, especially in his book *The Altruism Question*,[20] has addressed this worry in a number of carefully crafted and controlled experiments designed to show—as far as one can show such things—what are people's 'ultimate goals' when they act 'compassionately'. Do we act 'compassionately' just to eliminate the distress that seeing others' suffering causes us personally to suffer? Well, carry out an experiment which controls for ease of escape from the personal distress and see what happens. Or do people act 'compassionately' merely to gain reward, including a sense of satisfaction, or merely to avoid punishment, including what Batson calls the 'self-administered'

---

place, which is uncontroversially the gene, and the vehicle of selection, which might be at one or more level: gene, individual, group, and so forth. Cf. Sober and Wilson, Unto Others, loc cit., 87–92.

[18] See Goldie, The Emotions, loc cit.

[19] Cf. D. Batson, The Altruism Question, Hillsdale, New Jersey 1991, who describes the altruistic motivation involved in compassion as an 'ultimate goal' of the agent.

[20] Batson, The Altruism Question, loc cit.

pangs of conscience? Well, control for these factors and see what happens. Broadly, the answer which emerges, from something like twenty-five different sorts of experiment carried out by Batson and his colleagues over fifteen years, is that the experimental results conform to what is predicted by the hypothesis that motivations can be genuinely altruistic; and they do not conform to what is predicted by the various theories of self-interest.[21]

I now turn to the fourth and last distinctive feature of compassion that I want to discuss. This is that compassion is massively less *robust* than the other affect program responses or basic emotions. This is, I think, importantly true. Compassion is a plant which is much more sensitive to upbringing, environment and particular situation than are fear, anger, disgust and the rest. First, the development of the disposition to compassion—the virtue—is sensitive to upbringing, as the evidence from developmental psychology shows. (I will not consider here the devastating effects of autism on children's abilities to understand other people's emotions and to sympathize.) From as early as their second year, children start to respond to another's difficulties by trying to help.[22] But even from this very early age there are marked individual differences between children, many of which would seem to be explicable in terms of differences in upbringing.[23] Sadly, but I suppose unsurprisingly, children from one to three years old who have been physically abused already show a disturbing lack of compassionate responses.[24] And children whose parents encourage compassion tend to be more compassionate.[25] Then, in more mature humans, there is evidence of how the environment can adversely affect compassionate dispositions. In conditions of extreme hardship, many of us become inclined to look after Number One first: in the famous words from the finale of Bertolt Brecht's *Threepenny Opera*, 'Erst kommt das Fressen, dann kommt die Moral'.[26] We also know from historical evidence that people who are placed in

---

[21] Sober and Wilson, Unto Others, loc cit., express some scepticism about what conclusions can be drawn from the findings of Batson and his colleagues (for example, 272). But this scepticism does not seem to be well-founded, as N. Sesardic has argued in his review of their book (N. Sesardic, Review of Sober and Wilson, in: British Journal of the Philosophy of Science 50 (1999), 457–466).

[22] See P. Harris, Children and Emotion: The Development of Psychological Understanding, Oxford 1989. Cf. R. A. Thompson, Empathy and Emotional Understanding: the Early Development of Empathy, in: Eisenberg and Strayer, Empathy and its Development, loc cit., 119–145. Indeed, the fact that responses like this can be manifested in ones so young supports the idea that the emotion is a natural one in Hume's sense. We should think of these responses as 'precursors' to compassion, because the data suggest that at this tender age a child is not able to recognise his parent's pain or suffering as such, as at that age it does not have a sufficient grasp of the mentality of others to achieve this. See Blum, Moral Perception and Particularity, loc cit., for a similar view; I owe to Blum the term 'precursor' in this context.

[23] See Harris, Children and Emotion, loc cit.

[24] Cf. M. A. Barnett, Empathy and Related Responses in Children, in: Eisenberg and Strayer, Empathy and its Development, loc cit. 146–162, esp. 157.

[25] Cf. Barnett, Empathy and Related Responses in Children, loc cit., esp. 149 ff.

[26] Die Dreigroschenoper, II, finale.

situations where they are required on a regular basis to do terrible things to others can only too quickly come to lose any compassion for their victims. It has also been shown that people tend to show less compassion if they do not consider the other person's perspective, or if they do not think that the other person is like them:[27] for example, soldiers are often trained to think of the enemy as less than human. Then, even if a mature individual is of a settled compassionate disposition, in a particular sort of situation his or her motivation to respond with compassion can be crowded out by other motivations. This too is well documented: those late for an appointment are less inclined to stop and help;[28] those expecting not to be appreciated are similarly less inclined to help;[29] those faced with an authority figure urging them to act without compassion are inclined to do as they are told.[30] So there is no doubt that compassion is a sensitive plant, needing to be nurtured properly.[31] But this does not show that our compassionate dispositions and responses are any less natural, in Hume's sense, than the more robust species, such as those for fear, anger, disgust or surprise.

These four features, then, distinguish compassion from the other emotions which I have mentioned. The presence of these features may serve in part to explain the neglect, in certain quarters, of compassion as an emotion, but their presence does not give good reason for this neglect.

III.

If all of this is right, then Hume's optimism about humanity is vindicated: compassion is a natural, moral emotion. It is natural in something like Hume's sense of this slippery word: an original passion which is universal in humans. Hume insisted that natural sentiments such as benevolence (that is, compassion as I characterise it) are to be found in all humans: for example, he says in one place 'If we consider the principles of the human make, such as they appear to daily experience and observation, we must, a priori, conclude it impossible for such a creature as man to be totally indifferent to the well or ill-being of his fellow-crea-

---

[27] See esp. E. Stotland, Exploratory Investigations of Empathy, in: L. Berkovitz (ed.), Advances in Experimental Social Psychology, Vol. 4, New York 1969, 271–313; and D. Krebs, Empathy and Altruism, in: Journal of Personality and Social Psychology 32 (1975), 1134–1146.

[28] See J. M. Darley and C. D. Batson, 'From Jerusalem to Jericho': a Study of Situational and Dispositional Variables in Helping Behaviour, in: Journal of Personality and Social Psychology 27 (1973), 100–108.

[29] See M. K. Moss, and R. A. Page, Reinforcement and Helping Behavior, in: Journal of Applied Psychology 2 (1972), 360–371, referred to by Sober and Wilson, Unto Others, loc cit., 258.

[30] See S. Milgram, Behavioural Study of Obedience, in: Journal of Abnormal and Social Psychology 67 (1963), 371–378, and also S. Milgram, Obedience to Authority: an Experimental View, New York 1974.

[31] I owe the phrase 'sensitive plant' in this context to Batson, The Altruism Question, loc cit.

tures'.[32] And compassion is a moral emotion in the sense that it is a passion which involves not just altruistic behaviour but also primitively intelligible altruistic motivations. I have followed Hume, and Butler before him,[33] in insisting that it is a mistake to try to explain all our actions, whether malevolent or benevolent in terms of motives of narrow self-interest or self-love: we equally pursue both vengeance and benevolence for their own sake, and not for some further end, often acting in ways which in no way advance our own self-interests, narrowly conceived. As Hume says, 'Who sees not that vengeance, from the force alone of passion, may be so eagerly pursued, as to make us knowingly neglect every consideration of ease, interest, or safety; and like some vindictive animals, infuse our very souls into the wounds we give an enemy; and', he continues, 'what a malignant philosophy it must be, that will not allow to humanity and friendship the same privileges which are undisputably granted to the darker passions of enmity and resentment?'.[34] Anyway, as he says in a nice ad hominem aside earlier in the same passage, Hobbes and Locke, 'who maintained the selfish system of morals, lived irreproachable lives; though the former lay not under any restraint of religion which might supply the defects of his philosophy'.[35] But Hume was not too purist here on the side of unalloyed altruism, for he accepted, as we surely should, that the well-being of another can be, as he puts it, 'pursued from the combined motives of benevolence and self enjoyment'.[36]

This leads me, finally, to Hume's pessimism. Compassion is a moral emotion, not only in that it involves altruistic motivations, but also in that it is open to be shaped by our moral upbringing and by reason. In mature humans, compassion can thus, if things go well, become a fully-fledged moral disposition which is a virtue—a natural one, as Hume would say— whose deliverances, in thought, feeling and action, are governed by reason and by endorsed cultural norms of appropriateness and proportionality. But—and here is the pessimism—this virtue is an *emotional* disposition, and its deliverances, especially at the more immediate, hotter end of the spectrum, can be distinctly partial towards those who are our nearest and dearest in ways that can sometimes conflict with reasoned judgement of what is appropriate. Consider how we can be biased towards our nearest. For example, I might *judge* that the suffering of my neighbour is no worse than the suffering of some distant person in India or Ethiopia, thereby complying with the requirement of moral discourse to adopt what Hume calls a 'steady and general point of view' in forming my judgments about such matters.[37] But still my emotional *feelings* might go out

---

[32] D. Hume, Enquiries concerning Human Understanding and concerning the Principles of Morals, ed. L. A. Selby-Bigge, Oxford 1975 ('Enquiries'), 230.
[33] J. Butler, Fifteen Sermons Preached at the Rolls Chapel, 1726, ed. T. A. Roberts, London 1970.
[34] Hume, Enquiries, loc cit, 302.
[35] Ibd., 296.
[36] Ibd., Appendix II.
[37] D. Hume, A Treatise of Human Nature, ed. L. A. Selby-Bigge, Oxford 1978 ('Treatise'), 581.

disproportionately to my neighbour's suffering and I might accordingly help him and not the distant Indian. As Hume says, 'Tis seldom men heartily love what lies at a distance from them'.[38] Generalising the point, I can judge that two individuals, A and B, are the same in all respects which are *relevant* to my compassionate response; yet still I feel more compassion for A, and this bias is to be explained by some *non*-relevant respect in which A and B differ, which impinges on the character and direction of my emotional response. In the example just given, the bias arose because of relative proximity. Or it might be that A is more good-looking than B; or, if A and B were animals, it might be that A is furry and has big, innocent-looking eyes, whereas B does not. Thus the heart does not always follow the head: corrections of judgement to the partiality of our passions are, as Hume put it, 'not altogether efficacious, nor do our passions often correspond entirely to the present theory'.[39]

In contrast, when it comes to our dearest, our partiality can often be justified as appropriate through appeal to agent-centred reasons. For example, I might judge that my son and someone else's son is suffering equally, but my compassion extends more towards my son, and this is justified because he *is* my son, and not someone else's. An alternative justifying route is to accept that from the point of view, so to speak, of the universe (to use Sidgwick's phrase[40]) they should be treated with impartiality, but to go on, still from this point of view, to try to justify the partiality in a rule utilitarian manner, by showing how things tend to go better if we each care more for our own children. But here we have the familiar objection that this sort of utilitarian justification gets things entirely back to front in terms of what motivates us to help those who are dear to us. It is more appropriate to human psychology to see our compassionate motivations as, specifically, *emotional*, and accept that they are *naturally* partial towards those who are near and dear to us (in ways which are sometimes justifiable and sometimes not). Partiality in motivation is thus *internal* to the virtue, whereas it is not internal to the virtue of justice. Seeing compassion in this way can go some way towards explaining how we humans can find ourselves torn between the competing deliverances of two distinct virtues: those of compassion and justice.[41]

---

[38] Hume, Treatise, loc cit., 583.
[39] Ibd., 581.
[40] H. Sidgwick, The Methods of Ethics, Indianapolis 1907, 382.
[41] See C. Gilligan, In a Different Voice: Psychological Theory and Women's Development, Cambridge, Mass. 1982; and also Blum, Moral Perception and Particularity, loc cit., Chap. 10, for a discussion of Gilligan. I do not want to comment here on the differences, if any, between women and men so far as concerns their moral outlooks. See also M. Hoffman, Sex Differences in Empathy and Related Behaviours, in: Psychological Bulletin 84 (1977), 712–722.

IV.

To conclude, then, what I hope to have shown in this paper is that there are good reasons to understand compassion as a natural, moral emotion—universal in humans (or, more precisely, pan-cultural), not unsusceptible to evolutionary explanation solely in virtue of being altruistic, and in us humans open to be moulded through culture, education and reason into a fully-fledged moral emotion. Thinking of compassion in this way illuminates aspects of our ethical lives, and justifies not only the optimism of Hume's moral thinking, but also his pessimism; or, as I would prefer it, his realism.[42]

---

[42] Special thanks are due to Sabine Döring for inviting me to the wonderfully enjoyable and fruitful Munich workshop on the emotions at which an earlier version of this paper was delivered. I would also like to thank those at the University of Oxford and at the University of Leeds who heard and commented on even earlier versions of this paper. And special thanks to Paul Ekman for a number of very helpful discussions.

Dirk Koppelberg

Theorien mentaler Simulation und die Vielfalt affektiver Phänomene – Begriffliche Probleme und empirische Belege

Welche Rolle spielen Empathie und verwandte affektive Phänomene für die Entwicklung einer Theorie alltagspsychologischer Kompetenz? In den letzten fünfzehn Jahren haben sich insbesondere drei interdisziplinäre Forschungsprogramme ausgiebig mit der gegenwärtig intensiv diskutierten philosophischen Frage beschäftigt, wie wir uns und anderen mentale Zustände zuschreiben: die sogenannte Theorie-Theorie, der Rationalitätsansatz und der Simulationsansatz. Nach einem kurzen Überblick über die Grundannahmen und Probleme der Theorie-Theorie und des Rationalitätsansatzes werde ich die Vorstellungen und Ziele des Simulationsansatzes genauer unter die Lupe nehmen. Für seine wichtigsten Vertreter, Robert Gordon und Alvin Goldman, spielt nach eigener Einschätzung der Begriff der Empathie eine grundlegende Rolle. Ich werde zeigen, daß Goldman und Gordon solch unterschiedliche Begriffe von Simulation und Empathie verwenden, daß es fraglich ist, ob sie sich damit überhaupt auf das gleiche Phänomen beziehen. Bevor wir uns einer empirischen Untersuchung der Rolle von Empathie und Simulation bei der Zuschreibung mentaler Zustände zuwenden können, benötigen wir eine klarere Vorstellung von diesen Phänomenen. In diesem Zusammenhang ist es besonders wichtig, Empathie von Sympathie, Gefühlsansteckung und ontogenetisch frühen Formen affektiver Nachahmung zu unterscheiden. Erst nachdem wir einige unverzichtbare begriffliche Differenzierungen vorgenommen haben, können wir die philosophischen Ansprüche und empirischen Aussichten des Simulationsansatzes zur Erklärung alltagspsychologischer Kompetenz adäquat beurteilen.

I. Die Theorie-Theorie und der Rationalitätsansatz

Die mittlerweile auch in Deutschland ziemlich bekannten Vorschläge zum Status der Alltagspsychologie (*folk psychology*) sind von Vertretern der Theorie-Theorie und des Rationalitätsansatzes vorgelegt worden. So werde ich mich darauf beschränken, ihre Kernannahmen und einige ihrer Hauptprobleme ganz kurz zu rekapitulieren.[1] Ich beginne mit der Theorie-Theorie.

---

[1] Wie allgemein bekannt ist, gibt es sowohl im Forschungsprogramm der Theorie-Theorie als auch im Rationalitätsansatz viele verschiedene Varianten mit unterschiedlichen Schwerpunkten und Zielen. Natürlich kann ich dieser Vielfalt in einem kurzen Überblick auch nicht nur annähernd gerecht werden. Für die folgende Darstellung beziehe ich mich weitgehend auf A. Goldman, Folk

Zumindest zwei Versionen dieses Forschungsprogramms können unterschieden werden: eine *starke* und eine *schwache* Fassung. Gemäß der starken Version hängt unser Verständnis mentaler Zustände von ihrer spezifischen Rolle in einer alltagspsychologischen Theorie ab. Solch eine Theorie wird als eine Menge gesetzesartiger Verallgemeinerungen aufgefaßt, die verschiedene mentale Zustände mit anderen mentalen Zuständen, mit offenem Verhalten und mit äußeren Umständen verbindet. Versionen einer solchen Theorie-Theorie sind insbesondere von Paul Churchland und Davis Lewis ausgearbeitet und verteidigt worden.[2] Andere Versionen legen Wert auf die Berücksichtigung von längerfristigen dispositionalen Eigenschaften und Charakterzügen, weil nach ihrer Auffassung nur dadurch eine deskriptiv adäquate Darstellung unserer alltagspsychologischen Praxis ermöglicht wird.[3] Stephen Stich und Shaun Nichols vertreten in einer weiteren Variante eine äußerst schwache Interpretation der Theorie-Theorie, der gemäß jede intern gespeicherte Menge von Informationen über einen bestimmten Bereich als eine intern repräsentierte Theorie dieses Bereichs angesehen werden soll.[4] Wenn allerdings eine Position jedwede zugeschriebene Menge von Informationen über mentale Zustände als eine Form von Theorie ansieht, scheint es beinahe keinen Platz mehr für interessante theoretische Alternativen zu geben, da überhaupt nur noch extrem radikale Positionen als mögliche Gegner in Betracht kommen.

Was können wir tun, wenn wir die Extreme sowohl der starken als auch der schwachen Spielarten der Theorie-Theorie vermeiden und der historischen Motivation dieses Ansatzes gerecht werden wollen, die darin liegt, eine Darstellung mentaler Begriffe zu geben, die akzeptablen empiristischen Vorstellungen von semantischer Respektabilität Rechnung trägt? Der folgende zweiteilige Vorschlag scheint *prima facie* nicht unplausibel.[5] Erstens werden Begriffe mentaler Zustände vollständig durch ihre Beziehungen zu äußeren beobachtbaren Größen definiert. Zweitens werden Meinungen über mentale Zustände dadurch gebildet, daß Schlüsse auf ihr Vorkommen aus Beobachtungen äußerer Ereignisse gezogen werden, wobei die unterstellten gesetzesartigen Beziehungen zwischen ihnen ausgebeutet werden. Leider weist auch dieser Vorschlag eine ganze Reihe von Problemen auf, die weiterer Klärung und genauerer Analyse bedürfen. Sind

---

Psychology and Mental Concepts, Protosociology 14 (2000), 4–25, u. ders., The Mentalizing Folk, in: D. Sperber (Hg.), Metarepresentations, Oxford 2000, 171–96.

[2] Die erste grundlegende Formulierung der Idee findet sich in W. Sellars, Empiricism and the Philosophy of Mind, with an Introduction by R. Rorty and a Study Guide by R. Brandom, Cambridge 1997. Die bahnbrechende Arbeit erschien erstmals 1956.

[3] Die Konzentration der meisten mit der Alltagspsychologie befaßten Philosophen auf propositionale Einstellungen und dort insbesondere auf Meinungen und Wünsche ist insbesondere von B. v. Eckardt, The Empirical Naivete of the Current Philosophical Conception of Folk Psychology, in: M. Carrier and P. K. Machamer (Hgg.), Mindscapes, Konstanz 1997, 25–51, kritisiert worden. Vgl. dazu auch O. R. Scholz, Wie versteht man eine Person? – Zum Streit über die Form der Alltagspsychologie, Analyse & Kritik 21 (1999), 86 f.

[4] Vgl. S. Stich u. S. Nichols, Folk Psychology: Simulation or Tacit Theory?, in: M. Davies u. T. Stone (Hgg.), Folk Psychology, Oxford 1992, 133.

[5] Vgl. Goldman, Folk Psychology and Mental Concepts, a.a.O., 8.

wirklich alle Fälle mentaler Zustandszuschreibung auf die Ausbeute gesetzesartiger Beziehungen angewiesen? Was würde das für eine plausible Darstellung gegenwärtiger Erst-Person-Zuschreibung mentaler Zustände bedeuten? Was sind in diesem Zusammenhang überhaupt aussichtsreiche Kandidaten für diejenigen Daten, aus denen eine Person einen ihrer gegenwärtigen mentalen Zustände erschließt? Ist dies etwa ein gegenwärtiger externer Reiz, ist es sein eigenes Verhalten, oder gar eine wie immer geartete Verbindung dieser beiden Größen? Gibt es überhaupt eine überzeugende Lösung für die Zuschreibung erst-personaler mentaler Zustände innerhalb der Grenzen der Theorie-Theorie? Ihre Kritiker sind skeptisch. Lassen Sie uns deshalb einen Blick auf ihre bislang bekannteste Alternative, den Rationalitätsansatz werfen.

Der Rationalitätsansatz wird gewöhnlich auf W.V. Quines Einführung seines Nachsichtsprinzips im Kontext der Herausforderungen durch eine Erstübersetzung zurückgeführt. In *Word and Object* wird dieses Prinzip als eine regulative Maxime eingeführt, der zufolge wir die Äußerungen eines Sprechers so übersetzen sollen, daß sie sich nach unseren Maßstäben als weitgehend wahr herausstellen. Die wichtigsten Varianten eines solchen Nachsichtsprinzips sind vor allem von Donald Davidson und Daniel Dennett vorgelegt und verteidigt worden. Beide Autoren haben durchaus verwandte Ansichten zu der Frage, wie wir andere dadurch interpretieren, daß wir ihnen intentionale Zustände zuschreiben.

Dabei ist in Davidsons Philosophie das Quinesche Prinzip der Nachsicht von einer regulativen Maxime zu einer konstitutiven Annahme über die empirische Adäquatheit von Theorien mentaler Zuschreibung verändert worden. Gemäß Davidson kann sich vom Standpunkt des Interpreten gar nicht herausstellen, der zu interpretierende Sprecher habe überwiegend falsche Meinungen über die Welt, da eine Interpretation dieses Sprechers sonst gar nicht möglich wäre.

Dennetts sogenannte intentionale Einstellung läßt sich durch zwei Züge auszeichnen: In einem ersten Schritt wird seitens des zu Interpretierenden ein hohes Maß an Rationalität unterstellt; in einem zweiten Schritt wird sodann versucht, vor diesem Hintergrund das Verhalten des zu Interpretierenden als sinnvoll auszuweisen. Sowohl für Davidson als auch für Dennett zeichnet sich das Prinzip der Nachsicht somit durch eine starke normative Dimension aus. Beide Philosophen stimmen darin überein, daß wir es vermeiden sollten, Leute so zu interpretieren, daß sie gewisse Rationalitätsstandards verletzen. Natürlich muß in diesem Zusammenhang näher ausgeführt werden, welche Rationalitätsnormen hier einschlägig sind. Zudem benötigen wir nähere Angaben darüber, inwieweit wir Zuschreibungen von Irrationalität zu vermeiden haben. Während zum zweiten Punkt von den Vertretern des Rationalitätsansatzes wenig Hilfreiches gesagt worden ist, scheint hinsichtlich des ersten Punktes Konsens darüber zu bestehen, daß die erforderlichen Normen aus apriorischen Modellen idealer Rationalität zu gewinnen sind. Diese Modelle orientieren sich in der Regel an formaler Logik, dem Wahrscheinlichkeitskalkül oder an Bayesianischer Entscheidungstheorie.[6]

Ist ein solches Vorgehen überzeugend? Abgesehen von den bereits erwähnten Problemen, die eine nähere Spezifikation der einschlägigen Rationalitätsstandards betreffen, ist zu fragen, wie diese Standards, wenn sie sich etwa am Wahrscheinlichkeitskalkül oder an der Entscheidungstheorie orientieren, von ungeschulten Alltagspsychologen und insbesondere von Kindern erfaßt werden können. Eine stets wachsende Anzahl von entwicklungspsychologischen Arbeiten untermauert die Auffassung, daß schon recht kleine Kinder über beträchtliche Fähigkeiten zur Zuschreibung verschiedener mentaler Zustände verfügen. Ist es in diesem Zusammenhang plausibel anzunehmen, daß diese Kinder den Rationalitätskanon erfassen, den der Rationalitätsansatz für diese Fähigkeiten postuliert? Ist das nicht sogar im Fall von vielen oder gar den meisten Erwachsenen höchst unplausibel?[7]

So bleibt die Frage bestehen, was unsere tatsächliche Zuschreibungspraxis intentionaler Zustände bestimmt. Dennett gibt darauf folgende Antwort: „When considering what we *ought to do*, our reflections lead us eventually to a consideration of what we *in fact do*; for a catalogue of our considered intuitive judgments on what we ought to do is both a compendium of what we do think, and a shining example ... of how we ought to think."[8] Bei einer solchen Sicht der Dinge entsteht der Verdacht, daß Dennetts Theorie – ganz gewiß gegen seine theoretischen Absichten – mit dem nächsten und letzten Kandidaten unserer knappen Übersicht zusammenfällt, mit dem Simulationsansatz. Ist der Rationalitätsansatz, ohne eine bloße Variante des Simulationsansatzes zu werden, in der Lage, eine Menge von normativen Rationalitätsregeln aufzustellen und zu verteidigen, die in unserer Zuschreibungspraxis auch tatsächlich verwendet werden? Seine Kritiker sind skeptisch.

Ungeachtet wichtiger philosophischer Unterschiede zwischen Theorie-Theorie und Rationalitätsansatz sind beide Forschungsprogramme Varianten einer von Robert Gordon so genannten *kalten* Methodologie, einer Methodologie, die hauptsächlich von unseren intellektuellen Fähigkeiten und dort insbesondere von unseren inferenziellen Prozessen zwischen Meinungen Gebrauch macht. Unsere emotionalen und motivationalen Ressourcen sowie unser praktisches Räsonieren bleiben dabei ausgespart.[9] Eine gegenwärtig vieldiskutierte Alternative, die genau diese Ressourcen in den Mittelpunkt ihrer Überlegungen stellt, ist nach Gordon eine Art von *heißer* Methodologie. Ihre Anhänger bezeichnen sie als Simulationsansatz.

---

[6] Vgl. Goldman, Interpretation Psychologized, in: Davies u. Stone (Hgg.), Folk Psychology, a.a.O., 76.

[7] Für eine Verteidigung des Rationalitätsansatzes gegen solche und ähnliche Einwände vgl. O. R. Scholz, Verstehen und Rationalität, Frankfurt am Main 1999, 227 ff.

[8] D. Dennett, Making Sense of Ourselves, in: The Intentional Stance, Cambridge, Mass. 1987, 98.

[9] Vgl. R. Gordon, 'Radical' Simulationism, in: P. Carruthers u. P. K. Smith (Hgg.), Theories of Theories of Mind, Cambridge 1996, 11.

II. Der Simulationsansatz: Simulation, Empathie und verwandte Begriffe

Aus simulationstheoretischer Perspektive betrachtet, bestehen die Hauptdefizite der Theorie-Theorie und des Rationalitätsansatzes sowohl in ihren empirisch fragwürdigen Annahmen als auch in ihren psychologisch unplausiblen Präsumtionen. Im Vergleich zu seinen Konkurrenten erscheint der Simulationsansatz *prima facie* aussichtsreicher, weil er das Prinzip eines minimalen psychologischen Realismus erfüllt, demgemäß keine Darstellung der Fähigkeit, sich und anderen mentale Zustände zuzuschreiben, philosophisch befriedigend ist, wenn sie sich mit einer korrekten empirischen Darstellung dessen, was wir tatsächlich tun, wenn wir uns und andere interpretieren, als unvereinbar erweist. So läuft die grundlegende Frage darauf hinaus, wie eine Alltagsinterpretin ihre Zuschreibung eigener und fremder mentaler Zustände vornimmt.[10] In diesem Zusammenhang ist darauf hinzuweisen, daß die Frage nach unserer tatsächlichen Zuschreibungspraxis mentaler Zustände eine erstpersonale und eine drittpersonale Lesart hat. Wie schreibe ich mir selbst mentale Zustände zu? Und wie schreibe ich sie andern zu? Es ist ein attraktives Merkmal des Simulationsansatzes, daß er eine intuitiv überzeugende Darstellung zum Zusammenhang dieser beiden Fragen vorlegt. Die grundlegende Idee besteht schlicht und einfach darin, daß wir von den mentalen Zuständen anderer durch eine natürliche Erweiterung derjenigen Fähigkeit wissen, die auch hinsichtlich unserer eigenen mentalen Zustände maßgeblich ist. Nun ist es allerdings so, daß es zumindest zwei recht unterschiedliche Wege zu einer näheren Bestimmung dieser Grundidee gibt. Sie führen zu zwei sehr verschiedenen Auffassungen von Simulation: einerseits zu Alvin Goldmans Standpunkt eines mentalen Transports (*mental transportation*), andererseits zu Robert Gordons Standpunkt einer mentalen Verwandlung (*mental transformation*).

Hier sei nur ganz kurz eingefügt, daß der Simulationsansatz natürlich nicht ohne historische Vorgänger ist. Seine Wurzeln können sowohl zur Verstehenstradition von Dilthey und Droysen als auch zu Collingwoods Idee eines einfühlenden Nachvollzugs (*dramatic reenactment*) zurückverfolgt werden. Weitere historische Vorläufer sind Vico, Weber und Schütz. Diese Philosophen und Soziologen betrachten die Idee des Verstehens als eine die Geistes- bzw. die Sozial- und Kulturwissenschaften auszeichnende Methode, die strikt von den Erklärungen in den Naturwissenschaften zu unterscheiden ist. Ein solch strenger methodologischer Dualismus ist insbesondere im Logischen Empirismus scharf kritisiert worden. Hier war es vor allem Carl G. Hempel, der am Beispiel der Geschichtswissenschaft die sogenannte Methode des empathischen Verstehens aufs Korn genommen hat: „The historian, we are told, imagines himself in the place of the persons involved in the events which he wants to explain; he tries to realize as completely as possible the circumstances under which they acted and the

---

[10] Vgl. Goldman, Interpretation Psychologized, a.a.O., 74.

motives which influenced their actions; and by this imaginary self-identification with his heros, he arrives at an understanding and thus at an explanation [...] This method of empathy is, no doubt, frequently applied by laymen and by experts in history. But it does not in itself constitute an explanation; it rather is essentially a heuristic device."[11] Zwei Punkte verdienen hier besondere Beachtung. Erstens stellt Hempel den vermeintlich genuinen Charakter der Methode empathischen Verstehens heraus; diese Methode wird dabei von ihm als eine Art von besonderem Vorstellungsvermögen charakterisiert. Dabei scheint Empathie alles andere als eindeutig: einerseits ist sie eine Form von Projektion in die Situation eines anderen, andererseits ein emotionaler Prozess 'imaginärer Selbstidentifikation' mit dem anderen. Unglücklicherweise hat der Begriff der Empathie keine auch nur annähernd feste Bedeutung bei all denen, die ihn verwenden und sich mit ihm beschäftigen. Vielmehr variiert seine Bedeutung zwischen verschiedenen Arten kognitiven Vorgehens und unterschiedlichen Weisen affektiver Reaktion sowie je unterschiedlichen Mischungen aus diesen beiden Komponenten. Leider werden wir feststellen müssen, daß diese begriffsgeschichtlich nachweisbare Ambiguität auch eine wichtige Rolle in der Diskussion des Simulationsansatzes spielt. Zweitens geht es im Gegensatz zur wohlbekannten wissenschaftstheoretischen Erklären/Verstehen-Kontroverse in der gegenwärtigen Debatte nicht darum, ob Simulation oder Empathie eine genuine Methode für die Sozial- oder Kulturwissenschaften abgeben. Vielmehr werden Simulation oder Empathie von ihren gegenwärtigen Befürwortern als eine Hypothese über eine spezifische Form alltagspsychologischer Heuristik zur Erklärung und Voraussage fremden und eigenen Verhaltens betrachtet.

Gordon, der vielleicht konsequenteste und radikalste Vertreter des Simulationsansatzes, hat seine leitende Idee des So-tun-als-ob-Spiels (*pretend play*) auf Quines Erläuterungen indirekter Rede und der Zuschreibung propositionaler Einstellungen in *Word and Object* zurückgeführt. Dort heißt es: „We project ourselves into what, from his remarks and other indications, we imagine the speaker's state of mind to have been, and then we say what, in our language, is natural and relevant for us in the state thus feigned."[12] Ironischerweise hat somit Quine, die Kulminationsfigur der Tradition des Logischen Empirismus, die Saat zur Rehabilitation einer Idee gelegt, die innerhalb dieser Tradition aufs heftigste bekämpft wurde. So viel zu einem kurzen historischen Exkurs zu den Vorläufern und Ursprüngen des Simulationsansatzes.

Um unsere Diskussion anschaulicher und lebendiger zu machen, empfiehlt sich die Betrachtung des bekannten Beispiels aus einem Experiment von Daniel Kahnemann und Amos Tversky, das von Alvin Goldman zur Illustration und Verteidigung des Simulationsansatzes herangezogen worden ist.[13] Herr Crane und Herr Tees wollen die Stadt mit unterschiedlichen Flügen zur gleichen Startzeit verlassen. Zum Fughafen

---

[11] C. G. Hempel, The Function of General Laws in History, in: Aspects of Scientific Explanation, New York/London 1965, 239.

[12] W. V. O. Quine, Word and Object, Cambridge, Mass. 1960, 219.

[13] Vgl. Goldman, Interpretation Psychologized, a.a.O., 83, u. Goldman, The Psychology of Folk Psychology, The Behavioral and Brain Sciences 16 (1993), 187.

nehmen sie zusammen ein Taxi, geraten in einen Stau und erreichen deshalb ihr Ziel erst dreißig Minuten nach ihrer jeweiligen fahrplanmäßigen Abflugzeit. Herrn Crane wird mitgeteilt, daß sein Flug pünktlich startete; Herrn Tees wird gesagt, daß sein Flug verspätet war und erst vor fünf Minuten abhob. Wer von beiden ist verärgerter?

Sechsundneunzig Prozent der Befragten sagten, daß sich Herr Tees mehr ärgern würde. Wie kommen so viele Leute zur gleichen Antwort? Leider können wir uns hier nicht an den Rationalitätsansatz wenden, da er sich ausschließlich auf propositionale Einstellungen bezieht und somit eine ganze Klasse mentaler Zustände, nämlich Empfindungen, unberücksichtigt läßt. Die Theorie-Theorie müßte behaupten, daß sich die untersuchten Subjekte auf gewisse gesetzesartige Verallgemeinerungen verlassen, aus denen sie unterschiedliche Grade von Verärgerung bei Herr Crane und Herr Tees schließen. Ist es plausibel anzunehmen, daß die befragten Subjekte tatsächlich über solche Generalisierungen verfügen? Sicherlich käme dazu keine der gewöhnlich von Anhängern der Theorie-Theorie angeführten alltagspsychologischen Platitüden in Frage. Nach Goldmans Auffassung des Simulationsansatzes liegt die Lösung auf der Hand: Die Leute stellen sich einfach vor, wie sie sich an Herrn Cranes und Herrn Tees Stelle fühlen würden, und antworten dementsprechend.

Diese auf einem Analogieschluß beruhende Sicht von Simulation ist sowohl von Anhängern wie auch von Kritikern des Ansatzes aufgenommen worden. Zuweilen wird sie die Modellauffassung der Simulation genannt, weil ihre grundlegende Idee darin besteht, sich selbst als ein Modell zum Verstehen eines anderen zu benutzen. Robert Nozick hat eine hilfreiche Exposition ihrer wesentlichen Bestandteile gegeben.[14] Geschlossen wird, daß der andere sich in der Situation so verhält, wie ich es tun würde. Die Situation wird dabei von einem subjektiven Standpunkt spezifiziert. Wenn der nötige Analogieschluß mich selbst als Ausgangspunkt der Analogie benutzt, sind wichtige Charakteristika unmittelbar gegeben. Auf vorgängige Spezifikationen meiner eigenen Handlungen in allen möglichen Situationen bin ich nach dieser Auffassung deshalb nicht angewiesen, weil ich über eine empathische Einsicht darüber verfüge, wie ich handeln würde. Fast der gleiche Gedanke kann unter Zuhilfenahme der Modellmetapher formuliert werden. Anstatt wie in der Physik oder in den Ingenieurwissenschaften die relevanten Bedingungen zu verändern und zu beobachten, wie sich das Modell verhält, führt man eine Art Gedankenexperiment durch, um in der Vorstellung herauszufinden, wie sich das Modell, nämlich in diesem Fall man selbst, an des anderen Stelle verhalten würde.[15] Dann zieht man einen Schluß vom eigenen Fall auf den Fall des andern. Natürlich ist es wichtig zu betonen, daß dieser Schluß auf zwei empirischen Korrelationen beruht: erstens, daß der andere tatsächlich so handelt, wie ich handeln würde, und zweitens, daß ich tatsächlich so handeln werde, wie ich in meiner Vorstellung glaube zu

---

[14] Vgl. R. Nozick, Philosophical Explanations, Cambridge, Mass. 1981, 637. Nozick hat diese Exposition explizit im Hinblick auf Verstehen gegeben. Ich übertrage sie hier auf die Analogieschluß-Interpretation von Simulation.

[15] Vgl. R. Gordon, The Simulation Theory: Objections and Misconceptions, in: M. Davies u. T. Stone (Hgg.), Folk Psychology, a.a.O., 118.

handeln.[16] Dadurch, daß ich mich in die Situation eines anderen versetze, *mag* ich wissen, wie ich handeln werde, aber vielleicht weiß ich es auch nicht, weil mir entweder allgemein solche Selbstkenntnis fehlt oder ich mir aber anläßlich dieses besonderen Situationstyps im unklaren bin. Es ist keine notwendige Wahrheit, daß ich in Situationen, in denen ich tatsächlich nicht bin, verläßlich weiß, was ich in ihnen fühlen und wie ich mich in ihnen verhalten würde. Die Modellauffassung der Simulation impliziert somit, daß Verstehen nicht allein von einer tragfähigen Analogie zwischen dem andern und mir, sondern auch von einem verläßlichen epistemischen Selbstverstehen abhängt. Kann dies aber gerechtfertigterweise vorausgesetzt werden? Wie könnten wir ein solches Verstehen erlangen?

In Gordons Augen wird durch die vorangegangene Exposition klar, daß die Modellauffassung der Simulation nicht richtig sein kann.[17] Dabei bestreitet er nicht, daß wir manchmal *per analogiam* räsonieren und uns dabei an die Stelle eines anderen versetzen. Natürlich kann ich mich fragen, was ich in Herrn Tees Situation fühlen oder tun würde. Doch bei dieser Gelegenheit *simuliere ich nicht den andern*. Vielmehr *simuliere ich mich selbst* unter kontrafaktischen Bedingungen und ziehe dann einen Schluß von mir auf Herrn Tees. Ein solches Vorgehen ist tatsächlich dadurch angemessen beschrieben, daß man sich selbst als ein Modell des andern benutzt, doch ist es für Gordon *keine* Form von imaginativer Simulation des anderen.

Gordon macht einen grundlegenden Unterschied zwischen zwei Verfahren. Demnach ist es eine Sache, *sich selbst* in Herrn Tees Situation zu simulieren; es ist eine ganz andere Sache, *Herrn Tees* in Herrn Tees Situation zu simulieren.[18] Ein zusätzlicher inferenzieller Schritt ist unerläßlich, wenn ich *mich selbst* in Herrn Tees Situation simuliere, indem ich mich frage, was ich (D. K.) in Herrn Tees Situation fühlen oder tun würde. Denn die Antwort auf diese Frage läßt immer noch offen, was Herr Tees in seiner Situation fühlen oder tun würde. Wenn ich Herrn Tees gut kenne, mag ich in der Lage sein, mir aus der Erstpersonperspektive von Herrn Tees vorzustellen, den Flug fast noch zu erreichen. Das ist etwas anders als mich, eine von Herrn Tees verschiedene Person, in dieser Situation vorzustellen und diese Vorstellung dann auf Herrn Tees zu übertragen. In diesem Zusammenhang ist es wichtig, darauf hinzuweisen, daß in dem ursprünglichen Experiment von Kahnemann und Tversky „Herr Tees" lediglich als Platzhalter für eine sogenannte typische Person auftritt. In einem solchen Fall wird unsere spezifische Problematik aber gar nicht berührt, denn Sie passen so gut wie jedermann sonst in das Szenario. Demgegenüber ist die Situation völlig anders, wenn wir es mit einer wirklichen Person, die wir gut oder vielleicht auch nur flüchtig kennen, oder es etwa mit einem fiktionalen Charakter in einem Roman zu tun haben. Der Fall

---

[16] Vgl. Nozick, Philosophical Explanations, a.a.O., 638.
[17] Vgl. Gordon, The Simulation Theory: Objections and Misconceptions, a.a.O., 118 ff.
[18] Vgl. Gordon, Simulation Without Introspection or Inference from Me to You, in: M. Davies u. T. Stone (Hgg.), Mental Simulation, Oxford 1995, 55 f.

von Herrn Tees ist somit in einem wichtigen Sinn kein besonders gutes Beispiel, weil er in höchst relevanten Aspekten nicht detailliert genug beschrieben worden ist.

Der entscheidende Zug für Gordon bei der Simulation von *Herrn Tees in seiner Situation* erfordert, was er eine „egozentrische Verschiebung" bzw. „eine Neueinrichtung meiner egozentrischen Landkarte auf Herrn Tees" nennt.[19] Demnach ist das Personalpronomen „ich" kein starrer Designator in vorgestellten Kontexten; vielmehr wird Herr Tees in meiner Vorstellung zum Referenten des Pronomen „ich". Nach Gordon müssen wir uns in unserer Vorstellung verwandeln und uns dabei eben nicht nur vorstellen, in Herr Tees Situation zu sein, sondern vielmehr Herr Tees in seiner Situation zu sein. Die sogenannte Neueinrichtung meiner egozentrischen Landkarte auf Mr. Tees ist nach Gordons Auffassung mit dem Vorgehen von Schauspielern zu vergleichen, wenn sie sich zu dem Charakter entwickeln, den sie spielen sollen. Eine verbreitete Einstellung professioneller Schauspieler besteht nicht darin, vorzugeben, ein bestimmter Charakter in einem Spiel zu sein, sondern sich vielmehr in diesen Charakter zu verwandeln. Ein eindrucksvolles Beispiel für diese These dürfte Klaus Kinskis Darstellung in Werner Herzogs Meisterwerk *Aguirre oder der Zorn Gottes* sein. Wenn die Idee solch einer personalen Verwandlung kohärent ist und auch praktisch erfolgreich ausgeführt werden kann, wird die Übertragung eines mentalen Zustands von mir auf eine andere Person einfach überflüssig; es besteht kein Anlaß mehr für einen Vergleich zwischen Herrn Tees und mir. Denn wenn ich meine egozentrische Landkarte auf Herrn Tees ausgerichtet habe, überlege ich nicht länger, was ich (D. K.) in dieser Situation fühlen oder tun würde. Innerhalb des Simulationskontextes fällt D. K. vollständig aus dem Bild heraus. Gordon schließt, daß, wenn ich simuliere, wie Herr Tees seinen Flug verpaßt, ich *ihn* bereits in einem bestimmten mentalen Zustand vorstelle.[20]

Natürlich sind wir nun unmittelbar mit dem Problem konfrontiert, daß meine Vorstellung von Herrn Tees mentalem Zustand falsch sein kann. Seine Gefühle nach dem knapp verpaßten Flug waren einfach nicht solcher Art, wie sie als Ergebnis meiner Simulation auftraten. Gordon argumentiert nun, daß aus dieser Möglichkeit *nicht folge*, daß ich implizit annehme, daß Herrn Tees mentaler Zustand tatsächlich so war, wie ich ihn in meiner Simulation vorstelle. Und er fügt hinzu, daß im allgemeinen aus der Möglichkeit, daß meine Repräsentation sich als falsch herausstellen könne, nicht folge, daß ich zusätzlich zu jener Vorstellung anzunehmen habe, daß ich mit ihr nicht falsch liege.

Ich denke, wir alle stimmen darin überein, daß es *nicht folgt*, daß ich annehme, mit meiner Vorstellung nicht falsch zu liegen. Aber muß ich die Richtigkeit meiner Repräsentation nicht annehmen, um meine Simulation zu starten, zumindest in dem Fall, wenn ich mit ihr erfolgreich sein will? Wenn ich nicht zumindest implizit die Annahme mache, daß Herrn Tees mentaler Zustand tatsächlich so war, wie ich ihn in meiner Si-

---

[19] Vgl. ebd., 55.
[20] Vgl. ebd., 56.

mulation repräsentiere, warum sollte ich dann irgendeinen Grund dafür haben, mich auf die Ergebnisse meiner personalen Verwandlung zu verlassen?

In Goldmans Version des Simulationsansatzes als mentaler Transport waren wir mit dem Problem der Verläßlichkeit unseres Selbstverstehens konfrontiert. Nun sind wir in Gordons Version des Simulationsansatzes als mentale Verwandlung mit dem Problem der Verläßlichkeit des Fremdverstehens konfrontiert. Sind wir damit in beiden Fällen in eine Sackgasse geraten, oder gibt es, zumindest in einem von ihnen, einen Ausweg aus den Schwierigkeiten?

Nachdem ich bislang einige gravierende Unterschiede zwischen Gordons und Goldmans Vorstellungen zum Simulationsansatz analysiert habe, möchte ich jetzt einen genaueren Blick auf ihre gemeinsame Behauptung werfen, daß Empathie die wichtigste Rolle in diesem Ansatz spielt. Im Hinblick auf diese Behauptung möchte ich die folgenden vier Thesen vorstellen und verteidigen. Erstens, wenn es wahr ist, daß die Grundidee der Simulationsauffassung entweder in Goldmans mentalem Transport – sich selbst an die Stelle eines anderen zu versetzen und die dabei eingenommene Perspektive inklusive erforderlicher Angleichungen dann auf ihn zu übertragen – oder aber in Gordons mentaler Verwandlung – der Neueinstellung der eigenen kognitiven Landkarte durch eine Verschiebung des indexikalischen „ich" auf den anvisierten Referenten – besteht, dann können diese Verfahren *nicht beide* mit einer adäquaten Explikation von Empathie identifiziert werden. Zweitens sollten Empathie und Sympathie nicht wechselseitig austauschbar gebraucht werden, wie dies leider sowohl Gordon als auch Goldman tun. Drittens sollte eine adäquate Explikation von Empathie ihren Inhalt deutlich von dem psychologischen Phänomen der Gefühlsansteckung abgrenzen, welches in allen Simulationsansätzen große Beachtung erfährt und dort mit Empathie durcheinander gebracht wird. Leider entsteht noch eine vierte begriffliche Verwirrung dadurch, daß unterschiedliche Formen frühkindlicher Nachahmung sowohl als Vorläufer von wie auch als Belege für Empathie und Simulation aufgefaßt werden.

Um diese vier Thesen zu verteidigen, werde ich im folgenden Goldmans und Gordons Behauptungen zu Empathie und Gefühlsansteckung diskutieren. Ich beginne mit einem längeren Zitat von Goldman, das seine Position zu den einschlägigen psychologischen Phänomenen darstellen und klären soll: „I'll in fact examine just a single phenomenon: empathy. Using that term first broadly and later narrowly, I'll argue that empathy may be the key to one sector of the philosophy of mind [...] But whether empathy can in fact unlock any doors depends heavily on the outcome of empirical research in cognitive science..."[21] Nachdem Goldman seine Form der Simulationsauffassung und einige entwicklungspsychologische Arbeiten zu ihrer Stützung vorgestellt hat, zieht er dann folgende Zwischenbilanz: „Until now I have used the term 'empathy' to denote the process of simulation. But 'empathy' typically has a narrower meaning, one specifically concerned with *affective* or *emotional* states. To empathize with someone, in its most

---

[21] Goldman, Empathy, Mind, and Morals, in: M. Davies u. T. Stone (Hgg.), Mental Simulation, a.a.O., 185.

frequent sense, is to sympathize or commiserate, which involves shared attitudes, sentiments, or emotions. In the remainder of the discussion, I shall focus on this narrower sense of 'empathy'. Central cases of empathy, so construed, may arise from simulation, that is, from imaginatively adopting the perspective of another. [...] Although perspective-taking is the standard way by which vicarious or resonant emotions are generated, there may be resonance phenomena not preceded by perspective-taking. These cases can also be considered cases of empathy in a *wide* sense."[22] Lassen Sie uns diese Bemerkungen etwas genauer unter die Lupe nehmen.

Bis jetzt haben wir gesehen, daß ungeachtet wichtiger Unterschiede sowohl Goldman als auch Gordon mentale Simulation als bestimmte Formen von Vorstellungstätigkeiten zu bestimmen versuchen. Nach Goldman mag nun die Durchführung einer Simulation Anlaß zur Bildung gewisser affektiver oder emotionaler Zustände sein. Dies ist natürlich kein hinreichender Grund für eine Identifikation von Simulation mit solch affektiven Zuständen oder Prozessen. Vielmehr scheint hier die Redeweise von einem engen und einem weiten Sinn von Empathie zur begrifflichen Verwirrung beizutragen. Die Gefahr eines begrifflichen Durcheinander nimmt dadurch noch zu, daß Goldman auch sogenannte Resonanzphänomene unter den Begriff der Empathie subsumiert. Denn das bedeutet nicht anderes, daß auch Fälle von Gefühlsansteckung, die explizit nicht durch einen imaginativ eingenommenen Perspektivenwechsel entstehen, als Fälle von Empathie verstanden werden. Empathie wird in diesem Fall als eine Art Nachahmung (*mimicking*) der emotionalen Zustände einer Person durch die einer anderen aufgefaßt. Für Goldman weist ein solcher Bestimmungsversuch große Affinitäten zu gewissen Definitionen in der psychologischen Literatur auf. So zitiert er mit Zustimmung Mark Barnetts Definition, dernach Empathie die nachempfindende Erfahrung einer Emotion ist, die kongruent, aber nicht notwendigerweise identisch mit der Emotion eines anderen Individuums ist.[23] Leider ist dies noch nicht das Ende einer ziemlich verwirrenden Exposition.

In einem weiteren Schritt wird von Goldman Empathie mit Sympathie und Mitgefühl gleichgesetzt, die ihrerseits geteilte Einstellungen, Empfindungen und Emotionen einschließen. Zumindest zwei Behauptungen dürften hier einer näheren Überprüfung nicht standhalten: Erstens ist es unhaltbar und in hohem Maße irreführend, Empathie und Sympathie miteinander zu identifizieren, auch wenn dies bei Gordon und Goldman immer wieder vorkommt. Zweitens scheint es mehr als zweifelhaft, daß genuine Sympathie meinerseits geteilte Einstellungen, Empfindungen und Emotionen mit dem Träger meiner Sympathie erfordert.

---

[22] Ebd., 197 f. Zu einer interessanten, leicht unterschiedlichen Sicht vgl. Goldman, Ethics and Cognitive Science, in: A. Goldman (Hg.), Readings in Philosophy and Cognitive Science, Cambridge, Mass. 1993, 635.

[23] Vgl. M. A. Barnett, Empathy and Related Responses in Children, in: N. Eisenberg and J. Strayer (Hgg.), Empathy and Its Development, Cambridge 1987, zitiert in Goldman, Empathy, Mind, and Morals, a.a.O., 198.

Um diese beiden Punkte zu verteidigen, sind die zentralen Begriffe der Gefühlsansteckung, der Empathie und der Sympathie näher zu erläutern. Beginnen wir mit dem allgemein bekannten und gut dokumentierten Phänomen der Gefühlsansteckung. Es gibt die entwicklungspsychologisch belegte Beobachtung, daß Babys als Reaktion auf das Schreien eines Säuglings ebenfalls zu schreien beginnen. Wenn Leidenszeichen bei einem nur rudimentär wahrgenommenen anderen Wesen zum Ausdruck unangenehmer Empfindungen bei einem Säugling führen, scheint mir dies allerdings kaum ein Fall von Empathie zu sein, der diese Bezeichnung verdient. Interessanter sind demgegenüber die erstaunlichen Forschungsergebnisse, die Andrew Meltzoff mit seinen Kolleginnen erzielt hat.[24] Sie fanden heraus, daß Säuglinge nicht älter als 12 bis 21 Tage gewisse Gesichtsbewegungen wie den Mund zu öffnen oder etwa die Zunge herauszustrecken nachahmen. In neueren Studien wurden ähnliche Gesichtsimitationen bei Neugeborenen mit einem Durchschnittsalter von 32 Stunden gefunden, wovon der jüngste Säugling gerade mal 42 Minuten alt war. So scheint es, daß die Nachahmung von Gesichtsveränderungen eine angeborene Fähigkeit ist. Aus solchen Beispielen von unmittelbarer Reaktion auf Kindergeschrei und von Gesichtsimitation hat Gordon geschlossen, daß behaviorale Mimikry ein Kanal sei, über den solch höherstufige mentale Zustände wie Emotionen von einem Individuum auf ein anderes übertragen werden.[25] Seine Einschätzung faßt er mit folgendem Satz zusammen: „[...] there is good evidence that [...] infants pick up from the crying of others not just the exterior display of grief or distress but the genuine article."[26] Was stützt solch kühne Behauptung?

Spätestens seit Charles Darwins grundlegendem Werk *The Expression of the Emotions in Man and Animals* aus dem Jahre 1872 hat man sich verstärkt mit der systematischen Erforschung aussagekräftiger Korrelationen zwischen Körper und Geist im Hinblick auf menschliche Emotionen beschäftigt. Insbesondere Paul Ekman und seine Mitarbeiter fanden heraus, daß bestimmte Gesichtsmuskelbewegungen – Muskelkontraktionen um Augen, Brauen und Mund – zu emotionsspezifischen physiologischen

---

[24] Vgl. A. N. Meltzoff u. A. Gopnik, The Role of Imitation in Understanding Persons and Developing a Theory of Mind, in: S. Baron-Cohen et al. (Hgg.), Understanding Other Minds – Perspectives from Autism, Oxford 1993, 335–366; A. N. Meltzoff u. M. K. Moore, Infants Understanding of People and Things: From Body Imitation to Folk Psychology, in: J. Bermúdez, A. J. Marcel u. N. Eilan (Hgg.), The Body and the Self, Cambridge, Mass. 1995, 43–69; A. Gopnik u. A. N. Meltzoff, Words, Thoughts and Theories, Cambridge, Mass. 1997; A. N. Meltzoff, A. Gopnik and B. M. Repacholi, Toddler's Understanding of Intentions, Desires, and Emotions: Explorations of the Dark Ages, in: Ph. D. Zelazo et al. (Hgg.), Developing Theories of Intention, Social Understanding and Self-Control, Mahwah, NJ 1999, 17–41.

[25] Vgl. R. Gordon, Sympathy, Simulation, and the Impartial Spectator, in: L. May, M. Friedman u. A. Clark (Hgg.), Mind and Morals – Essays on Cognitive Science and Ethics, Cambridge, Mass. 1995, 166.

[26] Ebd., 167.

Veränderungen führen, die mit jenen Gesichtsmustern entstehen.[27] Gordon glaubt nun, daß, wenn diese Gesichtsmuskelbewegungen Veränderungen in Stimmung und Emotionen mit sich bringen und physiologische Veränderungen auslösen, die denen ähnlich sind, die typischerweise Emotionen begleiten, wir dadurch eine Erklärung dafür bekommen, wie wir durch Nachahmung der Gesichtsausdrücke anderer auch ihre Emotionen 'einfangen'.[28] Nach Gordon eignen wir uns so die Emotionen anderer durch Ansteckung an. Doch was soll das heißen? Fangen wir uns ihre Emotionen so ein, wie wir uns eine Erkältung einfangen? Natürlich sind wir alle wohlvertraut mit Phänomenen emotionaler Ansteckung wie etwa einem ansteckenden Lachen oder auch übergreifender Albernheit. Doch wenn wir Emotionen verstehen wollen und wir Emotionen durch ihren intentionalen Inhalt individuieren, dann scheint der Bezug auf Gefühlsansteckung nicht hilfreich zu sein, da ihr gerade ein angebbarer intentionaler Inhalt fehlt.

Auch Gordon konzediert, daß wir es bei den bislang betrachteten Phänomenen mit – wie er sich ausdrückt – sympathetischen Reaktionen sehr elementarer Art zu tun haben.[29] Die Reaktionen sind deshalb so elementar, weil sie von gar nichts Bestimmtem handeln. Eine Mutter mag lächeln, weil sie an ein erfreuliches Treffen vor einigen Tagen denkt. Die Wahrnehmung dieses Lächelns mag bei ihrem Säugling seinerseits ein Lächeln hervorrufen, das eine Art Vergnügen in dem Kind auslöst. Das Kind ist jedoch über nichts Bestimmtes vergnügt, zumindest sicherlich nicht über die Erinnerungen seiner Mutter an ein Tage zurückliegendes Treffen.

Gordon glaubt, daß das Problem der Übertragung von emotionaler Intentionalität durch eine weitere Form von niedrigstufiger Nachahmung zu lösen sei; er nennt sie die Mimikry der Blickrichtung.[30] Ich vermute, daß er dabei Phänomene aus dem spannenden Forschungsbereich gemeinsamer und geteilter Aufmerksamkeit im Sinn hat, die von den Entwicklungspsychologen Simon Baron-Cohen und Michael Tomasello untersucht worden sind.[31] Im Mittelpunkt des Interesses steht hier die Ausbildung sogenannter triadischer Repräsentationen. Eine triadische Repräsentation spezifiziert die Relationen zwischen zwei Personen und einem Gegenstand. Die triadische Repräsentation enthält ein eingebettetes Element, das sicherstellt, daß die beiden Personen sich dem gleichen Gegenstand zuwenden. Einfache Beispiele sind etwa (Die Mutter-sieht-(das Kind-sieht-den Hund)) oder (Der Linguist-sieht-(der Eingeborene-sieht-das Kaninchen)). Diese schematisierende Darstellungsweise soll deutlich machen, daß triadische Repräsentationen eine eingebettete dyadische Repräsentation enthalten. Hinzugefügt

---

[27] Vgl. P. Ekman, W. Levenson and W.V. Friesen, Autonomic Nervous System Activity Distinguishes among Emotions, Science 221 (1983), 1208–10.
[28] Vgl. Gordon, Sympathy, Simulation, and the Impartial Spectator, a.a.O., 167.
[29] Vgl. ebd., 167. Ich glaube nicht einmal, daß diese Reaktionen angemessen als 'sympathetisch' zu beschreiben sind, doch kann ich hier darauf nicht näher eingehen.
[30] Vgl. ebd., 167.
[31] Vgl. S. Baron-Cohen, Mindblindness. An Essay on Autism and Theory of Mind, Cambridge, Mass. 1995, 44–6, u. M. Tomasello, The Cultural Origins of Human Cognition, Cambridge, Mass. 1999, 67–70.

werden muß natürlich, daß beide Personen wechselseitig wahrnehmen, daß sie den gleichen Gegenstand anvisieren. Damit sind die Grundlagen einer frühkindlichen Koordination ihres sozialen Zusammenspiels mit einer anderen Person über einen Gegenstand gelegt. Allerdings scheinen mir zumindest drei kritische Bemerkungen angebracht. Erstens sind diese psychologischen Fähigkeiten bei Baron-Cohen und Tomasello lediglich ein wichtiger Teil einer umfassenden Geschichte zur Entwicklung unser Zuschreibungsfähigkeit von genuin intentionalen Zuständen. Zweites sehe ich nicht, warum dieser zweifellos bedeutsame Teil angemessen als eine Art von Nachahmung der Blickrichtung zu beschreiben wäre. Und drittens kann dieser sicherlich äußerst wichtige entwicklungspsychologische Schritt[32] *nicht allein* als überzeugende Lösung für das Problem der Übertragung genuiner Intentionalität von Emotionen ausgegeben werden. Der intentionale Gehalt der Emotion der Mutter, das erfreuliche Treffen von vor einigen Tagen, wird sicherlich nicht durch eine Form von Mimikry der Blickrichtung auf das Kind übertragen.

Erinnern Sie sich, daß Goldman bei der Exposition seines Standpunkts bemerkte, es gebe bekannte Fälle von Gefühlsansteckung, die zurecht als empathische Phänomene aufgefaßt werden, selbst wenn sie keinerlei Simulation in Form einer Perspektivenübernahme einschließen. Beispiele und vermeintliche Gründe für eine solche Position habe ich soeben kritisiert. Jetzt möchte ich noch einmal einen Blick auf Goldmans Interpretation eines Experiments werfen, in dem eine sogenannte kongruente Emotion durch eine Perspektivenübernahme ausgelöst werden soll. Ezra Stotland ließ in einem Experiment eine Person beobachten, deren Hand an eine Maschine angeschnallt war, die den Probanden als schmerzhafte Hitze verursachend beschrieben wurde. Einige von ihnen wurden angewiesen, die Person sorgfältig zu betrachten; einigen wurde gesagt, sich vorzustellen, was die Person fühle, und eine dritte Gruppe wurde angehalten, sich selbst an ihrer Stelle vorzustellen. Goldman faßt das Ergebnis des Experiments mit folgendem Satz zusammen: „Using both physiological and verbal measures of empathy on the part of the subjects, the experimental results showed that deliberate acts of imagination produced a greater response than just watching."[33] Was man hier natürlich gerne wüßte, wäre, was unter „greater response" zu verstehen ist. Eine Abscheu zeigende Reaktion? Eine Mitleidshaltung? Anzeichen von ausgeprägtem Mitempfinden? Welche sogenannten kongruenten Emotionen werden ausgelöst? Ohne eine nähere Bestimmung von Empathie tappen wir bei der Interpretation und Evaluation des Experiments völlig im dunkeln.

Wie immer eine brauchbare Explikation von Empathie auch ausfallen mag – ich hoffe, schon meine bisherige Diskussion hat gezeigt, daß wir Empathie auf jeden Fall von bloßer Gefühlsansteckung unterscheiden sollten. Viele Entwicklungspsychologen

---

[32] Tomasello spricht in diesem Zusammenhang von der „Nine-Month Revolution" und kommentiert: „If there is some question about whether infant's social cognition is diffferent from that of other primates in the months before this revolution, after it there can be no doubt." Tomasello, The Cultural Origins of Human Cognition, a.a.O., 61.
[33] Goldman, Empathy, Mind, and Morals, a.a.O., 199.

argumentieren, daß genuine Empathie zumindest eine Differenzierung zwischen eigenen und fremden emotionalen Zuständen voraussetzt; darüber hinaus wird zumindest ein gewisses Bewußtsein von dieser Differenz in einschlägigen Kontexten gefordert. Danach würden Säuglinge und sehr junge Kinder zwar Gefühlsansteckung, jedoch keine Empathie erfahren, wohingegen ältere Kinder und Erwachsene zu beidem fähig wären. Empathie ist nun ihrerseits weder notwendig noch hinreichend für Sympathie, wiewohl sie Sympathie durch ein vertieftes und affektiv geprägtes Verstehen durchaus hervorrufen und auch erweitern kann.[34] Notwendig für Sympathie scheint eine Form von Verstehen zu sein, doch auch wenn dieses Verstehen durch Empathie und andere hier diskutierte Simulationsprozesse gefördert wird, ist dieses empathische Verstehen sicherlich nicht hinreichend für Sympathie, da z. B. das Erkennen der Sorgen und Nöte eines anderen durchaus damit konsistent ist, sich nicht im geringsten darum zu kümmern. Viel wichtiger als etwa die gleichen Emotionen zu teilen, scheinen im Fall von Sympathie näher zu spezifizierende kognitive und affektive Zuwendungen zu dem anderen zu sein, die altruistische Motivationen und Handlungsdispositionen zugunsten des anderen einschließen. Wie immer auch diese vagen ersten Hinweise schließlich in brauchbaren Explikationen ausbuchstabiert werden mögen – schon jetzt scheinen wir zumindest gute Gründe dafür zu haben, zwischen Gefühlsansteckung, Empathie und Sympathie sorgfältig zu unterscheiden und keines dieser Phänomene vorschnell als theoretischen Grundbegriff mentaler Simulation auszuzeichnen.

III. Zusammenfassung und Ausblick

Meine zuletzt vorgetragene Kritik läßt sich durch zwei diagnostische Bemerkungen zusammenfassen. Erstens beschäftigen sich die Vertreter des Simulationsansatzes im Gegensatz zu ihrer expliziten Behauptung bei ihrer Suche nach empirischer Stützung nicht nur mit einem einzigen psychologischen Phänomen, nämlich Empathie, sondern mit einer Vielzahl von verschiedenen Phänomenen, die nicht miteinander vermengt werden sollten. Zweitens ist es extrem irreführend und theoretisch unbefriedigend, den Begriff der Empathie sowohl in einem weiten wie auch in einem engen Sinn zu benutzen, wenn tatsächlich sehr verschiedene psychologische Phänomene jeweils darunter subsumiert werden. Begriffliche Verwirrung und empirische Fruchtlosigkeit sind die Folge einer Vorgehensweise, die das ganze Spektrum von verschiedenen anspruchsvollen imaginativen Verfahren bis hin zu elementarer Gefühlsansteckung mit dem Begriff der Empathie abdeckt. In Zukunft sollten deshalb zumindest die folgenden vier verschiedenen Fragen und Projekte auseinandergehalten und bearbeitet werden.

Erstens gibt es zwei unterschiedliche und vielleicht sogar unvereinbare Konzeptionen von Simulation mit schwerwiegenden grundlegenden philosophischen Problemen im Gefolge. Können diese Probleme zufriedenstellend gelöst werden? Kann eine der bei-

---

[34] Vgl. P. Goldie, The Emotions. A Philosophical Exploration, Oxford 2000, 180.

den Versionen als die philosophisch befriedigendere und empirisch erfolgversprechendere ausgezeichnet werden? Zweitens haben wir gesehen, daß wir Simulation nicht vorschnell mit Empathie oder gar einer sogenannten empathischen Methode identifizieren sollten. Was wir demgegenüber benötigen, ist eine adäquate Explikation von Empathie, die Wege für detailliertere empirische Studien über ihre Struktur, ihren Umfang und ihre Entwicklung frei macht. Drittens sollten wir den weitverbreiteten Tendenzen widerstehen, Empathie und Sympathie in einen Topf zu werfen. Ein Psychopath mag tiefe Empathie mit seinem Opfer verbinden, ohne für es auch nur ein Jota Sympathie aufzubringen, wohingegen eine Therapeutin mit ihrer Klientin sympathisieren mag, ohne ihre schwere Depression empathisch anzunehmen. Viertens sind Gefühlsansteckung und ihre möglichen entwicklungspsychologischen Vorläufer in Form von unterschiedlichem Nachahmungsverhalten ohne jeden Zweifel interessante psychologische Phänomene, die detaillierter analysiert und genauer erforscht werden sollten. Ihre Relevanz für eine empirische Stützung des Simulationsansatzes scheint mir jedoch gegenwärtig alles andere als erwiesen zu sein, und zwar nicht zuletzt deshalb, weil gar nicht klar ist, worin genau die Bestätigung bestehen soll.

Wir haben gehört, wie Goldman die Wichtigkeit empirischer Forschung zur Empathie für die Einschätzung der explanatorischen Stärke des Simulationsansatzes hervorhob. Indem er die systematische Verbindung zwischen Simulation und Empathie betonte, erweckte er den Eindruck, daß es bereits viele Studien zur Empathie gebe, die in der ein oder anderen Weise die Einsichten und Thesen des Simulationsansatzes stützen würden. Ich hoffe, daß meine Diskussion gezeigt hat, daß dies ein durchaus trügerischer Eindruck ist. Erst wenn wir die nur scheinbar wechselseitig austauschbaren Begriffe und die von ihnen abgedeckten verschiedenen Phänomene sorgfältig analysieren, können wir ihre jeweilige philosophische Relevanz wirklich beurteilen. Worauf wir bei dieser Aufgabe angewiesen sind, ist ein enges Zusammenspiel von tragfähigen Explikationen und einschlägigen empirischen Studien. Wenn wir einen dieser Faktoren außer Acht lassen oder auch nur weitgehend vernachlässigen, ist die Gefahr groß, bei der Evaluation des Zusammenhangs von philosophischen Fragen und empirischen Befunden in die Irre zu gehen. Leider scheint der Simulationsansatz zumindest bis jetzt dieser Gefahr erlegen zu sein.

Rüdiger Bittner

Liebe – eine Pflicht? eine Tugend? keins von beiden?

Meine Frage ist, ob Liebe moralisch bedeutsam ist, und wenn ja, in welcher Weise. Ich möchte wissen, wo auf unserer moralischen Landkarte Liebe zu finden ist, wenn irgendwo.

Es gibt wohlbekannte Antworten auf diese Frage. Die einflußreichste ist diese: Liebe ist eine Tugend, tatsächlich die höchste aller Tugenden. Das ist die christliche Lehre, wie sie z. B. von Thomas von Aquin vorgetragen wird.[1] Sie stützt sich auf biblische Quellen. Hier ein rascher Überblick: Es wird geboten, Gott zu lieben,[2] es wird geboten, seinen Nächsten zu lieben,[3] es wird behauptet, daß diese beiden Gebote das gesamte Gesetz und die Propheten einbegreifen,[4] und es wird schließlich behauptet, daß unter den später so genannten theologischen Tugenden Glaube, Hoffnung und Liebe die Liebe am höchsten steht.[5]

Ja, ich übergehe hier Unterschiede, die in der Tradition sehr ernst genommen worden sind und auch in der zeitgenössischen Literatur immer noch sehr ernst genommen werden. Ich unterscheide nicht zwischen *amor* und *caritas*, zwischen *eros* und *agape*.[6] Ich übergehe diese Unterscheidungen, weil ich vermute, daß sie keine Grundlage in den Phänomenen haben, sondern nur zu polemischen Zwecken gemacht wurden, um gute Liebe von schlechter, himmlische von irdischer, unsere von ihrer Liebe zu trennen. Zugegeben, ich werde diese Vermutung hier nicht beweisen, sondern als bewiesen voraussetzen.

Hier ist eine zweite, nicht ganz so berühmte Antwort auf die Frage:

> *Liebe als Neigung kann nicht geboten werden, aber Wohltun aus Pflicht selbst, wenn dazu gleich gar keine Neigung treibt, ja gar natürliche und unbezwingliche Abneigung widersteht, ist*

---

[1] Summa theologiae 2–2, qu. 23, art. 6.
[2] Dtn 6,5 und 10,12.
[3] Lev 19,18.
[4] Matthäus 22, 40, und ein ähnlicher Punkt Römer 13,9.
[5] 1 Korinther 13,13.
[6] Thomas Oord etwa betrachtet *agape*, *eros* und *philia* als verschiedene Archetypen der Liebe. (Th. Oord, Love Archetypes and Moral Virtue, Contemporary Philosophy-Boulder 22 (2000), 13–6.) Dieser Artikel verweist auch auf weitere, teils philosophische, teils theologische Literatur, die dieselbe oder eine ähnliche Unterscheidung benutzt. Die psychologische Literatur bietet eine noch breitere Auswahl von Einteilungen von Arten oder Elementen der Liebe, siehe etwa R. Sternberg, Liking versus Loving: A Comparative Evaluation of Theories, Psychological Bulletin 102 (1987), 331–45.

praktische und nicht pathologische Liebe, die im Willen liegt und nicht im Hange der Empfindung, in Grundsätzen der Handlung und nicht schmelzender Teilnehmung; jene aber allein kann geboten werden.[7]

Von dem Unterschied, den Kant hier zwischen praktischer und pathologischer Liebe zieht, gilt das gleiche wie von den anderen gerade zurückgewiesenen Unterscheidungen: Er hat keine Grundlage in den Phänomenen, sondern steht nur im Dienst, jetzt nicht eines polemischen Zwecks, sondern einer falschen Umarmung. Kant nämlich gibt vor, mit der eben angesprochenen christlichen Orthodoxie einig zu sein, und nennt Handeln aus Pflicht für das Wohlbefinden anderer „praktische Liebe". Das ist offensichtlich eine Fehlbenennung. Man muß nicht ein Anhänger „schmelzender Teilnehmung" sein, um darauf hinzuweisen, daß anderen wohlzutun aus dem Grund, daß dies recht ist, etwas anderes ist als sie zu lieben.

Rückt man also die Terminologie zurecht, dann behauptet Kant, daß Liebe keine direkte moralische Bedeutung hat. Gewiß, anderen wohlzutun, weil dies recht ist, erschöpft nach Kants Ansicht nicht die moralischen Forderungen. Man soll auch sich selbst in vernünftiger Weise wohltun, und außer dem Wohltun soll man auch sich selbst und anderen geben, was man ihnen schuldet. Aber diese moralischen Forderungen haben sichtlich noch weniger mit Liebe zu tun. Man kann also sagen, daß Liebe für Kant moralisch unerheblich ist. Direkt jedenfalls ist sie unerheblich. So wie Kant einräumt, daß man – wenn auch indirekt – moralisch verpflichtet ist, etwas für das eigene Glück zu tun, weil man unbefriedigt leichter der Versuchung nachgibt, seine Pflichten zu verletzen,[8] so dürfte er auch einräumen, daß es etwas Gutes ist, und zwar aus moralischen Gründen, einige Nächstenliebe zu pflegen, denn das macht einen weniger anfällig für die Versuchung, die Menschen, mit denen man zu tun hat, ungerecht oder unfreundlich zu behandeln. Dies kleine Zugeständnis unterstreicht freilich gerade die moralische Bedeutungslosigkeit der Liebe bei Kant. Nach ihm hat jemand, der seinen Nächsten liebt, sich in eine gute Ausgangsposition gebracht, das moralisch Richtige zu tun, das moralisch Üble zu vermeiden; er hat aber nicht wirklich angefangen, jenes zu tun und dieses zu lassen. Er hat nur einen Damm gegen solche Kräfte errichtet, die ihn irgendwann dazu bringen könnten, seine Pflichten zu verletzen. Für sich selbst hat Liebe also keinerlei moralischen Status.

In dem eben zitierten Satz begründet Kant seine Ansicht mit dem Hinweis, daß Liebe nicht geboten werden kann. Dies Argument hat allerdings nur für denjenigen Kraft, der die Voraussetzung annimmt, daß nur Gebote oder das, was Gebote möglich macht, moralisches Gewicht haben; daß also die basale Währung der Moral das Gebot ist. Die Freunde der Tugend bestreiten das. Nach ihrer Ansicht muß das, was wir Moral nennen, verstanden werden aus den mannigfaltigen Weisen eines gelingenden menschlichen Daseins. Wenn Liebe nicht geboten werden kann, so ist das für sie kein Grund gegen

---

[7] I. Kant, Grundlegung zur Metaphysik der Sitten (1785), in: ders., Gesammelte Schriften („Akademieausgabe"), Berlin 1902 ff., Bd. IV, 385–463; hier 399.
[8] Ebd.

die moralische Bedeutung der Liebe. Schließlich kann ja auch Mut oder Großzügigkeit in dem hier zur Rede stehenden Sinne nicht geboten werden. Kants Argument für die moralische Bedeutungslosigkeit der Liebe ist also nur so gut wie sein allgemeines Argument für eine Moralphilosophie, die auf der Vorstellung des Gebotes errichtet ist. Dies allgemeine Argument aber ist, gelinde gesagt, umstritten. Für den Augenblick also kann Kants Ansicht nicht als bewiesen gelten. Liebe könnte noch moralisches Gewicht haben, denn moralisches Gewicht verlangt vielleicht nicht Gebietbarkeit.

Die Tugendethik läßt die Überlegung zweifelhaft werden, mit der Kant die moralische Bedeutungslosigkeit der Liebe zu erweisen versucht. Sie bietet aber ihrerseits keinen positiven Begriff jener angeblichen moralischen Bedeutung der Liebe an. Denn in Wahrheit ist Liebe nicht eine Tugend, was die christliche Lehre darüber auch gesagt haben mag. Eine Tugend besteht darin, daß jemand oder etwas in einer bestimmten Tätigkeit oder unter bestimmten Umständen besonders gut ist.[9] Mut zum Beispiel besteht darin, daß jemand in gefährlichen Situationen sich gut hält. Liebe aber ist selbst eine Tätigkeit oder ein Affekt oder ein Wollen, lassen wir hier offen, welches von diesen genau sie ist. Auf jeden Fall ist Liebe nicht dies, daß jemand in einer Tätigkeit, einem Affekt oder einem Wollen gut ist.

Man mag sich hiergegen auf die Autorität des Aristoteles berufen, der gleich am Anfang der Freundschaftsabhandlung in der *Nikomachischen Ethik* sagt, daß „Freundschaft eine Tugend ist oder Tugend einschließt."[10] Da Liebe doch wohl eine Art von dem ist, was Aristoteles Freundschaft nennt, so sagt Aristoteles hier, entgegen dem, *was* ich zuvor verteidigt habe, daß Liebe eine Tugend ist oder Tugend einschließt. – Ja, das sagt er, aber da das, was er zur Verteidigung des Satzes vorbringt, daß Freundschaft eine Tugend ist, diesen Satz nicht gegen das eben geführte Argument aufrechterhalten kann, nimmt man das „oder" an der zitierten Stelle wohl besser als ein „oder vielmehr", „oder um es genauer zu sagen". Er verteidigt nämlich den Satz, daß Freundschaft eine Tugend ist, mit dem Hinweis, daß sie etwas Schönes ist, und das, so wahr es auch sein mag, reicht nicht aus. Es gibt viele schöne Dinge, sogar schöne Dinge, die für ein gutes Leben unerläßlich sind, die doch nicht Tugenden sind. Zum Beispiel wer nicht gut aussieht und keine wohlgeratenen Kinder hat, der ist nicht wirklich glücklich, sagt Aristoteles,[11] und das sind zwar sicherlich schöne Dinge, aber es ist nicht eine Tugend, sie zu haben. Recht bedacht ist Aristoteles' Meinung also: Liebe ist nicht eine Tugend.

Die christliche Rede von Liebe als Tugend ist wie Kants Rede von der praktischen Liebe eine versuchte falsche Umarmung, nämlich die prätendierte Übereinstimmung mit einer herrschenden Tradition. Thomas stützt die Behauptung, daß Liebe (*caritas*) eine Tugend ist, folgendermaßen:

---

[9] Vgl. den hervorragenden Artikel von Peter Stemmer zum klassischen Verständnis von Tugend in: Historisches Wörterbuch der Philosophie, Bd. 10, s. v. Tugend.
[10] NE 1155a3–4.
[11] NE 1099b3-4.

humani actus bonitatem habent secundum quod regulantur debita regula et mensura: et ideo humana virtus, quae est principium omnium bonorum actuum hominis, consistit in attingendo regulam humanorum actuum.[12]

Das ist sicherlich nicht, was die Alten Tugend nannten. Gewiß, auch für Aristoteles sind die Tugenden Prinzipien guten menschlichen Handelns. Doch gute Handlungen sind für Aristoteles nicht gut, weil sie bestimmt sind nach geschuldeter Regel und geschuldetem Maß. Aristoteles kennt nicht so etwas wie geschuldete Regel und Maß für menschliches Handeln. Dieser Gedanke kam erst mit der Vorstellung in die Welt, daß Gott den Menschen Regeln für ihr Handeln anweist. In Tugendreden verpackt, ist Thomas' Aussage also die: Die Menschen, wenn sie lieben, tun, was Gott ihnen befohlen hat, und deshalb tun sie gut daran. Liebe ist also tatsächlich nach Thomas keine Tugend, auch wenn seine eigene Formulierung den entgegengesetzten Eindruck erweckt. Liebe ist das Ausführen eines gültigen Gebotes. So wird ja auch Liebe immer wieder in den biblischen Texten präsentiert, die ich zu Anfang nannte: Gottes Liebe und Nächstenliebe werden wieder und wieder von Gott den Menschen befohlen. Nach christlicher Lehre ist Liebe eine Pflicht. Das aber kann nicht wahr sein, wie Kant zeigen wollte: Liebe kann nicht geboten werden.

Liebe – eine Pflicht? eine Tugend? keins von beiden? Nach dem Argument bisher: keins von beiden. Also, wenn Liebe irgendeine moralische Bedeutung hat, dann kann diese Bedeutung nicht durch Begriffe von Tugend oder Pflicht gefaßt werden. Wie kann sie aber gefaßt werden?

Hier mag es nützlich sein, zum Phänomen zurückzukehren und zu fragen, was es am Lieben überhaupt natürlich oder anziehend macht, ihm irgendeinen moralischen Status einzuräumen. Lieben ist so lang schon moralisch interpretiert worden, daß es inzwischen schwierig geworden ist, den Grund zu sehen, der diese Art von Interpretation zuerst nahelegt. Warum erscheinen Liebende gut zu sein? Aristoteles berichtet, es sei verbreitete Meinung, daß dieselben Menschen gute Menschen und Freunde sind.[13] Aristoteles' Bericht dürfte korrekt sein, aber es ist nicht klar, warum die Leute das meinen. Zwei Überlegungen, die hier angeboten werden mögen, will ich betrachten, ohne einen Anspruch auf Vollständigkeit zu erheben.

Ein Gedankengang läßt sich Römer 13, 10 entnehmen:

Die Liebe fügt dem Nächsten nichts Böses zu; so ist nun die Liebe des Gesetzes Erfüllung.

„Fügt nichts Böses zu" sagt vielleicht sowohl zu viel als zu wenig. Zu viel, denn die Liebenden mögen immer noch unabsichtlich denen, die sie lieben, Böses zufügen. Zu wenig, denn die Liebenden, sollte man erwarten, fügen denen, die sie lieben, nicht nur nichts Böses zu, sondern Gutes. Trotzdem, der Gedanke ist klar: Liebende versuchen denen, die sie lieben, Gutes zu tun, und da Gutes zu tun auch das ist, was moralischerweise sie tun sollten, so scheint Liebe moralisch empfehlenswert.

---

[12] Summa theologiae 2–2, qu. 23, art. 3.
[13] NE 1155a31.

Mit dem Argument hat es einige Schwierigkeiten. Klar sichtbar ist die, daß Liebe parteiisch, oder wenn man will, chauvinistisch ist: Wenn die Liebenden denen, die sie lieben, Gutes zu tun suchen, so mögen sie immer noch, sei es darin, sei es davon unabhängig, den andern viel Schlimmes antun. Die christliche Lehre stand von Anfang an vor dieser Schwierigkeit, und sie begegnete ihr, indem sie die Ausdehnung der Liebe von der Nachbarschaft auf die Menschheit insgesamt verlangte.[14] Wiederum leicht sichtbar, diese Lösung bringt eigene Schwierigkeiten mit sich. Es ist nicht klar, ob das, was auf die ganze Menschheit ausgedehnt worden ist, immer noch Liebe ist; oder umgekehrt, ob Liebe nicht unaufhebbar parteiisch ist. Was mich betrifft, glaube ich, daß es sich so verhält. Ich glaube, daß wir, nicht wesentlich oder notwendigerweise, sondern einfach so, wie die Dinge liegen, immer nur einige Leute lieben und nicht andere. Zugegeben, das ist umstritten, und statt diese Meinung zu verteidigen, will ich lieber zwei andere Schwierigkeiten besprechen, die nicht so leicht ins Auge springen.

Eine Kantische Nachfrage führt zu der ersten. Wenn die Liebe dem Nächsten nichts Böses zufügt, oder sogar Gutes, so reicht das nicht aus, sie des Gesetzes Erfüllung zu nennen. Der Kaufmann, der auch unerfahrene Kunden stets korrekt bedient, um seines Ansehens als ehrlicher Kaufmann willen, fügt wohl seinem Nächsten Gutes, oder zumindest nichts Böses, zu, aber darum erfüllt er doch nicht das Gesetz, nämlich das moralische Gesetz.[15] Er verletzt es nicht, das ist wahr, aber das macht aus dem, was er tut, nicht einen Fall dessen, was das Gesetz fordert. Die Liebe nun mag im selben Fall sein, ungeachtet der Wahrheit der Behauptung in Römer 13, 10. Sie mag dem Nächsten Gutes zufügen und nichts Böses, und doch keine Haltung sein, die moralisch mit Gründen zu empfehlen ist.

Gewiß, diesem Problem läßt sich dadurch entgehen, daß man gegen Kant darauf besteht, daß Erfüllung des moralischen Gesetzes eben nichts anderes ist, als Gutes und nichts Böses zuzufügen. Allerdings gerät man mit diesem Gedanken in eine paradoxe und auf jeden Fall etwas einsame Position. Man empfiehlt dann die Liebe moralisch aufgrund des Guten, das sie wirkt, aber charakteristischerweise lieben die Liebenden nicht um des Guten willen, das die Liebe wirkt, sondern um des Geliebten willen. Worauf sich der moralische Status der Liebe stützt, ist dann also ohne Verbindung mit dem, was die Liebenden beim Lieben im Sinne haben. Eine solche Ansicht der Sache kann man zur Not verteidigen, gewiß ist es aber keine angenehme Position.

Zur zweiten Schwierigkeit. Das zur Diskussion stehende Argument sagt: Liebende versuchen denen, die sie lieben, Gutes zu tun, und das macht Liebe moralisch empfehlenswert. Diese Behauptung, die von einer Mehrheit zeitgenössischer Autoren vertreten wird,[16] ist jüngst von David Velleman in Frage gestellt worden. Nach seiner Ansicht versuchen Liebende denen, die sie lieben, manchmal Gutes zu tun, aber dafür, jeman-

---

[14] Matthäus 5, 43-8.
[15] Vgl. Kant, Grundlegung zur Metaphysik der Sitten, a.a.O., 397.
[16] Vgl. die Zitate, die J. David Velleman gesammelt hat: Love as a Moral Emotion, Ethics 109 (1999), 351–3.

den zu lieben, ist das nicht unerläßlich. Oft, so berichtet er, wenn er an Menschen denkt, die er liebt,

> *I do not think of myself as an agent of their interests. I would of course do them a favor if asked, but in the absence of some such occasion for benefiting them, I have no continuing or recurring desire to do so.*[17]

Genauer zugesehen, scheint das unsere Erfahrung zu sein; und ich will Vellemans Punkt noch mit einer Überlegung zu unterstützen suchen, die er aus Gründen, die mit der Gesamtrichtung seines Aufsatzes zu tun haben, vielleicht nicht einmal begrüßen wird. Wir lieben nämlich nicht nur Menschen, wir lieben auch Dinge. Einigen von ihnen können wir ziemlich geradewegs Gutes und Böses zufügen, etwa Tieren, oder auch Bäumen. Von Gutem und Bösem, das man zufügt, läßt sich in einem etwas wackligen, aber nachvollziehbaren Sinne auch bei toten Gegenständen sprechen. Wer seine alte Jacke liebt, und das kommt ja vor, der wird sie immer weiter tragen und immer wieder ausbessern, und er wird so lange, wie es nur irgendwie geht, vermeiden, sie wegzuschmeißen. Aber die Rede vom Guten oder Bösen, das man einer Sache zufügt, ist irgendwann wirklich am Ende. Ich glaube, ich liebe die späten Klaviersonaten Beethovens, aber ich habe ihnen nie Gutes oder Böses zugefügt und werde es nie. Auch etwa in meinen schwächlichen Versuchen, Opus 110 zu spielen, tue ich dem Stück nicht Gutes oder Böses an. So schlecht ich spiele, die Sonate leidet nicht. Folglich kann Liebe nicht daran gebunden werden, dem Geliebten Gutes zu tun. Bei vielen Dingen, die wir lieben, gibt es kein Gutes tun.

Da so viele das Gegenteil behaupten, mag es sich lohnen, den Punkt noch einmal zu unterstreichen. Harry Frankfurt etwa vertritt die Meinung, die Velleman und ich für falsch halten. Er schreibt:

> *Loving of any variety implies conduct that is designed to be beneficial to the beloved object.*[18]

Im Gegensatz zu anderen Autoren ist sich Frankfurt aber wohl bewußt, daß diese Behauptung nur bei einer erheblich verengten Bedeutung des Wortes „Liebe" zutrifft. Er setzt also einfach fest, daß das Wort in seinem Sprachgebrauch etwas bedeutet, was den zitierten Satz per definitionem wahr macht.[19] Formal ist damit der Streit zu Ende, aber sachlich setzt er sich fort mit der Frage, was Frankfurts Bemerkungen über Liebe in seinem Sinne für diejenigen austragen, die Liebe im normalen Sinne des Wortes zu verstehen suchen. Nicht viel, möchte man meinen, wenn man sich anschaut, wie viel von der Liebe in seinem Sinne ausgeschlossen bleibt. Daß jemand Schokoladeneis oder die Klaviermusik Chopins liebt, wird an einer Stelle ausdrücklich als irrelevant für Frankfurts Begriff von Liebe abgetan.[20] Nun, ersteres ist kein großer Verlust, letzteres schon. Denn wenn ich auch von Chopin nicht viel halte, an Beethoven liegt mir. Von

---

[17] Velleman, Love as a Moral Emotion, a.a.O., 353.
[18] H. Frankfurt, Autonomy, Necessity and Love, in: Necessity, Volition, and Love, Cambridge 1999, 133.
[19] Frankfurt, On Caring, in: ders., Necessity, Volition, and Love, a.a.O., 165.
[20] Frankfurt, Autonomy, Necessity, and Love, a.a.O., 129.

Liebe zu Gott kann auch keine Rede sein, denn nichts, was wir tun, kann ihm Gutes zufügen. Daß jemand das Skifahren oder Reiten liebt, fällt auch weg, denn nichts, was wir tun, insbesondere nicht diese Tätigkeiten selbst, fügt diesen Tätigkeiten irgend etwas Gutes zu. Ja, was Frankfurt ausdrücklich einschließen möchte, die Liebe zu einem Ideal, die Liebe zur Gerechtigkeit etwa, findet in seinem Begriff von Liebe nicht Platz.[21] Wer die Gerechtigkeit liebt und für sie kämpft, sogar mit Erfolg, der hat damit nicht die Gerechtigkeit besser gestellt, sondern einige Menschen. Von unserem normalen Begriff der Liebe bleibt also ziemlich wenig übrig, wenn es kraft Definition wahr sein soll, daß es Liebenden um das Wohlergehen derer oder dessen geht, was sie lieben. Und um der Wahrheit dieses Satzes willen alle diese Lieben aus unserem Begriff der Liebe zu entfernen, die Liebe der Dinge, die wir schmecken, der Tätigkeiten, an denen wir Freude haben, der Ideale, denen wir nacheifern, und Gottes, den wir preisen, das scheint arg kostspielig.

So viel zu dem ersten Argument für die moralische Bedeutsamkeit von Liebe. Ich habe zu zeigen versucht, daß die moralische Relevanz der Liebe nicht darauf gegründet werden kann, daß die Liebe Gutes und nicht Böses dem Nächsten zufügt, denn es ist nicht im allgemeinen wahr, daß die Liebe Gutes und nicht Böses dem Nächsten zufügt. Nun zu dem zweiten Argument für die Vorstellung, Liebende seien als solche und insoweit gut. Viele Menschen empfinden, daß in der Liebe das Beste von ihnen herauskommt, und daß die Moral das würdigen sollte. Eine Moral, die sich nur um das Recht oder Unrecht besonderer Handlungen kümmert, scheint blind für das, was wichtig und sogar glänzend im menschlichen Leben ist. Daher muß die Liebe moralisch zählen, und mehr zählen als irgendwelche einzelnen Handlungen oder besonderen Tugenden. Goethe läßt Ottilie in ihrem Tagebuch notieren:

Gegen große Vorzüge eines andern gibt es kein Rettungsmittel als die Liebe.[22]

Das heißt doch wohl: Die großen Tugenden eines anderen mögen den Wert eines Menschen auf Null herabbringen – relativ, gewiß, aber wenn man neben diesem Menschen lebt, dann ist es dieser Vergleich, der einem sagt, was an einem ist. Aber indem man liebt, und vermutlich gerade den Menschen mit den großen Tugenden liebt, hat man doch etwas, das zählt. Die Tugenden, die man vielleicht hat, werden überstrahlt, aber die Liebe ist doch etwas, was man in die Waagschale legen kann.

Auf diese Weise bekommt sogar die Rede von der Liebe als Tugend einen Sinn. Liebe ist keine Tugend, denn mit der Liebe ist man nicht gut darin, mit einer bestimmten Aufgabe oder bestimmten Umständen fertig zu werden. Aber das Lieben eines Menschen zählt mit, zusammen mit seinen Tugenden, wenn es um seinen moralischen Wert geht. Liebe ist keine Tugend, aber wie Tugenden ist sie ein herausragender Zug an einem Menschen, oder mit einem älteren Sprachgebrauch, eine Vollkommenheit; und wenn

---

[21] Frankfurt, On Caring, a.a.O., 166.
[22] Die Wahlverwandtschaften II 5.

man Ottilie glauben darf, eine Vollkommenheit, die auch das Fehlen großer Tugenden wettmachen kann.

Die Schwierigkeit bei diesem Argument liegt darin, daß wir tatsächlich nicht immer in unserer Bestform sind, wenn wir lieben. Manche unserer Lieben sind töricht. Da gibt es die Leute, von denen man sagen muß, sieht man von ontologischen Skrupeln einmal ab, daß sie Deutschland lieben. Sie lieben nicht die Bundesrepublik, oder die Landschaft, oder die geistige Tradition Deutschlands, sondern schlicht Deutschland, das all diesen Erscheinungen Zugrundeliegende. (Und die ontologischen Skrupel betreffen die Frage, ob in diesem Sinn Deutschland existiert; und ob man lieben kann, was nicht existiert.) Das sind Liebende, die irregehen, und folglich ist dies Lieben sicher nicht das Beste an ihnen. Manche von ihnen mögen ihr Bestes erreichen, wenn sie, sagen wir, ihren Garten pflegen, auch wenn sie diese Arbeit vielleicht nicht besonders lieben. Dasselbe gilt, mitsamt den ontologischen Skrupeln, für diejenigen, die Gott lieben: das kann nicht das Beste an einem sein, daß man die Luft umarmt.

Und das sind nur erst die schlagenden Fälle. Schwerer zu erkennen sind die Täuschungen, Ängste und unfreien Bewegungen, die gerade Liebende häufig treffen. Jemand ist vielleicht wunderbar darin, Kindern Schwimmen beizubringen, da ist er beweglich, geduldig, einfallsreich, auch wenn oder vielleicht gerade weil ihm diese Sache nicht so über alles am Herzen liegt; und gleichzeitig ist er linkisch oder auftrumpfend oder verständnislos in seinem Lieben. Das Profil der Vollkommenheiten eines Menschen ist ganz verschieden, und es gibt keinen Grund für die Annahme, daß es seinen Gipfel immer in der Liebe erreicht.

Hierbei habe ich vor allem an die Liebe zu einem anderen Menschen gedacht. Diese Beschränkung weggelassen, wird der Punkt noch deutlicher. Es muß Leute geben, die es lieben, Menschen zu foltern. Nicht jeder, der im Dienste einer Regierung an der gewaltsamen Unterdrückung einer Bevölkerung mitarbeitet, ist von dieser Art. Aber es scheint doch, manche sind es. Und diese erreichen nicht ihr Bestes, indem sie das lieben, was sie lieben. Wieviel Lust einer auch hat, Menschen zu quälen, es gibt bessere Dinge für ihn zu tun. Augustinus schrieb

Dilige, et quod vis, fac![23]

aber das kann sich nur auf eine unverdorbene Liebe[24] beziehen, die gegenwärtig für uns nicht erreichbar ist. Es bezieht sich sicher nicht auf das ungeordnete Bündel von Lieben, die in unserem gegenwärtigen unvollkommenen Zustand unser Herz einnehmen.

Hier ergibt sich also: Liebende als solche und insofern sind nicht gut. Die einen Liebenden sind es, die anderen sind es nicht, es hängt alles von der besonderen Liebe ab. Und das ist auch die Antwort auf die Frage, welche die ganze Überlegung begann: Welche moralische Bedeutung, wenn überhaupt irgendeine, hat Liebe? Liebe, so stellte sich heraus, ist weder eine Pflicht noch eine Tugend, und so ergab sich die Frage, wel-

---

[23] In epistulam Joannis VII, 8.
[24] È. Gilson, Introduction à l'étude de Saint Augustin, Paris (Vrin), 4. Auflage, 1969, 182.

che andere Stellung Liebe im moralischen Feld einnimmt, wenn sie denn überhaupt eine einnimmt. Jetzt zeigt sich, daß sie, rein als Liebe, tatsächlich überhaupt keine einnimmt. Liebe als solche ist weder Pflicht noch Tugend, ist weder gut noch schlecht, ist weder Erfüllung noch Mangel.

Trotzdem sind natürlich unsere einzelnen Lieben moralisch bedeutsam. Was und wen wir lieben, wann wir lieben, wie wir lieben, darin unterliegen wir moralischer Beurteilung gerade so, wie wir moralischer Beurteilung in so vielen anderen Dingen, die wir tun, und Eigenschaften, die wir haben, unterliegen. Was fortfällt, ist ein Grund-Imperativ der Augustinischen Art: „liebe!", denn es ist nicht wahr, daß Liebe letztlich einfach eine gute Sache ist. Vielmehr, es kommt darauf an.[25]

---

[25] Für die hilfreiche Diskussion einer früheren Version dieses Textes danke ich den Teilnehmern des Treffens in München, insbesondere Thomas Goschke. Dankbar bin ich überdies Monika Betzler, Stefanie Panke, Nancy Schauber und Michael Welker für kritische oder weiterführende Reaktionen auf meine Überlegungen.

Hinweise zu den Autorinnen und Autoren

Anne Bartsch ist Doktorandin am Institut für Medien- und Kommunikationswissenschaft der Universität Halle. Sie schreibt ihre Doktorarbeit über das Thema *Emotionale Kommunikation*.

Rüdiger Bittner, Dr. phil., ist Professor für Philosophie an der Universität Bielefeld. Er hat Arbeiten zur Moralphilosophie, zur Handlungstheorie und zur Philosophie des Geistes veröffentlicht. Seine jüngste 2001 bei Oxford University Press erschienene Buchpublikation ist *Doing Things for Reasons*.

Annette Bolte, Dr. rer. nat., ist wissenschaftliche Mitarbeiterin am Institut für Psychologie, Abteilung für Allgemeine Psychologie, der Technischen Universität Braunschweig. Sie hat unter dem Titel *Intuition und Emotion: Einflüsse von Stimmungen auf semantische Aktivierung und implizite Urteilsprozesse* eine Doktorarbeit über die Psychologie der Gefühle verfaßt.

Sabine A. Döring, Dr. phil., ist wissenschaftliche Assistentin an der Universität Essen. Sie arbeitet an einer Habilitation zum Thema *Emotionen, Rationalität und Normativität* und hat Schriften zur Ästhetik, zur Ethik und Theorie der praktischen Rationalität sowie zur Philosophie der Gefühle veröffentlicht, u. a. *Ästhetische Erfahrung als Erkenntnis des Ethischen. Die Kunsttheorie Robert Musils und die analytische Philosophie*, (Paderborn: mentis 1999); *Emotionen und Holismus in der praktischen Begründung* (in: G. W. Bertram u. J. Liptow (Hgg.), Holismus in der Philosophie, Weilerswist: Velbrück 2002); *Explaining Action by Emotion* (in: The Philosophical Quarterly 211, erscheint im April 2003).

Peter Goldie, Dr. phil., ist Lecturer für Philosophie am King's College London. Er hat neben zahlreichen Aufsätzen die folgenden beiden Bücher zur Philosophie der Gefühle veröffentlicht: *The Emotions: A Philosophical Exploration* (Oxford University Press 2000); (Hg.) *Understanding Emotions: Mind and Morals* (Aldershot: Ashgate

Publishing 2002). In seinen jüngsten Arbeiten befaßt er sich insbesondere mit der Beziehung zwischen Emotion, Charakter und Erzählung, u. a. in *Narrative and Perspective: Values and Appropriate Emotions* (in: Philosophy and the Emotions, A. Hatzimoysis (Hg.), Royal Institute of Philosophy Supplements Series, Cambridge University Press, erscheint 2002); *Narrative, Emotion and Perspective* (in: Imagination and the Arts, M. Kieran and D. Lopes (Hgg.), London: Routledge, erscheint 2002/3).

Thomas Goschke, Dr. rer. nat., ist Professor für Allgemeine Psychologie in der Fachrichtung Psychologie der Technischen Universität Dresden. Er hat Arbeiten zur Lern- und Gedächtnispsychologie, zur Psychologie der willentlichen Handlungssteuerung sowie zur Emotionspsychologie veröffentlicht, u. a. *Gedächtnis und Emotion: Affektive Bedingungen des Einprägens, Behaltens und Vergessens* (in: D. Albert u. K.-H. Stapf (Hgg.), Enzyklopädie der Psychologie Serie II, Band 4: Gedächtnis, Göttingen: Hogrefe); *Voluntary Action and Cognitive Control from a Cognitive Neuroscience Perspective* (in: W. Prinz, G. Roth u. S. Maasen (Hgg.), Voluntary Action. An Issue at the Interface of Nature and Culture, Oxford University Press, im Druck).

Christoph Jäger, Dr. phil., ist wissenschaftlicher Assistent an der Universität Leipzig. Er hat Bücher und Aufsätze zur Erkenntnistheorie, zur analytischen Religionsphilosophie und zur Philosophie der Gefühle veröffentlicht, u. a. (Hg.) *Analytische Religionsphilosophie* (UTB, Paderborn 1998); *Selbstreferenz und Selbstbewußtsein* (Paderborn: mentis 1999); *Introspektion und emotionale Abwehr* (in: Erwägen, Wissen, Ethik 4).

Dirk Koppelberg, Dr. phil., ist Privatdozent am Institut für Philosophie der Freien Universität Berlin. Er hat Bücher und Aufsätze zur Erkenntnistheorie, zur Philosophie des Geistes und der Psychologie und zur Wissenschaftstheorie veröffentlicht, u. a. *Die Aufhebung der analytischen Philosophie – Quine als Synthese von Carnap und Neurath*, Frankfurt am Main 1987; *Was ist Naturalismus in der gegenwärtigen Philosophie?* (in: G. Keil u. H. Schnädelbach (Hgg.), Naturalismus. Philosophische Beiträge, Frankfurt am Main: Surkamp 2000); *Zur Verteidigung des Psychologismus in der Erkenntnistheorie* (in: T. Grundmann (Hg.), Erkenntnistheorie – Positionen zwischen Tradition und Gegenwart, Paderborn: mentis 2000).

Verena Mayer, Dr. phil., ist Privatdozentin an der Ludwig-Maximilians-Universität München. Sie hat Arbeiten zur Sprachphilosophie, zur Erkenntnistheorie und zur Moralphilosophie veröffentlicht, u. a. *Gottlob Frege* (Reihe: Denker beim C. H. Beck-

Verlag, München 1996); *Das Entstehen von Bedeutung. Semantische Abhängigkeit und ontische Emergenz* (in: G. W. Bertram u. J. Liptow (Hgg.), Holismus in der Philosophie, Weilerswist: Velbrück 2002). Ihr jüngstes Buch *Semantischer Holismus. Eine Einführung* erschien 1997 im Akademieverlag, Berlin.

Olaf Müller, Dr. phil., ist Oberassistent am Philosophischen Seminar der Georg-August-Universität Göttingen. Er hat Arbeiten zur Sprachphilosophie, zur Erkenntnistheorie und zur Moralphilosophie veröffentlicht, u. a. *Synonymie und Analytizität: Zwei sinnvolle Begriffe. Eine Auseinandersetzung mit W.V.O. Quines Bedeutungsskepsis* (Paderborn: Schöningh 1998). Seine jüngste Buchpublikation ist *Wirklichkeit ohne Illusionen* und wird Anfang 2003 in zwei Bänden bei mentis, Paderborn, erscheinen.

Christopher Peacocke, Dr. phil., ist Professor für Philosophie an der New York University. Er hat Bücher und Aufsätze zur Philosophie des Geistes und der Psychologie, zur Sprachphilosophie, zur Metaphysik und zur Erkenntnistheorie veröffentlicht, u. a. *Sense and Content* (Oxford University 1983), *A Study of Concepts* (Cambridge, Mass.: MIT Press 1992). Seine jüngste 1999 bei Oxford University Press erschienene Buchpublikation ist *Being Known*.

Holmer Steinfath, Dr. phil., ist Professor für Philosophie an der Rheinisch-Westfälischen Technischen Hochschule Aachen. Er hat Bücher und Aufsätze zur Philosophie der Person, zur Ethik und Theorie der praktischen Rationalität sowie zur Philosophie der Gefühle veröffentlicht, u. a. *Was ist ein gutes Leben? Philosophische Reflexionen* (Frankfurt am Main: Surkamp 1998); *Orientierung am Guten. Praktisches Überlegen und die Konstitution von Personen* (Frankfurt am Main: Suhrkamp 2001); *Gefühle und Werte* (in: Zeitschrift für philosophische Forschung 2001).

Jens Timmermann, Dr. phil., ist Universitätsdozent am Department of Moral Philosophy der Universität St. Andrews, Schottland. Er hat Arbeiten zu Kant, zur antiken Philosophie und zu ethischen Themen veröffentlicht, u. a. *Why We Cannot Want Our Friends to Be Gods* (in: Phronesis 1995); *Akrasia bei Aristoteles* (in: Zeitschrift für philosophische Forschung 2000); *The Dutiful Lie: Kantian Approaches to Moral Dilemmas* (in: Akten des Berliner Kant-Kongresses 2001).

Wilhelm Vossenkuhl, Dr. phil., ist Professor für Philosophie an der Ludwig-Maximilians-Universität München. Er hat Arbeiten zu Wilhelm von Ockham, Kant, Wittgenstein, zur Sprachphilosophie, zur Erkenntnistheorie, zur Ethik und zur Handlungstheorie veröffentlicht, u. a. *Die Wahl des eigenen Lebens* (in: C. Hubig u. H. Poser

(Hgg.), Cognitio humana - Dynamik des Wissens und der Werte, Berlin: Akademie Verlag 1996); *„Verstehen" verstehen* (in: B. Kanitschneider u. F.-J. Wetz, Hermeneutik und Naturalismus, Mohr Siebeck: Tübingen 1998); *Wittgensteins Solipsismus* (in: W. Lütterfels u. A. Roser (Hgg.), Der Konflikt der Lebensformen in Wittgensteins Philosophie der Sprache, Frankfurt am Main: Suhrkamp 1998).

Personenregister

Adolphs, R. 47
Allais, M. 170 ff.
Alston, W. P. 30, 32, 59, 68, 72 f., 75, 95
Anderson, E. 105
Anderson, S. W. 50, 52
Annas, J. 125
Anscombe, G. E. M. 89 f., 93, 163, 167
Aquin, Th. v. 229
Aristoteles 28, 114, 125, 130, 135, 136 ff., 141, 145, 231 f.
Arnold, M. 31, 41, 92
Asendorpf, J. B. 67
Avramides, A. 68
Ayer, A. A. 15, 18, 110
Bach, K. 163
Baier, A. 32
Balthazard, C. 49
Bargh, J. A. 57
Barnaji, M. P. 55
Barnett, M. A. 207, 223
Baron-Cohen, S. 224 f.
Bartsch, A. 9, 59
Batson, C. D. 203, 206 f., 208
Bechera, A. 47, 51 f.
Bedford, B. E. 31, 106
Bischof, N. 39
Bittner, R. 12, 29, 229
Blum, L. 202, 207, 210
Bolte, A. 8 f., 28, 30, 33, 40, 49 f., 93
Bowers, K. S. 49
Boyd, R. N. 27
Brandom, R. B. 96, 214
Brecht, B. 208
Breuer, J. 62
Brewer, B. 96
Brink, D. O. 27
Brosschot, J. F. 64
Bunuel, L. 203
Burns, J. W. 64

Bustamente, D. 202
Butler, J. 209
Calne, D. 166, 174
Carnap, R. 18, 239
Chalmers, D. 59 f.
Charland, L. C. 34, 89
Chisholm, R. 59, 68, 74
Chomsky, N. 99
Churchland, P. 214
Cohen, J. D. 54
Cohen, N. J. 43, 47 f.
Corkin, S. 46
Crane, T. 34, 97, 218 f.
Crowne, D. P. 64 f.
Cullity, G. 20 f., 27 f., 91
Damasio, A. R. 47 ff., 54 f., 70 f., 133
Damasio, H. 49 ff.
Darley, J. M. 54, 208
Darwin, Ch. 204
Davidson, D. 21, 25, 31 f., 57, 60 f., 84, 89 f., 215
Davidson, M. N. 60
Davidson, R. J. 57, 64 f., 72, 77
Davison, L. A. 42
De Sousa, R. 31 ff., 35, 89, 92 ff., 105, 110, 116
Deigh, J. 28, 70, 127
Dennett, D. 215 f.
Descartes, R. 17, 49 f., 59, 70, 133
Dewey, J. 125
Dilthey, W. 217
Döring, S. A. 9, 21, 28 f., 32, 34, 40, 81, 129, 211
Dörner, D. 41
Driver, J. 56
Ebbinghaus, H. 45 f.
Eckardt, B. v. 214
Edelson, M. 62
Eichenbaum, H. 45, 47 f.

Einstein, A. 191
Eisenberg, N. 202, 207, 223
Ekman, P. 199, 202 ff., 211, 224
Ellsberg, D. 170
Erdleyi, M. H. 62
Eslinger, P. J. 50
Fabes, R. A. 202
Falk, W. D. 22
Feldman, R. 75
Flanagan, O. 23
Foot, Ph. 126, 135
Frankena, W. 22
Frankfurt, H. 216, 234 f.
Frege, G. 34, 239
Frensch, P. 40
Freud, S. 62 f., 68
Friesen, W. V. 204, 225
Frijda, N. H. 41
Fultz, J. 203
Gaus, G. F. 105
Gaut, B. 20 f., 27 f., 91
Gibbard, A. 111
Gilligan, C. 210
Gilson, È 236
Goethe, J. W. v. 235
Goldie, P. 12, 15, 18 f., 30, 32, 35, 68, 70, 81, 83 ff., 199, 227
Goldman, A. 213 ff., 222 f., 226, 228
Gollwitzer, P. M. 57
Gopnik, A. 224
Gordon, R. 213, 216, 218 ff.
Goschke, Th. 8 f., 28, 30, 33, 35, 39, 92, 93, 237
Gosepath, S. 21, 23, 27, 91
Graeser, A. 177
Graf, P. 46
Greene, J. D. 54
Greenspan, P. 97, 101
Greenwald, A. G. 55
Griffiths, P. E. 33, 70, 92, 199 ff.
Hahn, F. 168, 170, 179, 181
Haidt, J. 54, 56
Hampton, J. 27
Hargreaves Heap, S. 168 ff.
Harman, G. 191
Harris, P. 207
Heckhausen, H. 56
Heisenberg, W. 191
Hempel, C. G. 217 f.

Herman, B. 25
Hewer, A. 53
Hobbes, Th. 206, 209
Hoffman, M. 202 f., 211
Hollis, M. 168, 170
Hume, D. 7, 15 ff., 25, 28 f., 31 ff., 77, 95, 115, 117, 119, 129, 131, 133, 135, 169, 201, 207 ff.
Hursthouse, R. 83 f., 127
Hutcheson, F. 15
Irvine, C. 67
Izard, C. E. 43
Jacobs, W. J. 48
Jacobson, D. 111 f.
Jäger, Ch. 9, 32, 59, 239
James, W. 28, 32, 132 f.
Johnson, M. K. 47
Johnston, M. 110
Johnstone, T. 41
Kahneman, D. 171
Kant, I. 10, 24 ff., 126 f., 130, 133, 136, 138, 142 ff., 145 ff., 154, 173, 199, 230 ff.
Kenny, A. 16, 31 f., 91, 93 f.
Kieran, M. 204, 239
Kleinginna, A. M. 40
Kleinginna, P. R. 40
Kohlberg, L. 53
Köhler, W. 202
Koppelberg, D. 12, 18, 213
Korsgaard, Ch. M. 21 ff., 25, 27, 90
Krebs, D. 208
Kuhl, J. 41, 43, 49, 55 f.
Lange, C. G. 132
Larson, C. L. 57
Lazarus, R. S. 41 ff.
LeDoux, J. 39, 41, 44, 47, 70 f.
Leibniz, G. W. 45
Levenson, W. 225
Leventhal, H. 43
Levine, C. 53
Lewin, K. 85
Lewis, D. 111, 214
Locke, J. 209
Lutz, C. 134
Lyons, B. 169
Lyons, W. 16, 31, 33, 92 f., 95, 106, 168
Maasen, S. 56
Mackie, J. L. 27, 110
Madell, G. 33

Mandler, G. 41
Marlowe, D. 64, 66
Martin, M. G. F. 34
Mathy, R. M. 202
Mayer, V. 10, 13, 16, 17, 26, 35, 125
McDowell, J. 23, 96, 110 f.
Meltzoff, A. N. 224
Mendolia, M. 66
Metcalfe, J. 48
Meyer, W.-U. 41
Milgram, S. 208
Miller, G. 205
Millgram, E. 108
Milner, B. 46
Mischel, W. 57
Monsell, S. 56
Moore, M. K. 110, 224
Mordkoff, A. M. 42
Moss, M. K. 208
Müller, O. 11, 18, 176
Mulligan, K. 108, 111
Murdoch, I. 182
Musil, R. 85, 101
Müsseler, J. 56
Nagel, T. 22, 25, 90, 151, 160, 201
Nichols, S. 214
Nietzsche, F. 199
Nussbaum, M. C. 29, 105
Nystrom, L. E. 54
Oakley, J. 97, 106
Oehmann, A. 68
Oord, Th. 229
Page, R. A. 208
Panksepp, J. 39, 70, 72
Parfit, D. 23
Parker, K. 49
Patzig, G. 27
Peacocke, Ch. 9, 28, 34, 42, 81, 107
Perrig, W. J. 40
Perrig-Chiello, P. 40
Pitcher, G. 107
Plantinga, A. 74 ff.
Polanyi, M. 49
Prinz, W. 56
Proust, J. 163
Putnam, K. M. 57
Quine, W. V. O. 177 ff., 191 f., 193, 196, 218
Quinn, W. 91
Rachels, J. 18, 27 f.

Rawls, J. 127, 130 f.
Reber, A. S. 40
Regehr, G. 49
Reisenzein, R. 41
Repacholi, B. M. 224
Ridley, A. 33
Roberts, R. C. 29, 93, 126, 136, 209
Robinson, J. 131
Rockland, C. 47
Roediger, H. L. 46
Rosenthal, D. 67
Ross, A. 201
Roth, G. 39, 41, 44 f., 47
Rousseau, J.-J. 127
Scanlon, T. M. 27 f., 90, 165, 172
Schachter, S. 69
Schacter, D. L. 45 ff.
Scheler, M. 110
Scherer, K. 41 ff., 66
Schmidt, Th. 193
Schoerade, P. A. 203
Scholz, O. R. 214, 226
Schorr, A. 41
Schützwohl, A. 41
Sellars, W. 214
Sen, A. 27, 170
Sesardic, N. 205, 207
Shaftesbury, Earl of 15
Sherman, N. 79, 97
Shoemaker, S. 61
Sidgwick, H. 210
Singer, J. P. 62, 64, 69
Smith, A. 10, 15, 119, 127, 150 ff., 226
Smith, M. 19, 22 f., 28, 84, 87 f.
Sober, E. 203, 205 ff.
Solomon, R. 29, 31, 69, 92, 94, 106, 134
Sommerville, R. B. 54
Sparks, G. G. 66
Speisman, J. C. 42
Sperber, D. 205, 214
Spinoza, B. de 10, 128, 130 f., 133, 139, 141, 145
Stäudel, T. 41
Steinfath, H. 9, 21, 27, 95, 105
Stemmer, P. 148, 231
Sternberg, R. 229
Stich, S. 214
Stocker, M. 97, 105, 127 f.
Stotland, E. 208, 226

Strayer, J. 202, 207, 223
Stroud, B. 19
Sugden, R. 168 ff., 172 ff.
Sumner, L. W. 164
Tevenar, G. v. 199
Thompson, R. A. 207
Timmermann, J. 10, 15, 150
Tomarken, A. J. 72
Tomasello, M. 225 f.
Tranel, D. 47, 51 f.
Trivers, R. 205
Tversky, A. 171, 218, 220
Tye, M. 34
Vaillant, G. E. 64
Velleman, J. D. 90, 93, 128, 144, 233 f.
Vossenkuhl, W. 11, 20, 163
Waal, F. de 202

Walker, R. C. S. 26
Warrington, E. K. 46
Weale, A. 168
Weinberger, D. A. 60, 64 ff., 69, 72, 77
White, M. 176, 179, 178 ff., 194, 196
Wiggins, D. 111, 115 f., 121
Wildt, A. 118
Williams, B. 23 ff., 27, 32, 90, 151, 187
Wilson, B. R. 168
Wilson, D. S. 203, 205 ff.
Wippich, W. 40
Wittgenstein, L. 94, 164, 182
Wollheim, R. 85, 201
Zajonc, R. B. 43, 69

Gerechtigkeit und Politik

Gerechtigkeit und Politik
Philosophische Perspektiven

Herausgegeben von Reinold Schmücker und Ulrich Steinvorth

Deutsche Zeitschrift für Philosophie, Sonderband 3

2002. 260 S. – 170 x 240 mm
Gb, € 39,80; für Abonnenten der DZPhil € 29,80
ISBN 3-05-003654-0

Gibt es Bedingungen gerechten Handelns, die die Politik zu beachten hat? Namhafte Philosophen aus dem deutschen Sprachraum begründen in diesem Buch, warum sich politisches Handeln am Maßstab der Gerechtigkeit orientieren muß, und zeigen am Beispiel aktueller politischer Probleme, welchen Beitrag die Philosophie zur Klärung der Prinzipien einer gerechten Politik zu leisten vermag.

Aus dem Inhalt:

Ulrich Steinvorth (Hamburg): Philosophie und Politik
Michael Köhler (Hamburg): Gerechtigkeit als Grund der Politik
Ludwig Siep (Münster): Selbstverwirklichung, Anerkennung und politische Existenz
Andreas Wildt (Berlin): Gibt es Marxsche Kriterien der politischen Gerechtigkeit?
Herlinde Pauer-Studer (Wien): Liberalismus, bürgerliche Tugenden und perfektionistische Bestrebungen
Peter Koller (Graz): Was ist und was soll soziale Gleichheit?
Wolfgang Kersting (Kiel): Grundriß einer liberalen Sozialstaatsbegründung
Anton Leist (Zürich): Angewandte Ethik und öffentlicher Vernunftgebrauch
Reinhard Merkel (Hamburg): Grundlagen einer Ethik der Präimplantationsdiagnostik
Dieter Birnbacher (Düsseldorf): Politik zwischen nationaler ethischer Kultur und internationaler Freizügigkeit
Stefan Gosepath (Berlin): Die globale Ausdehnung der Gerechtigkeit
Rainer Forst (Frankfurt/M.): Zu einer kritischen Theorie transnationaler Gerechtigkeit
Reinold Schmücker (Hamburg): Wiedergutmachung und Sezession

Akademie Verlag
www.akademie-verlag.de

Bestellungen richten Sie bitte an
Ihre Buchhandlung

Die Moralität der Gefühle (D